DAS *(Jean-Pierre Beunas)*

Le Nectar de la Conscience

JE SUIS CONSCIENCE

La lumière

Les Maîtres Ascensionnés

Éditions NECTAR

Le Nectar de la Conscience ©
JE SUIS CONSCIENCE
DAS (Jean-Pierre Beunas)

3e édition
ISBN 2-9804752-3-8
Dépôt légal : BNQ, BNC, BNF
2e trimestre 1997

Éditions Nectar
25, rue des Berges
Trois-Rivières, G8Y 1A1
Québec, Canada

Téléphone et fax :
819-378-6895
www.katarosnectar.com
das@katarosnectar.com

Diffusion RAFFIN
Le Gardeur, Québec
Tél. : (450) 585-9909
Fax : (450) 585 0066

CASTEILLA diffusion
PARIS
France-Belgique, Suisse
Tél. : 01 30 14 19 57
Fax : 01 34 60 31 32

Illustration originale de la couverture
Par Marjolaine Bohémier (Arama Sol)
Trois-Rivières. Peinture à l'huile 14"X18"
« L'Ascension de la Fille de Dieu »

Photographie au dos de couverture :
Robert Sauvageau, Trois-Rivières

Données de catalogage avant publication (Canada)
Das, 1945 (Jean-Pierre Beunas)

Le Nectar de la Conscience

Imprimé au Canada

Sommaire t.1. L'ego et le Soi – t.2. Les 13 principes – t.3 . Je Suis conscience

ISBN 2-9804752-3-8 (v.3)

0707C13T43

1. Conscience de Soi . 2. Conscience. 3. Gnoticisme. 4. Nouvel âge (mouvement). I. Titre. II. Titre : Je suis Conscience

BF575.S4 1997 155.2 C97-941184-X

DAS *(Jean-Pierre Beunas)*

Le Nectar de la Conscience

La Voie de la Conscience

Éditions NECTAR

Déjà paru aux Éditions Nectar :

Le Chant du Cygne
- Le chant alchimique de la libération
- L'hymne d'amour à la conscience
- La grâce qui accorde tout par surcroît

- **l'amour et l'argent**
- la Réalisation suprême
- **Le pouvoir de la Parole**

Voir page 341

Le Nectar de la Conscience
Tome III : **JE SUIS CONSCIENCE**
- l'Unité de la conscience
- L'Existence, la beauté, la joie
- Réalisez la conscience de l'Unité
- **La guérison et la santé**

• **DAS expose « la lumière », l'activité pleine d'amour des Grands Maîtres Ascensionnés.**

- **La richesse véritable**, s'y élever
- **L'âme sœur,** comment la rencontrer

Voir page 338

Le Nectar de la Conscience
Tome II : **LES 13 PRINCIPES**
- La stratégie de l'ego
- La véritable liberté
- Retrouvez vos pleins pouvoirs
- Réalisez la conscience d'**Être**

• **DAS révèle « l'ombre », l'ego planétaire secret : la dictature mondiale et sa chute finale.**

• **La connexion au Septième Rayon**
• **La multiplication de l'abondance**

Voir page 337

Le Nectar de la Conscience
Tome I : **L'EGO ET LE SOI**
- La prise de la conscience de SOI par la connaissance du Non-SOI : l'ego

• **DAS révèle les origines secrètes de la Bible : une révélation choc.**
- **Le lâcher-prise**
- **La mort ou l'Ascension**

- Réalisez le principe : JE NE SUIS RIEN ET JE SUIS TOI

Voir page 336

SAINT GERMAIN RÉVÈLE... LA HIÉRARCHIE SOLAIRE

La Hiérarchie Solaire avec, à son sommet, « la tête de Dieu », nous guide, nous dirige et **nous conduit tous à l'Ascension.** Rencontrez ces Êtres de Lumière sublimes, leur rôle, leur fonction et leur influence dans notre vie. DECOUVREZ l'ŒUVRE DE SAINT GERMAIN et jaillissez au septième ciel de la conscience suprême.

Voir page 349

Suprême Lâcher-prise
Suprême Lâcher-prise vous révèle en profondeur, mais de façon simple, accessible et pédagogique, l'essentiel de la connaissance de Soi. C'est **le cœur de la Gnose** qui va vous conduire directement au but : l'ouverture de la conscience, **le véritable Lâcher-prise**.

Voir page 339

Le Secret de Jésus   Guérir avec rien
La Guérison Christique pratiquée par Jésus est une véritable révélation, tant pas son extrême simplicité que par sa grande puissance qui permet, avec la pratique, de vraiment obtenir des guérisons significatives et durables.
Oui, vous pouvez guérir avec rien.

Voir page 343

DAS *(Jean-Pierre Beunas)*

Le Nectar de la Conscience

JE SUIS CONSCIENCE

La prise de conscience de la RÉALITé par la connaissance du DESTIN suprême : l'ASCENSION par la conscience de l'Unité.

Éditions NECTAR

Je dédie « Le Nectar de la Conscience » :

- *à nos grands Maîtres Ascensionnés qui nous guident, nous conduisent, nous dirigent;*
- *à tous les Êtres et particulièrement à vous, mes amis depuis des siècles, qui formez aujourd'hui le Nouvel Âge de la Conscience Nouvelle.*

J'offre « Je suis conscience » :

- *à Hilarion,*
  Chohan du 5e Rayon;
- *à Laxmi,*
  Donatrice de la richesse,
  créatrice de l'Abondance,
  Pourvoyeuse de la Prospérité,
- *à Aimé-Louis,*
  mon magnifique père.

DAS *(Jean-Pierre Beunas)*

La Voie de la Conscience

Éditions N E C T A R

« L'humanité doit revenir à son Origine. Elle doit comprendre son destin ultime et oeuvrer sans cesse pour faire jaillir la réalisation suprême.

Il est réconfortant de saisir qu'en une seule vie consciente, le but éternel peut être atteint;

L'Ascension doit être réalisée ».

D'après Jésus,
Maître de la guérison
Chohan du 6e Rayon

Ô, Être de Lumière,

Le Nectar de la Conscience te permettra de passer
de la solitude à L'AMOUR,
de la soumission à la MAÎTRISE,
du manque à la RICHESSE,
de la lutte à la FRATERNITÉ,
de l'humain au DIVIN,
de l'anonyme à L'ASCENSION.

Das

Introduction

Voici le destin de chacun, le destin suprême:

L'Ascension finale.

Oui, absolument! En toute Réalité, l'ultime destin de la femme et de l'homme est l'Ascension. L'Ascension doit être découverte, comprise, vécue, réalisée. Pour cela, l'Être a besoin de la Révélation.

La Révélation, c'est la découverte de la connaissance qui conduit directement au sommet de la conscience. La connaissance ultime, la Gnose éternelle, l'Alchimie de la conscience révèlent la nature profonde et réelle de chaque être humain.

Cette connaissance profonde de la conscience permet de découvrir que tout est conscience, absolument tout. L'argent est conscience, l'amour est conscience, la mort est conscience, la vie est conscience, le vide est conscience, la guérison est conscience, l'âme soeur est conscience, l'Alchimie est conscience.

Toute la Réalité, la métaréalité émane d'une seule et unique conscience. Lorsque cela est vraiment compris, chacun voit sa vie se transformer pour le meilleur, les difficultés disparaissent, les problèmes s'évanouissent, les limitations sautent.

L'Être qui réalise vraiment ce qu'est la conscience voit de nombreux bienfaits apparaître dans sa vie. Des surprises agréables et inattendues surviennent. La vie commence à le combler de nombreuses bénédictions.

L'Être qui réalise vraiment que lui-même est conscience voit sa vie changer radicalement. Il commence à connaître la joie, puis le contentement. Alors, la satisfaction lui tient compagnie tous les jours de sa vie.

Le Nectar de la Conscience, avec **le tome III « Je suis conscience »**, vous conduit directement à la conscience de l'unité. La conscience de l'unité est un état de conscience grandiose. C'est le sommet de la conscience que peut atteindre l'être humain. Au-delà de la conscience de l'unité se trouvent les trois grandes étapes finales de la réalisation de la conscience :

la Réalisation, la Libération, l'Ascension.

Cela, aucun être humain ne peut s'y élever de lui-même. Ces étapes se déclenchent d'elles-mêmes, naturellement et spontanément, **pour tous ceux qui ont réalisé la conscience de l'unité**.

C'est pour cela que la conscience de l'unité est si importante. C'est **le sommet de la montagne**, c'est la plate-forme d'où vous pourrez vous « envoler » vers les cieux de la conscience suprême.

Personne ne peut atteindre l'une des trois étapes finales – Réalisation, Libération, Ascension – sans avoir préalablement franchi **les sept** états de conscience qui précèdent. La conscience de l'unité est donc le sommet de conscience le plus élevé accessible à l'humain, la conscience de la Richesse véritable réside aussi dans ces hauteurs.

- Au-delà, la conscience suprême jaillit librement sans entrave et accomplit rapidement les dernières étapes d'elle-même.

« Je suis conscience » conduit chaque femme et chaque homme à réaliser la conscience de l'unité. Certains voudraient accéder directement à l'Ascension sans passer par les états de conscience qui précèdent.

Cela relève de l'utopie et de l'illusion. C'est comme vouloir son diplôme de médecin sans être passé **avec succès** au travers des sept années d'études requises. La conscience de l'unité, **avec** la conscience de la Richesse, **est le septième** niveau de conscience. C'est le niveau le plus élevé que chacun peut atteindre avec son effort humain d'ouverture et de compréhension.

- La conscience de l'unité est le niveau de conscience où chacun **reçoit son diplôme** d'Être de Lumière.
- Ensuite, la conscience suprême s'occupe de tout elle-même.

« Je suis conscience » vous offre, au chapitre 7 « L'Ascension est conscience », une **échelle de conscience**. Ainsi, chacun peut facilement comprendre la progression de la conscience vers le but suprême : **l'Ascension** finale.

Une description de dix états de conscience accompagne l'échelle de la conscience. Cela permet à chacun de saisir les différents niveaux de conscience et de se situer. Oui, chacun peut découvrir où il se situe. Alors il peut accomplir le travail adéquat qui l'élèvera rapidement vers le sommet de sa propre conscience d'Être : la conscience de l'Unité.

« Je suis conscience » permet d'entreprendre, de réaliser et d'accomplir le travail de conscientisation qui procure la conscience de l'Unité. Certains parfois se sentent un peu blessés lorsqu'ils découvrent qu'ils se situent au pied de l'échelle de la conscience. Ne laissez pas votre ego vous jouer un tel tour. Il est tout à fait **normal** d'être au pied de l'échelle. C'est le cas de presque tout le monde. En effet, la conscience est une chose complètement ignorée par la société.

La médecine, la science et la religion ignorent tout de la conscience et de la façon de l'élever. La société n'a aucune notion de tout ce qui concerne la conscience. Elle n'a aucune idée à ce sujet et elle est complètement ignorante de l'Ascension et des chemins qui y conduisent.

Être au pied de l'échelle est tout à fait normal. C'est même déjà un atout considérable car **vous savez** qu'il existe une conscience supérieure et déjà, **vous avez trouvé** l'échelle qui y conduit...

« Je suis conscience » est terriblement déroutant pour le mental. En effet, certains aspects de la connaissance ne pourront être saisis en profondeur que par la faculté supérieure au mental, le Manas.

Le Manas, cette faculté « mille fois » supérieure au mental, permet de saisir la Réalité de façon globale **sans l'analyser**. Cela déroute toujours le mental lorsqu'il comprend sans pouvoir se l'expliquer!...

Ainsi est la connaissance de la Réalité. Les explications permettent au mental de comprendre les principes. Le mental **comprendra** vraiment ce que la Gnose éternelle et l'Alchimie de la conscience veulent lui offrir.

Après la compréhension vient **la Réalisation** des principes. Cela ne peut se produire que par une **perception globale** provenant du Manas, la faculté supérieure. Il est possible à chacun de se placer délibérément dans Manas. C'est la tactique du « cheval fou » et elle figure au chapitre 7, *L'Ascension est conscience*.

« Je suis conscience » permet de découvrir les principes supérieurs de la conscience et révèle les chemins qui mènent au sommet de la conscience.

Il ne s'agit pas seulement de **savoir**; encore faut-il **pouvoir...** Comprendre les principes de la conscience, c'est bien, c'est parfait. Mais si, **en plus**, vous disposez de puissants moyens pour réaliser la conscience, alors là, **vous retrouvez le pouvoir**. Vous voilà déjà vainqueurs...

Oui, le seul véritable pouvoir, le seul qui en vaille réellement la peine est celui d'entreprendre et de réussir son **élévation**. Seule l'élévation de soi, de sa conscience apportera à chacun, dans la vie, **la plénitude totale**.

Oui, la satisfaction, le contentement et la joie ne proviennent que d'une seule et unique source : la conscience supérieure propre à chacun. Celui qui, dans sa vie, malgré son prestige ou sa fortune, n'a pas trouvé sa conscience, a vécu dans l'ignorance.

Il ne se connaît pas lui-même, il ignore ce qu'il fait sur terre et il n'a pas compris la Vie. **« Je suis conscience »** vous permet de **savoir et de pouvoir**. Alors il ne vous reste plus qu'à **oser** utiliser les trois puissants moyens d'élévation de soi :

Le Chant du Cygne,
le Nectar de la Conscience,
la connexion au Septième Rayon.

« Je suis conscience » offre trois pics de conscience; en fait, trois chapitres spéciaux. Chacun d'eux présente la conscience sous un aspect très particulier. Chacun exprime, à sa façon, la Réalité suprême selon une vision très différente.

Cette vision de la réalité, si différente dans ses trois approches, peut rendre perplexe. Pourtant, il s'agit bien là de **la même réalité** examinée sous trois angles très différents : l'Antakarana, l'Ascension, le Vide.

La compréhension profonde des trois pics de conscience permettra leur fusion en votre Être. Oui, la fusion de la connaissance mentale dans **le feu de Manas** produit **l'or pur** de la réalisation suprême. Ce travail s'accomplit monté sur un cheval fou.

- Ainsi, l'Alchimie de la conscience vous aura révélé la substance, l'essence et la quintessence de la Gnose éternelle.
- **Alors, le Nectar de la Conscience coulera en vous pour toujours.**

Ô, mes Amis de Lumière, nous qui sommes des amis depuis des siècles, notre monde actuel agonise. Nous avons tous le devoir de **le transmuter** pour qu'il redevienne enfin le paradis qu'il n'aurait jamais dû cesser d'être.

C'est à nous qu'il appartient d'accomplir cette tâche magnifique et grandiose avec l'aide bienveillante et affectueuse des Maîtres Ascensionnés. Ces maîtres, qui sont nos grandes **soeurs** aînées et nos frères, nous aident jour et nuit à prendre conscience.

Ils veulent que nous rejoignions, nous aussi, les sublimes hauteurs de la conscience suprême. Ils nous guident, ils nous conduisent, ils nous dirigent avec un amour, une compassion et une patience extrêmes vers notre Ascension finale.

Ô, Êtres de Lumière, l'Ascension collective de toute une partie de l'humanité se prépare dans le silence des sommets de la conscience. Cela est offert **à toute les femmes** et à tous les hommes, évidemment. C'est à nous de faire le nécessaire, c'est à nous d'acquérir la perception globale :

« Je suis conscience ».

Ainsi, chacun accomplit son destin, son destin suprême dans la Puissance, la Richesse et la Gloire de :

l'Ascension finale.

Das, le 26 avril 1997
Trois-Rivières, Québec.

1

Mes pensées sont conscience

Bonjour et bienvenue, ô Êtres de Lumière, pour notre conférence habituelle du jeudi. Vous savez maintenant, depuis que vous étudiez la conscience, que vous êtes en fait et en réalité un Être Divin. Oui, vous êtes un Être merveilleux, un Être de conscience pure.

Cela n'est pas une idée nouvelle pour vous car vous êtes devenus, au fil du temps, familiers avec ces notions. Pourtant, l'idée est-elle vraiment comprise? Avez-vous réellement assimilé et intégré ces idées? Si tel est le cas, vous devriez nager dans le bonheur et dans la joie la plus pure et la plus Divine.

Est-ce le cas? Pas vraiment, dirait-on!... (rires). Alors, l'idée de votre réalité Divine est restée en surface, elle n'a pas pénétré en vous. Elle n'a pas atteint l'ego, ni la personnalité. L'être humain sait quelque chose, il a compris quelque chose, mais il ne s'est pas encore transformé, il ne s'est pas encore transmuté. Pourtant, cette idée que chacun est un Être de pure conscience doit faire son chemin en vous jusqu'au jour où l'ego aura compris, où finalement il aura tellement compris qu'il s'évanouira. Alors ce jour-là, vous nagerez dans la pure conscience Divine et dans la joie totale.

Pour l'Être qui a vraiment et réellement compris l'idée, le principe de la conscience, un véritable changement de vie se produit. De cette compréhension résulte une vie nouvelle, pleine de joie et de satisfactions. Pour celui qui a « saisi », il y a vraiment de grandes conséquences heureuses qui découlent de cette compréhension.

Pour en arriver à vivre une vie nouvelle et merveilleuse, nous devons comprendre et assimiler en profondeur la **réalité** de notre nature Divine et la **réalité** que nous sommes un Être de conscience pure. Examinons le Chant du Cygne aux soutras de la **réalité**.

En réalité, je suis Conscience,
je suis Divin, je suis le Guru Suprême.
En réalité, je suis Toi
Toi et moi nous ne faisons qu'un
car il n'y a qu'une seule conscience
et je suis cette conscience.
Oui, je suis cela.

Le Chant du Cygne, soutra 34

« En réalité, je suis conscience car il n'y a qu'une seule conscience et je suis cette conscience... ». Comprenez-vous que toute la vie relève d'une seule et unique conscience grandiose et infinie? Saisissez-vous que tous les êtres humains sont chacun cette pure conscience elle-même? Réalisez-vous que cette conscience totale est déjà là, ici présente? Cette compréhension doit pénétrer l'ego, cette lumière doit éclairer la personnalité; alors le lâcher-prise se produira naturellement et spontanément.

Pour bien saisir le principe même de notre suprême réalité, recourons à une analogie très simple, celle du tapis de laine. À Bombay, si vous vous promenez dans les souks, vous y verrez de nombreux étalages de tapis. Ces tapis, faits à la main par des artisans habiles, sont tous différents. Leurs coloris sont très variés et les motifs sont uniques pour chacun d'eux. Il n'y a pas deux tapis semblables; chacun est un produit unique en son genre.

Ces tapis magnifiques, qu'ont-ils en commun? Quel est le lien qui les unit profondément malgré la diversité de leur apparence? La réponse tout à fait évidente est **la substance**. La substance dont ils sont faits est la laine, rien que de la laine. Ce sont tous des tapis de pure laine. Quelle que soit la grandeur du tapis, il est en laine.

Voilà : sa nature, sa substance, l'essentiel de lui-même, c'est la laine. Sans la laine, sans la substance, il n'y aurait rien, aucun tapis. Le tapis apparaît parce que la substance prend une forme.

Bien, maintenant ô Alchimistes de la conscience, ouvrez vos fenêtres afin que le soleil pénètre à flots. Observez l'humanité : ces Êtres splendides, qu'ont-ils en commun? Quel est le lien qui les unit profondément sous la diversité de leur apparence? Réponse évidente : **c'est la conscience**. La substance de chacun, l'essence de chacun est la conscience, rien d'autre que la pure conscience. Tous sont des Êtres de pure conscience. Quelles que soient les apparences de l'homme, sa grandeur ou sa petitesse, il est fait de pure conscience.

Voilà : notre nature, notre substance, l'essentiel de nous-mêmes, c'est la conscience. Sans la substance, sans la conscience, il n'y aurait rien, aucun être. L'Être apparaît parce que la conscience prend une forme : **la nôtre**.

À Bombay, dans le souk, vous voyez cinquante tapis différents, de grandeurs différentes, avec des couleurs et des motifs différents. Pourtant, ils sont tous pareils, exactement pareils, totalement pareils car ils sont tous en pure laine. Il n'y a aucune différence entre eux; ils sont faits de laine et il n'y a rien d'autre que de la laine dans ces tapis.

Dans votre vie, vous voyez des êtres humains différents, d'instructions différentes, de cultures et d'origines différentes. Pourtant, ils sont tous semblables, exactement semblables, totalement semblables car tous sont conscience, pure conscience. Il n'y a aucune différence entre eux, chacun est la conscience pure et il n'y a rien d'autre en eux, seulement la conscience.

En réalité, je suis Conscience,
je suis Divin, je suis le Guru Suprême.
En réalité, je suis Toi
Toi et moi nous ne faisons qu'un
car il n'y a qu'une seule conscience
et je suis cette conscience.
Oui, je suis cela.

Le Chant du Cygne, soutra 34

« En réalité je suis conscience, car il n'y a qu'une seule conscience et je suis cette conscience ». Voilà la réalité suprême de tous les Êtres.

Lorsque ceci est vraiment compris, profondément assimilé et réellement vécu, l'être humain devient un Être de Lumière. Sa conscience s'est transformée. Il a réalisé un état de conscience glorieux. Il a trouvé la paix et la fraternité authentiques.

Les grands fléaux disparaissent de sa vie : la domination, la soumission, la guerre, le racisme, le sexisme, la supériorité sociale ont fondu sous le soleil brûlant de **la réalité**. Cet Être de Lumière jaillit dans un état de conscience supérieur et avancé :

la conscience de l'unité.

Gloire à Dieu!
Gloire à Dieu!
Gloire à Dieu!

Cet Être de Lumière si avancé, ruisselant de conscience, a fait un bond de géant dans la conscience. En fait, il réalise un bond quantique dans son évolution. Alors les grandes étapes finales de la prise de conscience seront siennes dès cette vie. Oui, en un temps relativement court, il atteindra : **la réalisation, la libération, puis l'Ascension.**

Les états de conscience supérieurs sont à la portée de tous. Tout le monde peut atteindre la conscience suprême. Il suffit pour cela de s'occuper de sa conscience et de la cultiver sans cesse tous les jours. La conscience supérieure est la destinée suprême de tous, oui absolument de tous les Êtres.

Nous avons souvent abordé le sujet de l'ego et du Soi, ce que certains nomment le non-soi et l'Être. Une polémique millénaire règne entre les tenants du Soi et ceux du non-soi. Existe-t-il seulement le Soi ou y a-t-il aussi le non-soi? Ces stériles discours ne mènent à rien.

En réalité, tout ceci est la même chose : le Soi, le non-soi, la réalité de l'ego ou l'illusion de l'ego, c'est uniquement une question de point de vue. Selon que vous êtes au pied de l'échelle ou à son sommet, vous ne verrez pas la même chose.

- Si vous êtes « en bas », dans l'ego, dans la dualité, vous ferez l'expérience de la peur, de la soumission, de la maladie, de la pauvreté et de beaucoup de fléaux.
- Si vous êtes « en haut », dans le Soi, dans l'unité de la conscience, vous connaîtrez la joie, l'amour, l'abondance, la fraternité, la prospérité, la santé, la richesse.

La vie est le reflet de notre conscience, c'est tout. Pour changer de vie, il suffit de changer de conscience. Beaucoup se cassent les dents, ils s'efforcent de changer leur vie sans changer de conscience. D'autres ont compris, ils travaillent activement à changer de conscience. Alors leur vie change, s'améliore, devient satisfaisante puis merveilleuse.

- D'un point de vue absolu, bien sûr, seule la pure conscience existe. Mais pour le voir, il faut être profondément dans la conscience de l'unité, il faut être « en haut ».
- D'un point de vue relatif, évidemment, le non-soi, l'ego est une réalité. Mais pour en faire l'expérience, il faut être « en bas », dans l'ignorance de soi-même.

Alors le Soi ou le non-soi... tout dépend de la réalité de votre expérience. Vous le savez très bien, en fait, si vous êtes dans le Soi ou dans l'ego. La seule vraie question est d'émerger « en haut », là où règne la splendeur de la conscience suprême. Là où chacun peut jaillir en changeant de conscience.

La conscience de l'unité est accessible à chacun, c'est à vous de pousser la porte et d'entrer. Du haut de cette conscience merveilleuse, vous découvrez une vie nouvelle pleine de joie et de satisfactions. Vous comprenez que tout, absolument tout est pure conscience, même vos pensées!...

La conséquence fondamentale qui résulte de la prise de conscience de : **« Je suis conscience, car il n'y a qu'une seule conscience et je suis cette conscience »**, c'est que même vos pensées sont conscience.

Quand on parle de l'ego, on dit « ce sont les pensées de l'ego ». Ce sont les pensées limitées de l'ego. Mais lorsqu'on réalise **« Je suis conscience »**, même l'ego est conscience car il est une partie de la conscience. Je vous ai toujours enseigné que l'ego est une partie de la conscience. Le pied aussi est une partie de vous-mêmes. Mais le pied n'est pas le tout de vous-mêmes, ce n'est pas lui qui dirige, ni qui contrôle votre conduite sur la route. C'est ainsi pour l'ego : il ne contrôle rien, il ne dirige rien de la vie. Il a souvent l'illusion de contrôler mais en réalité, c'est la conscience qui dirige tout. Même les pensées sont une émanation de la conscience et l'ego ne peut ni contrôler ni arrêter le flot des pensées. Il peut par contre devenir conscient du mental et témoin de son agitation.

L'ego veut contrôler mais il ignore, le pauvre, qu'il n'est rien. Il ne sait pas encore qui est le maître de sa vie. Lorsque vous réalisez « Je suis conscience », vous réalisez alors en profondeur que l'ego est une partie intégrante de la conscience. Tout comme le pied est une partie de vous. Alors, vous réalisez que vos pensées sont aussi une partie de la conscience.

Naturellement à ce niveau-là, nos pensées ne sont pas encore sublimes, Divines, merveilleuses et parfumées. Non, ces pensées sont encore négatives, très humaines et limitées. Évidemment, elles sont produites par l'ego.

Dans la conscience de l'unité, **« Je suis conscience car il n'y a qu'une seule conscience et je suis cette conscience »**, mes pensées, vos pensées, les pensées de tout le monde sont les pensées de la conscience. Beaucoup constatent : « Mes pensées sont tellement ordinaires, tellement banales. Je suis tellement assailli de vaines imaginations, je ne suis jamais au présent. Je suis toujours dans le futur, dans le passé ou dans l'imaginaire ».

Oui, mais pourtant vos pensées sont conscience. Lorsque sur un tapis le motif représente une fleur, celle-ci est forcément de la même substance que le reste du tapis, c'est-à-dire en laine. Lorsque sur l'écran de la conscience une pensée apparaît, celle-ci est naturellement de la même nature que le tout de la conscience, c'est-à-dire conscience, rien que conscience. Comprenez-vous?

Peut-être allez-vous dire : « Et alors? Cela ne change pas la vie! ». Croyez-vous vraiment que cette prise de conscience superbe ne change pas la vie? Détrompez-vous, cette prise de conscience va changer radicalement votre vie.

- Oui, ça change le monde et la vie de prendre conscience que **« Je suis conscience »**.
- Oui, ça change le monde et la vie de réaliser que **« mes pensées sont conscience »**.

Donc, l'Être réalise : **« Oui, mes pensées sont conscience »**. Voilà la clé merveilleuse qui va permettre de remettre le mental dans le bon sens. Pour l'humain, le mental est centrifuge; ses pensées sont toujours projetées vers l'extérieur. Pour l'Être de Lumière, le mental devient centripète; ses pensées sont toujours dirigées vers l'intérieur, vers son centre, vers sa conscience supérieure. Voilà la grande différence. L'être humain dirige ses pensées vers l'extérieur et il est complètement incapable de faire autrement. L'Être de Lumière dirige ses pensées vers l'intérieur, naturellement et spontanément.

La prise de conscience de **« Mes pensées sont conscience »** va complètement transformer le fonctionnement du mental. Cela va complètement transformer la qualité des pensées. Cela va complètement transformer l'attitude de l'ego. Lorsque l'ego réalise **« Mes pensées sont conscience »**, il ne cherche plus à lutter contre elles. Il n'essaie plus de s'accrocher désespérément au présent, comme s'accroche à une pierre un nageur emporté par le courant vers une cascade. L'ego devient simplement témoin de son mental et de ses pensées naturellement et spontanément.

L'ego observe tranquillement ses pensées. Il constate que ses pensées sont « ailleurs » et qu'il n'est pas dans le présent. Il sait que ses pensées sont dans le passé, dans le futur ou dans l'imaginaire. Il voit que son mental est encombré de problèmes et de soucis. Il remarque que ses pensées, qui pourtant sont conscience, sont pleines de fantasmes. Il imagine ses prouesses sexuelles, il rêve de refaire le monde, il se voit dominant tous les autres... Bref, il rêve tout éveillé, comme tous les êtres humains. **Mais il en est conscient,**

lui...

Il constate la vie de son mental, il observe la foule de ses pensées. Mais il garde présent à l'esprit son nouvel état de conscience :

Je suis conscience,
mes pensées sont conscience.

Il connaît la véritable nature de ses pensées, qui n'est pas autre chose qu'une vibration de la conscience. Il sait que ses pensées sont une vibration de la conscience Divine. Alors pour cet Être lucide, les pôles de la « Terre » vont s'inverser, le mental centrifuge va devenir centripète. Lorsque la conscience de l'ego se dirige vers l'intérieur, vers la conscience suprême, sachez alors que la rencontre est proche!... Préparez-vous pour une rencontre du troisième type...

Si l'être humain vit dans la dualité, dans la conscience sociale, il jugera ses pensées et les affligera d'une qualité. Il trouvera que ses pensées sont le plus souvent négatives. Il trouvera ses pensées parfois bonnes ou mesquines, élevées ou dégradantes. Alors l'être humain se bat contre ses pensées; il veut les sélectionner, éliminer les négatives et ne voir que les « bonnes ». Cette lutte stérile ne finit jamais. Le mental reprend ses droits et se projette en vaines imaginations encore plus loin, plus intensément et plus longtemps. Dans ce combat futile de l'intellect contre le mental, c'est **toujours** l'intellect qui perd, c'est **toujours** le mental qui gagne. Dans le conflit entre la volonté et l'imagination, c'est **toujours** celle-ci qui gagne.

Voilà le terrible combat de l'ego; certains y passent leur vie en vain. Arrêtez cette pitoyable bagarre de vous-mêmes contre vous-mêmes. Devenez conscients, prenez conscience! Oui, réalisez enfin que : **« Je suis conscience car il n'y a qu'une seule conscience et je suis cette conscience »**. Donc, mes pensées sont conscience car il n'y a rien d'autre que la conscience. Puisque tout est conscience, seule la conscience existe.

Si au marché vous voyez cinquante tapis de laine, vous pouvez constater qu'il n'y a rien d'autre que de la laine, quel qu'en soit l'aspect, le coloris, le motif ou la grandeur du tapis. Vous allez sûrement juger les tapis : trop grand, trop petit, pas beau, très joli; celui-ci me plaît énormément, celui-là est affreux, etc... Oui bien sûr, mais vous savez qu'ils sont tous en laine, qu'ils sont tous de la même substance.

Alors, qu'avez-vous besoin d'évaluer vos pensées? Elles sont toutes de la même nature, elles sont toutes de la conscience, rien que de la conscience. Vous n'avez pas besoin de les choisir, ni de les trier, car vous n'allez pas les acheter... Non, vous avez juste à constater qu'il y a dans votre mental un souk, un marché encombré de pensées, toutes différentes dans leur aspect, mais toutes identiques dans leur substance.

Constatez, examinez, touchez, mais laissez aller, laissez passer. Soyez simplement le badaud, le spectateur, le témoin. Tout ce brouhaha, cette agitation, ce fouillis du souk mental ne vous concerne pas. Vous ne faites juste que passer en curieux, vous observez, c'est tout.

Alors vous êtes devenus si calmes, si tranquilles au milieu de votre folle agitation mentale **qu'il se passe quelque chose**. Oui, tout se calme, tout se tranquillise. Plus vous êtes témoins et observateurs, plus le calme se produit dans votre mental. Lorsque le mental se tranquillise, automatiquement et spontanément il se tourne vers l'intérieur, vers le Soi. Oui, l'ego regarde alors vers le centre de vous-mêmes. Alors attention, préparez-vous à la rencontre **du Soi**. Vous l'aviez perdu, il est là, au centre de vous-mêmes. Vous le retrouverez là, en vous, lorsque l'ego reviendra au centre.

Il y a toujours des Êtres de Lumière qui comprennent tout ceci assez rapidement. Il y a aussi toujours certains Êtres pour qui l'ego offre un peu plus de résistance. Ceux-là tiennent le discours suivant : « Avant, je pensais que mes pensées étaient humaines et négatives; maintenant, je pense qu'elles sont une pure vibration de la conscience. Alors, quelle est la différence? ».

La différence, c'est que tant que vous raisonnerez ainsi, ça ne fera effectivement aucune différence, parce que vous êtes dans la dualité. Alors celui qui vit dans la dualité peut penser ce qu'il veut de ses pensées, il reste coincé dans l'ego de toute façon. Cet être limité peut penser : « Mes pensées sont humaines, mes pensées sont de la crotte, mes pensées sont sublimes ou mes pensées sont conscience »; cela ne change rien du tout à sa vie, c'est vrai.

Il ne s'agit pas de penser et de raisonner. **Il s'agit de comprendre le principe et de prendre conscience.** Alors si vous opérez régulièrement et systématiquement un travail de prise de conscience, vous commencerez à intégrer dans votre conscience ces idées et ces principes.

Si vous approfondissez sérieusement la notion **« Je suis conscience, mes pensées sont conscience »**, vous allez intégrer ces principes à votre propre conscience. Alors cela va se mettre à vivre, à vibrer en vous, là au fond de votre conscience. Cela va pousser, va mûrir, puis va jaillir. La conscience, voyez-vous, ça se cultive.

Alors oui, cela vous **changera profondément votre vie** si vous le cultivez jusqu'à la récolte. Quand vous observez en tant que conscience-témoin vos pensées en sachant vraiment qu'elles sont une vibration de conscience, vous n'êtes plus dans l'ego, **vous êtes dans le Soi**.

À partir de là, il suffit de maintenir ce nouvel état de conscience, cette attitude nouvelle et adéquate. Et à un certain moment, la pensée retournera à sa source, au centre de vous-mêmes. Un jour, une pensée se retournera vraiment et vous tomberez sur vous-mêmes, le Vrai, dans cette pure conscience Divine. Là, il n'y aura plus ni mental, ni ego, ni pensées. **Il y aura vous**, pur, radieux, lumineux.

Lorsque l'Être de Lumière cultive l'état de conscience **« Je suis conscience, mes pensées sont conscience »**, il trouve son propre Soi Divin au centre de lui-même. Voilà un des grands principes qui fait se produire les grandes réalisations de la conscience.

Cela vient par la prise de conscience, je le répète. Certains disent parfois : « Das, tu répètes ». Oui, en effet; pour que quelque chose soit assimilé, il doit être répété sept fois de différentes façons. Et chaque façon doit être enregistrée par le mental de sept façons différentes. Cela signifie qu'il faut avoir entendu la même idée quarante-neuf fois pour l'intégrer au plus profond de nous-mêmes. **Sinon**, l'être a tout compris – croit-il; mais pourquoi, après tant d'années de croissance personnelle ou spirituelle, **n'a-t-il pas** encore eu une grande et belle expérience de sa réalité suprême?

- La réponse évidente, c'est qu'il n'a pas intégré la connaissance, il n'a pas réalisé le principe.
- Oui, il a compris mentalement, **il a compris, c'est tout** et ce n'est pas suffisant pour connaître l'expérience suprême.

Alors voyez-vous, si vous voulez vraiment intégrer des idées nouvelles, ça nécessite une répétition pédagogique; d'autant plus si vous voulez réaliser des états de conscience supérieurs; là, il faut assimiler et intégrer **en profondeur**. Les ténèbres de l'ignorance doivent être traversées avant que la lumière ne puisse jaillir.

Sans répétitions, les explications restent en surface; elles chatouillent un peu les neurones et s'accumulent dans le grand sac-poubelle de la mémoire. Mais la mémoire n'est pas le Soi véritable; ce n'en est qu'une toute petite partie. La connaissance doit descendre plus loin, plus profond, jusqu'à l'extrême pointe de l'ego.

Sinon, l'être veut toujours plus d'explications, il a toujours soif de savoir. Il lui faut toujours un autre livre et encore une autre conférence. Il veut toujours quelque chose de nouveau... Il a toujours besoin de quelque chose de plus. Évidemment, il a « tout compris », pense-t-il; **mais pourtant, il n'a rien atteint**, il n'a rien réalisé, il n'a vécu aucune expérience profonde de la métaréalité. Il n'a pas émergé, il n'a pas jailli dans la lumière. Bref, il n'a pas changé de conscience.

Cet être pourtant éclairé est resté dans son mental, tout comme le prisonnier dans sa prison. **Il sait tout**, mais il est encore à l'ombre, enfermé dans sa cage mentale. Comment cela se fait-il? C'est très simple : la connaissance n'est pas rentrée, elle est restée en surface, logée dans le mental, dans le tiroir de l'intellect.

Cet être éclairé étudie pourtant la connaissance; il lit, il écoute des conférences, mais il ne se passe rien. Pour vivre une véritable ouverture de conscience, **« la connaissance doit être acquise »**, déclare Hilarion, Chohan du Cinquième Rayon. Étudions donc la bonne façon d'acquérir la connaissance **afin de provoquer l'ouverture de notre conscience** à la métaréalité.

1. **Savoir.** Tout d'abord, il faut savoir que la métaréalité existe et que **l'Être possède** une conscience infinie qu'il doit découvrir.
2. **Comprendre.** Ensuite, il faut comprendre ce qu'est la conscience et pour cela, **l'étudier** passionnément et profondément.
3. **Assimiler.** Après la compréhension vient l'assimilation qui signifie : faire sien ou faire **pénétrer en soi**. Ici, la connaissance commence à faire partie de vous.
4. **Intégrer.** Là, la connaissance est comme un joyau sur une bague de prix; elle est « sertie » et forme un ensemble, un tout avec vous. Maintenant, vous et la connaissance **ne formez plus qu'un...** La connaissance se met à **vivre** en vous.
5. **Réaliser.** Cela signifie : rendre réel, effectif, concret, tangible. La réalisation est une **fusion** avec la connaissance et la réalité de celle-ci. Ici, vous connaissez vraiment la **réalité**.
6. **L'expérience.** L'expérience de la métaréalité résulte forcément et automatiquement de la compréhension, de l'assimilation, de l'intégration et de **la réalisation**. Ici, vous vivez **l'ouverture** de la conscience. À présent et à présent seulement, **la connaissance est acquise**. À présent, Hilarion est content...

Voilà pourquoi j'ai pondu le Nectar de la Conscience qui, sur mille pages, répète mille fois la même idée, de mille façons différentes. **L'idée unique**, le principe unique mille fois répété est:

je ne suis rien et je suis Toi.

Le Nectar de la conscience vous permet **d'acquérir la connaissance**, de la compréhension à l'expérience, de l'assimilation à **la réalisation**. Vous pouvez en effet, avec le Nectar de la Conscience, transformer votre conscience, transmuter votre conscience et ouvrir votre conscience.

Alors, vous émergerez de l'être humain, vous jaillirez dans la conscience, ruisselants de lumière. Là et là seulement, la connaissance sera acquise. Maintenant oui, Hilarion sera content et vous aussi... Alors, comment franchir les six étapes d'acquisition de la connaissance?

- **Chantez le Chant du Cygne.**
- **Étudiez le Nectar de la conscience.**
- **Connectez-vous sur le Septième Rayon.** [1]

Et persévérez jusqu'au bout, jusqu'à l'ouverture de la conscience. Ne lâchez pas avant. **« La liberté doit se manifester »**, déclare St-Germain, Chohan du Septième Rayon. Tant que l'individu est en prison, évidemment il n'est pas libre. Tant que l'individu n'est pas sorti du mental, il n'est pas libre non plus. Au-delà du mental se trouve la métaréalité, **la véritable liberté**. Donc ne lâchez jamais la connaissance tant et aussi longtemps que vous n'aurez pas accédé à la métaréalité par une ouverture de conscience profonde et significative. **Oui, « la liberté doit se manifester ».**

Le mental et son flot de pensées sont comme une rivière tumultueuse qui coule toute la journée. Le flot agité des pensées emporte l'être humain avec lui dans toutes les directions. Celui-ci ne peut jamais être présent, son mental ne s'arrête jamais. Seule une profonde prise de conscience permettra un jour au mental de se calmer, de revenir au présent, de se tourner vers le centre puis de s'arrêter enfin et alors de transcender, c'est-à-dire de s'ouvrir.

D'ici là, il se sera écoulé un « certain délai » qui sera d'autant plus long que l'être vivra dans l'ignorance de la réalité. Ou qui sera d'autant plus court que l'Être vivra dans la connaissance, dans la prise de conscience, dans la lucidité.

C'est à chacun de choisir s'il veut être libre, riche, heureux et conscient tout de suite ou plus tard. Chacun peut aussi rester pauvre, limité, coincé et accablé sa vie durant. Beaucoup se résignent à une vie de merde, croyant que la mort leur apportera le paradis qu'ils n'ont pas trouvé sur Terre.

Erreur grossière : la vie après la mort, dans le monde astral, est une réalité absolue et **tout comme sur Terre, elle est le reflet de la conscience** de chacun. Alors si vraiment vous espérez une vie merveilleuse et paradisiaque, cela se passe ici, maintenant, sur Terre, **vivants!...**

1. Tome 2, chapitre 6, *La connexion au Septième Rayon.*

Oui, c'est en restant vivants sur Terre et en changeant de conscience ici et maintenant que vous trouverez la vie merveilleuse. Plus tôt vous commencerez, plus vite vous aboutirez. Et si jamais **la mort naturelle** vous accueille avant votre Ascension, au moins vous vivrez une vie des plus agréable dans le monde astral. En effet, dans ce monde, vous serez conscients, et d'une manière **simpliste**, disons dans l'astral :

qui dit conscient, dit content...

Le flot des pensées s'écoule sans cesse de façon tumultueuse dans notre mental. Sans trêve ni repos, la machine mentale produit pensée après pensée dans notre pauvre tête. Ce supplice est permanent, il ne cesse jamais.

Sauf durant le sommeil! Là, quand on dort vraiment, il n'y a plus de pensées. Là, le mental a disparu, l'ego a disparu, la personnalité a disparu, l'intellect a disparu. Il ne reste plus rien; seul un corps inconscient dort là car la conscience a aussi disparu. La conscience pétille de joie sur le plan causal. L'ego n'existe plus, l'être humain non plus. Il ne reste qu'une coquille vide et inconsciente.

Donc voyez-vous, il est facile de se délivrer de l'ego, il suffit de dormir... Toutefois, cela n'a aucun intérêt car bien sûr, dans le sommeil, nous ne sommes pas conscients sur le plan terrestre. Certes, nous sommes totalement conscients sur le plan causal, mais nous ne pouvons strictement **rien faire sur Terre**.

Or nous devons accomplir sur Terre **tout** ce que nous sommes capables de réaliser sur le plan causal. C'est pour cette raison que nous devons rester vivants et conscients; pour faire ici, dans ce monde, **tout** ce que nous sommes capables de faire sur le plan causal. Oui, nous devons être **vivants** et conscients pour faire descendre le Ciel sur la Terre, pour accomplir « en bas » ce que nous faisons si bien « en haut ». Notre travail, notre devoir, notre mission **à tous** est de faire descendre le paradis sur Terre.

Nous devons donc accomplir cette tâche merveilleuse et nous reviendrons encore et encore sur Terre, jusqu'à ce qu'elle soit devenue un paradis **pour tous**, sans aucune exception. Même si nous accomplissons notre Ascension cette année, nous travaillerons encore à cette tâche absolument Divine.

Nous devons donc changer de conscience. Dans le monde physique, à l'état de veille, nous vivons dans le mental, les pensées et l'ego. Durant le sommeil, en voyage astral, la même chose se produit : nous vivons encore dans le mental, dans l'ego, dans les pensées.

Dans le sommeil profond, le monde physique disparaît de notre conscience. Le monde astral aussi. Il n'y a plus d'ego, mais plus de conscience non plus.

Nous devons donc devenir conscients, **réveillés**, c'est-à-dire éveillés. Oui, nous devons vivre à l'état de veille en pleine lucidité, sans l'ego. Pour cela, il faut devenir conscient, très conscient du mental et des pensées. Si vraiment vous travaillez sur la réalité, vous aboutirez dans la réalité.

En réalité, je suis Conscience,
je suis Divin, je suis le Guru Suprême.
En réalité, je suis Toi,
TOI et moi nous ne faisons qu'un,
car il n'y a qu'une seule conscience
et je suis cette conscience.

Oui, je suis cela.

Le Chant du Cygne, soutra 34.

En réalité, je suis conscience car il n'y a qu'une seule conscience et je suis cette conscience. Voilà la réalité, voilà une porte, une ouverture qui donne accès à la métaréalité. Si vous travaillez vraiment cette idée, vous allez découvrir que vos pensées sont conscience, qu'elles sont une vibration de la conscience.

Vous observez vos pensées, vous en êtes témoins. Vous ne jugez pas de la qualité ni de la nature de ces pensées. Vous êtes simples spectateurs de votre mental. Vous êtes tout simplement l'observateur. Alors le miracle se produira forcément. C'est absolument certain. Cela ne dépend que de votre attention, de votre lucidité, de votre conscience.

Vous récolterez ce que vous semez. Donc si vous semez l'attention, la lucidité et la conscience, vous récolterez l'ouverture de la conscience. C'est aussi simple que cela. Encore faut-il accomplir le travail requis. Ce n'est pas si compliqué, il suffit d'y penser souvent...

Normalement, lorsque l'Être éclairé s'intéresse à sa conscience et qu'il pense à sa conscience tous les jours, il obtient des résultats assez rapidement. Si cet Être travaille tous les jours cette idée : **« Je suis conscience, mes pensées sont conscience »**, il réalise un état de conscience grandiose :

la conscience de l'unité.

Lorsque l'Être a réalisé cet état de conscience supérieur, il est proche du moment où sa pensée va se retourner. Oui, le moment arrive où la pensée va se diriger vers l'intérieur, au centre de lui-même. Cela se produit naturellement et spontanément quand le travail est accompli. Rien ni personne ne peut forcer **ni provoquer** l'ouverture de la conscience.

Souvenez-vous bien que la métaréalité est au-delà du mental et que **jamais** le mental ne pourra y accéder. Pour cela, il doit disparaître ou, si vous préférez, il doit « s'ouvrir ».

Lorsque vous constatez en profondeur : **« Mes pensées sont conscience »**, vous ôtez à votre mental l'énergie qui lui permet de projeter les pensées vers l'extérieur. Alors la pensée, n'ayant plus assez de force pour être projetée, a tendance à revenir à sa source. En effet, le centre de vous-mêmes est comme la planète : **il attire tout vers lui**. La pensée est donc attirée vers le centre.

Comprenez bien, je vais reprendre cette explication. Le mental est centrifuge, il projette sans cesse les pensées vers l'extérieur. Pourquoi? Parce que l'intellect lui fournit de l'énergie mentale.

Lorsque vous êtes témoins, spectateurs et conscients du mental et des pensées, vous ne les poursuivez plus. L'intellect ne leur fournit plus d'énergie. Alors la pensée est naturellement et spontanément attirée vers le centre de l'Être, vers le corps causal, vers le Christ que vous êtes en réalité. Lui est centripète et **il attire tout vers lui**.

- **« J'attirerai tous les hommes à moi » – (Jésus).**

La conscience suprême, au centre de nous-mêmes dans notre corps causal, **nous attire** sans cesse vers elle. Cette conscience est notre source, c'est notre substance, c'est notre Être réel, c'est notre véritable réalité.

Son amour est grandiose et infini. Elle **nous attire** sans cesse près d'elle afin de se fusionner avec nous. Mais nous, insensés et inconscients que nous sommes, nous résistons. Nous nous maintenons artificiellement éloignés de notre source en émettant sans cesse une force contraire, la force mentale centrifuge qui nous coupe de la métaréalité.

Dès que nous parvenons **à couper** la force mentale centrifuge, la force centripète du Soi **nous attire** vers lui. Alors, c'est la rencontre du Père et du fils. **Oui, la fille de Dieu retrouve son Père.**

Au fond, tout cela est très simple; encore faut-il le savoir, le comprendre et **le réaliser** pour que « ça » se produise, pour que l'expérience arrive, pour que la réalité apparaisse, pour que jaillisse la métaréalité.

Alors, nous serons transformés profondément et pour toujours. La répétition de l'ouverture provoquera une véritable transmutation de notre conscience. Malgré toutes **les apparences**, nous ne serons plus vraiment humains... Comprenez-vous?

La conscience est notre véritable réalité, c'est notre Être réel, notre Soi profond. De façon naturelle, nous avons tendance à nous intérioriser. C'est seulement le mental qui s'extériorise. Il projette les pensées vers l'extérieur grâce à l'énergie qui lui est fournie par l'intellect. Plus vous poursuivez vos vaines imaginations mentales avec votre intellect, plus vous êtes centrifuges et plus vous êtes loin de votre centre.

En devenant témoins, conscients et observateurs de votre mental, vous cessez d'imaginer. Alors, l'intellect ne nourrit plus le mental. Les pensées n'ont plus suffisamment de « force » pour s'éloigner du centre. Automatiquement, elles reviennent au centre de la pure conscience et là, elles sont complètement transformées. Une pensée très ordinaire, mesquine, triviale, violente qui touche la conscience, qui effleure la conscience est instantanément transmutée en une autre parfaitement sublime, adorablement Divine.

Si dans votre hangar vous possédez de vieux morceaux de bois sales, noirâtres, difformes et que vous les jetez dans le feu, que se passe-t-il? Instantanément, les flammes jaillissent, la chaleur se dégage, la lumière se produit, nous dit Aivanhov.

Ainsi, quelle que soit la nature des pensées, **dès** qu'elles touchent à la conscience, elles deviennent sublimes et merveilleuses. Comprenez-vous maintenant la futilité de lutter contre son mental pour changer les pensées? Certes, il est bon de cultiver la pensée positive; la vie sera un peu meilleure. Mais fondamentalement, le mental doit revenir toucher la source pour être totalement guéri, généré, transformé puis transmuté.

Donc, si vous savez profondément que **« Je suis conscience, mes pensées sont conscience »**, vous coupez la force centrifuge. Alors la source prend le dessus sur le mental et elle **l'attire à elle**. Ainsi, naturellement et spontanément, vous revenez à l'intérieur de vous-mêmes. Le jour où cela se produit réellement, vous connaissez le vide, le silence et plus tard, vous connaîtrez l'extase puis le Samadhi.

Ainsi, vous récolterez le fruit de votre prise de conscience, le fruit de toute l'attention que vous avez apportée à observer votre mental. Pour en arriver à cette étape merveilleuse dans la découverte de la conscience, il faut en avoir envie. Donc il faut donner, c'est-à-dire fournir l'effort d'attention requis. Oui, il faut semer de l'attention pour récolter de la conscience.

- Cette conscience est la seule chose qui va vous rester quand vous aurez épuisé votre vie. Quand vous aurez épuisé votre siècle et traversé l'Apocalypse, il vous restera une seule et unique chose : votre conscience.

La seule chose qui va vous rester de concret, de palpable, de tangible, malgré toute l'abstraction de la conscience, c'est votre conscience d'Être. Voilà ce qui va rester après la mort. Là, l'intelligence humaine terrestre est différente, les diplômes, la culture, bref toute la connaissance humaine est complètement caduque. Tout est changé, bouleversé, différent.

Une seule chose vous reste pour toujours : c'est votre conscience d'Être. Si vous mourez avec très peu de conscience d'Être, vous serez un habitant du monde astral très peu conscient et vous y vivrez de façon très limitée.

Si à votre mort, par contre, vous êtes profondément conscients de la réalité de l'Être et si vous connaissez vraiment votre conscience suprême, vous bénéficierez d'une vie belle et plaisante. Vous pourrez vous approcher de certaines sphères de lumière, suivre des enseignements élevants. Alors vous pourrez vous réincarner dans des conditions très confortables et très favorables pour en finir avec l'expérience humaine. Oui, vous pourrez donc en arriver ainsi très vite à l'Ascension. Redisons encore de façon **simpliste**, dans l'astral :

« qui dit conscient, dit content... »

Toutefois, comprenez bien que pour en arriver à l'Ascension, il ne faut pas mourir. Non, au contraire, **il est indispensable de rester vivants**. En effet, l'Ascension s'effectue du plan physique au plan éthérique. Ceux qui meurent et qui vivent sur le plan astral **n'ont plus accès** au plan éthérique; il leur faut donc revenir sur le plan physique, c'est-à-dire se réincarner.

Plus on est conscient de la réalité et plus la vie nous comble de bienfaits. Plus nous comprenons notre conscience et plus nous vivons dans la paix, dans la plénitude et dans l'abondance de toutes bonnes choses. La conscience veut vraiment nous combler de satisfaction et de contentement profond. Oui, en devenant conscients, nous connaissons la satisfaction totale, le contentement suprême. Finalement, comprenons bien que :

la conscience est notre seule richesse.

Oui, la conscience est la seule richesse qui nous ouvrira les portes de la métaréalité et qui nous donnera, **en prime, tout par surcroît**. Tout le monde peut découvrir sa conscience suprême tout en menant une vie parfaitement normale. Oui, absolument; vous pouvez devenir réellement conscients en menant une vie normale sur tous les plans. Votre vie professionnelle, familiale, amoureuse et sexuelle ne peut que s'enrichir de votre prise de conscience. Vous avez tout à gagner à découvrir maintenant la réalité de votre nature profonde. Oui, comprenez bien que

la conscience est votre seule richesse.

C'est la seule chose que vous emportez avec vous à la mort. C'est la seule chose que personne ne peut vous ôter dans la vie. Pour comprendre la conscience, pour découvrir la conscience, pour redevenir conscience, il vous faut des moyens, des outils.

Le Chant du Cygne,
le Nectar de la Conscience,
la connexion au Septième Rayon,

sont des moyens puissants et merveilleux qui vous conduisent gentiment et agréablement vers la suprême conscience. Oui gentiment, à la vitesse de l'éclair, vous comprenez ce qu'est la conscience, vous réalisez la véritable nature de l'Être.

* * *

Ô, Êtres de Lumière, le chemin qui conduit à la conscience suprême est tel un escalier. Sur cette marche, celle du premier chapitre, vous pénétrez dans la conscience de l'Unité. Et vous découvrez : **mes pensées sont soncience**; c'est parfait, cela vous permettra d'atteindre une grande réalisation.

Mais sur cet escalier, d'autres marches vous attendent, en particulier la neuvième marche – le chapitre 9 – **le vide est conscience**. Là, vous allez découvrir un aspect très inattendu de la conscience et de la pensée. Alors, soyez vigilants car le mental ne peut guère intégrer des aspects de conscience **en apparence** très différents.

Seule la faculté supérieure, **le Manas**, pourra vous révéler la réalité et la complémentarité des opposés. Mes pensées sont conscience est une réalité. Le vide est conscience est une autre réalité. Dans la conscience de l'Unité, ces deux aspects de la conscience s'intègrent parfaitement et harmonieusement.

* * *

Bien, ô mes Amis de Lumière, nous qui sommes des amis depuis des siècles, vous avez découvert ce soir la porte d'entrée de l'unité de la conscience. Cette idée : **« Je suis conscience, mes pensées sont conscience »** vous permet d'accéder vraiment à la conscience de l'unité.

Alors vous verrez la vie d'une autre façon et votre conscience s'ouvrira sur les merveilles de la métaréalité. Ainsi, vous serez à nouveau vous-mêmes : un Être de Lumière parfaitement adorable.

Maintenant, ô Êtres de Lumière, chantons le Chant du Cygne tous en choeur afin d'ouvrir la porte de l'unité de la conscience. Oui, chantons le Chant du Cygne pour réaliser cette réalité : **« Je suis conscience, mes pensées sont conscience ».**

Oui, chantons tous ensemble le Chant du Cygne.

2

Ma vie est conscience

Bonjour et bienvenue, ô Êtres de Lumière, pour cette conférence. Dans la série « Tout est conscience », nous allons découvrir aujourd'hui **« Ma vie est conscience ».**

Nous allons continuer d'étudier l'unité de la conscience sous de nombreux aspects tels : je suis conscience, mes pensées sont conscience, le monde est conscience, les émotions sont conscience. Le but étant de réaliser que nous vivons dans un océan de pure conscience, que nous sommes nous-mêmes pure conscience et rien d'autre.

Oui « je suis cela », la pure conscience et ma vie est conscience. Voilà la réalité absolue de chaque être humain, homme ou femme, blanc ou noir, pauvre ou riche.

« Ma vie est conscience », voilà bien quelque chose de difficile à constater lorsqu'on vit des sentiments négatifs comme la dépression, la haine, la jalousie, la colère ou la tristesse. Pourtant, tout est une question de conscience, de pure conscience Divine.

Souvenez-vous que la prise de conscience de l'unité de vos pensées, de votre mental et de votre conscience supérieure est une des grandes clés de la libération. Car en réalité, **il n'y a pas d'ego**. Cela peut paraître une affirmation extravagante après avoir écrit deux livres sur l'ego : le premier, le tome I, qui permet de comprendre l'ego individuel; le second, le tome 2, qui révèle en pleine lumière la réalité de l'ego collectif de l'humanité. Après cela, oser dire **« il n'y a pas d'ego »** peut faire sursauter. Le Nectar de la Conscience ne parle que d'une seule chose : la conscience sous tous ses aspects. Alors,

- **Le tome 1** nous montre la conscience, limitée et rétrécie à l'étroitesse du mental humain. **C'est l'ego individuel.**
- **Le tome 2** nous révèle la conscience globale de l'humanité qui vit dans l'illusion de ses petites possibilités humaines. **C'est l'ego planétaire.**
- **Le tome 3** nous permet de découvrir la suprême réalité : une conscience grandiose et infinie, omnisciente, omniprésente, omnipotente, notre réalité totale. **C'est l'absence d'ego.**

Oui, l'absence d'ego. Voilà le but suprême : vivre dans l'état de conscience où l'ego n'existe plus. Là je vis sans ego, dans un état de conscience superbe et glorieux. Là je découvre, émerveillé : **« ma vie est conscience »**. Ceci, chacun peut et doit le vivre effectivement et concrètement dans sa vie. Oui, chacun doit parvenir à se libérer et découvrir : **« Oui, ma vie est conscience ».**

L'ego, c'est un fonctionnement anormal. Certains diront que c'est une illusion. Pas vraiment; la vie de l'ego est une réalité pour celui qui y vit. L'ego est plutôt une ignorance. Une ignorance profonde de la réalité.

Prenons un exemple. Vous vous promenez dans un parc national, chargés comme un mulet avec votre gros sac à dos sur les épaules. Vous peinez dans un chemin de terre plein de boue, de trous et de flaques d'eau. C'est dur, c'est fatigant, vous êtes éreintés, n'est-ce pas?

Pourtant, à trois mètres de vous, là derrière les taillis, il y a un autre chemin, plus large, plus droit, recouvert de gravier, sans boue, ni trous, ni flaques d'eau. Ce chemin agréable est entretenu par les gardes-forestiers. Il comporte des haltes, des tables, des bancs, des toilettes, des fontaines d'eau fraîche...

Mais vous, le crotté ignare, vous ne le voyez pas ce chemin, vous ignorez complètement son existence. Pourtant, un campeur vous l'a signalé tout à l'heure. Mais vous avez haussé les épaules car vous **ne croyez pas** qu'un tel chemin existe. Pire encore, vous n'êtes même pas assez curieux pour vérifier...

Sur le chemin d'à côté, sur le bon chemin, d'autres marchent confortablement; des petits chariots sont à leur disposition pour déposer leurs bagages qu'ils peuvent ainsi tirer du bout du doigt. Ils peuvent se reposer et se rafraîchir dans les aires de repos aménagées spécialement à cet effet.

Mais vous, le crotté ignare, vous passez à trois mètres sans rien voir, en peinant, en geignant, harassé et fourbu. Pour vous, la vie n'est pas conscience; pour vous, la vie est une vie de merde. Et vous avez parfaitement raison car vous vivez là une réalité pauvre et limitée, mais pourtant bien réelle pour vous. **Oui, pour vous qui ignorez tout et qui ne savez rien du Réel.**

À côté, sur le bon chemin, d'autres avancent sans se fatiguer; ils se reposent et se préparent un bon repas chaud. Pour eux, la vie est agréable. **Oui pour eux, la vie est conscience.** Mais eux ils savent, ils connaissent le bon chemin. Ils ont découvert l'autre réalité, la Réalité.

Cette petite histoire dit tout et résume tout. La vie de l'ego n'a de réalité que dans l'ignorance de la Réalité!... Que la connaissance apparaisse, que la compréhension jaillisse et l'ego disparaît à jamais et pour toujours.

- **L'ignorance vous maintient dans l'ego.**
- **La connaissance vous révèle le SOI.**

Donc la connaissance nous révèle la Réalité supérieure, là où la vie est merveilleuse et Divine. **Là, « ma vie est conscience ».** Tout est conscience, il n'y a qu'une seule conscience, pure, Divine, totale, parfaite. Éternellement jeune, vivante, vibrante, palpitante. Tout ce qui existe, tout ce qui vit émane de cette conscience totale, de cette pure conscience Divine. Cela est notre Réalité profonde.

Même les sentiments de colère, les moments de dépression ne sont qu'une vibration du mental et le mental lui-même n'est qu'une vibration de pure conscience. Votre propre conscience observe votre vie, elle sait que vous peinez sur le mauvais chemin. Souvent, régulièrement, elle essaie de vous toucher pour vous montrer « l'autre » chemin. Mais vous haussez les épaules car **vous ne croyez pas** qu'une autre conscience que la vôtre existe... Pire, vous n'êtes même pas assez curieux pour vérifier.

Le mental humain réagit en fonction d'un certain conditionnement, ce qui entraîne le déclenchement de certaines réactions. Le seul vrai drame, c'est que l'humain n'est pas conscient de ce qui lui arrive.

Quand un être humain est inconscient, s'il vit de la colère, il se dira : « Je suis en colère ». S'il déprime, il va dire : « Je déprime ». Alors à ce moment-là, il se sépare de sa conscience Divine parce qu'il se prend pour ce qui se passe dans sa vie. Cela s'appelle « s'identifier », c'est-à-dire devenir identique et ne faire plus qu'un avec la limitation. Beaucoup de gens se sont pleinement identifiés à la pénurie, à la maladie, à la solitude. Bref, ils sont nombreux à marcher dans la boue du mauvais chemin.

Lorsque l'Être éclairé devient conscient, constatant la colère en lui, il dira :

« Tiens, l'ego est en colère ». C'est l'ego, c'est son mental qui vit de la colère; ce n'est pas lui. Lui observe, lui est conscience, pure conscience. Il observe la colère qui agite son ego. Ainsi, il est juste le témoin et l'observateur de ses sentiments et de ses émotions. Alors cela n'étant pas lui, cela passe vite, très vite. Il n'est pas descendu dans l'ego, il est resté dans le Soi, **impassible**.

Cet Être de Lumière superbement élevé dans sa conscience, **impassible et imperturbable**, regarde tranquillement le bouillonnement de sa colère, la chute de sa dépression, le vide de sa solitude, mais il n'y participe plus. De cette hauteur sublime, il constate : **« Oui, ma vie est conscience ».** Cet Être merveilleux a découvert le bon chemin et il ne le quittera plus, plus jamais.

Donc, le vainqueur ne s'identifie pas aux péripéties de sa vie; il en est le témoin, simplement le spectateur. Alors sa vie sera mille fois plus facile. La vie aura beaucoup de mal à le désarçonner pour le jeter à terre.

Lorsque vous faites un petit tour à cheval, si vous constatez que votre monture est nerveuse, vous direz : « Tiens, mon cheval est nerveux ». Lui est nerveux, pas vous; tous les cavaliers ont remarqué ça. Lorsque le cheval est nerveux, le cavalier ne dit pas : « Je suis nerveux », n'est-ce pas? Tout le monde comprend ça. Si le cheval est nerveux, le cavalier restera bien en selle, il en tiendra compte mais il n'en sera pas affecté.

Ô, mes Amis de Lumière, nous qui sommes des amis depuis des siècles, vous qui êtes un Être de pure lumière Divine, vous pouvez constater que votre vie est conscience et réaliser : **« Ma vie est conscience »**.

Vous qui êtes conscience, vous qui êtes **la** conscience, vous pouvez dire en observant la vie de votre ego : « Tiens, il est en colère; tiens, il est nerveux; tiens, il déprime ». Automatiquement, vous devenez conscience-témoin de vous-mêmes. Automatiquement, vous revenez dans le Soi. Là, vous pouvez constater : **« Je suis conscience, ma vie est conscience ».** Dès que vous émergez ainsi hors de l'ego, vous prenez conscience que tout est conscience. Vous réalisez enfin : « Mon mental est conscience, mes pensées sont conscience, mes émotions sont conscience, ma vie est conscience et je suis conscience ».

Vu de cette hauteur sublime, l'Être ne voit que le jeu de la vie, le jeu de la conscience. Il n'est plus prisonnier de la matière, ni des conditions, ni de la dualité, ni de ses sentiments, ni de ses émotions. Il est simplement l'observateur silencieux de tout ce cinéma. Alors sa vie change terriblement vite.

Vu de cette hauteur sublime, l'Être peut constater qu'en toute réalité, il n'y a ni bien ni mal. Il peut alors découvrir que **le monde est parfait**. Quand on voit le gigantesque merdier planétaire et les mille fléaux qui accablent l'humanité, il est téméraire de déclarer que **le monde est parfait**.

Encore faut-il savoir ce qu'est le monde. Oui, le monde est parfait mais le monde n'est pas ce que l'on en voit dans les journaux, dans les médias ou à la télévision. Non, cela n'est pas le monde, ce n'en est qu'une petite partie minuscule. Ce monde de difficultés est au vrai monde ce que la porcherie est au château.

Là-haut sur la colline, il y a le château avec le Seigneur, une vie agréable et des fêtes splendides. En bas dans la vallée se trouve la ferme avec tous ceux qui y travaillent. Et dans un coin derrière la porcherie, il y a la fosse à purin et le tas de fumier.

Vivre là sur le tas de fumier comme Job n'est pas la vraie vie. La vie planétaire n'est pas aujourd'hui autre chose que la vie sur un tas de fumier. Beaucoup le savent d'ailleurs car ils sont conscients de mener une vie de merde, terriblement difficile.

Donc, le monde n'est pas la vie planétaire, pas du tout, loin de là. Le monde est bien autre chose, beaucoup plus grandiose. Oui, le monde est infiniment plus grand que la vie humaine tombée dans l'ego, sur la surface de la planète physique.

Le vrai monde est multidimensionnel. C'est un monde à plusieurs dimensions. Le monde véritable est composé de sept plans : les plans physique, éthérique, astral, mental, causal, bouddhique, atmique, anouïque – en fait, huit niveaux. Chaque plan est pétillant de vie, chaque plan est d'une grandeur et d'une splendeur inimaginable pour l'être humain.

L'être humain prisonnier de l'ego est trop primitif pour accéder aux plans supérieurs du Monde. L'humain est limité et confiné en deux endroits du monde :

- **sur le plan physique.**
- **sur le plan astral.**

Oui, l'être humain vit les limitations de sa conscience **en alternance** sur deux plans : tantôt sur le plan physique, tantôt sur le plan astral. Pour notre vague de vie encore dans l'ego, la vie se déroule ainsi : environ un siècle dans l'astral et un siècle sur Terre. Et ainsi de suite, de vie en vie, de réincarnation en réincarnation. Cela se produit jusqu'au jour où l'Être est devenu assez conscient pour **en finir** avec la mort et la réincarnation.

Alors il peut accéder aux plans supérieurs du Monde par son Ascension. Là, tous les plans lui deviennent accessibles. Il a quitté son tas de fumier, il a aussi quitté la ferme et il vit là-haut au château... Comprenez-vous? Vu de cette façon-là, vu de la bonne façon, **oui, le monde est parfait**. Effectivement, la perfection totale règne sur tous les plans, dans toutes les dimensions. La vie qui s'y déroule est grandiose, pétrie d'une conscience infinie, dotée d'une intelligence inouïe. Une activité incessante et bourdonnante s'y déroule sans cesse, complètement inimaginable et incompréhensible pour nous.

Oui, le monde est parfait globalement.

Mais comme il est si parfait, ce monde, il possède même un petit coin de **non**-parfait. Imaginez... un monde totalement parfait avec une petite zone pas du tout parfaite. Aux confins des dimensions, au creux de la matière **et** sur une dune de l'astral existe une **zone de chaos**... Incroyable, non? Et on est en plein dedans!... Incroyable, ne croyez-vous pas?

Songez... vous êtes le Seigneur d'un château merveilleux et splendide et vous avez vos petits-enfants en bas âge, très mignons mais un peu turbulents et un peu fatigants. Leur grand plaisir : se lancer des oeufs. Ils ne peuvent pas jouer ainsi dans le château, c'est complètement impossible.

Alors, que faites-vous? Vous appelez l'intendant du château et vous lui dites : « Va à la ferme, construis une cabane en arrière, donne-leur des oeufs et qu'ils se douchent avant de revenir ici ». Ainsi fut-il.

- **Ainsi en est-il de l'être humain dans sa cabane mentale, derrière la ferme et loin du château. Comprenez-vous?**

Examinons cela d'une autre façon. À Trois-Rivières, nous avons un orchestre symphonique de grande classe et une très belle salle de concert. Chacun peut revêtir ses plus beaux atours, sa robe de soirée, pour assister à de merveilleux concerts dans cet édifice très moderne.

Au sous-sol de ce bâtiment est situé un club de boxe. Chacun peut aller s'entraîner à ce sport, y recevoir des claques sur la gueule, se faire écraser le nez, arracher une oreille ou se faire pocher un oeil...

Tout est parfait à Trois-Rivières, chacun fait ce qu'il veut. « En haut », la salle de concert pour écouter les plus grandes symphonies, rencontrer les Trifluviens les plus chaleureux et les si charmantes habitantes de notre cité fluviale. « En bas », le club de boxe pour y rencontrer les citoyens patibulaires et s'y faire déformer l'anatomie faciale.

Tout est une question de choix; vous vivez « en haut » ou « en bas », derrière la ferme ou au château, dans l'ego ou dans le Soi. C'est vous qui décidez, vous et vous seuls, comprenez-vous?

Oui, le monde est parfait.

La perfection la plus totale règne partout à flots dans toutes les dimensions, **sauf là** où vit l'homme inconscient, ignorant et crotté : là règne **le chaos**, la guerre, la domination, la famine. Là, c'est la vie de merde et ce n'est pas parfait, pas du tout.

Cet endroit abominable n'est pas le monde, il n'est qu'une toute **petite partie** du monde. C'est la cabane où on se lance des oeufs. C'est le sous-sol où sévit le club de boxe. Lorsque chacun comprend vraiment cela, complètement et en profondeur, il prend sa douche, il se débarrasse du mental, il laisse l'ego au vestiaire et revient à toute vitesse au château.

Alors c'est la fête, le Père tombe dans les bras de **sa fille**, il tombe dans les bras de son fils et tous ensemble, ils dégustent le veau gras.

- Alors le fils prodigue peut constater : **« Oui, le monde est parfait »**.
- Alors **la fille** prodigue réalise que : **« Oui, ma vie est conscience »**.

* * *

Avant de poursuivre ce chapitre, je voudrais faire une petite parenthèse. En m'installant ce matin pour écrire, mon stylo-bille à la main, je me disais : « Il y a quelque chose de spécial aujourd'hui dimanche, 6 avril 1997 ». **En effet, l'an 2000 est dans mille jours!** « Ce soir, je vais fêter ça avec une bonne bouteille de vin ».

L'an 2000 ne changera pas la vie de l'humanité comme par magie, mais il marque le passage d'un état de conscience à un autre. L'an 2000 est la porte entre deux mondes. L'humanité, en franchissant le cap de l'an 2000, sort **d'un âge de ténèbres et de domination**. C'est la fin du vieux monde. L'humanité entre dans un âge nouveau de connaissance véritable, de lumière et de liberté. C'est le début du monde de **la nouvelle conscience**.

Actuellement, le combat fait rage entre les forces rétrogrades et les puissances libératrices. Le courant descendant ravage la Terre dans sa folie meurtrière, il sait que le temps lui est compté et qu'il sera bientôt neutralisé. Le courant ascendant[1], lui, diffuse et rayonne la nouvelle conscience à flots sur toute la Terre. Tous les Êtres ascendants sont infusés en profondeur de la conscience nouvelle.

Malgré toute la folie du système mondial de domination, rien ne peut plus empêcher désormais l'humanité de se réveiller et de prendre conscience. La colère de l'humanité martyrisée sera terrible. Ô tyran, prends garde à tes couilles : l'Être se réveille, il est déjà réveillé et conscient. Ô tyran, pour toi le pire s'en vient, le talon arrive, prépare ta tête...

1. Tome 2, chapitre 5, *Les deux courants*.

Soyez vigilants mille jours avant l'an 2000 et mille jours après l'an 2000. Durant cette période de 2000 jours – 6 avril 1997 au 27 septembre 2002 – prenez conscience, travaillez sur votre conscience, découvrez votre conscience et ouvrez les yeux.

Naturellement, l'Être de Lumière peut et doit conscientiser en tout temps, qu'il soit en l'an 2003, 2055, 2099, 2222 ou 2457... Bien sûr, il doit conscientiser jusqu'à l'Ascension et ne pas s'arrêter avant. Ceux qui ont la chance de vivre ces deux mille jours et de s'y conscientiser au maximum sauront ce qu'est la pêche miraculeuse...

* * *

Ceci dit, revenons à nos moutons, c'est-à-dire pour ce chapitre **« Ma vie est conscience »**. Voilà bien un état de conscience éclairé. Lorsque cette idée est assimilée et intégrée, la vie change profondément. Pour cela, l'idée fondamentale doit être parfaitement comprise puis cultivée dans votre conscience jusqu'au jour où vous pourrez en cueillir les fleurs et récolter les fruits.

Certains croient encore que l'homme descend du singe. Ce mythe ridicule est accepté par tout le monde et personne ne se pose de questions. Les plus cons, tout comme les plus intelligents, croient qu'ils sont des singes « descendus ». Il est vrai que certains singes planétaires sont descendus très bas. On aimerait même qu'ils remontent de quelques crans...

En tout cas, si le singe est descendu, où va-t-il? Si le singe est devenu homme, puisque l'évolution se poursuit, que va devenir l'homme? Cela, personne ne vous l'explique : ni la science, qui n'en a aucune idée, ni la religion, qui l'ignore complètement.

Seuls **la cosmogonie, l'ésotérisme et la Gnose** révèlent le devenir de l'homme, son origine et sa finalité. L'être humain devient conscient. Il prend conscience, il découvre sa conscience. Il réalise qu'il n'est pas son corps. Il réalise qu'il est un Être Divin, totalement Divin, complètement Divin. Il réalise qu'il possède tous les dons, toutes les facultés, tous les pouvoirs. Il réalise qu'il est omniscient, omniprésent, omnipotent, **omniconscient**. Il réalise finalement qu'il est un Être de Lumière totalement parfait. Il réalise qu'il est un Être de Lumière d'une beauté et d'une splendeur inouïe. Il réalise qu'il est un Être merveilleux et adorable. Finalement, il réalise qu'il est le Christ.

L'Être redevient le Christ.

Donc, le devenir évolutif de l'homme n'est pas dans la transformation de son corps pour changer d'espèce animale, pas du tout. Le devenir de l'être humain est de prendre conscience de la Réalité et de la métaréalité. Alors sa conscience s'ouvre, elle se multiplie « par mille ».

En fait, l'être humain opère un bond gigantesque au niveau de sa conscience. Celui qui découvre sa véritable conscience acquiert plus de conscience en dix ans qu'un humain ordinaire n'en acquiert en mille ans. Cela paraît fantastique, mais c'est pourtant la stricte réalité. La conscience devient si large et si profonde que cet Être de Lumière peut changer de **sphère**.

Il regagnera en effet le plan éthérique. Il rejoint là les milliards d'habitants et les millions de Maîtres qui y vivent et qui ont compris **le principe** longtemps avant lui. Naturellement, cela n'arrive qu'à l'Être conscient, devenu conscient, totalement conscient. Cela est possible pour tous, pour chacun. Tout le monde peut se prendre en main pour découvrir sa conscience, cultiver sa conscience et faire fleurir sa conscience.

L'Être redevient conscient.

La conscience est quelque chose de tellement particulier et abstrait que parfois, certains me demandent, en privé : « Das, la conscience, c'est quoi au juste? ». Pourtant, ces gens-là ont lu des livres, assisté à des conférences, mais la notion de conscience n'est toujours pas très claire pour eux. C'est une des raisons qui m'ont poussé à écrire le Nectar de la Conscience afin qu'avec mille pages et mille explications différentes, la notion de conscience soit comprise et saisie par tout le monde.

Ce soir, je vais vous proposer une nouvelle approche; nous allons examiner la conscience d'une façon quasi concrète. Répétons tout d'abord le principe de base :

La conscience est la connaissance plus l'expérience.

Pour être conscient, il faut savoir, il faut connaître mais il faut aussi vivre et expérimenter. La conscience naît du mariage de la connaissance et de l'expérience.

**Du mariage de la connaissance et de l'expérience
naît la conscience.**

Posons donc la vraie question, la question fondamentale. Qui possède la totalité de la connaissance et la plénitude de l'expérience? **C'est vous!**

Maintenant, devenons clairs et précis. Quel vous? Quelle est la partie de vous qui possède toute la connaissance et toute l'expérience?

- **C'est vous**, dans votre corps causal.
- **C'est vous**, dans votre état christique.

Découvrons cela. Vous êtes un Être de Lumière qui vit depuis des milliers d'années sur le plan causal. Vous y vivez une vie merveilleuse, étonnante et fantastique.

Vous descendez régulièrement au fond de la troisième dimension au moyen d'un scaphandre spécial qu'ici nous appelons le corps humain. Puis vous remontez un peu, vous abandonnez le scaphandre pour revêtir un habit d'homme-grenouille, un corps astral si vous préférez... Enfin, vous remontez complètement sur le plan causal et vous vous préparez pour une autre plongée...

Donc vous vivez un temps sur le plan causal, un moment sur le plan physique, un autre moment sur le plan astral et vous revenez pour un temps sur le plan causal. Puis le cycle recommence. Disons schématiquement que vous vivez environ soixante-dix ans dans chacun de ces trois mondes. Vous vivez ainsi depuis des milliers d'années.

Votre but est de vous **fabriquer un ego** assez conscient et assez puissant pour exprimer sur Terre un aspect de la splendeur du plan causal. Pour cela, votre monture, l'ego, doit être totalement et inconditionnellement à votre disposition.

C'est-à-dire que cet ego doit être devenu totalement conscient d'être un Soi christique merveilleusement Divin. À ce moment-là et à ce moment-là seulement, vous pourrez accomplir votre oeuvre splendide. Ensuite et seulement ensuite, vous pourrez changer de sphère et rejoindre les maîtres sur le plan éthérique.

Je sais qu'à ce point de notre exposé, certains vont s'écrier : « Il parle de la réincarnation, mais nous n'y croyons pas, pas du tout ». Je vous dirai simplement deux choses.

1. **Au sujet de vos croyances**. Vous n'avez aucune preuve de la véracité de vos croyances religieuses, médicales, scientifiques et philosophiques. Vous croyez à certaines choses mais des quantités de gens croient complètement autre chose et même carrément le contraire. **Les croyances ne sont pas la réalité.**

2. **Au sujet de la réincarnation**. Il n'y a rien à croire, la réincarnation **est**,

c'est tout. Cela se **révèle** forcément à celui qui étudie sa conscience de près. La réincarnation est une réalité absolue que chacun **découvre** lors de l'ouverture de sa conscience. La réincarnation n'a pas besoin d'être l'objet d'une croyance. C'est une réalité qui doit être **découverte et conscientisée**.

Tous ceux qui deviennent conscients découvrent la réalité. En émergeant vers la métaréalité, l'Être conscient rencontrera différentes choses qui changeront sa vie, telles la guérison et la réincarnation. Que l'on y croie ou non, **on se réincarne dans un autre peuple, dans un autre sexe, dans une autre race, dans une autre religion, dans un autre pays.** En devenant conscients de vous, vous découvrirez la réalité. Avant ça, vous pouvez croire tout ce que vous voulez... même au fait que vous êtes un singe « descendu »...

Revenons donc au Christ... c'est-à-dire à vous, cet Être adorable et merveilleux. Depuis des milliers d'années, vous le Christ, vous vivez ainsi en alternance dans les trois mondes. Vous passez quelques décennies sur Terre, puis quelques autres sur le plan astral; enfin, vous terminez par un séjour **chez vous** sur le plan causal. Et le cycle recommence.

Nous étions partis pour expliquer la notion de conscience, nous y arrivons. Donc, depuis des milliers d'années que vous vivez ainsi dans les trois mondes, vous savez beaucoup de choses, n'est-ce pas? On pourrait dire que votre **connaissance** est totale, complète, sans failles. Quant à votre **expérience**, elle est unique, globale; vous avez tout expérimenté. Depuis des milliers d'années, vous avez vécu dans toutes les sortes d'êtres humains, tant sur Terre que dans l'astral, cela à plein temps, jour et nuit.

De plus, vous avez une connaissance et une expérience complète du plan causal et naturellement des plans du « dessus ». Vous connaissez tout de la vie Divine du plan causal et de ses habitants merveilleux. Votre expérience de ce monde est complète car vous y vivez depuis des milliers d'années.

Ô, mes amis de Lumière, nous qui sommes des amis depuis des siècles, comprenez bien. Vous vivez « en haut » sur le plan causal depuis des milliers d'années et vous avez donc une connaissance et une expérience totale de ce monde. Vous vivez aussi « en bas » sur Terre et dans l'astral depuis également des milliers d'années et vous possédez donc une connaissance et une expérience totale de ces mondes.

Bref, vous avez vécu des milliers d'années dans les mondes causal, astral et physique, vous en connaissez tous les détails, **votre connaissance est totale**. Vous avez tout vécu par expérience directe, **votre expérience est totale**.

- **Vous disposez de la connaissance totale.**
- **Vous disposez de l'expérience totale.**
- **Alors votre conscience est totale.**

Voilà votre réalité : vous êtes un Être de Lumière vivant depuis des milliers d'années, possédant une connaissance absolue, disposant d'une expérience totale. **Donc votre conscience est totale et globale.**

Vous disposez de toute la connaissance, de tous les dons, de tous les pouvoirs, de toute l'expérience, donc d'une conscience totale. Vous êtes donc :

omniprésents,
omnipotents,
omniscients,
omniconscients.

On me demandait : « Das, la conscience, c'est quoi au juste? **La conscience, c'est la connaissance plus l'expérience accumulées par vous le Christ en plusieurs milliers d'années.** Lorsque l'Être comprend cela et qu'il le réalise en profondeur, son ego limité disparaît et il devient ici en bas ce qu'il est en haut. Oui, il est sur Terre le Christ fait homme. Vous êtes ce Dieu, vous êtes ce Christ **déjà**. C'est à vous de le comprendre, de le conscientiser et de **le réaliser**; alors ensuite, vous l'exprimerez.

La conscience est votre expérience
de milliers d'années de vie.

Lorsque vous avez compris, assimilé et **réalisé** cette **gnose**, vous émergez. Vous découvrez la réalité suprême de la vie et vous pouvez chanter de joie :

Oui, le monde est parfait,
oui, ma vie est conscience.

Ces états de conscience doivent être découverts, compris et **vécus**. La **Gnose** doit se vivre jour par jour, principe par principe. La **Gnose** doit être assimilée, intégrée par un vécu conscient, actif et vigilant. Autrement dit la Gnose – la connaissance – doit être appliquée, expérimentée. Ainsi pour obtenir la conscience, vous devez **unir la connaissance et l'expérience**. Sinon il n'y aura pas de conscience; c'est aussi simple que cela. Pour être conscient, **il faut les deux**, absolument les deux. **La connaissance doit être vécue.**

Voyons par un exemple une façon de vivre sa Gnose : **« Ma vie est conscience »**. Si cette idée est un état de conscience et non pas une parole en l'air, l'Être vit dans la conscience de l'unité.

Il sait donc que « Je suis conscience, le monde est conscience, mon mental est conscience, mes pensées sont conscience et mes sentiments sont conscience ». Cet Être de Lumière vit dans la conscience. Il constatera que toutes les difficultés encore présentes dans sa vie ne sont que des vibrations de conscience qu'il convient de considérer comme telles, à regarder avec un certain recul. Il s'apercevra alors que toutes les émotions et tous les sentiments qui le bouleversaient tant, le dérangent de moins en moins.

Plus il est conscient, plus il s'observe, moins il est perturbé. Il devient de plus en plus calme, de plus en plus détaché, de plus en plus impassible. Alors sa vie change, l'ordre remplace le chaos dans sa vie. Il devient encore plus calme, plus serein, plus détaché, plus témoin, plus observateur et de nombreux « miracles » apparaissent dans sa vie qui se transforme à vue d'oeil.

À côté de lui vivent voisins, collègues, conjoint. Ces gens-là sont toujours bouleversés à la moindre contrariété. Ils sont emportés par leurs émotions, jetés à terre par leurs sentiments. Dès que quelque chose ne va pas, ils deviennent hystériques. Au moindre imprévu, ils dépriment. Ces êtres humains vivent la même chose que l'Être de Lumière. La même conscience est à leur disposition. Ils pourraient tous vivre calmes, sereins, impassibles. Dans les deux cas, un événement déclenche une vibration dans leur conscience. C'est la même vibration dans la même conscience. L'être ignorant est bouleversé, l'Être conscient est impassible, voyez-vous? Tout est conscience; plus on va être conscient et dans le Soi et plus on sera calme et tranquille.

À un certain moment, les gens peuvent vous attaquer sur le plan personnel, vous critiquer sévèrement ou vous montrer vos défauts en pleine face et vous restez de marbre.. Donc être conscient, c'est vraiment être un témoin impassible de sa vie face aux autres, face à soi-même, face à toutes nos difficultés. Être conscient, c'est être impassible autant à l'intérieur qu'à l'extérieur. Sinon vous contenez votre rage qui vous explosera en plein visage tôt ou tard.

Un bon test pour découvrir si nous sommes un peu conscients, c'est de noter soigneusement tout ce qui nous bouleverse. Si l'être humain vit des bouleversements, des agitations, des paniques, des crises, des hurlements, c'est qu'il n'a pas compris, pas encore, pas du tout.

Le calme véritable face à des événements sérieux est un signe de conscience. Toutefois, des gens très calmes peuvent ne pas être conscients. Le calme est une base pour la conscience. La véritable conscience est beaucoup plus que le simple fait de rester impassible. Le calme est un simple exemple pour montrer comment vivre la connaissance. La Gnose doit être appliquée aux mille aspects de la vie.

La prise de conscience de nous-mêmes nous conduit à réaliser en profondeur l'unité de la conscience : **« Je suis conscience, ma vie est conscience »**. Cet état de conscience merveilleux doit être maintenu.

Maintenir un état de conscience, c'est s'y tenir face à la vie, face aux événements, face à autrui et surtout face à soi-même. Atteindre un état de conscience élevé comme la conscience de l'unité est déjà tout un exploit. C'est vraiment une grande réalisation. **Mais cela doit durer et s'approfondir.**

La vie est le parfait miroir[3] de notre conscience. Nous pouvons y voir notre état de conscience en pleine lumière. En tant qu'être humain, notre vie est des plus limitée et nous rencontrons souvent des obstacles que nous ne pouvons ni franchir, ni contourner.

À ce moment-là, notre état de conscience fait toute la différence. **Notre attitude et notre comportement** pleins de conscience vont nous montrer ce que nous avons à comprendre de la situation. La leçon apprise et comprise, d'autres portes s'ouvriront. L'Être qui vit dans un état de conscience élevé reste calme et tranquille. Il comprend très vite et rapidement, la vie lui présente un aspect plus radieux et plus prometteur.

Le problème dans la vie ne réside pas dans les limitations ni les obstacles, mais dans la façon de les aborder. Tout est une question **d'attitudes et de comportements** face aux difficultés. Les limitations humaines sont le moteur de notre croissance qui nous pousse malgré nous à prendre conscience. Oui, les limitations nous obligent à prendre conscience. Sans elles, l'orgueil devient démesuré et l'inconscience reste un état permanent.

Certains ont beaucoup de talent dans la vie. Ils sont doués pour certaines choses. Ils ont très bien réussi dans un domaine particulier. Ils se pensent une élite et se trouvent très intelligents. Sur le plan purement humain, ce sont les apparences. Ces gens-là n'ont pas encore rencontré leur maître, c'est-à-dire une grosse limitation qu'ils ne pourront pas franchir. C'est beau de réussir dans la vie, c'est très bien, tout le monde aspire à la réussite.

Personne ne souhaite l'échec, c'est tout à fait naturel. Pourtant, l'échec est un véritable maître, un très grand professeur. Face à l'échec, nous nous remettons profondément en cause. Nous cherchons à comprendre ce qui arrive. Nous voulons savoir qui nous sommes. Nous découvrons les causes profondes. Nous acquérons ainsi une profonde humilité.

3 Tome 2, chapitre 7, *Le miroir de la conscience*.

Dans la réussite, en général l'ego ne se pose aucune question. Il s'attribue tout le mérite. Il croit qu'il est beau, qu'il est doué, qu'il est intelligent. Il se pense génial et l'auteur de ses oeuvres. Son orgueil est sans limite. Ego il est, ego il reste. **Il n'a pas encore perdu l'illusion de croire qu'il est celui qui agit...**

Le si terrible échec nous permet de comprendre et de conscientiser. Enfin on comprend l'impuissance réelle de l'ego et on réalise que les oeuvres véritables viennent de plus haut, du Soi, de l'Être. Ceci, vraiment conscientisé, apporte la véritable humilité :

De moi-même, je ne peux rien,
c'est le Père en moi qui agit.

Les limitations sont nombreuses et courantes dans la vie. Parfois, on tombe sur un os, un obstacle terrible. Lorsque vous rencontrez dans votre vie une grosse limitation, un mur, là vous prenez conscience. Vous réalisez que votre pouvoir a des limites, vous découvrez que vos capacités ne peuvent pas tout... Vous avez atteint votre état d'impuissance.

Face à votre impuissance à agir, à réussir ou à régler vos problèmes, vous êtes obligés automatiquement d'acquérir de l'humilité. Vous ne pouvez pas rencontrer votre impuissance sans acquérir une humilité correspondante.

Quand vous vous rendez vraiment compte, pleinement compte que dans un certain domaine vous êtes complètement nuls ou complètement impuissants à trouver la solution, vous acquérez une certaine humilité. Parfois vous passerez par des phases intermédiaires telles la peur, la colère, la dépression, mais au bout du tunnel, la lumière revient **toujours**.

Lorsque vous avez compris que malgré tous vos efforts, vos immenses efforts, vous n'avez rien réglé, vous n'avez pas réussi et que c'est l'échec total, vous acquérez l'humilité. Aussi grande est votre prise de conscience, aussi grande est l'humilité qui en découle :

De moi-même, je ne peux rien,
c'est le Père en moi qui agit.

Cette humilité-là, **la vraie**, n'est pas humiliante... pas du tout. Ce n'est pas non plus de la fausse modestie. C'est l'humilité de Jésus face à son Père. C'est en fait **une très grande réalisation** sur le chemin de la conscience suprême. C'est la découverte de l'ego, la prise de conscience profonde que dans l'ego, **« je suis petit, nul et impuissant »**, ce qui est d'ailleurs la réalité absolue. **Cette humilité est en fait la compréhension véritable.**

L'ego n'a aucun pouvoir; en prendre pleinement conscience est profondément libérateur. En effet, l'Être aura ensuite tendance à toujours se placer dans le Soi. Oui, il cherchera naturellement à vivre dans sa conscience qui possède **tous les pouvoirs**. Cet Être devenu conscient ne veut plus être livré à lui-même dans l'ignorance et l'impuissance de l'ego.

Maintenant, il reconnaît et il sait que dans le Soi, dans sa conscience Divine, il trouvera toujours le réconfort, la force, la lumière et le pouvoir. Cet Être a reçu de la vie, grâce à l'échec, une magistrale leçon. Il en est résulté une prise de conscience très importante. Cela lui permettra d'arriver un jour au sommet de la conscience. L'Être conscient ose déclarer :

De moi-même, je ne peux rien,
c'est le Père en moi qui agit.

C'est la prise de conscience du « Je ne suis rien ». Dans l'ego, c'est la réalité, je ne suis rien. C'est la grande voie de la réalisation dans la prise de conscience que d'un côté, celui de l'ego, **je ne suis rien** et de l'autre côté, celui du Soi et de la conscience, **je suis Tout**.

En tant que mental, je suis terriblement limité, je ne peux rien faire mais en tant que conscience Divine, je suis Tout et je possède toutes les possibilités. La bonne attitude et le comportement adéquat, c'est de comprendre que nous sommes les deux. C'est accepter les deux polarités sans vouloir les changer à tout prix.

Il n'y a rien à changer, il y a seulement lieu d'être conscient : si je vis dans l'ego ou si je vis dans le Soi. En devenant conscient de nos deux aspects, on se placera délibérément dans le Soi. L'échec a permis la prise de conscience, l'échec a permis la compréhension, l'échec a permis de découvrir les limites de l'ego et le pouvoir du Soi. Maintenant, la réussite est assurée, **la vraie**, celle de l'Être.

Lorsque l'Être de Lumière a opéré cette prise de conscience, il ne connaîtra **plus jamais l'échec**. Sa réussite totale est assurée. Il réussira dans toutes ses entreprises. Sa réussite sera parfois surprenante. Elle passera par des voies inattendues, mais la réussite sera toujours au rendez-vous. La réussite le suivra comme son ombre. La réussite ne le quittera plus. **Il réussira toujours.** Oui, dans le Soi, il réussira toujours. Il constatera avec une grande joie :

Je suis conscience, ma vie est conscience.

Comprenez bien une chose : si déjà vous réussissez dans l'ego, vous pouvez continuer de réussir en prenant conscience. L'échec **n'est pas** indispensable, c'est un moteur pour prendre conscience. Mais si vous êtes assez ouverts pour prendre conscience par la réussite, alors tant mieux pour vous! Que la réussite soit votre moteur de prise de conscience. Sachez alors déjouer les pièges et les illusions du chemin.

- **La conscience de l'unité** est un état de conscience merveilleux que tout le monde peut acquérir. Oui chacun, femmes et hommes, noirs, blancs, rouges et jaunes, illettrés et érudits, pauvres, chômeurs et P.D.G.
- **La conscience de l'unité** est là, ici pour chacun. Tout le monde peut se servir avec une cuiller, avec une louche, avec un seau et pour les plus audacieux, avec un camion-citerne...
- **La conscience de l'unité** est gratuite, offerte à tous en tout temps. Vous n'avez besoin de personne pour l'atteindre. Il suffit de la comprendre, de l'étudier, de la cultiver et de la **mettre en pratique**.

Alors automatiquement, cette conscience que vous cultivez soigneusement chaque jour va pousser en vous. Elle vous donnera des fleurs, puis des fruits. Cette conscience merveilleuse jaillit spontanément dans votre vie, **toujours** au bon moment. Cette merveilleuse et Divine conscience de l'unité doit être cultivée sans cesse sinon elle dépérit, elle meurt et vous retombez dans l'ego. **Maintenir** sa conscience « en haut », tel est l'art suprême.

La société est comme la gravité : elle nous attire automatiquement vers le bas. Dès que nous cessons de monter, nous descendons. Regardez les montgolfières, le « montgolfnaute »... (rire général). Bon, le pilote, disons... (rires) passe son temps à pulser de l'air chaud dans le ballon. Dès qu'il arrête, la montgolfière redescend.

Pour la conscience de l'unité, le même principe s'applique. Nous devons la cultiver sans cesse pour nous maintenir dans les hauteurs sublimes de cet état de conscience grandiose. Oui, la conscience de l'unité doit être vécue jour par jour et soigneusement cultivée, sans cesse.

Comprenez-vous : la cultiver sans cesse?...

Ô, mes Amis de Lumière, nous qui sommes des amis depuis des siècles, comprenez bien que l'aventure de la conscience est **l'aventure suprême**. Rien ne peut vous apporter plus de joie, de contentement et de satisfaction que la conscience de l'unité.

Sur cette hauteur sublime, vous savez qui vous êtes, d'où vous venez et où vous allez. Vous vivez une vie nouvelle, riche, abondante, pleine de merveilles et de surprises étonnantes. L'étape suivante est la **réalisation**. Vous ne pouvez pas la provoquer. La réalisation se produit spontanément chez les jardiniers de la conscience qui cultivent sans cesse, jour et nuit, la conscience de l'unité.

Vivez cela : je suis conscience, mes pensées sont conscience, ma vie est conscience, mes sentiments sont conscience, mon mental est conscience, le monde est conscience, mon épouse est conscience, mes amis sont conscience, mes ennemis sont conscience... Tout est conscience, seule existe la pure conscience Divine. Oui, la conscience de l'unité, profondément vécue et parfaitement cultivée, vous élèvera jusqu'au sommet. Oui, vivez cela :

Je suis conscience, ma vie est conscience.

Ô, Êtres de Lumière, voilà la conscience de l'unité. Oui, chacun est un Être de pure conscience, un Être de Lumière adorable et parfait.

Chantons tous ensemble le Chant du Cygne pour cultiver notre conscience de l'unité. Oui, cultivons notre unité de la conscience en chantant le Chant du Cygne, tous ensemble avec amour.

Oui, chantons la conscience de l'unité.

3

L'argent est conscience

Bonjour à tous et bienvenue, ô Êtres de Lumière, pour cette conférence. Ce soir, notre thème sera l'argent : « L'argent est conscience ».

Nous savons que tout est conscience : « Ma vie est conscience, mes pensées sont conscience, le monde est conscience, chacun est conscience ». Cela nous permet de réaliser la conscience de l'unité. Dans cet état de conscience grandiose, nous réalisons alors que l'argent aussi est conscience.

Mais oui, parfaitement : « L'argent est conscience », la richesse est conscience, l'abondance est conscience, la prospérité est conscience. Tout Être conscient émerge un jour ou l'autre dans la richesse, dans l'abondance et dans la prospérité. **Cela est automatique et inéluctable.** L'Être conscient ne peut même pas l'éviter car sa conscience est richesse, est abondance, est prospérité.

Cela est la nature même de la conscience, son aspect tangible, son amour naturel. L'Être vit au point d'équilibre situé entre la conscience et l'énergie. La conscience est le « père ». Le père pénètre l'Être, descend en lui et l'infuse de conscience, il le remplit de sa propre nature. L'énergie est la « mère ». La mère reçoit en elle. À l'intérieur de l'Être, la conscience se transforme en énergie Divine. Cette Divine Marie jaillit alors hors de l'Être, lui apportant sans cesse tout ce qu'il lui faut.

La mère Divine, Lakchmi, Marie, est cette énergie fantastique qui jaillit sans cesse hors de l'Être, pourvoyant constamment à tous ses besoins, le comblant de tout avec abondance, richesse et prospérité.

Si une femme désire un enfant, que doit-elle faire? Est-ce compliqué? Non, pas du tout. Elle n'a rien à « faire » de spécial. Elle doit passer à l'action et agir pour être fécondée. Elle doit tout simplement **se laisser pénétrer par le père**!... C'est tout, c'est automatique : neuf mois plus tard, bébé apparaît au grand jour.

Ô, Amis de Lumière, nous qui sommes des amis depuis des siècles, écoutez bien, ouvrez vos écoutilles. Je vous expose ici **l'essence même de la Vie**. Si vous voulez bien saisir, vous allez réellement jaillir dans la lumière et vivre une vie nouvelle, pleine de la richesse véritable.

Si un Être de Lumière désire de beaux enfants tels la prospérité, la richesse et l'abondance, que doit-il faire? Est-ce compliqué? Non, pas du tout. Il n'a rien à « faire » de spécial. Il doit passer à l'action et agir pour être fécondé. Il doit tout simplement **se laisser pénétrer par le « Père »**, la conscience suprême. C'est tout, c'est automatique : *« neuf mois »* plus tard, les beaux triplés apparaissent dans la vie de l'Être. Oui, *« neuf mois »* après, la prospérité, la richesse et l'abondance jaillissent de l'Être par la puissance de l'énergie Divine, Marie, qui vient combler chacun de mille bienfaits jour après jour.

Le délai *« neuf mois »* signifie le temps nécessaire, le temps voulu, le délai requis. Pour une femme et un enfant véritable, évidemment, c'est neuf mois. Pour un Être de Lumière qui veut accoucher de la richesse, le délai sera très variable d'une personne à l'autre. Certains auront de très belles surprises en quelques semaines, d'autres en quelques mois, parfois un peu plus de temps sera nécessaire. Toutefois, sachez-le bien, vous attendez des triplés et **ils apparaîtront** dans votre vie tôt ou tard.

Le délai sera d'autant plus court que la **pénétration** sera longue et vigoureuse... Oui le « père », Schiva, la conscience, doit vous pénétrer tous les jours, plusieurs fois par jour, longuement et activement...

Cela est la véritable transformation, la magie, l'Alchimie. En fait et tout simplement, **l'Alchimie de la conscience**. Alors, que les hommes se rassurent : il n'y a **rien** de sexuel dans cette fécondation. Ne confondez pas les métaphores avec la réalité.

Reformulons donc tout ceci, mais en d'autres termes. La conscience Divine Schiva, le Père, descend et s'infuse dans l'Être. Alors l'énergie Divine, la Mère, Marie, remonte et s'extériorise, **toujours** sous la forme de l'abondance, de la prospérité et de la richesse.

D'où l'union du Père et de la Mère, qui produit les enfants : la richesse, l'abondance et la prospérité. Il en est ainsi, de façon automatique et infaillible. Plus tard, les mêmes noces – les noces alchimiques – donnent naissance au Christ et c'est vous, transformés et transmutés. Vous saisissez?

Vous voulez l'abondance, la prospérité et la richesse? Parfait! infusez-vous de conscience. Vous voulez l'amour en plus? Parfait! infusez-vous de conscience. Vous voulez tout, toutes les bénédictions du Chant du Cygne? Parfait! infusez-vous de conscience.

Cet Hymne de joie offert à Dieu en vous
apportera à tous ceux qui s'en donneront la joie :
la grâce du Guru, le grand amour,
la joie de vivre, la santé Divine, la richesse véritable,
le confort financier durable, le véritable amour Divin,
l'état de conscience suprême, la liberté parfaite
et l'Ascension dans la lumière.

Je chante, je chante le Chant du Cygne
ET TOUT M'EST DONNÉ PAR SURCROÎT.

Le Chant du Cygne, soutra 60.

Ô, Êtres de Lumière, vous voulez tout ça? Vraiment, vous voulez toutes ces bénédictions? Ô Être chanceux, que la conscience te pénètre et tout cela sera à toi dans *« neuf mois »*, tôt ou tard, un jour ou l'autre. Cela dépend de toi, uniquement de toi.

Comment la conscience Schiva, le Père, peut-elle me pénétrer, me remplir et s'infuser en moi? D'une façon très simple, comme toujours dans tout ce qui relève de la conscience.

Chantez le Chant du Cygne,
Étudiez le Nectar de la Conscience,
Connectez-vous sur le Septième Rayon[1].

Ayant découvert **l'essence même de la vie**, l'Être découvrira forcément comment s'y prendre pour jaillir dans une vie renouvelée, riche, prospère et

1. Tome 2, chapitre 6, *La connexion au Septième Rayon*.

abondante. C'est ici que les esprits planétaires m'attendent, au coin du bois, pour me dire : « Das, voyez la planète : la misère d'un côté et quelques très riches de l'autre, votre truc ne marche pas... ».

Si, ô ignorance suprême, **l'essence de la vie** fonctionne **toujours**, depuis toujours et fonctionnera toujours; c'est la loi suprême, éternelle, infaillible. Lorsque le père féconde la mère, l'enfant naît. Lorsque **la conscience féconde l'Être**, l'énergie jaillit sous forme d'abondance, de prospérité et de richesse, **toujours**.

Oui bien sûr, la Terre grouille d'une population misérable, ignorante, mal nourrie, malade, affamée, terrorisée, battue. Les beaux Êtres de Lumière meurent comme des mouches, ils errent sur les routes, ils sautent sur des mines, ils meurent de faim. Les bébés squelettiques agonisent dans les bras de leur mère épuisée et affamée.

Ils sont chassés par les uns, pourchassés par les autres, ils sont bombardés, fusillés, emprisonnés. La guerre fait rage, la famine fait rage, les épidémies font rage. Ils sont malades, pauvres, abandonnés, désespérés, affamés et vaccinés...

Pendant ce temps-là, les dictateurs des nations où sévissent ces fléaux pillent leur pays, transférant des milliards de dollars en Suisse. Dans nos beaux pays occidentaux, trois pour-cent de la population possède cinquante pour-cent de tous les biens disponibles.

Les pays développés octroient de l'aide internationale au compte-gouttes. Mais ils vendent ou ils donnent pour des centaines de milliards de dollars de matériel de guerre à n'importe quel pourri de dictateur. Cet immense gâchis, ce gigantesque merdier planétaire **est organisé et voulu** par la haute finance internationale qui encaisse sans broncher les milliards produits par la guerre, le chômage et le désespoir.

Ceci, je m'en suis déjà expliqué dans le tome 2 du Nectar de la Conscience, qui révèle **l'ego planétaire et la dictature mondiale**. Je consacre trois chapitres du tome 2 à cette dictature répugnante. J'y révèle aussi les treize moyens qui permettront à l'humanité de prendre conscience et de se libérer du joug et de la tyrannie de la dictature mondiale.

Ceci étant dit, le merdier planétaire constaté, il n'en reste pas moins certain que **l'essence de la vie** demeure une réalité absolue, éternelle et infaillible.

Lorsque la conscience infuse l'Être,
l'énergie jaillit.

Cela est une réalité absolue, éternelle et infaillible. L'infusion massive de la conscience dans l'Être génère une puissante émission d'énergie et l'apparition dans la vie de la prospérité, de l'abondance et de la richesse. Les beaux triplés sont souvent suivis ou précédés d'un frère : l'amour.

La véritable richesse provient donc de la conscience, rien que de la conscience, seulement de la conscience. Voilà pourquoi les Êtres conscients travaillent sur la conscience et non pas sur l'énergie. Ils savent qu'ils auront tout par surcroît, incluant l'énergie et ses fruits.

Les spiritualistes avancés, ceux qui ont dépassé les dogmes et les croyances pour découvrir l'expérience, travaillent souvent sur l'énergie. On trouve là tous les systèmes pour faire monter l'énergie, ouvrir les chakras et éveiller la kundalini.

Fatigue inutile que tout cela. Ils veulent plus d'énergie sans augmenter **d'abord** la conscience. L'énergie est le résultat de l'infusion de conscience. Alors, il faut d'abord augmenter la conscience de façon appréciable et l'énergie viendra **d'elle-même**. Sinon, vous êtes comme une vierge qui voudrait un enfant sans recevoir la pénétration... Comprenez-vous?

La véritable richesse provient donc de la conscience. La richesse véritable est beaucoup plus que l'argent. Des quantités de gens possèdent beaucoup d'argent. Ils ne sont pas riches pour autant.

Croyez-vous qu'un dictateur pourri qui vole à son peuple l'argent de l'irrigation est riche? Pensez-vous qu'un ministre qui détourne à son profit l'argent destiné à construire l'hôpital est riche? Non, ces abrutis sans conscience disposent bien sûr de beaucoup d'argent, mais ils n'ont aucune richesse.

Ils se sont généré un destin affreux. Ils rencontreront leurs victimes sur le plan astral dès leur mort et là, ils auront des comptes à rendre... En plus, ils se sont élaboré un horrible karma, ils devront prendre conscience **puis compenser**. C'est ainsi pour **les abrutis** planétaires qui sont en général les dictateurs et leurs complices.

Pour **les tyrans** planétaires, la situation est encore pire. Les milliardaires au pouvoir sont la bête; ils sont la tête pensante et organisatrice de la dictature mondiale. Ces milliardaires-tyrans sont **la merde de la Terre**. Ils organisent la guerre, la pénurie, la famine. Ils sont responsables de tous les fléaux planétaires[2]. Ils sont les grands coupables du désastre planétaire actuel.

Ils accumulent pour leurs ambitions démentielles toutes les richesses, toutes les ressources, tout l'argent de la planète. Ils génèrent sciemment et délibérément le chômage et la pauvreté afin d'exercer une domination mondiale

---

2. Tome 2, chapitres 11, 12 et 13, *La dictature mondiale*.

totale.

Croyez-vous que ces gens-là sont riches, assis sur leur bidet en or? Ces tyrans dépourvus de toute conscience sont, **malgré** leurs milliards de dollars, plus pauvres que Job. Couvert de plaies béantes et d'ulcères purulents, Job a vécu un certain temps sur son tas de fumier, puis il est redevenu riche.

Pour ces tyrans, c'est la même chose, mais à l'envers. Ils vont devenir pauvres, vraiment pauvres et ils vivront sur un tas de fumier durant un temps, deux temps et la moitié d'un temps. Exactement, siècle pour siècle.

Ô, quel terrible karma vous avez,
oui, terrible est votre destin à présent.
Amène ta tête...
Voilà mon talon...

Votre complot a échoué...
Les Nations se retournent contre vous...
Tant pis pour vous...

Le Chant du Cygne, soutra 62.

Donc, les abrutis pillent l'état et le peuple; les tyrans font pire, ils ruinent carrément la planète. Ils provoquent la faillite des états et la misère des peuples. Quant **aux monstres – les communistes –** ils ont déjà accompli leur horrible forfait.

En effet, le monstrueux communisme a exterminé des millions de personnes et supprimé radicalement toute liberté. Le communisme s'est écroulé, laissant **tous** les pays où il a sévi complètement en ruine. Ces pays sont tous en faillite et le peuple est tombé dans la pire des misères.

- La domination conduit **toujours** à la ruine de tous car la domination est **toujours** une absence complète de conscience. Réveillez-vous!

La richesse véritable provient donc de la conscience, **toujours**. Et il faut bien comprendre que l'argent vient **en plus** de la richesse. C'est pour cela que les pauvres volent de l'argent, car ils ne sont pas riches... Comprenez bien cette curieuse affirmation.

- Oui les pauvres dictateurs, n'ayant aucune richesse, volent l'argent du peuple.
- Oui les pauvres millionnaires, n'ayant aucune richesse, volent l'argent

de l'État (évasion et fraude fiscales « légales »...).

- Oui les pauvres milliardaires, n'ayant aucune richesse, volent l'argent des peuples et pillent les nations.
- Oui les pauvres dirigeants n'ayant aucune richesse, volent l'argent partout où ils le peuvent.

Quant à ceux qui sont dans la misère, ils ne volent pas grand chose; parfois, un peu de nourriture pour ne pas mourir trop vite.

Plus ils sont « riches », plus ils nous volent.

Les plus grands voleurs, les plus grands escrocs sont les gens au pouvoir; plus leur pouvoir est grand et plus ils volent la population de façon considérable.

La richesse véritable provient donc de la conscience. La conscience nous génère la véritable richesse et l'argent vient **en plus**, par surcroît. Ainsi les pauvres cherchent-ils l'argent à tout prix afin d'obtenir un peu plus de pouvoir. Ces pauvres accumulent l'argent par milliards de dollars pour augmenter encore plus leur pouvoir.

Les Êtres conscients déjà riches de la richesse véritable travaillent profondément et activement sur leur conscience. Plus ils sont conscients, plus leur richesse augmente. Alors **l'argent apparaît par surcroît**, naturellement et spontanément.

La richesse véritable provient de la conscience. **Le pauvre** millionnaire ou milliardaire « chaparde » l'argent de **tous** par millions et milliards de dollars à la fois. **Le riche** génère de lui-même sa propre abondance, sa richesse et sa prospérité dont tout le monde peut profiter bien souvent.

- **Le pauvre** ⇒ vole l'argent de tous et s'achète le pouvoir.
- **Le riche** ⇒ augmente sa conscience et génère la richesse pour le profit de tous.

- **Le pauvre** ⇒ crée le chômage et augmente la misère.
- **Le riche** ⇒ crée la prospérité et multiplie l'abondance.

Pour ces pauvres si pleins d'argent volé, ces pauvres cons :

– plus ils ont d'argent, plus ils en veulent;
– plus ils en ont, plus ils en volent.

La richesse véritable provient de la conscience et c'est à nous de la reconquérir. L'Être de Lumière qui redevient conscient comprend **l'essence de la vie** et entreprend activement une reconquête de la richesse.

La conscience est richesse, la conscience est abondance, la conscience est prospérité. La richesse véritable est l'état naturel et normal de chacun. Donc l'Être conscient veut redevenir normal. Alors il assimile la connaissance et redevient lui-même. Il redevient un Être splendide, beau, riche, prospère, amoureux et conscient. Oui, tout à fait conscient. Là, il sait que sa conscience lui procure la richesse et que l'argent lui parvient **par surcroît**.

Cet Être adorable qui a compris la vie sait qu'il doit agir et produire une activité bénéfique pour **tous**. Il passe donc à l'action et par un travail qu'il aime, il produit sa propre abondance. Oui, par son activité manuelle, intellectuelle ou artistique, il génère sa propre prospérité. Il utilise tous ses talents, son intelligence, sa créativité, son art, ses dons, son expression de soi, sa débrouillardise, son initiative, son bon sens.

Alors l'argent arrive... par surcroît.

La richesse véritable provient de la conscience. Les misérables inconscients crottés à l'extrême, s'enrichissent sur le dos des autres. Ils dépouillent la veuve et l'orphelin. Ils génèrent le chômage et la misère.

Quelle est donc leur richesse? Ils n'en ont aucune; leur pseudo-richesse est nulle et sans valeur. Tout comme eux, d'ailleurs, qui sont des êtres nuls et sans valeur.

Quelle est donc leur intention? Ils ne veulent qu'une chose : le pouvoir. Ils sont atteints de la maladie du pouvoir. Ils sont devenus de véritables vaches folles, malades du pouvoir.

Leur pouvoir est imaginaire!

En effet, à quoi bon se croire le maître du monde pour la durée si courte d'une petite vie humaine si... si vous en payez le prix durant mille ans? En effet, les crimes commis par les tyrans fous contre l'humanité sont si gigantesques que ceux-ci devront réparer durant **des milliers** d'années.

Oui, les tyrans fous vont payer leurs quelques années de pseudo-pouvoir par une servitude très réelle de milliers d'années. C'est là une réalité absolue[3]. Au pouvoir durant quarante ans, ils subiront mille ans de servitude. Au pouvoir durant une seule vie terrestre, ils retardent leur Ascension de dix vies!... En fait,

3. Tome 2, chapitre 10, *Les Retardataires*.

cela durera effectivement beaucoup plus que mille ans, car ils devront **compenser et** réparer jusqu'à la fin des temps... jusqu'à la **fin du cycle!** Je vous le disais bien :

Leur pouvoir est imaginaire.

Oui, mais avec leur pouvoir imaginaire, ils font des dégâts très réels. La planète est saccagée et l'humanité martyrisée. Ô, mes Amis de Lumière, sachez que la lumière s'en vient; la conscience est de retour, **la justice arrive**. Bientôt, oui très bientôt.

La richesse véritable provient de la conscience et elle est **toujours** une bénédiction profitable à **tous**. Lorsque la pseudo-richesse provient du crime, du vol, de l'escroquerie ou pire encore de la **faillite provoquée** des peuples et des nations, elle n'est qu'une abomination.

Les sinistres tyrans de la dictature mondiale qui s'engraissent de la misère planétaire ne savent pas ce qu'ils font. Ils ne savent pas qu'ils ont déjà tout perdu. Leur perte est annoncée, leur défaite totale, leur déchéance complète. Cela est **déjà** une réalité sur les plans subtils et claironné partout par les **Melchizedeks**.

Bien sûr, ils ne voient rien, ils n'entendent pas. Toutefois, la victoire des forces lumineuses, la victoire des forces solaires est **déjà** totale. Cela va apparaître en évidence jusque sur la Terre de la conscience. Découvrant alors leur abominable karma, certains tyrans majeurs et leurs complices vont en mourir de terreur. Sachez-le bien!

La richesse véritable provient de la conscience; elle se multiplie et se partage. Jésus, avec cinq pains et deux poissons, a nourri cinq mille personnes. Ensuite, il est resté douze paniers pleins de pains.

Quelque temps plus tard, en un autre lieu, Jésus répète la même démonstration. Cette fois avec sept pains et quelques poissons; il nourrit quatre mille personnes. Ensuite, il est resté sept paniers pleins en surplus.

Comprenez-vous? La richesse véritable se multiplie et se partage. **Après le partage, il y en a davantage**, il y en a en abondance, il y en a en surplus. Tous ont mangé « autant qu'ils en voulaient ». L'abondance totale[4], la prospérité pour tous, voilà la véritable richesse. Celle-ci provient :

de la multiplication de l'abondance
et du partage de la richesse.

---

4. Tome 2, chapitre 2, *Multipliez votre abondance*.

Alors le résultat naturel est automatique, c'est la prospérité générale dont tout le monde bénéficie. Voilà donc **la prospérité générale débordant de surplus pour tous**.

Lorsque l'humanité comprendra les enseignements de Jésus, la richesse, l'abondance et la prospérité fleuriront sur Terre pour **tous**, pour toutes les femmes et tous les hommes de toutes les races, dans tous les pays du monde.

Le problème, c'est que les enseignements de Jésus, **ceux d'origine** de l'an 33, **ne sont plus** accessibles au public. Ils ont été **cachés** au Ve siècle par les empereurs romains. Ensuite, durant les quinze siècles suivants, les descendants des empereurs, les papes et l'Église, ont continué de **cacher** les véritables enseignements de Jésus. Le tome 1 du Nectar de la Conscience révèle la **grande imposture** et les véritables **origines secrètes de la Bible**.

Toutefois et heureusement, les enseignements authentiques de Jésus sont toujours disponibles intacts, purs, frais, vivants. Vous les trouverez dans la Gnose, l'Alchimie, la cosmogonie et l'ésotérisme. **La Gnose** vous révélera ce que l'Église a **caché**... et perdu. **Vous serez édifiés!...**

La véritable richesse se multiplie et se partage. Après le partage, il y en a davantage, il y en a en abondance, il y en a en surplus.

- **La multiplication de l'abondance,**
- **le partage de la richesse,**
- **la prospérité générale en surplus,**

sont des principes tellement prodigieux, tellement inouïs que lorsqu'ils seront compris, vécus et appliqués par l'humanité, la face du monde sera changée.

La multiplication de l'abondance est quelque chose de si important que l'anecdote des pains et des poissons est répétée **six fois** dans les Évangiles.

- La multiplication par Jésus de cinq pains et deux poissons pour nourrir cinq mille personnes figure dans les quatre Évangiles.
- La multiplication par Jésus de sept pains pour nourrir quatre mille personnes est relatée dans deux Évangiles (Mathieu 15, Marc 18).

La loi naturelle et Divine est la prospérité, l'abondance et la richesse pour tous selon les principes Divins de la conscience.

La richesse véritable provient de la conscience. Les vulgaires profiteurs qui tyrannisent l'humanité et qui génèrent la misère générale appliquent le principe **à l'envers**. D'une part, ils accaparent pour eux seuls toute la richesse qu'ils peuvent prendre et d'autre part, ils provoquent la pénurie, le chômage et la pauvreté pour tout le monde. Ils n'ont qu'un seul but : dominer.

Les pauvres sont soumis.

Voilà la triste et terrible condition de la Terre à l'heure actuelle. Les tyrans pillent la veuve et l'orphelin. Les femmes seules, les femmes célibataires ayant des enfants ont de plus en plus de mal à survivre. Leurs revenus sont insuffisants, leurs enfants vont à l'école à jeûn. Et comble d'indécence, elles paient des impôts sur leur pension alimentaire, alors que les banques font des profits records, que les grandes compagnies échappent à l'impôt et que les tyrans multimilliardaires accaparent toujours plus.

Rendez justice au faible et à l'orphelin. (psaume 82)
Protégez l'orphelin, défendez la veuve. (Isaïe 1-17)

Il n'est pas dit ici de sodomiser les orphelins, ni de voler leur pension alimentaire, ni de laisser les femmes sombrer dans la misère. Non, au contraire, la conscience exige :

la justice et la protection.

Oui, une société consciente exige et obtient la justice et la protection des veuves et des orphelins. C'est-à-dire qu'une société consciente exige et obtient l'abondance, la prospérité et la richesse pour tous, en commençant, bien sûr, par les plus faibles, les enfants et les femmes démunies, ce qui n'est que simple justice.

Le remède général est accessible et peut facilement être mis en oeuvre par toute la société afin que toute l'humanité redevienne riche, prospère et pleine d'abondance. Je m'en suis expliqué dans le tome 2 du Nectar de la Conscience, où je fournis les treize remèdes temporels et les trois remèdes suprêmes qui rendront la liberté à l'humanité.

Les chevaliers d'hier et d'aujourd'hui protègent la veuve et l'orphelin. De nos jours, des charognards avides dévorent les revenus des plus faibles de la société. Ils s'enrichissent indûment **sur le dos de tous**. Ces charognards milliardaires avides sont le **contraire** des chevaliers, c'est-à-dire des pillards et des criminels. Ils ne sont pas riches, pas du tout; ils ne possèdent ni abondance ni prospérité.

Non, ils ne possèdent qu'un abominable **butin**, dégoulinant de sang et de larmes, qu'ils ont obtenu par la guerre, la maladie, la famine, le chômage, le désespoir et la misère de tous.

Ô, mes Amis de Lumière, nous qui sommes des amis depuis des siècles, sachez-le : la conscience est de retour. Vous êtes les oiseaux du ciel et vous irez au grand festin de Dieu pour y dévorer la chair des rois et des puissants[5]. **Notre victoire à tous sur la Bête est certaine et totale.**

La richesse véritable provient de la conscience. Le vol, qu'il soit petit ou grand, coupe automatiquement son auteur de l'abondance. Le fait de voler, c'est croire en la pénurie. C'est la croyance dans le manque. C'est la croyance qu'il n'y a pas assez pour tout le monde.

Donc, le fait de voler est un état de conscience inférieur dans lequel l'ego se comporte comme un prédateur. C'est un état de conscience réduit dans lequel l'ego ignore sa nature d'Être. Il ne sait pas que son propre Soi Divin peut subvenir à tous ses besoins dès qu'il se tourne vers lui.

Dans son ignorance profonde, le pauvre ego ne sait pas qu'il peut multiplier l'abondance. Il ne sait pas que sa conscience peut **tout** lui donner avec abondance et surplus. Il se croit donc obligé de prendre aux autres ce que sa conscience voudrait lui donner au **centuple**. Il ne s'enrichit pas du tout; en fait et en réalité :

il échange son héritage contre un plat de lentilles...

Les ego voleurs sont de trois sortes :

1. Le pauvre bougre, qui vole pour se nourrir; lui est en danger de mort, sa survie en dépend, alors il n'a pas de karma. Le vrai coupable est le système injuste. Son vol n'est qu'un appel au secours.
2. Les « artisans » du vol, ceux qui aiment les choses gratuites et qui volent ou qui « piquent » quelque chose à chaque fois qu'ils le peuvent. Ces gens-là ne seront jamais riches car **ils n'ont pas compris** le principe.
3. Les grands criminels de la banque, de la haute finance, les ministres vendus, les dictateurs pourris, les milliardaires, les multimilliardaires qui égorgent l'humanité.

---

5. Tome 2, chapitre 8, *Le cavalier de l'Apocalypse*.

Cette dernière catégorie est celle des vrais voleurs, des grands voleurs **qui arrachent les dents en or** du peuple pour se fabriquer des bijoux de famille. Ceux-là sont les grands Retardataires, les charognards au karma abominable.

Plus vite l'Être renonce et tourne le dos à la conscience inférieure qui le coupe de l'abondance, plus vite il retrouve la prospérité; les portes de la richesse s'ouvrent pour le voleur qui comprend **et qui renonce**. C'est pareil dans tous les domaines : dès que vous renoncez à l'ego, vous ouvrez les portes de la conscience. **Alors, tout vous est donné par** surcroît, ce qui inclut, bien sûr, l'abondance, la richesse et la prospérité.

La richesse véritable provient de la conscience et de rien d'autre. Il est inutile de la chercher ailleurs, vous ne la trouverez pas. Vous trouverez peut-être un peu d'argent, parfois même beaucoup d'argent. Mais vous ne trouverez la richesse véritable que dans votre conscience, l'argent arrivant en plus, évidemment.

La conscience pénètre l'Être et produit l'énergie Divine qui apporte tout par surcroît. La conscience pénètre l'Être et lui procure de l'argent en abondance au moment voulu. Avec la conscience, vous êtes **toujours** riches, vous ne manquez de rien. La conscience jaillit toujours dans votre vie juste au bon moment et de la bonne façon.

Les ego inquiets aiment contempler leurs provisions, leur accumulation de biens pour être **certains d'avoir**. L'Être cultive sa conscience; il a vécu l'expérience d'être limité et **toujours** secouru par sa conscience. Il sait que la vie est le reflet de sa conscience et que la conscience **est** la richesse. Il sait que plus il sera conscient, plus son abondance sera parfaite. Ayant profondément saisi en lui-même le principe, il sait que la vie lui présentera **toujours** un reflet plein d'abondance, de richesse et de prospérité.

À bien y regarder, tout cela est simple, très simple et bien sûr pour certains « intelligents », bien trop simple. Pourtant c'est ainsi; tout le monde peut devenir riche, beaucoup plus riche. Chacun peut accéder à la richesse véritable. Pour cela, il n'y a rien de très mystérieux, il suffit de cultiver sa conscience et d'y penser régulièrement. De plus, les choses vous sont rendues très faciles car la connaissance est de retour dans notre monde et **disponible pour tous**. Par ailleurs, vous disposez de trois puissants moyens qui vous permettront de comprendre votre conscience et de réaliser en profondeur les grands principes de la conscience. Ces moyens, vous l'avez deviné, sont :

le Chant du Cygne,
le Nectar de la Conscience,

la connexion au Septième Rayon.

Avec cette connaissance, vous pouvez parcourir de nombreux kilomètres sur l'autoroute de la conscience et atteindre naturellement et spontanément la richesse, l'abondance et la prospérité. Sur le chemin, vous rencontrerez également la guérison, l'amour, le Soi et le vrai vous-même...

La richesse véritable provient de la conscience, vous dis-je encore une fois, la treizième de la soirée. La richesse est donc d'abord et avant tout un état de conscience. C'est la compréhension profonde de la vie. C'est la connaissance de l'état normal et naturel de l'Être.

Un Être éclairé se connaît lui-même parfaitement, complètement, profondément. Il sait qu'il dispose d'un corps physique, bien sûr, mais il est allé plus loin à la découverte de lui-même. Il a découvert l'énergie, donc son corps-énergie, son corps éthérique. Il a appris à utiliser cette énergie et il s'en sert pour guérir.

Cet explorateur téméraire a aussi constaté qu'il disposait d'un corps astral et qu'il pouvait, pendant son sommeil en particulier, se promener « ailleurs ». Ce découvreur se connaît lui-même. Il sait qu'il dispose d'un mental, ce qui lui donne une personnalité, un intellect, un ego et tout plein de pensées. Mais il a découvert **qu'au-delà du mental** existait « autre chose ». Cela, il a voulu le connaître.

Après de nombreuses recherches et investigations, il a découvert, ravi, avec des frissons de joie, « cela », **qui est au-delà du mental**. C'est, devinez... (grand silence; on entend une mouche marcher...) lui-même! Oui, **au-delà du mental**, il a découvert qu'il y a lui-même, le vrai lui-même, parfait, adorable, merveilleux.

- Incroyable! Il a découvert qui il est, où il est, d'où il vient, où il va, ce qu'il fait, pourquoi il le fait et comment il le fait.
- Merveilleux! Il a découvert qu'il est un Être de Lumière d'une splendeur inouïe, qui possède tous les dons, tous les talents, toutes les facultés, toutes les vertus.
- Paradisiaque! Il a découvert qu'il est le Christ lui-même. Ça tombe bien, figurez-vous; voilà justement qu'il le cherchait partout depuis des siècles. Toute sa Vie, il a cherché le Christ.
- Étonnant! Il a découvert le Christ là, ici, en lui, juste au-dessus du mental. Là, tranquillement assis **au-dessus** du placard mental avec les pots de confiture. Il trouve le Christ et c'est lui!
- Surprenant! Jamais il n'avait pensé à regarder là, si haut... **au-dessus**

du placard mental. Il a tellement cherché en dessous et aussi sous le tapis et au sous-sol et même à la cave...

- Stupéfiant! Cet Être de Lumière, qui vient de découvrir le Soi, le Christ lui-même, **au-dessus** du mental, n'avait jamais regardé là...

Il n'avait jamais levé les yeux au ciel...

Ce jour-là, levant donc les yeux au ciel, il découvre le Christ, il se découvre lui-même. Il découvre aussi les pots de confiture...

– « Fraises ou framboises? », lui demande son Christ.
– « Fraises, framboises, prunes, rhubarbe et aussi du miel et du vin », lui répond son gourmand lui-même.
– « Tu peux tout recevoir, car tout ce qui est à Moi est aussi à toi ». Et le Christ lui *descend* tous les pots de confiture... le miel et le vin...

Alors, il rendit grâce.

Je vous le disais bien, la véritable richesse provient de la conscience, seulement de la conscience, rien que de la conscience, **toujours**. Puissiez-vous le comprendre, ô mes Amis de Lumière, vous qui êtes mes amis depuis des siècles. C'est que je vous souhaite de tout mon coeur.

* * *

Donc vous l'avez maintenant compris, la richesse **véritable** est un état de conscience qui apporte avec lui tout par surcroît : l'abondance, la prospérité et bien sûr, l'argent. Oui, l'argent arrive **toujours** en plus de la conscience.

Dans la conscience de l'unité, tout est Divin, parfait et merveilleux. L'Être de Lumière comprend la vie, sa nature et ses mille problèmes. Il ne nie pas les mille fléaux qui accablent l'humanité, mais du haut de sa conscience, il en comprend profondément la cause et le remède. Dans cet état de conscience merveilleux, « Je suis conscience, la richesse est conscience, l'argent est conscience », l'Être vit dans la richesse, l'abondance et la prospérité.

L'argent est la chose la plus mal comprise du monde. L'argent est un fruit. Pour les uns, c'est le fruit de leur travail, ou le fruit de leurs études, ou le fruit de leurs habiletés. Pour les autres, c'est le fruit de leurs vols, de leurs escroqueries, de leurs crimes et de leurs machinations mondiales.

Pour quelques-uns, moins nombreux, l'argent est le fruit de leur propre conscience suprême. Ils savent qu'ils en auront toujours au bon moment et qu'ils n'ont pas à s'en préoccuper, l'argent venant toujours de toute façon.

Toutefois, ils savent qu'ils doivent agir, ils savent agir, ils savent qu'il faut agir **et ils agissent!**

L'argent est la chose la plus mal comprise du monde. L'argent a même été souvent considéré comme une chose très négative, source de perdition. Dans notre civilisation, l'argent est la cause de beaucoup de gâchis et de nombreux crétins l'adorent ou le méprisent, ce qui est exactement la même attitude, d'ailleurs. Le mépris de l'argent n'est qu'une façade pour celui qui adore l'argent et aimerait tellement en disposer à flots. Mais il n'est pas en mesure d'en avoir autant qu'il voudrait; alors il le méprise...

À une époque, l'argent était quelque chose de tellement sale et honteux qu'il ne fallait surtout pas en avoir. Non, il fallait le donner entièrement à l'Église qui, elle, savait s'arranger avec cette diablerie...

L'argent est la chose la plus mal comprise du monde. Pourtant, ce n'est rien, rien d'autre qu'un moyen d'échange, un système de troc. C'est une énergie facilement transmissible de l'un à l'autre et qui se transforme en quelque chose de concret et de palpable. Les échanges ont toujours existé et ils existeront toujours. Il y aura donc toujours un moyen de faciliter les échanges. Donc, il y aura toujours de « l'argent » sous une forme ou sous une autre.

Il n'y a aucun problème avec ça lorsque la chose est comprise, bien vécue et intelligemment considérée. L'Être de Lumière n'a plus d'états d'âme avec l'argent. Il sait ce qu'est l'argent et il s'en sert pour ses besoins, sans avidité ni peur d'en manquer.

Cet Être éclairé sait que sa conscience suscite l'énergie qui jaillit de son Être même, sous différentes formes **concrètement** utilisables. Cette énergie se transforme alors en argent et en biens concrets et palpables. Étant devenu riche dans sa conscience, cette richesse intérieure est **obligée** de s'extérioriser, de **descendre** vers lui et de le pourvoir en abondance de toutes bonnes choses. La richesse contenue dans sa conscience jaillit sans cesse à son aide, satisfaisant tous ses besoins avec abondance.

Cela est naturel, automatique et systématique. La vie est le reflet de votre conscience. Changez de conscience et votre vie va changer **aussitôt**, à la vitesse même où vous-mêmes vous changez votre compréhension. Je vous l'ai déjà dit, les choses se font rapidement, de quelques semaines à quelques mois. En général en un temps relativement court, la vie change réellement et pour le meilleur.

Il ne peut en être autrement : vous extériorisez votre conscience, vous attirez à vous des gens comme vous. Si vous vivez avec des cons, des violents et des emmerdeurs, vous devriez comprendre pourquoi. Changez votre état de conscience complètement, imprégnez-vous en profondeur de l'idée de conscience, comprenez profondément ce qu'est la conscience et vous allez vivre complètement autre chose.

Si vous voulez **changer vos conditions matérielles**, attaquez-vous à votre conscience, imprégnez-vous de l'idée de richesse, infusez-vous des principes de l'abondance. Travaillez ainsi souvent, régulièrement, tous les jours. Vous allez imprégner votre conscience de l'idée de richesse et d'abondance.

Alors, que va-t-il se passer? La richesse et l'abondance vont se manifester à flots dans votre vie. C'est automatique, votre conscience **s'extériorise** sans cesse de vous-mêmes. Si votre conscience est imprégnée profondément de la conscience de la richesse et de l'abondance, vous allez forcément recevoir la richesse et l'abondance.

Alors, levez les yeux au ciel.

Ainsi, en levant les yeux au ciel, vous découvrez votre conscience véritable, vous découvrez qu'elle est vous-mêmes. Vous découvrez aussi qu'elle recèle toute l'abondance.

Vous pouvez tout obtenir
car tout ce qui est dans votre conscience
est aussi à vous, évidemment.

Attention, les pots de confiture *descendent*!...
Vous pouvez rendre grâce.

C'est pourtant simple et facile à comprendre : votre vie est le reflet de votre conscience. Si vous voulez une meilleure vie, il vous faut plus de conscience. Si vous voulez plus de richesse et d'abondance, il faut que votre conscience soit **infusée** de richesse et d'abondance.

Alors votre vie vous présentera encore le reflet de vous-mêmes. Mais ce sera le reflet du nouveau vous-même; pétri de conscience, il extériorisera la richesse et l'abondance. Là, vous vivrez dans la prospérité, fruit de votre nouvelle conscience. Cela est simple et facile à comprendre et tout aussi aisé à réaliser concrètement.

Partez à l'assaut!... le plan d'attaque!

Oui, c'est très simple et facile à réaliser et à mettre en oeuvre. Voici comment, de A à Z. J'ai en effet **préparé un plan** spécialement pour vous.

- Le tome 3 du Nectar de la conscience permet de comprendre, de réaliser et d'atteindre **la conscience de l'unité**.
- Le tome 3, dans son chapitre 3, permet de comprendre, de réaliser et de vivre **la conscience de la richesse**.

- Le tome 2 du Nectar de la conscience permet de comprendre, de réaliser et de vivre **la conscience d'Être**.
- Le tome 2, dans son chapitre 2, permet de comprendre, de réaliser et d'atteindre **la conscience de l'abondance**.

  – La conscience de la richesse dépend de la conscience de l'unité.
  – La conscience de l'abondance dépend de la conscience d'Être.

Soyez vigilants, ne confondez pas les niveaux de conscience ni les différents états de conscience. Vous savez différencier l'eau chaude de l'eau froide. Vous apprendrez à reconnaître la conscience de Soi, la conscience d'Être, la conscience de l'unité, la conscience de l'abondance et la conscience de la richesse. Vous saurez alors les distinguer les unes des autres. Vous en comprendrez aussi l'unité fondamentale.

- Le tome 2, chapitre 2, contient tout ce qu'il vous faut pour atteindre la conscience de l'abondance et la multiplication de l'abondance.
  – le principe de l'abondance,
  – la loi de l'abondance,
  – les treize règles de l'abondance,
  – les trois clés de l'abondance,
  – la conscience de l'abondance,
  – la multiplication de l'abondance.

- Le tome 3, chapitre 3, vous permet de comprendre et de réaliser vraiment la véritable nature de la richesse. Ainsi, vous pouvez atteindre et vivre la conscience de la richesse.

Avouez que je vous facilite la vie : tome 2, au chapitre 2 et tome 3, au chapitre 3; alors...

  – Sylvie : « Il ne l'a pas fait exprès... ».
  – Merci beaucoup, Sylvie... ma fiancée est pleine d'humour – (rire général).

Donc, le « plan » aussi simple qu'efficace consiste à vous saturer complètement et profondément de la conscience de l'abondance et de la conscience de la richesse. Travaillez-y activement, sans cesse, sans trêve. Au bout d'un certain temps, vous extérioriserez votre nouvel état de conscience. C'est garanti, je vous le garantis.

Si vous voulez aller **plus vite** encore, ne vous contentez pas de travailler sur la conscience de la richesse et de l'abondance. **Faites plus** : attaquez-vous à la conscience globale. Partez de là où elle vous parle le plus : conscience de Soi, conscience d'Être ou conscience de l'unité. Choisissez un des trois sommets et continuer jusqu'à la victoire suprême. Maintenant, si vous êtes un guerrier impétueux et impatient, **ou** si vous êtes une amazone terrible et téméraire, **partez à l'assaut**. Oui, attaquez la conscience de toutes vos forces, de toute votre âme, de tout votre coeur; montez à l'assaut de la conscience suprême.

Vous disposez de toute la puissance nécessaire. Oui, toute la puissance est à votre disposition. Vous connaissez déjà vos trois puissants moyens; alors :

Chantez le Chant du Cygne,
étudiez le Nectar de la Conscience,
connectez-vous sur le Septième Rayon.

Ô, Êtres de Lumière, vous avez tout entre les mains, votre vie dépend de vous et de vous seuls. La véritable richesse découle de la conscience et c'est à vous de la reconquérir.

Vous avez découvert que vous pouvez multiplier l'abondance et que vous avez la possibilité de multiplier la richesse; alors, vous pouvez multiplier votre prospérité. Pouvons-nous exprimer globalement, en trois mots seulement, le principe même de l'abondance, de la richesse et de la prospérité?

Multipliez la conscience!

La multiplication de la conscience, voilà la clé suprême, la clé magique qui produira tous les miracles dans la vie. Je dis bien : **tous les miracles**, bienfaits et bénédictions viendront à vous, spontanément et naturellement.

La richesse, l'abondance et la prospérité vous colleront à la peau, elles vous suivront partout. Elles seront toujours avec vous, toujours prêtes à vous servir, toujours prêtes à jaillir à vos moindres besoins.

Voilà votre lampe d'Aladin, voilà vos bons génies : Richesse, Abondance, Prospérité. Elles ne sont jamais seules; elles sont toujours accompagnées de Guérison, d'Amour et de Joie. Leurs bons amis sont toujours avec vous également : Rire, Humour et Plaisir.

Ô, mes Amis de Lumière, nous qui sommes des amis depuis des siècles, si vous continuez la fréquentation assidue de ces bons génies et de leurs joyeux lurons, vous allez rencontrer leurs grandes soeurs.

Oui, les soeurs aînées de nos bons génies sont merveilleuses, adorablement belles, terriblement séduisantes; leur charme est irrésistible, vous ne pourrez plus jamais vous passer d'elles. Les voilà!... je craque... elles arrivent au galop sur un char de feu : Liberté, Félicité et Ascension.

La multiplication de la conscience vous comblera de toutes les bénédictions, bien au-delà de vos espérances les plus folles. Vos greniers déborderont, votre joie jaillira, vous serez une bénédiction pour tous.

Cet Hymne de joie offert à Dieu en vous
apportera à tous ceux qui s'en donneront la joie :
la grâce du Guru, le grand amour,
la joie de vivre, la santé Divine, la richesse véritable,
le confort financier durable, le véritable amour Divin,
l'état de conscience suprême, la liberté parfaite
et l'Ascension dans la lumière.

Je chante, je chante le Chant du Cygne
ET TOUT M'EST DONNÉ PAR SURCROÎT.

Le Chant du Cygne, soutra 60.

Ô, Êtres de Lumière, comprenez bien une chose : **l'argent est bon**, il en faut pour vivre sur Terre, c'est indispensable. L'argent permet d'acheter de la matière, rien que de la matière, seulement de la matière.

Mal utilisé, l'argent permet de dominer, d'asservir et d'assujettir « les autres ». L'argent mal utilisé permet de s'acheter du pouvoir sur autrui et de l'enchaîner. Cela constitue un crime majeur et les pauvres milliardaires qui jouent à ce jeu dangereux en paieront le prix pendant des siècles.

Ils sont milliardaires dans cette vie, ils seront clochards dans l'astral, mendiants dans la vie suivante, puis esclaves durant des siècles. Ainsi, après avoir exercé la domination, ils la subiront. Ils connaîtront la soumission sous **tous** ses aspects. Ainsi en est-il de la **justice** suprême. Ils récolteront ce qu'ils auront semé.

Ô, Amis de Lumière, comprenez-le bien, **l'argent est bon**, il sert à échanger les bonnes choses entre les uns et les autres. Il permet d'acheter la matière sans laquelle on ne peut pas vivre dans le monde physique. L'argent n'achète rien d'essentiel : ni l'amour, ni l'amitié, ni le rire, ni la joie, ni l'humour, ni la conscience, ni l'illumination, ni la liberté, ni la félicité, ni l'Ascension.

À part la matière, l'argent n'achète rien, rien d'essentiel. Certains diront que l'essentiel, c'est de bouffer. Oui, c'est indispensable, bien sûr. D'autres diront que l'essentiel, c'est le pouvoir. Vous savez que le pouvoir, si vous en abusez, vous fera **tout perdre**, pour longtemps et pour toujours.

L'essentiel, donc, c'est vraiment la conscience qui permet d'obtenir **tout** de la vie, **y compris l'argent**. Comprenez-le bien, **l'argent est bon** et la conscience vous apportera **en plus** les véritables biens éternels et durables que je vous répète : Richesse, Abondance, Prospérité, Guérison, Amour, Joie, Rire, Humour, Plaisir, Liberté, Félicité, Ascension. Voilà ce que vous apportera la multiplication de la conscience.

Oui, multipliez la conscience!

Ainsi les valeureux vétérans du Nouvel Âge de la nouvelle conscience seront-ils **riches pour toujours**. « Riche un jour, riche toujours », dit le dicton. En devenant riches ici sur Terre, vous serez encore plus riches dans l'astral, et encore plus riches dans la vie suivante. Ainsi de suite, toujours plus riches.

Oui, vous serez riches pour toujours durant des siècles. Je parle, vous l'aviez compris, de la véritable richesse qui provient de la multiplication de la conscience.

Ô, Êtres splendides, vous êtes chanceux, vous êtes bénis. La richesse véritable provenant de votre conscience vous suivra partout, sur Terre comme dans l'astral, dans cette vie comme dans la vie suivante.

Vous ne serez **plus jamais pauvres**, plus jamais limités, plus jamais privés. Vous vivrez pour toute la vie, pour toutes vos vies, dans la richesse, l'abondance et la prospérité. Sachez-le bien : la véritable richesse, une fois acquise, l'est pour toujours. Vous ne la perdrez plus jamais, vous serez **riches pour toujours**. Riches de la véritable richesse, celle qui provient de **la multiplication de la conscience**.

Ô, Être merveilleux, la richesse suprême de ta conscience te rapproche très vite de ton apothéose, ton Ascension. En effet, l'acquisition de la richesse véritable est un bond gigantesque dans l'évolution de la conscience. C'est un pas de géant qui place chacun en orbite autour de l'Ascension...

La conscience de la richesse est **une étape majeure** dans le processus de réintégration des Êtres et chacun doit lui accorder une large place dans la vie. La conscience de la richesse se résume ainsi : **« Je suis conscience, ma**

conscience est richesse, ma richesse est conscience ». Sachez-le bien, l'Ascension arrive.

Le jour de gloire arrive, chantons, chantons!

Oui, ô Êtres de Lumière, chantons, chantons tous ensemble le Chant du Cygne pour que le jour de gloire arrive. Oui, chantons le Chant du Cygne afin que la richesse véritable coule à flots dans notre vie et dans la vie de tous.

Oui, le jour de gloire arrive, chantons, chantons!

4

L'Alchimie est conscience

L'ANTAKARANA

Bonjour et bienvenue à vous tous, ô Êtres de Lumière, en cette belle soirée d'avril. Hier soir, j'ai pu observer la comète Helbow; elle était très visible assez haut au nord, un peu à l'ouest. Avec des jumelles, on en voit très bien la queue. Les comètes ne nous apportent rien dans la vie; elle passent et c'est tout. Il n'y a pas lieu ni de les adorer, ni d'en avoir peur. On peut contempler leur beauté, tout comme pour les étoiles filantes. N'espérez pas autre chose d'une comète.

Ce soir, nous allons découvrir que l'Alchimie est conscience. Évidemment que l'Alchimie est conscience puisque dans la conscience de l'unité, tout est conscience, rien que conscience, seulement conscience. L'Alchimie de la conscience est un sujet déjà familier pour beaucoup d'entre vous. J'ai abordé ce thème dans plusieurs conférences et de différentes façons dans les tomes 1 et 2. L'Alchimie possède de multiples facettes souvent très mystérieuses. Ce soir, je vais vous faire découvrir un aspect très subtil et très ésotérique de son action et de son pouvoir. Tout d'abord, nous devons saisir trois éléments pour bien comprendre notre sujet. Il s'agit de l'instinct, du mental et du Manas.

- **Instinct.** L'animal vit dans son instinct. Il reçoit des **impulsions** de conscience qui le font réagir automatiquement. Peur, fuite, reproduction, protection des petits sont ses principaux comportements.

- **Mental.** L'être humain vit dans son mental. Il reçoit des **infusions** de conscience qui le font passer des instincts de base aux sentiments libérateurs[1]. Amour, Abondance, Témoin, Conscience sont ses nouveaux états de conscience.
- **Manas.** L'Être de Lumière vit dans son Manas. Il est complètement **unifié** avec sa conscience. « Sa conscience et lui ne font qu'un ». Connaissance, Métaréalité, Divinité, Lumière, Maîtrise sont les principaux aspects de son existence.

Vous pouvez déjà saisir une chose : la réalité suprême de la vie se trouve dans le Manas. L'Être doit donc s'extraire de ses instincts pour se placer dans les sentiments supérieurs du mental. Puis l'Être doit se hisser du mental jusque dans le Manas. La difficulté est que le Manas est non mental, non verbal, non intellectuel, non pensées. **Manas est au-dessus du mental**, mais très haut... Le mental ne peut strictement rien comprendre du Manas.

Examinons cela de près car la compréhension du principe nous permettra de réaliser l'attitude juste. Ainsi, nous saurons comment rejoindre Manas.

Instinct. Dans son instinct, l'animal ne possède ni mental, ni pensées, ni intellect, ni paroles, ni ego; sauf un brin minuscule pour les mammifères supérieurs.
Mental. Dans son mental, l'être humain est richement pourvu d'un gros ego, d'un gros intellect et d'un flot de paroles et de pensées intarissables.
Manas. Dans son Manas, l'Être de Lumière a complètement dépassé et transcendé le mental, l'intellect et l'ego. Il vit dans sa conscience suprême, **l'ouverture** permanente.

Afin de bien saisir la nature de la difficulté qui se pose pour rejoindre Manas, tentons une comparaison. Vous êtes un Être éclairé, vous vivez dans votre mental des états de conscience éclairés tels l'amour et l'abondance. Vous savez ce que sont les pensées, l'ego et l'intellect. Alors vous voulez expliquer tout cela à vos animaux préférés, votre chien et votre chat.

Comment peuvent-ils comprendre? C'est complètement impossible! Ils sont dépourvus de **vos instruments de conscience :** le mental, les pensées, l'ego, l'intellect, la parole. N'ayant pas ces instruments à leur disposition, ils ne peuvent comprendre d'aucune façon votre conscience. C'est tout à fait naturel, ils ne disposent **d'aucun outil** pour saisir votre conscience.

---

1. Tome 2, chapitre 2, *Les trois instincts et l'abondance*.

Vous voyez donc que votre animal préféré, malgré tous vos efforts, ne pourra jamais ni lire, ni compter, ni philosopher, ni prier. Donc, votre animal se trouve **« trop bas »** pour appréhender le mental.

Vous êtes donc un Être de Lumière qui a vraiment compris ce qu'est la vie dans le mental et dans l'ego. Vous avez découvert, assis sur votre placard mental, le Manas, votre métaréalité. Alors vous voulez le rejoindre et vous voulez le comprendre. Vous avez parfaitement raison et justement, c'est notre but de vous **montrer** comment rejoindre Manas. Déjà, vous cherchez à comprendre ce qu'est le Manas.

- **Manas est la faculté dont dispose l'Être pour exprimer la conscience.**
- L'animal vit et s'exprime par l'instinct.
- L'humain vit et s'exprime par le mental.
- L'Être vit et s'exprime par le Manas.

- Donc, l'être humain peut facilement comprendre que le Manas est à l'Être ce que le mental est à l'humain : **son moyen d'exprimer sa conscience.** Manas permet d'appréhender la réalité située au-delà du mental.

Pour l'Être, l'existence dans le Manas est remplie et saturée de conscience. Son **ouverture** à la conscience est totale et permanente. Il vit, il s'exprime, il agit, il manifeste, il crée en étroite relation et interrelation avec des milliers de maîtres semblables à lui.

Pour ces Êtres splendides qui vivent une vie magnifique, le mental, l'ego et l'intellect sont une vieille bicyclette rouillée, inutile qui dort au fond du garage. Que voulez-vous qu'ils fassent de ce vieux vélo pour extérioriser leur conscience? Ils disposent maintenant d'un jet privé... Comprenez-vous, à travers ces images?

Revenons à vous, ô Êtres de Lumière. Comment pouvez-vous comprendre la vie dans le Manas hors de l'ego, du mental, des pensées et de l'intellect? C'est complètement impossible! Vous ne disposez pas de l'ouverture de conscience requise, ni d'aucune des mille facultés de Manas.

N'ayant pas ces instruments à votre disposition, vous ne pouvez comprendre d'aucune façon les états de conscience vécus dans Manas, là ou l'existence se déroule **sans** mental, ni pensées, ni intellect. Vous ne pouvez que « sentir ». C'est tout naturel, vous ne disposez **d'aucun outil** pour saisir la conscience de Manas.

Vous comprenez donc que malgré tous vos efforts, vous ne pourrez **jamais** saisir la conscience de Manas **avec** votre mental. Le Manas se trouve beaucoup **« trop haut »** pour être saisi par le mental.

Bien, ceci étant compris, le problème reste entier car il s'agit de rejoindre Manas; car **nous devons** vivre dans Manas. C'est notre destin suprême.

Supposons que vous viviez en Amérique, dans une grande ville. Vous avez un arrière-cousin qui, lui, vit dans le désert du Kalahari, dans le sud de l'Afrique. Vous expliquez à ce pygmée toutes les merveilles de votre vie... Comment votre pygmée de cousin peut-il comprendre quelque chose à votre vie américaine? Lui qui vit dans un désert, il ne peut rien comprendre de votre vie.

Par contre, il peut comprendre une chose : s'il accepte de venir vous rejoindre à Miami, il pourra mener une vie mille fois plus fantastique que dans son désert. Ça, il peut le comprendre. Alors il prend l'avion et il vous rejoint à Miami. Maintenant sur place, par **contact direct** avec l'Amérique, il peut saisir ce que vos mille explications n'ont jamais réussi à lui faire comprendre.

Donc, l'analogie est facile à comprendre : **« Je suis le pygmée »** et mon cousin vit dans la conscience de Manas. Mon cousin veut que j'aille vivre avec lui sur le plan éthérique. Je ne comprends rien de la vie éthérique. Je ne comprends rien à la vie dans Manas. **Mais** je suis un pygmée mental **« ouvert »**. Alors je l'écoute et je le rejoins dans Manas. Là, sur place, par contact direct avec Manas, je saisis ce que mille explications mentales n'auraient jamais pu me faire comprendre.

Faisons donc le point un bref instant. Vous avez compris beaucoup de choses :

- Que le Manas est l'existence réelle.
- Qu'il ne peut pas être compris par le mental.
- Qu'il est votre état normal et naturel.
- Que vous devez vivre dans Manas,
- car il est votre destin suprême.

L'Alchimie de la conscience, si belle, si mystérieuse, si magique, va vous permettre de rejoindre Manas et d'y vivre. L'Alchimie de la conscience va vous permettre de traverser l'océan de l'ignorance, de Toulon à Norfolk.

Ô Amour dans l'Amour,
Toi qui, par compassion,
m'as fait naviguer sur l'océan,
de Toulon à Norfolk;

je te confie ma traversée
de l'océan des trois Mondes, salut à TOI
Toi le Christ en moi, le Suprême Guru.

Le Chant du Cygne, soutra 22.

L'animal vit dans son instinct et l'être humain vit dans son mental. Un abîme sépare ces deux états de conscience et aucun animal ne peut le franchir. Peut-être qu'une conscience supérieure pourrait faire franchir l'abîme à un animal. Mais ce n'est pas la question de ce soir.

De la même façon, un océan d'ignorance sépare l'être humain qui vit dans son mental de l'Être de Lumière qui vit dans Manas. Un océan d'ignorance sépare ces deux états de conscience. Pourtant, **tous** les Êtres qui le veulent peuvent le franchir. Pour cela, il faut le **savoir**, puis le **vouloir**; encore faut-il **pouvoir**, puis **oser**.

Hermès Trismegiste, célèbre alchimiste qui connaissait les secrets de la Table d'Émeraude, a énoncé ainsi le principe qui permet d'entreprendre et de réussir le grand Oeuvre Alchimique : la pierre philosophale :

« Savoir, pouvoir, vouloir, oser ».

À l'époque, il ajoutait « se taire » et de nos jours, nous précisons « révéler »; car il était au « début des temps », il fallait se taire et garder le secret. Aujourd'hui, au petit matin de l'an 2000, nous sommes à la « fin des temps » et nous devons parler et révéler **à tous**.

Un océan d'ignorance nous sépare donc de notre Manas, de notre réalité suprême, en fait de nous-mêmes. Nous devons donc traverser cet océan.

Instincts	**Abîme**	**Mental**
L'animal	que l'animal ne peut pas franchir	L'humain

* * *

Mental	**Océan d'ignorance**	**MANAS**
L'humain	que l'humain **peut** franchir	L'Être - le Soi

À ce point de notre exposé, il est clair pour tout le monde qu'un océan se traverse. Oui, même un océan d'ignorance se traverse, lui aussi. Encore faut-il le savoir, le vouloir, le pouvoir et oser.

Ce soir, vous allez **savoir et pouvoir**. L'Alchimie de la conscience vous aura délivré un grand secret, un de plus. Ensuite, il vous restera à accomplir votre part, **à le vouloir et à oser.** Donc, ce que nous avons à faire est très simple : traverser l'océan de l'ignorance pour passer du mental au Manas.

Comment peut-on traverser un océan? Il y a plusieurs façons :

- **En bateau.** Un fier navire comme *Le France* peut vous faire traverser l'océan et vous conduire à New York, la porte de la liberté planétaire.

  Ne vous trompez pas de navire car si vous embarquez sur *Le Titanic*, il fera naufrage au milieu de l'océan glacé. Ne vous trompez pas de courant[2].
- **En avion.** Bien sûr, mais je n'ai pas d'analogie à vous proposer pour ce soir.
- **Par un tunnel.** Oui, tel le tunnel sous *La Manche*, qui vous fait traverser du pays des vaches folles au pays qui a vu naître les droits de l'homme.
- **Sur un pont.** Bien sûr, un beau grand pont, tel celui de Tancarville, qui vous fait franchir *La Seine*, en France, au Havre, là où *Le France* fut construit et d'où il partit pour rejoindre New York, la porte de la liberté.

Dans l'Alchimie de la conscience, nous allons franchir l'océan de l'ignorance sur un pont. Comprenez-vous, sur un pont? – (silence éloquent...). Ne vous en faites pas, vous allez comprendre. Un pont?... Un pont!...

Eurêka! L'antakarana!

L'antakarana : la voie, le pont, le passage, le navire, l'autoroute de la conscience, le chemin du disciple. L'antakarana est le moyen qui va permettre à l'humain de passer du mental au Manas.

Pour traverser un océan, il faut forcément un moyen quelconque et ce moyen, c'est l'antakarana. L'Être de Lumière éclairé et inspiré ne veut qu'une seule chose : vivre dans l'Être, vivre dans le Soi, vivre dans la conscience.

Donc, il doit vivre dans Manas.

Pour cela, il doit résolument quitter son placard mental, lever les yeux au ciel et « monter » rejoindre le Manas, « là-haut » au-dessus du mental, « là-bas », de l'autre côté de l'océan.

Donc, il doit passer par l'antakarana.

---

2 Tome 2, chapitre 5, *Les deux courants*.

Dans l'ésotérisme en général, il est très peu fait mention du pont, ni de sa nature, ni où le trouver. Aux Indes, les enseignements ésotériques mentionnent le pont, l'antakarana, mais avec de bonnes généralités telles : « L'étudiant doit franchir l'antakarana; le disciple fabriquera l'antakarana ».

Cela est intéressant mais n'est pas suffisant pour découvrir le passage, l'antakarana, et passer du mental au Manas. Ce soir, donc, vous allez **savoir** car l'Alchimie de la conscience est complète en elle-même et elle contient **tout**. Oui, l'Alchimie de la conscience dispose de tout ce qui est nécessaire – de A à Z, de l'Alpha à l'Omega, de la Terre au Ciel, du mental au Manas – pour réaliser l'antakarana.

Ce qu'il faut bien savoir et comprendre, c'est que le pont, le passage, l'antakarana, doit être construit par vous-mêmes. Oui, Amis de Lumière, vous qui êtes mes amis depuis des siècles :

- **Vous devez construire votre pont vous-mêmes,**
- **C'est vous qui construisez votre antakarana.**

Rassurez-vous, voyons!... C'est à votre portée, bien sûr. C'est à la portée de tous. Construire un pont, un antakarana, est à la portée de tous ceux... qui veulent se construire un antakarana, un passage. Cette apparente vérité de la Palice révèle une grande réalité ésotérique. Si tout le monde peut accéder au Manas, **il faut que cela soit simple et facile**. Si la chose est simple et facile, tout le monde peut accéder au Manas en construisant lui-même son propre pont, son propre passage, l'antakarana. Et tel est le cas; cela est à la portée de tous et de chacun, qui que vous soyez.

Pour franchir l'océan de l'ignorance et pour passer du mental au Manas, nous allons construire un pont. L'Alchimie de la conscience possède un enseignement très complet qui permet une prise de conscience de Soi réelle et profonde. L'Alchimie de la conscience propose plusieurs moyens qui permettent de réaliser une prise de conscience des plus significative. L'Alchimie de la conscience révèle une connaissance profonde qui vous présente « mille » aspects différents de la conscience.

Cette Alchimie de la conscience, si belle, si mystérieuse, si magique, va vous permettre de construire un pont. Ce sera un pont d'un type particulier : un pont suspendu. Un tel pont, sur le plan physique, est constitué de câbles tendus d'une rive à l'autre. Plus il y a de câbles et plus le pont est solide. Plus il y a de câbles et plus il est résistant, large et confortable; ou si vous préférez, sécuritaire.

Donc, nous allons construire notre pont avec une matière très solide.

Laissons l'acier pour les ponts du monde physique. Laissons le pur coton, qui est écologique mais pas du tout résistant. Oublions les fibres synthétiques car il y a mieux, beaucoup mieux.

Oui, il y a beaucoup mieux, il y a la matière première des alchimistes... Toutefois, elle est rare et chère. Alors, nous allons utiliser la substance des alchimistes de la conscience : la conscience. **Oui, c'est avec notre conscience que nous allons construire notre passage vers la conscience.**

Notre pont vers la conscience, vers le Manas, sera tissé avec des câbles, des fils qui seront jetés d'une rive à l'autre, du mental vers le Manas. Ces câbles, ces fils seront fabriqués d'une manière très spéciale : 66 % de conscience, 33 % d'énergie, 0 % de mental, 1 % seulement de savoir-faire. Nos câbles seront trempés dans l'eau lustrale de l'Alchimie – la compréhension – afin de les rendre solides et à toute épreuve.

Vous savez déjà que le mental ne peut pas rejoindre le Manas; c'est une impossibilité absolue s'il n'y a pas de pont. Certes, le mental ne peut pas rejoindre Manas, **mais** il peut jeter des câbles. Absolument, à partir du mental, vous pouvez jeter suffisamment de câbles au Manas pour qu'un jour vous puissiez passer sur l'autre rive, à pied sec et en toute sécurité. Cela, vous pouvez le faire facilement. Cela, l'Alchimie de la conscience vous le permet facilement.

Il y a trois façons principales de se fabriquer un câble et de le lancer au Manas. Chaque jour, vous pouvez vous fabriquer un câble, trois câbles ou même dix câbles. Plus vous en fabriquerez et plus vite vous serez sur l'autre rive, dans la vie du Manas, dans l'existence, dans la métaréalité.

J'espère que tout le monde comprend bien la métaphore du pont, de l'antakarana. Vous avez compris l'instinct, le mental et le Manas, vous avez compris que ces trois aspects de l'unique conscience sont ici, là où vous êtes. Vous avez compris que vous pouvez vivre ou dans l'instinct, ou dans le mental, ou dans le Manas.

Vous avez bien compris que Manas, mental et instinct sont trois aspects de la conscience. Oui, trois aspects différents de votre conscience. Vous avez compris que rejoindre le Manas signifie pour vous, changer de conscience. Vous avez aussi compris que traverser l'océan, c'est également changer votre conscience.

Il est absolument nécessaire qu'un alchimiste de la conscience comme vous possède la compréhension profonde. Il doit absolument s'y retrouver derrière les symboles, les analogies, les métaphores et les comparaisons. Il doit vraiment saisir qu'il s'agit toujours de lui, de sa conscience et de la façon d'en changer l'état.

On ne peut pas parler de la conscience sans l'imager et l'illustrer. C'est ainsi dans toutes les pédagogies. Jésus a recouru abondamment aux paraboles. Confusius a dit, avec raison : « une image vaut mille mots ».

Oui, une métaphore vaut bien mille mots et l'alchimiste de la conscience doit constamment garder à l'esprit le principe, illustré aux fins de la pédagogie. Ceci étant précisé, nous allons étudier comment fabriquer nos câbles pour les lancer du mental au Manas. Comme toujours dans le domaine de la conscience, cela est d'une extrême simplicité. C'est vraiment agréable, facile et à la portée de **tous**.

Nous avons découvert qu'il y a le mental, l'océan de l'ignorance et sur l'autre rive, le Manas. Celui-ci est la **Terre promise**, c'est le nouveau monde, c'est l'Amérique. Ce Manas n'est pas un lieu situé quelque part dans l'espace. C'est une faculté, c'est un état de conscience, c'est un état d'Être.

- La faculté de l'animal, c'est l'instinct.
- La faculté de l'humain, c'est le mental.
- La faculté de l'Être de Lumière, c'est le Manas.

Le Manas est donc votre propre faculté de vous exprimer dans la métaréalité. Il vous permettra également de vous exprimer ici, dans la matière, dans la société **in**humaine dans laquelle nous vivons tous.

- Où est situé l'instinct de l'animal?
  En lui, dans sa conscience qu'il a de vivre.
- Où est situé le mental de l'humain?
  En vous, dans votre conscience de la vie.
- Où est situé le Manas de l'Être?
  En vous, dans votre conscience d'Être.
  En vous, dans votre conscience de la Réalité.

« Le père et moi, nous ne faisons qu'un ». (Jésus)
« **Montre-nous le Père** », dit Mathieu à Jésus.
« Celui qui me voit, voit le Père », lui répondit Jésus.

- Le Père et vous ne faites qu'un, celui qui vous voit, voit le Père.
- Le Manas et vous ne faites qu'un, celui qui vous voit, voit le Manas.

L'Être vit donc en permanence soit dans son mental, soit dans son Manas; c'est une question de choix. L'ignorant n'a pas le choix, il vivra dans son mental sans même le savoir. L'Être **réalisé**, lui, a choisi de vivre là, dans le Manas et seulement dans le Manas.

L'Être éclairé, lorsqu'il a compris le principe, décide de rejoindre le Manas et de construire son pont, l'antakarana. Alors, avec une volonté farouche, l'Être n'aura ni trêve, ni repos tant qu'il n'aura pas franchi l'océan de l'ignorance.

Ô Amour dans l'Amour,
Toi qui, par compassion,
m'as fait naviguer sur l'océan,
de Toulon à Norfolk;
je te confie ma traversée
de l'océan des trois Mondes, salut à TOI
Toi le Christ en moi, le Suprême Guru.

Le Chant du Cygne, soutra 22.

Oui, avec une volonté indéfectible, l'Être construira jour après jour le pont de la liberté suprême, l'antakarana, qui lui permettra de rentrer chez lui. Il retrouvera ainsi sa véritable patrie, son état naturel et Divin, son état de conscience glorieux, sa faculté supérieure, le Manas. Oui, sa véritable volonté, celle du Premier Rayon, le ramènera chez lui très rapidement.

Manas --- --- --- --- --- **Mental** **instincts**	Le pont **Manas** ⇕ **Mental** *instincts*
L'Être humain se croit séparé de lui-même. Il ignore la présence permanente de Manas.	L'Être de Lumière sait qu'il est unifié avec lui-même. Il connaît le Manas car il a construit le pont.

Qu'il soit très clair dans votre esprit que Manas est **déjà là**, déjà complet, déjà opérationnel. Il vous attend, il vous espère. Dès que vous faites un pas vers lui, il en fait deux vers vous. Ceci doit être profondément compris par l'Être de Lumière qui construit l'antakarana.

Pour construire notre pont, nous devons confectionner des câbles composés de 66 % de conscience, 33 % d'énergie, 0 % de mental et de 1 % de savoir-faire. Ces câbles doivent être trempés dans l'eau lustrale de la compréhension, ce qui leur assure une solidité à toute épreuve.

Ces câbles, ces fils de conscience sont jetés à Manas, ce qui établit **un contact**. Aussitôt qu'un contact est établi, une puissante dose de conscience vous est envoyée. Oui, à chaque contact, une « décharge » de conscience de lumière, de puissance et d'amour vous parvient. Le contact avec Manas établit aussitôt **un lien avec le mental** par lequel se déverse un flot de conscience en vous. Plus il y a de contacts, plus il y a de liens, plus vous recevez d'amour, de lumière et de conscience.

Illustrons le principe par un exemple bien humain. Vous vivez, supposons-le, près de Paris dans une banlieue sinistre, à Bobigny-de-merde par exemple. Vous aimeriez que la vie vous comble de bienfaits. Vous vous souvenez que vous avez un oncle en Amérique, de l'autre côté de l'océan Atlantique. Alors, vous lui téléphonez.

Il est si content et si heureux d'avoir **enfin** de vos nouvelles qu'il vous envoie aussitôt mille dollars. Vous raccrochez le téléphone; il sonne aussitôt. C'est la banque qui vous informe que mille dollars viennent d'être déposés dans votre compte, **déjà**.

Vous appelez immédiatement vote oncle; peut-être s'est-il trompé? Il est fou de joie. Il est si heureux que vous **l'appeliez encore** qu'il vous envoie **encore** mille dollars. Aussitôt, la banque appelle **encore** : vous avez **encore** reçu mille dollars.

À chaque fois que vous appelez votre oncle, il vous envoie mille dollars; vous l'appelez dix fois par jour, il vous envoie dix fois mille dollars. La banque vous appelle sans cesse, vous avez reçu mille dollars encore. Vous avez encore reçu, encore, encore et encore. Plus vous l'appelez, plus vous devenez riche.

Plus vous appelez, plus vous recevez. Plus vous établissez de liens, plus vous recevez. À chaque fois que vous entrez en contact avec Manas, **aussitôt** vous recevez un flot de conscience. Dès que vous établissez un lien avec Manas, vous recevez une bouffée de conscience. Vous touchez encore Manas et vous recevez encore de la conscience, encore, encore et encore.

Plus vous y touchez, plus le Manas se déverse en vous. Plus vous y touchez, plus vous devenez conscients. Plus vous y touchez, plus vous devenez riches. Plus vous y touchez, plus vous vous imprégnez de conscience suprême, la vraie, celle du Soi. Plus vous y touchez, plus vous vous remplissez de richesse, de la véritable richesse de la conscience.

Donc, ô mes Amis de Lumière, nous qui sommes des amis depuis des siècles, vous devez en arriver à la compréhension parfaite de ce qu'est le mental, le Manas, l'antakarana et la conscience. Avec la parfaite compréhension, vous pourrez entreprendre le travail qui vous permettra d'entrer en contact avec Manas et de construire votre pont.

De nombreux êtres, qui ne comprennent rien à toutes ces choses, se livrent partout sur la planète à une multitude de techniques. Ils espèrent qu'une sorte de miracle les élèvera dans quelque nirvana sorti de leur imagination. Ces êtres dans la **confusion** ne se connaissent pas eux-mêmes. Ils ne connaissent rien de leur ego, de leur Soi, de leur conscience.

Pour eux, Manas, mental, antakarana, conscience, ego, plan astral, plan éthérique sont des choses dont ils parlent beaucoup sans les comprendre. Ces êtres pleins de **confusion** ne savent pas ce qu'est l'un, ni ce qu'est l'autre. Ils mélangent tout et ne démêlent rien.

L'Être de Lumière doit donc émerger de la confusion et **jaillir dans la compréhension parfaite** des principes. Là, comprenant parfaitement, il peut agir. Alors le résultat sera puissant et merveilleux. L'Être pénétré d'une compréhension profonde obtiendra en un seul jour plus que l'être confus ne pourra obtenir en mille jours. **Oui, la compréhension parfaite est plus fructueuse en un jour qu'une pratique de mille jours dans la confusion.**

Maintenant, encore quelques mots au sujet de la confusion. L'absence de confusion est si importante qu'elle est exprimée sous forme ésotérique dans la parabole des pains et des poissons. Comprendre cette parabole vous permettra de jaillir dans la conscience de l'abondance et de la richesse. Songez au fait que la distribution des pains et des poissons est exprimée **six** fois dans les évangiles. Alors, vous en comprendrez **l'importance pour vous**, pour **votre** abondance et pour **votre** richesse.

La multiplication des pains et des poissons est en quelque sorte une distribution de vivres. Regardez à la télé la distribution des vivres dans les zones de guerre et de famine. C'est **la confusion générale**, la foule s'agglutine autour des camions, chacun prend ce qu'il peut, les plus faibles n'ont rien. Souvent, il n'y en a pas assez pour tout le monde. Parfois, les vivres sont lâchées depuis des avions en plein vol... Dans certains cas, les soldats du pays pillent avant la distribution. L'O.N.U. accomplit là un travail difficile dans la **confusion totale**.

- Donc, Jésus s'apprête à distribuer des vivres à une foule de cinq mille personnes. Regardez sa compassion.
  - Il les fait asseoir dans l'herbe (et non dans le sable).
  - par groupe (pour recevoir la famille et les amis),

– par rangée de cinquante,
– par rangée de cent.

Alors, maintenant que règnent l'ordre, le calme et la paix dans le lieu, il lève les yeux au ciel, il rend grâce **et** il agit. Il multiplie les pains et les poissons **jusqu'à** ce que tout le monde soit rassasié et qu'il en reste encore douze plein paniers. Vous constatez là une totale **absence de confusion** et qu'un grand miracle s'est produit.

Si vous savez regarder dans le parfait miroir[3], vous constaterez que le chaos et la confusion qui règnent dans les distributions humanitaires **représentent** le chaos et la confusion planétaires. Le chaos et la confusion sont totals dans notre monde de l'an 2000. Pour celui qui « sait lire », cela est très révélateur...

L'Être de Lumière, veut, tout comme Jésus, installer l'ordre, le calme et la paix **dans ses pensées**. Il les regroupe par affinités et les aligne en rangées, par sujet pour bien comprendre l'ensemble; un grand calme est nécessaire (s'asseoir...). Cet Être de Lumière merveilleux – vous – ayant éliminé le chaos et la confusion, comprend. Il comprend profondément les principes de la vie. Il saisit profondément qui fait quoi dans sa conscience.

Sa compréhension est parfaite, sa lucidité totale, tout est clair dans son esprit. La paix et l'ordre Divin règnent dans son mental, ses pensées paisiblement installées sur l'herbe...

Alors maintenant et maintenant seulement,
vous pouvez lever les yeux au ciel, rendre grâce et agir.

- Oui maintenant, dans cet état de conscience, de paix, de calme et de tranquillité, vous pouvez établir un contact avec Manas. Alors il sera fructueux et bénéfique et vous recevrez aussitôt une « bouffée » de conscience.
- Oui, dans cet état paisible où l'ordre règne, vous débordez de compréhension. Vous établissez un contact avec Manas, alors aussitôt, un flot de conscience se déverse en vous.
- Oui bien sûr, l'Être de Lumière qui a émergé du chaos et de la confusion des idées jaillit dans la compréhension. À ce moment-là, dès qu'il établit un lien avec Manas, la conscience supérieure s'infuse en lui, aussitôt.

3. Tome 2, chapitre 7, *Le miroir de la conscience*.

- Oui naturellement, un tel Être, établi dans cette conscience pleine de calme, saturée de la compréhension véritable, s'unit au Manas. Il jette des liens qui lui retournent aussitôt une merveilleuse dose de conscience suprême.

Ainsi faisant, cet Être merveilleux – vous – construit son pont, l'antakarana. Plus il établit de liens, de contacts avec Manas et plus le pont devient large et solide. Plus le pont est résistant, plus l'Être est infusé de conscience.

Ainsi le pont devient-il si solide qu'il devient permanent; l'Être de Lumière l'emprunte tous les jours. Il peut passer ainsi du mental au Manas à volonté, selon ses besoins. Cet Être merveilleux peut franchir son pont, l'antakarana, quand il le veut. Alors, il agit dans le mental quand c'est nécessaire et il s'élève dans le Manas selon ses besoins.

En fonction exactement de ce qu'il doit vivre, il peut **« descendre »** dans le mental pour s'activer dans la société humaine. Il peut également se retirer sur la **montagne** de Manas, là où vivent les Êtres déjà Divinisés.

Or, qu'a fait Jésus après avoir multiplié les pains pour cinq mille personnes? Il est monté sur la montagne (trois évangiles le mentionnent). Après avoir agi et accompli ce qu'il devait dans la conscience humaine, Jésus est monté sur la montagne de sa conscience suprême. Puissiez-vous comprendre, ô Divins Êtres.

Le Divin alchimiste – vous – pétri de compréhension, construit chaque jour l'antakarana, son pont vers la conscience supérieure, son passage vers la lumière. Sa vie se transforme à vue d'oeil. Elle change rapidement, lui apportant bienfaits sur bienfaits, ensuite bénédictions sur bénédictions, puis miracles sur miracles.

Le Divin alchimiste de la conscience – vous-mêmes – doit comprendre une chose :

Le Manas ne pénètre pas un mental confus.

Non pas que la faculté qui permet d'exprimer la conscience supérieure ne veuille pas descendre de la montagne, mais elle ne le peut pas. Le Manas, votre faculté d'exprimer votre conscience supérieure, a besoin de paix et d'ordre. Donc vous devez réaliser une totale **absence de confusion** et de chaos dans votre conscience humaine. Seule la compréhension véritable vous procurera l'ordre parfait requis pour **l'arrivée du Seigneur**, votre Manas.

Je sais qu'il y a là quelques impatients qui voudraient que je leur délivre tout de suite une recette magique pour construire leur pont. Tout ouvrage d'art comme un pont doit posséder des fondations solides. **La fondation de votre pont, l'antakarana, est la compréhension... de l'antakarana.** Un bâtisseur doit comprendre ce qu'il construit.

Les explications doivent vous apporter la compréhension; **ensuite**, le reste est très facile et il va de soi. Je vous le dirai après la pause. Mais tant que vous n'aurez pas vraiment compris, vous n'aurez pas vraiment de résultats. Dès que vous aurez compris, vous obtiendrez en un jour ce que l'être confus n'obtiendra pas en mille jours. Sachez-le!

L'ésotérisme déborde de formules poétiques et charmantes telles : « Se rendre auprès du Maître, rencontrer le Guru, s'asseoir aux pieds du Maître, toucher les pieds du Guru, porter les sandales du Maîtres, rencontrer **son** Maître », etc.

Certains prennent ces formules à la lettre et vont effectivement rencontrer un maître en chair et en os et lui toucher les pieds. J'ai, moi aussi, touché des vrais pieds... À Londres et à Rome, j'ai touché les pieds d'un guru hindou. À New York, j'ai embrassé le pied délicat d'une femme d'une ouverture de conscience sublîme. À Bombay, j'ai même touché le gros orteil de l'un des quatre papes des Indes.

Tout cela est charmant et sympathique et si ça n'ouvre pas vraiment la conscience, au moins ça ne fait de mal à personne. Ici en Occident, où **ces pratiques symboliques** sont si décriées, certains embrassent la main de l'évêque!... D'autres baisent des statues ou des crucifix ou, pire encore, baisent un fauteuil. Mais oui, je l'ai constaté moi-même de visu à la chapelle miraculeuse de la rue du Bac à Paris. Dans cette église, le fauteuil d'une « sainte » est installé de façon à être adoré par des fidèles qui viennent là pour embrasser le vieux meuble. Absolument authentique à Paris, dans les années 80. Les gens font la queue pour toucher ou embrasser la chaise!...

Alors, les religions pseudo-chrétiennes de l'Occident devraient se souvenir du principe de **la paille et de la poutre**. Et se dispenser d'émettre des commentaires sur les pratiques sympathiques et **symboliques** des religions exotiques.

Ceci dit, revenons à la compréhension de la vie. Oui, comprenons bien le mental, le Manas, la conscience et l'antakarana et nous jaillirons dans la conscience suprême de l'Être et du Soi. Revoyons nos formules poétiques et charmantes : « Se rendre aux pieds du maître, rencontrer le guru, s'asseoir aux pieds du maître, toucher les pieds du guru, porter les sandales du maître, rencontrer **son** maître »... Cela exprime une idée de base, une idée fondamentale, **toujours** la même :

Toucher le Manas, franchir l'antakarana.

Quand vous touchez le Manas pour la première fois, « vous touchez les pieds du guru ». Quand vous entrez en contact régulièrement et souvent avec Manas, « vous êtes assis aux pieds du maître ». Quand vous touchez à Manas aussi souvent et aussi longtemps que vous le voulez, « vous rencontrez **votre** maître ».

Ce qu'il faudrait comprendre une bonne fois pour toutes, c'est que le véritable maître est Manas, votre troisième faculté d'exprimer la conscience. C'est elle et elle seule le maître : le Manas. Vous avez trois facultés pour exprimer votre conscience.

- **L'instinct, le mental, le Manas.**

Le Manas, voilà le Maître, voilà le Guru, voilà le Seigneur de votre conscience. Pour désigner le véritable maître, le Manas, les hindous disent : « le Sat-guru », ce qui signifie le véritable guru. **Et c'est Manas, votre troisième faculté d'exprimer la conscience.** Quand vous touchez Manas, vous REdevenez vous-mêmes le Christ.

Donc, ô mes Amis de Lumière, nous qui sommes des amis depuis des siècles, ne confondez jamais le Maître avec celui qui vous enseigne. Le Maître, c'est vous **lorsque** vous avez réussi à rejoindre Manas grâce à l'antakarana. Avant cela, il n'y a aucun maître. Avant cela, vous ne maîtrisez pas la vie.

Le Maître, c'est vous sur la montagne, c'est vous dans Manas. Celui qui vous enseigne est l'instructeur et non le maître. **Même** si parfois celui-ci a déjà rejoint Manas et qu'il est déjà son propre maître. C'est ce qu'il faudrait comprendre une bonne fois pour toutes.

L'Être de Lumière qui s'apprête à construire son propre antakarana doit posséder une compréhension profonde de ce qu'il s'apprête à faire. Il doit aussi posséder une vue globale **de l'oeuvre** qu'il projette de réaliser au sein de sa conscience.

L'être humain sait tout sur mille choses, il connaît mille détails des sujets qui le passionnent. Il dissèque et analyse tout, mais il n'opère pas la synthèse de l'existence. Il n'a pas une vue globale de la vie. Alors **il ne comprend pas**. La société est devenue complètement folle. Chacun y va de sa réforme et tout devient de pire en pire. Ce n'est pas étonnant, l'humain n'a pas la vision globale et il ne connaît pas l'essentiel. **Il ne comprend pas la vie.**

L'Être de Lumière opère la synthèse globale des principes essentiels de la vie. Il ne se préoccupe guère des détails, il ne connaît pas tous les détails des différents aspects de la vie humaine. Cet Être a compris les principes, il cherche avant tout à **comprendre la vie** et l'existence. Puisqu'il cherche à comprendre, forcément il comprend. Dès qu'il a compris, il sait exactement quoi faire. L'alchimiste de la conscience réalise la compréhension globale, **l'ultime synthèse** de l'existence, l'essentiel. Oui, il atteint le coeur profond de la Gnose éternelle.

Oui, l'alchimiste de la conscience atteint l'essentiel : il comprend la Gnose éternelle. Alors il passe à l'action suprême, il construit l'antakarana. Ainsi il va obtenir en un jour le fruit de mille jours et en mille jours, le fruit d'une vie entière.

Maintenant, l'alchimiste est à point pour construire l'antakarana. Maintenant qu'il sait et qu'il a compris, **il est prêt**. En effet, la confusion a disparu, la connaissance est apparue. Ayant compris l'essentiel, l'ordre règne dans sa conscience. Maintenant il peut :

- lever les yeux au ciel,
- rendre grâce,
- et agir,
- et construire l'antakarana.

Oui le suprême alchimiste – vous – construit l'antakarana et pour cela :

Chantez le Chant du Cygne,
étudiez le Nectar de la Conscience,
connectez-vous sur le Septième Rayon.

Oui vous, le suprême alchimiste, vous construisez votre antakarana. Ainsi chaque jour, vous pouvez toucher Manas et établir un contact avec lui. Vous établissez régulièrement un lien avec Manas. Plus vous touchez Manas, plus il se déverse en vous. Plus vous contactez Manas, plus sa conscience jaillit en vous. Plus vous établissez de liens avec Manas, plus sa conscience s'infuse en vous

Plus vous construisez ainsi votre antakarana, plus le Manas vous pénètre. Alors vous devenez Manas. Et bientôt, l'infusion devient puissante, vous vous transformez. Plus vous persévérez, plus l'infusion augmente, plus vous devenez Manas. Encore un peu et vous êtes Manas, la transmutation s'accomplit.

- **Vous êtes devenus Manas.**
- **Manas et vous ne font qu'un.**
- **Celui qui vous voit, voit Manas.**

Puissiez-vous comprendre, ô Êtres de Lumière. L'antakarana se construit ainsi très facilement car vous disposez des trois puissants moyens :

1. Le Chant du Cygne. Le Chant du Cygne est le chant alchimique de la libération. C'est la « Voie de l'Alchimie ». C'est, en toute réalité, l'Alchimie de la conscience.

Le Chant du Cygne ne peut pas être compris par le mental; sa signification **apparente** ne révèle rien de son action. Sous la signification apparente, le Chant du Cygne contient tous les ingrédients qui permettent de frapper à la porte de Manas. Oui, le Chant du Cygne permet d'établir un lien avec Manas. Dès que vous le chantez ou que vous le lisez, vous touchez Manas.

Le lire avec l'intellect n'apporte rien. Lire un livre de cuisine ne rassasie pas, pas plus que lire un livre de sexe ne comble d'amour. Étudier le Chant du Cygne avec l'intellect **n'établit pas** de liens avec Manas. Lorsque vous lisez le Chant du Cygne de façon détachée ou que vous le chantez, **vous êtes en contact** avec Manas, le lien est établi et la conscience suprême vous pénètre à flots. Chacun de ces contacts est comme un appel à votre oncle d'Amérique : mille dollars arrivent dans vos poches. Chacun de ces contacts vous procure un jaillissement de conscience dans votre vie.

Vous pouvez chanter le Chant du Cygne, le lire à voix haute ou à voix basse, ou écouter la cassette et automatiquement, vous êtes branchés, connectés sur le Manas. De cette façon, vous construisez l'antakarana. Votre vie se transforme à la vitesse même où l'infusion de conscience se produit. Plus vous établissez de contacts avec Manas, plus votre pont, l'antakarana, devient solide et plus la conscience suprême jaillit en vous.

Le Chant du Cygne est le chant alchimique de la libération. Il frappe à la porte de Manas. Le Chant du Cygne est le moyen sûr, facile et agréable d'établir un lien avec Manas. Ainsi se construit l'antakarana, votre antakarana.

2. Le Nectar de la Conscience. Le Nectar de la Conscience est le livre de la Compréhension. C'est la « Voie de la conscience ». C'est, en toute réalité, le chemin direct vers la Conscience.

Le Nectar de la Conscience vous apporte la compréhension globale de la conscience et vous offre tous **les moyens** de l'atteindre. Lorsque vous comprenez le Nectar de la Conscience, vous comprenez **l'essentiel de la vie** et de l'existence. Vous découvrez qui vous êtes exactement et comment vous pouvez le REdevenir.

Le Nectar de la Conscience vous permet de comprendre, bien sûr, mais en plus, il vous offre les moyens **pratiques et concrets** de réaliser la conscience. Voilà bien ce que tout le monde a besoin aujourd'hui :

- comprendre la conscience,
- réaliser la conscience,

• disposer d'un outil de réalisation.

Le Nectar de la Conscience est un véritable outil de réalisation de la conscience. Il comporte de nombreux aspects pratiques et concrets. Ceux-ci permettent d'obtenir des résultats significatifs dans des délais raisonnables et parfois surprenants. Le Nectar de la Conscience rend concret la conscience qui pourtant, de par sa nature même, est l'abstrait suprême.

L'étude régulière et attentive du Nectar de la Conscience vous apporte la compréhension profonde de la conscience sous de nombreux aspects. Cette compréhension profonde est **la fondation** de votre antakarana. Sur ces fondations solides qui reposent sur le roc de la connaissance et qui sont coulées dans le béton de la compréhension, vous construisez votre pont, l'antakarana.

Plus vous étudiez le Nectar de la Conscience, plus vous comprenez la conscience et plus le Grand Oeuvre de votre vie avance. Le temps est proche où vous pourrez procéder à l'inauguration de votre pont. Alors, vous le franchirez à dos d'âne et sur votre passage, les filles et les fils de Dieu pousseront des cris de joie... Puissiez-vous comprendre, ô Êtres de Lumière.

3. La connexion au Septième Rayon. La connexion au Septième Rayon[4] est un moyen merveilleux de rejoindre en conscience le plan éthérique. Sur ce plan vivent des myriades d'Êtres d'une beauté et d'une splendeur inouïes.

Ces Êtres adorables mènent une existence grandiose complètement inimaginable pour nous. Ils nous connaissent, ils nous aiment et ils nous aident. Ils sont également ici, présents parmi nous, et c'est à nous de devenir conscients de leur présence. Les fleurs bordent l'allée que parcourt l'aveugle et c'est à lui de retrouver la vue, n'est-ce pas? Donc les Maîtres sont sur le plan éthérique, certes, mais également présents parmi nous. Cela est une réalité absolue et c'est à nous d'en redevenir conscients.

La connexion au Septième Rayon permet donc d'entrer en contact avec le plan éthérique et ses merveilleux habitants. Eux sont nos « frères aînés »; ce sont des Êtres exactement comme nous, ils font partie de la même vague de vie que la nôtre. Seulement voilà, eux ont **déjà compris** le principe de l'existence. Ils ont déjà compris la vie et ils ont déjà construit leur antakarana. Certains ont rejoint Manas depuis quelques années ou depuis deux ou cinq siècles.

D'autres, les grands Maîtres Ascensionnés, ont déjà compris le truc depuis mille ans et même deux mille ans. Voilà la suprême réalité de la vie et

4. Tome 2, chapitre 6, *Comment se connecter*.

de l'existence. Cela est le destin suprême de tous. Plus vite nous y serons, plus tôt nous vivrons une vie merveilleuse et splendide. Pour les rejoindre, c'est tout droit : vous franchissez le pont et vous y êtes...

La connexion au Septième Rayon vous permet d'entrer en contact avec ce monde et ses habitants. À chaque contact, vous êtes infusés de leur conscience pleine de joie. À chaque contact, votre antakarana devient toujours plus durable et permanent.

Ô, mes Amis de Lumière, nous qui sommes des amis depuis des siècles, construire son antakarana est quelque chose de très facile; tous ceux qui le veulent peuvent l'accomplir.

Sur le roc de la connaissance, vous coulez les fondations dans le béton de la compréhension de la conscience. Alors, vous commencez à construire votre pont, votre propre antakarana. Oui, le suprême alchimiste de la conscience – vous – construit l'antakarana et pour cela :

Chantez le Chant du Cygne,
étudiez le Nectar de la Conscience,
connectez-vous sur le Septième Rayon.

Cela est-il suffisamment simple, ô Êtres de Lumière? Voulez-vous plus simple? Cela est-il suffisamment puissant, ô Amis de Lumière? Voulez-vous plus puissant?

Chacun, de là où il est, peut constater une chose. S'il continue sa vie humaine ordinaire, il aboutira forcément à la mort, donc à la réincarnation. Alors il faudra tout **recommencer**. Par contre, celui qui commence dès maintenant à construire le pont aboutira forcément à l'Ascension un jour ou l'autre, dans une vie ou dans l'autre. Tout dépend du niveau d'où il part et de l'intérêt qu'il y porte. Alors, autant démarrer tout de suite.

La soirée avance; revenons un peu sur certains principes pour que les choses deviennent vraiment claires dans votre esprit. Vous disposez de trois facultés fondamentales pour exprimer votre conscience : l'instinct, le mental et le Manas. Ce sont trois **outils** de conscience, de travail et de communication.

Oui, même pour l'animal, son instinct est un outil de conscience, de travail et de communication. L'être humain connaît plus ou moins son mental, il enterre ses instincts comme il peut et il **ignore** complètement son Manas. L'être humain est comme un navigateur qui a oublié que sa barque est équipée d'un puissant moteur; alors il rame, il rame dur dans la vie. Il rame même à contre-courant.

Dès qu'il retrouve son moteur, la vie devient si facile, si agréable, il n'a plus besoin de ramer; le bateau avance tout seul. **C'est ainsi que devient la**

vie lorsque vous retrouvez Manas, le moteur de l'existence réelle. Vous avez trois facultés et vous n'en connaissez que deux. La troisième vous attend et c'est à vous de la découvrir et de la REconquérir!...

Nous avons découvert nos trois facultés, l'instinct, le mental et le Manas, et nous y trouvons trois états : l'animalité, l'humanité, la Divinité. Il n'y a pas que les animaux qui vivent dans l'instinct; beaucoup d'êtres humains pourtant très intelligents n'ont pas encore émergé de l'animalité. Examinons ces trois états pour les comprendre.

L'animalité, c'est l'ensemble des animaux, bien sûr, mais c'est un état. C'est l'état animal régi par ses instincts. Beaucoup d'êtres humains n'ont pas dépassé l'état animal. Leur conscience en est encore au niveau de l'instinct. Dans cet état de conscience misérable pour un humain, l'individu se comporte **exactement** tel un animal.

Il vit dans la peur, dans la domination, dans la sensation, dans la violence. Certains n'hésitent pas à tuer et même à génocider. Certains, qui font preuve d'une grande intelligence apparente, sont en réalité dans leur conscience des animaux terriblement féroces...

Ces gens-là sont les plus primitifs, les plus violents et les moins conscients de la société. Alors, ils vont dominer tous les autres car la conscience de tous est encore trop faible pour se débarrasser d'eux.

L'humanité, tout le monde le sait, est l'ensemble des êtres humains. C'est aussi un état de conscience. Oui, l'humanité d'une personne est un état d'être qui fait qu'elle est fondamentalement différente des animaux à pattes **et** des animaux en cravate...

L'humanité d'un individu est un état de conscience qui le pousse à chercher la paix, l'amour et l'harmonie. Il avance dans son humanité et recherche alors passionnément la conscience car il comprend qu'il est beaucoup plus qu'un simple humain.

Il cherche donc la sortie de l'humanité et il trouve la porte de la Divinité.

La Divinité, diront certains, est l'ensemble des Dieux. La Divinité est surtout un état de conscience; c'est un état d'Être « au-dessus » de l'état humain. La Divinité est donc au-dessus de l'humanité.

La Divinité est un état de conscience élevé qui fait qu'un Être mène une existence profondément différente de la vie humaine. Évidemment, l'humain ne peut pas le voir, bien que certains le ressentent profondément.

La Divinité d'une personne est un état de conscience élevé qui lui permet de vivre et de connaître la réalité suprême de la vie. L'Être qui vit dans la Divinité a trouvé la vie, l'existence, la Réalité suprême. Adressez-vous à **votre** Divinité; pouvez-vous dire **« ma »** Divinité? Pouvez-vous rejoindre votre Divinité? Pouvez-vous vous placer délibérément dans votre Divinité, votre état Divin? Parlez donc à **votre** Divinité, vous pourriez être compris... et surpris!

- L'animalité se vit dans l'instinct.
- L'humanité se vit dans le mental.
- La Divinité se vit dans le Manas.

Ô, Amis de Lumière, nous qui sommes des amis depuis des siècles, **ouvrez la porte**. Oui, ouvrez le passage qui conduit de l'humanité à la Divinité. Oui, ouvrez la porte qui permet de passer des ténèbres à la lumière. Oui, ouvrez et passez de la vie à l'Existence.

Oui, construisez l'antakarana.

La pleine compréhension de l'antakarana est un état de conscience très avancé, fruit direct de la conscience de l'unité. Le merveilleux travail de réalisation du Grand Oeuvre vous permettra de jaillir dans la conscience suprême, là où règne une existence grandiose.

L'Alchimie de la conscience est un art fantastique qui repose sur la connaissance suprême : la Gnose éternelle. Tous peuvent y accéder, **tous**. L'Alchimie possède des aspects subtils et surprenants et elle accomplit merveilleusement son grand travail : **la transmutation de la conscience.**

L'antakarana est un aspect de l'Alchimie de la conscience et le construire vous permettra d'atteindre votre but suprême, votre ultime destinée : **votre** Divinité, **votre** propre état Divin.

L'Alchimie est conscience, l'antakarana est conscience, vous êtes conscience. Bien sûr puisque dans la conscience de l'unité, tout est conscience, rien que conscience, seulement conscience.

L'Alchimie de la conscience est si belle, si radieuse, si riche; attachez-vous à elle, faites-en votre grand amour. Vous ne serez pas déçus, vous serez comblés, suprêmement comblés.

Ô, Êtres de Lumière, chantons le Chant du Cygne tous ensemble. Oui, touchons le Manas; oui, touchons notre Divinité. Oui, chantons le Chant du Cygne et jetons un pont vers notre Divinité.

Oui, chantons le Chant du Cygne afin que pousse l'antakarana.

5

Les attentes et la conscience

Bonjour et bienvenue à tous, ô Êtres de Lumière, pour notre conférence de ce jeudi, 24 octobre 1996. Cette semaine, c'est la pleine lune – la pleine lune de miel (rires) puisque je me suis marié avec Sylvie la semaine dernière. J'ai beaucoup apprécié la présence de ceux d'entre vous qui ont pu venir au vin d'honneur. La tendre épouse se porte bien, comme vous pouvez le constater.

Ce soir, bien sûr, nous poursuivrons notre étude du Soi et de l'ego et nous n'arrêterons jamais avant qu'il ne soit transmuté. Nous aborderons deux grands thèmes : • être chrétien, • les attentes; cela va nous permettre d'approfondir notre compréhension de l'Être, du Soi et de l'ego, ce qui nous permettra de lâcher prise et de transformer notre conscience.

Qu'est-ce qu'un chrétien? Depuis toujours, les religions nous disent qu'être chrétien, c'est suivre Jésus. Ce qui, dans les faits, signifie simplement l'obligation d'aller à la messe pour les uns, ou de lire la Bible pour les autres. Pour la religion, être chrétien, c'est **l'obligation** de croire le dogme des différentes Églises. C'est l'obligation de croire, et surtout l'obligation de croire sans chercher à comprendre. Cela, c'est le côté religion; c'est ainsi, être chrétien, pour la religion.

Que vous examiniez cela de toutes les façons, vous découvrez finalement qu'il s'agit d'un système de croyances qui vous enseigne un dogme totalement différent d'une religion chrétienne à l'autre. Vous le savez : des religions chrétiennes, il y en a des quantités – quelque cinq cents ont été recensées. Elles se divisent en quatre grandes branches : les catholiques, les orthodoxes, les protestants, les évangéliques.

Elles se contredisent complètement les unes et les autres; leurs dogmes sont très différents. Par exemple, chez les catholiques, on met beaucoup l'accent sur la Vierge, mais chez les protestants, on n'en parle pas du tout. Autre exemple : dans le monde protestant, il est obligatoire de lire la Bible tous les jours, alors que chez les catholiques, la Bible n'est pas recommandée aux fidèles... Avant la Révolution Française, la lecture de la Bible était même **interdite** aux catholiques sous peine de sanctions très sévères.

Troisième exemple : pour manipuler les foules par la peur, les catholiques et les orthodoxes ont inventé les notions d'enfer, de purgatoire et de paradis. Pour manipuler encore plus, les protestants et les évangéliques se sont contentés de l'enfer et du paradis. En éliminant le purgatoire, ils tentaient de créer une peur atroce de la mort, obligeant ainsi les fidèles à marcher comme le voulaient le roi et la religion...

Pourtant, elles ont toutes **la même** Bible. Toutes ces religions sont tirées d'une seule Bible. Voyez-vous, leurs opinions sur la religion sont complètement différentes et chacun y va de son dogme, dogme que le fidèle a l'obligation de croire. Ces religions devraient normalement permettre de **relier** l'humain et le spirituel. Cela n'est pas le cas, pas du tout. Ces pseudo-religions chrétiennes sont en fait **un véritable obstacle** à toute spiritualité. Elles font **écran** entre Dieu et l'homme, empêchant ainsi l'être humain de découvrir la réalité Divine.

Au fond, ces religions – catholique, orthodoxe, protestante et évangélique – ne sont rien d'autre qu'un **puissant système de domination**. Leurs dogmes, creux et vides, n'ont rien à offrir; ni la connaissance, ni l'expérience, ni la découverte de la réalité. Elles n'offrent rien, vraiment rien sauf de vaines promesses **pour après la mort...**

Nous allons tenter de découvrir ce que veut dire « être chrétien » dans le sens de la Connaissance de la Réalité et pour cela, il nous faut remonter à la source. Comme vous le savez, bien sûr, la source, l'origine du christianisme remonte à Jésus; c'est Jésus lui-même. Pour comprendre ce que signifie « être chrétien », il nous faut remonter au **christianisme original**, à celui de Jésus :

le christianisme d'AVANT les religions.

Jésus a enseigné une connaissance libératrice mais il n'a créé **aucune** religion – ni catholique, ni orthodoxe, ni protestante, ni évangélique, ni autre. Au Ve siècle, l'empereur romain Constantin a mis au point une pseudo-religion – l'Église catholique –, nous la présentant comme héritière de Jésus. Cette pseudo-religion, édifiée sur un dogme mythique à partir d'un Nouveau Testament élaboré par les empereurs romain eux-mêmes, se prétend héritière de Jésus. Rien n'est plus faux; il s'agit d'une gigantesque supercherie[1].

Le christianisme d'avant les religions existe toujours, pur, frais, vivifiant, étanchant la soif... Jésus est venu, pour enseigner la connaissance. **Jésus a délivré la connaissance**, la Gnose– « Gnozis » en grec ». La véritable connaissance de Soi, la Gnose, a été ramenée et mise à jour par Jésus. Les enseignements de Jésus, purs, frais, vivifiants, étanchant la soif... existent toujours. Oui, les enseignements de Jésus, **malgré** 2000 ans de persécutions terribles, ne se sont jamais perdus; le message original est toujours là, toujours disponible. Oui, le message de Jésus, son enseignement d'origine a survécu **malgré** l'Église qui a tout fait pour le faire disparaître en persécutant les gnostiques et en tentant de les exterminer. Oui, le message du Christ est resté intact **malgré** l'Église.

Quand on est assez ouvert et curieux pour chercher à comprendre, on peut s'intéresser à la Gnose, à l'Alchimie, à l'ésotérisme, à l'ésotérisme chrétien et s'apercevoir de la profonde connaissance contenue là. Oui, une connaissance prodigieuse nous vient de Jésus, fidèlement transmise de siècle en siècle malgré les terribles dangers.

- Ô, combien de gnostiques, combien d'alchimistes, combien de guérisseuses sont mortes sur le bûcher, torturées et violées?

Malgré ces abominables persécutions, véritables crimes contre l'humanité, la connaissance – **la vraie, celle qui permet d'accéder à la méta-réalité** – est toujours là. L'esprit curieux et ouvert de celui qui cherche à comprendre découvre la connaissance; il découvre la Gnose.

Ce qui est absolument étonnant et fascinant, c'est que **tous** les mouvements ésotériques chrétiens **enseignent la même chose**. Ils remontent **tous** aux premiers chrétiens, obligés de se cacher pour échapper aux persécutions de Rome et obligés de rester secrets pour échapper à l'inquisition des papes et des rois.

Dans ces conditions difficiles, la connaissance d'origine est parvenue

1. Voir le Nectar de la Conscience, tome I : L'ego et le Soi, chapitre 13 – **La Bible, son origine secrète.**

intacte en l'an 2000... Certains grands mouvements terriblement persécutés ont transmis la connaissance. Citons-en quelques-uns : les Gnostiques, les Alchimistes, les Albigeois, les Cathares, les Vaudois en France, les Tartarins en Italie, les Bogomiles en Bulgarie. Il y en a d'autres, beaucoup d'autres... Il y en a tellement que l'Église n'a jamais pu les détruire... et ne le pourra **plus** jamais...

Ces mouvements ésotériques chrétiens fleurissent dans toute l'Europe et partout en Amérique, surtout en Amérique du Nord, les émigrants ayant apporté la connaissance avec eux dans la Terre Promise de l'oncle Sam. Bref, la connaissance est détenue aujourd'hui par l'ésotérisme chrétien. Des groupes, qui furent très secrets et qui deviennent de plus en plus publiques, dispensent la connaissance suprême. Ils sont au-delà de la religion, au-delà de la spiritualité; ils sont profondément **dans la conscience.** Le temps est venu, le temps de la connaissance, le temps de la conscience. En effet, voici venu le temps du « retour ».

- **Le temps du retour de la connaissance,**
- **le temps du retour de la conscience,**
- **le temps du retour de la métaréalité,**
- **le temps du retour de l'expérience,**
- **le temps du retour du Christ en chacun...**

Jésus est donc venu pour apporter la connaissance, pour enseigner le « Royaume des Cieux ». Jésus est venu pour expliquer que le Royaume des Cieux est disponible et accessible à chacun, **de son vivant**. Oui, de notre vivant, durant notre vie. Les religions ont transformé par « après la mort »... Cela **fausse** complètement l'enseignement de Jésus. En fait, c'est une véritable trahison du Christ que les religions s'obstinent à perpétuer. Oui, l'enseignement de Jésus est trahi par les pseudo-religions chrétiennes.

Jésus a délivré aux premiers chrétiens un message simple et clair que tout le monde pouvait comprendre. Il n'y avait besoin ni d'Église, ni de clergé pour saisir et assimiler l'enseignement du Christ. Chacun pouvait comprendre facilement et se transformer lui-même. Chacun pouvait se connaître en profondeur et se reconnaître comme étant un Être de Lumière totalement Divin. L'enseignement de Jésus était orienté sur trois grands axes : **la réincarnation, le Royaume des Cieux et l'Ascension.**

• **La réincarnation.** Certains vont hurler en entendant le mot « réincarnation ». Pourtant, telle est la **réalité**. Oui, **Jésus a enseigné la réincarnation** et c'était même **la base** de sa Gnose. Tous les mouvements ésotériques chrétiens – **tous** – enseignent la réincarnation. Tous sont unanimes à reconnaître que les premiers chrétiens connaissaient, par Jésus, la réincarnation.

Le Nouveau Testament, fruit de la **fraude** de Constantin, a été castré de toutes références à la réincarnation par l'empereur Justinien. C'est en effet au 5e concile œcuménique de la religion des Romains, convoqué par l'empereur Justinien Ier en l'an 553 à Constantinople, que fut officialisé le Nouveau Testament, **expurgé** de toutes références claires à la réincarnation[2].

Voilà la réalité : Jésus enseignait la réincarnation; l'Église et l'État de l'empire de Rome l'ont cachée, perpétuant la fraude et la trahison du Christ jusqu'en l'an 2000. Cela, chacun peut et doit **le vérifier** lui-même en examinant l'histoire, la théologie, l'ésotérisme, la cosmogonie et en posant les bonnes questions et en exigeant les bonnes réponses.

- **Le Royaume des Cieux** est un état de conscience supérieur et avancé où l'être humain **réalise** la véritable nature de sa propre Divinité. Le Royaume des Cieux, c'est, en fait, **la réalisation** de la conscience, c'est un état avancé dans la conscience de Soi. Le chemin menant au sommet de la conscience comprend plusieurs étapes assez précises, chacune reflétant un état de conscience particulier.

Ainsi, sur le chemin ascendant, vous rencontrez la compréhension, la conscience cosmique, la conscience d'Être, le lâcher-prise, la conscience de l'unité, puis **la réalisation**, puis la libération et enfin, le couronnement, l'apothéose : l'Ascension dans la gloire céleste.

Le Royaume des Cieux est **la réalisation** profonde par chacun de son état Divin. C'est la joie suprême, le contentement parfait, la satisfaction totale. L'Être de Lumière ayant atteint **la réalisation** reste un Être humain en apparence, mais sa conscience est totalement transformée; il « vole » très haut au-dessus de la conscience humaine. Pourtant, il reste dans le monde; attentif, actif, il agit et il accomplit ce qu'il doit. C'est un Être éveillé, bon, fort, puissant, débordant d'amour et de compassion. Étant **réalisé**, une oeuvre ou une mission lui est confiée, qu'il accomplira à la perfection tout en continuant à s'élever dans la conscience vers la libération et l'Ascension.

Jésus enseignait comment chacun pouvait, **vivant**, entrer dans le Royaume des Cieux. Comprenons-le bien, le Royaume des Cieux est un état de conscience accessible à chacun, riche ou pauvre, maître ou esclave..., hommes ou femmes de toutes races. Cet état de conscience est accessible et disponible pour chacun dès maintenant; **chacun peut y entrer vivant**. Oui, avant la mort; après, c'est foutu, il faudra se réincarner et tout recommencer.

---

2. Tome I, *La Bible, son origine secrète*.

• **L'Ascension** est le grand cadeau apporté par Jésus à l'humanité. L'Ascension a toujours existé, mais Jésus en a apporté la révélation et le mode d'emploi. Mode d'emploi qui fut intentionnellement **caché** par les empereurs romains et les papes. L'Ascension se produit naturellement et spontanément chez les Êtres de Lumière qui sont parvenus à **la réalisation** et à la libération.

L'Ascension est pour tous; chacun peut et doit faire son Ascension. Lorsque l'être humain aura compris sa nature profonde et qu'il aura compris qu'en réalité, il est un Être de Lumière complètement Divin, il connaîtra son propre Soi. Comprenant par ailleurs ce qu'est l'ego – quand il l'aura découvert et compris – la conscience lui reviendra; il franchira alors facilement toutes les étapes du chemin de la conscience.

Résumons-nous : **Jésus a enseigné de façon simple et claire la réincarnation, le Royaume des Cieux et l'Ascension**. C'était si simple et si clair que tout le monde pouvait comprendre. Chacun comprenant, plus personne n'avait besoin de la religion romaine; comprenez-vous?

Alors, Constantin a falsifié le Nouveau Testament, Justinien a enlevé la réincarnation, les papes ont déclaré que l'Ascension était pour Jésus seulement, et l'Église a décrété que le Royaume des Cieux était pour **après** la mort... Et ceux qui ont osé dire le contraire, depuis 2000 ans, ont été sauvagement torturés, violés et mis à mort de façon barbare. Comprenez-vous?

L'enseignement de Jésus était très lumineux. Il expliquait clairement et simplement la réincarnation, l'Ascension et le Royaume des Cieux. L'Ascension n'est pas, à ma connaissance, enseignée au public – même ésotérique – en Asie, ni dans l'hindouisme, ni dans le bouddhisme. Ces religions, même dans leur côté ésotérique, ne parlent pas d'Ascension. Certes, elles enseignent l'illumination, mais ce qui arrive ensuite reste des plus vague. Non pas qu'au fond de leurs enseignements, elles l'ignorent; mais bien des choses sont secrètes et les secrets cachent d'autres secrets...

• **Qu'est-ce qu'un chrétien?** Être chrétien, c'est suivre un enseignement qui conduit à la véritable connaissance de soi, du Soi. Être chrétien, c'est se connaître soi-même en profondeur.

« Connais-toi toi-même
et tu connaîtras l'univers et les Dieux ».

Se connaître soi-même, c'est découvrir sa véritable conscience Divine, sa conscience suprême, celle qui est au-delà du mental humain. Connaître l'univers, c'est pouvoir accéder dès maintenant aux univers parallèles, aux mondes intérieurs, soit par le voyage astral conscient, soit par une sortie lucide en corps éthérique. Connaître les Dieux, c'est être assez conscient pour rencontrer en pleine lucidité les Êtres de Lumière qui vivent sur les autres plans ou les Maîtres qui vivent sur le plan éthérique.

Pour l'Alchimie ésotérique chrétienne, dans l'Alchimie de la conscience, se connaître soi-même c'est connaître en profondeur **l'ego et le Soi.** Connaître l'univers, c'est vivre l'expérience authentique de la **métaréalité**. Connaître les Dieux, c'est être **en contact** avec des Maîtres ou des Êtres de Lumière.

Connais-toi toi-même
et tu connaîtras l'univers et les Dieux.

Comprenez-vous maintenant cette maxime? Oui, cette explication en révèle la signification profonde. Elle permet à chacun de comprendre et d'entreprendre le travail de prise de conscience.

• **Qu'est-ce qu'un chrétien?** Être chrétien, c'est s'engager résolument sur le chemin de l'Ascension. C'est suivre un enseignement qui révèle la connaissance libératrice et qui procure réellement l'expérience de la méta-réalité. L'être humain éclairé, celui qui cherche à comprendre la vie, réalise un jour qu'il a un destin Divin. Il comprend que le but ultime de la vie, sa propre destinée suprême, est l'Ascension. Alors, il cherche à comprendre, il veut savoir, il découvre ce qu'il faut faire et surtout, **il découvre comment Être.**

Cet Être éclairé découvre l'ego, il comprend le Soi, il se rend compte qu'il faut marier les deux. Il lui faut unir le ciel et la terre et célébrer les noces alchimiques. Alors, il suit un enseignement qui lui fera découvrir et révéler l'ego en pleine lumière. Il découvrira aussi ce qu'est le Soi. Il pourra reconnaître dans sa vie le travail de son ego et l'activité de sa conscience supérieure. Il pourra démêler l'un de l'autre et choisir de vivre dans le Soi, dans sa conscience suprême. Alors, il en arrivera au lâcher-prise et à vivre des expériences significatives de la métaréalité.

• **Qu'est-ce qu'un chrétien?** C'est un individu profondément **lassé** des dogmes et des croyances creuses et vides qui n'ont rien à offrir sauf de vaines promesses pour **après** la mort...

Cet Être lumineux a décidé, une fois pour toutes, de chercher à comprendre. Rien ne l'arrêtera; **il veut comprendre** qui il est, d'où il vient et où il va. Alors il cherche, il explore **et il découvre la réalité**. Il découvre la fraude de la religion. Il découvre la connaissance, il découvre la Gnose. Il découvre Jésus, **il découvre les véritables enseignements de Jésus,** purs, frais, vivifiants, qui étanchent la soif... Alors il boit à la source, il étanche sa soif, la connaissance le remplit. Maintenant il sait, il voit, il connaît... Ce chrétien a retrouvé l'origine, les véritables enseignements de Jésus. **Il a compris** et poursuivra sa route jusqu'au but final, jusqu'à son destin suprême : l'Ascension.

Oui, cet Être de Lumière qui a compris en arrivera forcément à l'Ascension – dans vingt ans ou dans deux cents ans. Qu'importe! il sait que c'est inéluctable : il fera son Ascension dans la gloire céleste.

D'ici là, il se connaîtra lui-même, il connaîtra en profondeur l'ego et le Soi, la différence entre les deux et comment unir les deux. Il connaîtra l'univers car sa conscience s'étant ouverte, il aura accédé par expérience directe à la métaréalité. Et bien sûr, il connaîtra les Dieux car son travail de prise de conscience le fera forcément entrer en contact avec des Êtres de Lumière et même avec les Maîtres.

Finalement, c'est très simple : être chrétien, c'est suivre Jésus, son enseignement **d'origine**. C'est chercher le Royaume des Cieux – la Réalisation – et l'atteindre de son vivant. C'est suivre le chemin de l'Ascension.

- **Être chrétien, c'est tout faire pour :**
  - **retrouver le christianisme d'origine,**
  - **réaliser le Royaume des Cieux dès cette vie,**
  - **persévérer jusqu'à l'Ascension finale.**

L'Ascension est quelque chose de très mystérieux aux yeux de beaucoup de gens. Pourtant c'est très simple, comme tout ce qui concerne la conscience, d'ailleurs. L'Ascension, c'est simplement le fait d'accéder consciemment et à volonté au plan éthérique avec son corps éthérique. Voyez-vous, rien de plus simple : vous sortez de votre corps physique et dans votre corps éthérique, vous gambadez! Vous êtes alors sur le plan éthérique et vous y rencontrez les Maîtres et les Êtres de Lumière.

Simple, l'Ascension, n'est-ce pas? En fait, ce n'est pas du tout facile. Beaucoup s'imaginent qu'un être humain pourrait, à force de méthodes et de techniques, en arriver à séparer le corps physique du corps éthérique. Erreur, grossière erreur! **Seul un état de conscience très élevé permettra la séparation**, la sortie consciente.

Il est vrai que de cette façon, en procédant avec des techniques, l'humain pourra sortir en corps astral. Mais là n'est pas le but. Beaucoup d'humains volent en corps astral. Des gens dans l'ego jusqu'au cou se baladent en corps astral. Mais ceux-là ne cherchent pas l'Ascension; ou alors, ils se trompent de chemin... Sortir de son corps et faire un voyage astral est relativement aisé; tout le monde peut y arriver s'il s'en donne la peine. Le voyage astral permet de découvrir certains aspects de la métaréalité et délivre complètement de la peur de la mort. Toutefois et **en aucun cas** il ne conduit à l'Ascension, comprenez-le bien.

L'Ascension se passe avec le corps éthérique et elle est le fait d'accéder au plan éthérique dans ce corps. Devenir conscient dans son corps éthérique tout en étant hors de son corps physique est très difficile. Très peu de gens en sont capables; en fait, c'est extrêmement rare. Toutefois, la conscience étant de retour dans notre monde, des millions de gens le pourront bientôt car ils seront délivrés de l'ego.

Comprenez bien que l'extériorisation de la conscience dans le corps éthérique **n'est pas** soumise à la volonté de l'ego et qu'aucun travail de l'ego ne pourra le permettre. Sachez que l'ego ne peut pas accéder au plan éthérique. Seule la conscience suprême délivrée de l'ego permettra la séparation du corps physique d'avec le corps éthérique et le transfert de la conscience dans le corps subtil.

Seule une infusion massive de la conscience dans l'Être, résultant de la disparition de l'ego, permettra la sortie lucide et consciente du corps éthérique. Alors, l'Être rejoindra instantanément les Maîtres sur le plan éthérique. Celui qui vit dans l'ego ne peut pas accéder à ce plan de lumière. **Il n'y a aucun ego** sur le plan éthérique; celui-ci est totalement vierge, pur, non pollué. Les ego grouillent et s'agitent sur le plan physique et sur le plan astral. Là, oui, c'est pollué, ça s'agite et ça grouille, surtout dans le bas astral. Dans le haut astral, la vie est plus belle et plus saine. Alors, comme tous ceux qui ne font pas leur Ascension retournent vivre sur le plan astral, ils ont intérêt à demander **un guide-étoile** pour les conduire vers la lumière[3]. Ils mèneront là une vie de qualité en attendant leur prochaine réincarnation.

Mais revenons sur terre où l'Ascension consiste à sortir de son corps physique avec son corps éthérique, en pleine lucidité et en toute conscience. Pour cela, il faut lâcher l'ego; alors et alors seulement, **l'infusion massive de conscience se produit et sépare les deux corps**. Seule votre conscience suprême séparera le subtil de l'épais, jamais l'ego ne le pourra.

Dans l'Alchimie de la matière, de l'énergie ou de la conscience existe un grand principe énoncé ainsi dans la Table d'Émeraude : « Tu sépareras la terre du feu, le subtil de l'épais, doucement, avec grande industrie et prudence »...

Oui, séparer le subtil de l'épais...

---

3. Tome 1, *L'ego et le Soi,* chapitre 11, *La mort.*

Le subtil, ce sont les quatre éthers; l'épais, c'est la matière. Le subtil, c'est le corps éthérique; l'épais, c'est le corps physique. Le subtil, c'est le plan éthérique; l'épais, c'est le plan terrestre. Le subtil, c'est la conscience; l'épais, c'est l'ego... Alors, l'alchimiste s'attache à séparer le subtil de l'épais. Il accomplit l'oeuvre qui séparera le subtil de l'épais – faire disparaître l'ego – afin que la conscience suprême occupe toute la place.

Voilà révélé un très grand secret de l'Alchimie, tant de la matière que de la conscience. Lorsque la science comprendra, elle deviendra la Science; mais elle a encore du chemin à parcourir...

Au Québec, il y a une expression souvent employée lorsque quelqu'un ne comprend pas facilement. On lui dit : « Vous êtes épais », « Tu es épais »... J'aime... c'est beau, c'est alchimique... Oui, nous sommes tous épais, mais nous sommes tous subtils... Encore faut-il séparer l'un de l'autre et cela, seule notre conscience suprême le peut. Nous pouvons travailler notre conscience jusqu'à la disparition de l'ego, jusqu'à la Réalisation, la porte du Royaume des Cieux. C'est déjà beaucoup, c'est énorme, mais c'est tout ce que nous pouvons faire. Ensuite, seule notre conscience suprême dirige. Oui, si nous accomplissons le travail requis pour prendre conscience, alors :

La conscience séparera le subtil de l'épais...

Certaines personnes s'imaginent qu'en essayant de tout savoir, elles atteindront une réalisation superbe et une ouverture de conscience sublime. Attention à l'ego, lui qui veut tout savoir pour **rester** l'ego... Or, le but de l'Alchimie de la conscience n'est pas de posséder un ego savant, **mais de se débarrasser de l'ego...**

Donc ce qui compte, en fait, n'est pas ce que nous savons, mais ce que nous comprenons, ce que nous vivons par expérience directe et, par conséquent, comment nous nous transformons. Certains, dans la vie, savent tout; mais que comprennent-ils? Que vivent-ils? Sont-ils transformés? Bien souvent, ils sont et ils restent des ego et n'en sont même pas conscients. La connaissance, nous devons la comprendre; alors, nous la vivons, notre vie se transforme et notre conscience se transmute.

Certains savent tout mais ils n'en ont aucune expérience. Des passionnés de l'aviation n'ont jamais piloté, ni même pris l'avion. Des mordus de la montagne, des insectes, des poissons, des minéraux et de tout ce que vous voulez ne connaissent que les revues spécialisées. Ils ont tout lu, mais ils n'ont rien vu, rien touché, rien tâté... En 1994, j'ai animé trois émissions de télévision sur la sexualité en compagnie de deux jeunes femmes sexologues diplômées. Elles savaient tout sur le sexe : et l'orgasme en plateau, et la phase de résolution orgasmique, et que l'éjaculation testiculaire était préférable, et que l'érection devait être turgescente... Ah bon! vous saviez ça, vous? C'est comme monsieur Machin qui écrivait de la prose sans le savoir. D'autres bandent sans savoir qu'ils « turgescent » ou « turgillonnent »... Bref, c'est tout un savoir sexuel qui sortait de leur jolie bouche. Après l'émission, tout en prenant le café, j'ai posé quelques questions, histoire de vérifier si j'avais bien compris qu'il y avait quelque chose de louche. « Avez-vous un amant, des amants, une maîtresse peut-être? ». Non, elles n'avaient ni amant, ni maîtresse; elles avaient quand même baisé une fois ou deux, elles se masturbaient un peu, mais sans plus. Bref, leur activité sexuelle était quasiment nulle. Étant sexologues diplômées, elles sont bien payées pour dispenser leurs savantes connaissances à leurs clients... Elles savent tout mais ne connaissent rien. Elles n'ont pas le vécu, l'expérience concrète.

Alors, quelle est la morale de cette histoire parfaitement réelle? Tout d'abord, le savoir n'est pas la connaissance; le savoir est pure théorie et ne permet pas la prise de conscience.

- La connaissance est pratique, concrète et vécue.
- La connaissance est l'expérience d'une certaine réalité ou d'une certaine métaréalité.
- La connaissance vécue par expérience directe **procure** la conscience.
- **La conscience est produite par l'expérience de la connaissance.**
- Lorsque le savoir est présent, sans en faire l'expérience, il n'y a pas de conscience.

Ce qui compte dans la vie aux yeux de notre conscience, ce n'est pas ce que l'on sait, mais ce que l'on a vécu. **Seul le vécu produit la conscience.** Dans cet exemple, certains ne savent rien sur le sexe, mais ils ont une vie sexuelle riche. Ils n'ont jamais étudié la sexualité, **mais ils ont épanoui leur sexualité**. Ils ont découvert le sexe, la relation, l'amour, le plaisir et pour certains la transmutation sexuelle. Ces gens-là sont conscients; ils ne savent rien du sexe, mais ils le connaissent parfaitement, ils le vivent.

Donc voyez-vous, c'est la même chose dans les domaines spirituel et ésotérique. Certains se croient très avancés car ils pensent qu'ils savent tout. Qu'ont-ils vécu? Quelle expérience ont-ils de la métaréalité? Pensent-ils encore que leur vie sera transformée **après** la mort? Ont-ils lâché prise? Ont-ils atteint la conscience d'Être? Ont-ils réalisé un lâcher-prise significatif? Ont-ils atteint la Réalisation? Pour eux, le Royaume des Cieux est-il devenu concret dans leur vie?

Bref, pour devenir conscient, il faut prendre la connaissance en main et la vivre heure par heure, principe après principe, jusqu'au moment où les résultats se produiront. Le Nectar de la Conscience vous apporte la connaissance, le Chant du Cygne vous baigne dans la conscience, **votre travail** dissout l'ego et ouvre votre conscience.

Bien, ô mes Amis de Lumière, nous qui sommes des amis depuis des siècles, vous savez maintenant ce qu'est un vrai chrétien. Il existe de véritables chrétiens dans toutes les religions du monde – hindouiste, musulmane, juive, bouddique, gnostique, ésotérique, et même chrétienne... Le Royaume des Cieux **est un état de conscience** ouvert à toutes et à tous au-delà des races, des sexes, des religions, des castes, des classes sociales. Il est très facile d'être chrétien et de suivre Jésus. La Gnose vous apportera la découverte et la réalisation de la conscience et vous aurez tout par surcroît.

Examinons à présent les attentes. Les attentes : voilà quelque chose qui doit être découvert, vécu et compris. Parmi les grands principes que l'ego doit vivre pour prendre conscience, les attentes tiennent une place importante. Nos attentes face à la vie nous gâchent la vie. Nous pouvons et nous devons nous transformer par rapport à elles et notre qualité de vie et de conscience changera profondément.

Nous voulons tous devenir conscients, réaliser en nous le Royaume des Cieux et parvenir à l'Ascension. Nous voudrions tous, en effet, pouvoir séparer le subtil de l'épais, sortir de notre corps physique et vaquer joyeusement sur le plan éthérique. Soyons-en certains, cela nous arrivera forcément **si** nous accomplissons chaque jour notre petit travail de conscientisation. Pour que la transformation de la conscience se produise, il faut que l'ego comprenne; et tant qu'il n'aura pas compris, la transformation sera lente et la transmutation n'aura pas lieu. Il faut donc que l'ego en arrive à lâcher prise. Quand il aura vraiment compris, oui, il lâchera prise et il sera heureux de le faire.

Que doit-il comprendre? Le Soi et le non-soi, l'ego et le Soi, l'Être et ce qui l'en sépare, les principes qu'il vit à l'envers, l'unité de la conscience, sa place exacte dans l'Être et le rôle qu'il doit y jouer après sa soumission. L'ego ne lâchera pas prise avant d'avoir une certaine idée de sa vie lorsqu'il sera devenu **le parfait collaborateur** de la conscience.

L'ego doit bien comprendre que personne ne lui veut de mal, que personne ne veut le tuer, le dissoudre, l'effacer, l'évaporer. Sa capitulation, son abandon, sa soumission, sa fusion, son renoncement ne sont que **des termes symboliques**. En fait, il doit devenir comme un cheval de concours hippique, c'est-à-dire former une **unité complète avec une seule volonté**. Le cheval et le cavalier constituent une unité soumise à une seule volonté. L'ego et le Soi, totalement unis, avec la seule volonté de la conscience suprême, voilà la parfaite collaboration de l'ego. Comprenant cela, l'ego comprend quel **destin prodigieux** l'attend s'il se transforme volontairement en parfait collaborateur de la conscience.

Sans le cheval, le cavalier ne peut participer au concours. Sans l'ego, la conscience ne peut s'exprimer à travers l'être humain. Sans rosier, la conscience ne peut exprimer la rose. Sans marteau, la conscience ne peut pas enfoncer les clous. Comprenez-vous vraiment ceci?

Sur le chemin de la compréhension, l'ego rencontrera l'obstacle des attentes. Il devra le franchir et s'en débarrasser. Alors allégé et soulagé, il s'élèvera plus haut et plus vite. Face aux attentes, l'ego doit développer une attitude subtile qui lui permet de rester tranquille, serein et impassible quoi qu'il arrive. Oui, l'ego agit le mieux possible mais face aux résultats, il reste tranquille, serein et impassible. Attention! il n'est pas indifférent, pas du tout! Il agit au mieux, au meilleur de sa connaissance, avec une parfaite bonne volonté; mais au niveau des résultats, il n'a plus d'attentes. Il sait qu'il a fait sa part, qu'il a agi au mieux. Il sait que les résultats ne dépendent pas de lui.

Par exemple, s'il fait la cuisine, il n'a pas d'attentes; si les plats sont excellents, il le constate. S'ils sont brûlés et complètement ratés, il constate simplement : « C'est raté ». Si c'est réussi, il n'en tire aucun orgueil; si c'est raté, il n'en éprouve aucune culpabilité. **Être libéré des attentes, c'est être libéré des sentiments négatifs reliés aux résultats.** Ainsi, quel que soit le résultat, l'ego est libéré de l'orgueil, de la vanité, de la culpabilité, de la mortification, de la frustration, de la déception, de la dépréciation de lui-même.

L'ego s'évalue toujours en fonction des résultats produits par son activité. La conséquence est grave car si les résultats sont excellents, il se valorise démesurément et s'enfle d'orgueil, mais si les résultats sont nuls, il se dévalorise à l'extrême. Alors, comme la vie nous apporte **toujours les deux** – de l'excellent et du nul – en différentes proportions, l'ego passe de la valorisation à la dévalorisation d'un jour à l'autre. Il n'est pas stable dans ses humeurs, il n'est ni tranquille, ni serein, ni impassible. Forcément, la conscience suprême ne peut guère s'infuser dans cet âne mental toujours mécontent ou toujours palpitant devant ses exploits. L'attachement produit chez l'ego une humeur en dents de scie, changeant à la lecture des résultats attendus. Ainsi, il passe de l'abattement au frétillement d'une heure à l'autre. Que peut faire la conscience avec une pareille monture? Imaginez : vous êtes le cavalier et tout à coup votre cheval, qui vient de franchir un obstacle, frétille de joie, hennit à la cantonade et rue de plaisir; puis soudain, il s'arrête et sanglote ou il laisse pendre tristement sa tête à terre car il vient de rater un saut...

L'Être de Lumière accomplit ce qu'il doit au moment où il le doit. Il sait que les résultats ne lui appartiennent pas. Alors, réussite ou échec, succès ou ratage, applaudissements ou huées ne perturbent pas son humeur. Il **est**, il est dans sa conscience suprême. Il se conscientise le plus possible chaque jour, il est témoin de sa vie, témoin de ses activités. Il est témoin du résultat; que celui-ci soit nul ou grandiose, son état de conscience n'est ni changé ni perturbé. Il observe soigneusement ce qui arrive et il cherche à comprendre. Il sait recommencer et persévérer. Il sait aussi ne pas s'obstiner et s'arrêter. L'ego, dans son agitation, ne possède pas un tel discernement; il s'obstinera inutilement ou démissionnera au premier obstacle.

Comprenez bien le principe. L'ego qui vit sans attentes est le témoin de sa vie et le témoin des résultats qui apparaissent. Les résultats ne l'affectent pas, il demeure calme, stable et attentif. Il examine ce qui arrive et cherche à comprendre. Il sait recommencer s'il le faut et s'arrêter quand il le doit. Il sait persévérer sans s'obstiner. Si vous voulez une vie vraiment satisfaisante, ne vous arrêtez pas aux premiers obstacles; persévérez! Si vous vous obstinez inutilement, la vie vous donnera des claques sur la figure pour vous faire comprendre plus vite. Alors, apprenez à **persévérer sans vous obstiner**.

L'être humain vit et il agit en vue d'obtenir certains résultats. Il attend donc que son action donne des fruits. Par conséquent, il s'attend à obtenir quelque chose. Ce sont les attentes, et c'est très normal et très humain. Le problème est que si le résultat est différent de ce qu'il attend, l'être humain souffrira, sera déçu ou frustré. Il ne sera ni calme, ni impassible.

L'être humain doit arriver à comprendre que le résultat ne dépend pas de lui. Le résultat dépend de sa conscience. Quand l'Être a vraiment compris cela en profondeur, quand il est vraiment devenu conscient qu'il peut agir mais qu'il ne peut pas produire le résultat, alors il reste calme. C'est dans ce calme que **tout arrive** et que la conscience peut s'infuser profondément en lui.

Plus l'Être est calme et conscient,
plus la conscience s'infuse en lui,
plus son action est juste, adéquate,
plus le résultat est excellent.

Voilà le secret : le calme, la tranquillité, l'impassibilité face à des résultats décevants ou nuls permettent à la conscience de s'infuser dans l'Être. Avec ce surcroît de conscience, ce surcroît de lucidité, l'Être peut saisir la véritable nature de son problème et lui apporter la correction qui s'impose. Ensuite, avec persévérance, il recommence, continuant ainsi jusqu'à ce que ses efforts soient couronnés de succès. Dans ce calme, dans cette conscience et cette lucidité, l'Être découvrira éventuellement s'il fait fausse route et cessera alors de s'obstiner inutilement.

L'Être éclairé agit et face au résultat, il reste complètement impassible. Il l'étudie avec un intérêt profond et sa conscience s'ouvre. **L'intérêt, allié au calme profond, ouvre la conscience.** Oui l'intérêt, combiné à un calme profond, ouvre en grand les portes de la conscience. Voilà une bonne façon de devenir plus conscient : si vous vous intéressez profondément à un sujet, que vous l'étudiez dans un calme profond et si vous n'avez **aucune** attente, une ouverture de conscience se produira. C'est absolument certain. Ceci se produit naturellement et spontanément pour l'Être qui a compris le principe et qui s'est tranquillement installé dans cet état de conscience d'Être.

Lorsque l'intérêt profond et le calme profond sont présents **sans attentes, il n'y a plus d'ego.** L'ego absent, la conscience jaillit; c'est automatique et il ne peut en être autrement. Tout le monde peut se placer lui-même délibérément dans l'état de conscience voulu et l'ouverture se produira forcément.

Toutefois, dans tous les cours, il y a des gens qui me disent : « Das, j'ai essayé et je n'ai rien vu ». Évidemment, ils attendent un miracle, une vision, un éclair, une élévation, une lévitation, un orgasme, un coup de tonnerre, une boule de feu... Ils attendent et il n'arrive rien. Qui a des attentes? Qui veut « voir » du fantastique? L'ego, toujours lui, encore lui. **L'ouverture se produit en l'absence de l'ego.** Tant que vous essayez, vous êtes dans l'ego; tant que vous attendez, vous êtes dans l'ego; tant que vous espérez un phénomène, vous êtes dans l'ego. C'est déjà tout un progrès que de le constater et d'en prendre conscience. Cela facilite l'abandon des attentes et permet de se libérer plus vite.

Tout le monde peut se placer dans un état d'Être, un état de conscience où il agit sans attentes. Oui, tout le monde peut agir sans attentes, dans un calme profond, avec un intérêt passionné...

Agir sans attente,
avec un calme profond
et un intérêt passionné,
ouvre la conscience.

Cela ne s'essaie pas mais se produit spontanément lorsque les trois conditions sont présentes simultanément. **Lorsque c'est le cas, il n'y a plus d'ego.** Il est inutile de chercher à enlever l'ego; il disparaît automatiquement lorsque les trois conditions sont présentes. Le problème, pour l'Être, c'est que l'ego attend toujours quelque chose. N'oubliez pas que le Soi, l'Être, la conscience, c'est vous et que l'ego, c'est vous aussi. Tant qu'il y a des attentes, c'est que l'ego n'a pas compris le principe. Donc, c'est vous qui n'avez pas compris, **vous avez des attentes**. Avec la compréhension, la réflexion, la lecture du Nectar de la Conscience et le Chant du Cygne, la lumière se fait dans l'esprit. La véritable compréhension s'installe et vous en arrivez à lâcher les attentes.

Finalement, c'est très simple de ne plus attendre et d'agir quand même... Pourtant, c'est souvent difficile car notre vie est pleine de projets. On espère et on veut qu'ils aboutissent, on s'en occupe, on fait tout pour ça. Et c'est tout à fait normal. On espère que telle chose va se produire, telle autre se réaliser et que tout va fonctionner. On a des attentes extraordinaires. Si tout marche bien, on dit « ouf! »; on est fatigué mais content. Si, par contre, tout est raté ou que rien n'aboutit ou que les délais sont trop longs, c'est la catastrophe et la dépression nous guette; on veut tout abandonner.

Si les résultats sont conformes à nos attentes, nous sommes contents, enthousiastes, exubérants; nous sommes libérés. Si c'est complètement raté, nous devenons extrêmement malheureux parce que, bien sûr, nous avons toujours des attentes qui, bien souvent, ne sont pas réalistes. Elles sont démesurées. Alors, le résultat est inférieur à ce que nous espérions et nous sommes déçus, tristes et abattus. Cela, voyez-vous, c'est typiquement la vie humaine dans l'ego. C'est l'être humain qui marine dans l'ego jusqu'au cou et dont la vie est entièrement conditionnée par ses attentes.

Il y a une autre façon de vivre, **il existe une autre façon d'Être.** C'est de vivre dans l'Être, libéré des attentes. Oui, chacun peut changer de conscience et vivre dans un état de conscience supérieur, libéré des attentes; tout le monde peut, oui, tous. C'est un état de conscience libérateur où règne un contentement profond, celui qui vient du fond de nous-mêmes. Nous sommes contents car notre conscience est **toujours** contente. Oui, notre Être réel vit en permanence dans le contentement profond, qu'il pleuve ou qu'il fasse soleil, qu'il soit seul ou non, que le résultat soit une grande réussite ou un terrible gâchis. Oui, tous les jours, jour et nuit, en tout temps, dans l'Être règne le contentement, le contentement profond, le contentement suprême.

Voilà la réalité de notre nature, de notre Être véritable, de notre véritable conscience. L'ego et ses attentes nous en séparent artificiellement. Pourtant, tout le monde peut lâcher les attentes et se placer consciemment dans l'état d'Être supérieur, dans l'état de conscience supérieur. On peut très bien vivre sans attentes, je peux vous l'assurer. **Vivre et agir sans attentes est à votre portée**; oui, vraiment.

Sans attentes, l'on agit activement, puissamment, le mieux possible. L'on n'est **jamais indifférent**; ça, c'est terrible, c'est destructeur et c'est de l'ego. Oui, l'indifférence est une grave maladie de l'ego, c'est la névrose de l'ego.

Dans l'indifférence, que ce soit mal ou bien, c'est pareil pour l'ego. Non, sans attentes, le résultat est le résultat, mais on l'examine avec soin, avec conscience, avec calme pour comprendre. Oui, pour comprendre ce qui ne va pas et pour voir s'il y a lieu de persévérer ou d'arrêter. Comprenez-vous la différence entre non-attente et indifférence?

L'état de conscience sans attentes permet d'agir au mieux, de faire ce qu'on doit le mieux possible. Ensuite, le résultat ne nous appartient plus. D'ailleurs, c'est une réalité absolue. C'est une pure illusion que de penser qu'on peut agir et que le résultat nous appartient. Prenons un simple exemple : vous pouvez agir et planter des pommiers, mais **jamais** vous ne pourrez faire pousser des pommes. La récolte de pommes ne dépend pas de vous. Vous pouvez vous occuper du pommier, le cultiver, l'arroser, le désherber, le traiter contre les maladies et les insectes, mais vous ne pouvez pas faire pousser les pommes. La quantité de fruits dépend de la pluie, du vent, des oiseaux, du soleil, de l'orage, de la gelée, de la sécheresse, des chenilles, des abeilles, de la pollution... Votre action vous permet de planter le pommier au bon endroit, de la bonne façon; ça, vous pouvez le faire. Le résultat, c'est la quantité et la qualité des pommes. La récolte ne dépend pas de vous ni de votre action. Ainsi, vous avez agi pour le mieux. Au moment de la récolte, vous aurez peut-être trois pommes, peut-être en aurez-vous trois pleins camions. Le résultat n'est pas le même et financièrement, il y a une grosse différence. Pourtant, l'attitude changera tout. Si l'ego n'a que trois pommes, sa déception peut être si terrible qu'il tombera malade. Mais l'Être de Lumière avancé dans la compréhension de la conscience restera calme et impassible avec ses trois pommes. Dans cette tranquillité, dans ce calme, dans cette conscience, de nouvelles idées jailliront en lui, toujours au bon moment, lui permettant de régler ses affaires malgré le manque à gagner dû à l'absence de récolte.

Pour cet Être éclairé, trois pommes ou trois camions de pommes, c'est pareil. C'est pareil pour sa conscience qui reste imperturbable. Sur le plan financier, c'est une catastrophe; mais sur le plan de la conscience, il reste imperturbable. Dans la vie, c'est ainsi dans tous les domaines : on agit pour le mieux et si les résultats sont excellents, tant mieux! Par contre, si les résultats sont complètement nuls, on reste impassible et imperturbable. **Alors là, la conscience peut jaillir** et apporter de nouvelles idées ou des solutions inattendues. Dans le calme et la tranquillité d'esprit, la conscience jaillit **toujours**; parfois goutte à goutte, parfois à flots. Ceci est une règle générale de la vie qui s'applique dans tous les domaines.

Pour l'Être de Lumière qui, vraiment, veut comprendre sa conscience et se libérer de l'ego, l'abandon des attentes est essentiel. L'Être doit réaliser en profondeur que le résultat ne lui appartient pas. **Il peut agir, mais il ne peut pas produire le résultat.** Lorsque l'Être réalise vraiment cette réalité, son attitude change, il devient **le témoin de son action**. Un témoin calme, serein et impassible, qui reste immuable face au triomphe, immuable devant la catastrophe. Alors dans ce calme, la conscience supérieure peut s'infuser, apportant la lumière. Ainsi, l'Être peut poursuivre sa vie sans être terrassé par l'échec, ni culbuté par le succès. Dans tous les cas, l'Être calme et impassible retrouve la force, le courage, la lucidité et la compréhension qui lui permettront de continuer sa vie. Oui, faisant ainsi, l'Être poursuivra sa vie avec plus de conscience, toujours plus de conscience jusqu'au jour où il émergera de l'ego. Alors, il jaillira dans la lumière, dans le contentement, dans la joie, dans la satisfaction.

Finalement, se libérer des attentes est une base, une fondation pour qui veut progresser rapidement dans l'élévation de sa conscience. Il faut cesser d'attendre des miracles qui viendraient tout à coup améliorer la vie de l'ego sans qu'il ne change rien à sa conduite erronée. **Les miracles sont là**, pour chacun de ceux qui veulent se transformer et sortir de l'ego. Quand on décide de se transformer soi-même en comprenant l'ego et le Soi, l'Être et la conscience, les miracles arrivent et transforment notre vie en profondeur, pour le meilleur et de façon durable.

Beaucoup d'êtres humains voudraient tellement changer leur vie sans ne rien changer d'eux-mêmes et surtout, sans changer leur mental, leurs pensées, leur conscience... Ils voudraient être des humains comblés de tous les dons, de tous les talents, de toutes les bénédictions... **Sachez que vous avez raison** car cela est déjà à vous, dans votre conscience Divine. Oui, en effet, chacun de nous est déjà un Être merveilleux qui possède tous les dons, tous les talents, toutes les bénédictions. Il suffit d'en REdevenir conscient. Sachez **que vous êtes déjà comblés**; tout cela vous appartient totalement. Alors servez-vous, puisez dans votre trésor, aspirez à votre richesse, ouvrez votre grotte au trésor.

« Sésame, ouvre-toi! »; cette phrase ouvre la grotte du trésor dans le conte d'Ali-baba et des quarante voleurs. Vous aussi, vous disposez d'un véritable trésor contenant **tout ce que vous souhaitez**, mais mille et mille fois plus encore. Tout cela est dans votre conscience Divine. Tout cela **attend votre signal** pour se déverser à flots dans votre vie. Tout cela est déjà là, tout prêt pour vous, tout près de vous, afin de vous combler, de vous bénir, de vous servir. C'est vous le maître et c'est **vous seuls** qui pouvez ouvrir. Pour retrouver votre trésor, il vous faut une carte. Pour ouvrir votre trésor, il vous faut une clé magique, un **« sésame »**.

Le Nectar de la Conscience est la carte qui vous conduit au but, à votre trésor. Le Chant du Cygne est la clé qui ouvre la conscience. Ô, Êtres de

Lumière, vous avez tout, vous êtes chanceux, vous êtes bénis.

Vivre et agir sans attentes est à votre portée, oui, vraiment. Vivre et agir sans attentes est véritablement possible pour chacun. Dans la vie, que doit faire chacun? C'est simple : vivre et agir passionnément et calmement, le mieux possible, avec le plus de conscience possible, en prenant conscience autant que possible, en étudiant sa conscience le plus possible. Alors, la vie se chargera du reste et fera arriver dans notre vie des merveilles dont nous n'osons même pas rêver.

Vivre passionnément,
agir calmement,
être conscient :
alors jaillit la conscience.

Que vous faut-il de plus? Faites pour le mieux avec le maximum possible de conscience et laissez jaillir la vie, laissez jaillir la conscience. Alors vous serez heureux, comblés et ravis et vous vivrez dans le contentement. Votre conscience s'ouvrira et vous conduira toujours plus haut, vers **la Réalisation**, la porte du Royaume des Cieux et là, bien sûr, vous aurez tout par surcroît.

Ô, mes Amis de Lumière, nous qui sommes des amis depuis des siècles, nous avons découvert ce soir deux thèmes importants : • être chrétien, • les attentes. Être chrétien au sens alchimique, au sens de la Gnose, c'est retrouver l'enseignement de Jésus, celui des premiers chrétiens. C'est le christianisme **d'avant** les religions. Tous les êtres humains de toutes les religions peuvent découvrir cette connaissance. En effet, cette Gnose et cette Alchimie sont le fond ésotérique commun à **toutes les religions!...**

Les attentes sont un obstacle de taille que l'ego doit absolument franchir. Les attentes sont le fait d'un ego qui ne vit par au présent; en effet, **les attentes sont branchées sur le futur et sur les résultats.**

- L'Être éclairé accepte le présent, tout en travaillant sur sa conscience pour créer le futur.

La non-attente provoque l'attitude éclairée de l'Être face aux fruits de son action. L'Être éclairé provoque ainsi lui-même, par son attitude adéquate, le jaillissement de la conscience dans sa vie. Celle-ci s'améliore de plus en plus et conduit l'Être de Lumière à la vitesse de l'éclair jusqu'à son trésor Divin : la conscience suprême qui « dort » depuis des siècles. Alors, il la réveillera d'un doux et tendre baiser. « Enfin! dira-t-elle, mon amour, tu es revenu »... Alors, l'on célébrera les noces alchimiques du prince et de la princesse. Vous êtes le prince, vous êtes la princesse, vous êtes les deux. Et vous allez à la noce. Ô, Êtres de Lumière, je vous le disais bien : vous êtes chanceux, quelle chance vous avez!...

Ô, Êtres de Lumière, chantons, oui, chantons notre marche nuptiale, le Chant du Cygne, pour célébrer notre mariage céleste. Oui, chantons pour la fiancée Divine.

Oui, chantons le Chant du Cygne tous ensemble.

6

Le détachement est conscience

Bonjour et bienvenue à tous, ô Êtres de Lumière, pour cette conférence. Se détacher sans se résigner, se détacher sans être indifférent. Voilà un beau programme en perspective.

Nous allons tenter de cerner les différents aspects du détachement afin de bien voir comment nous nous situons. L'Être éclairé vit dans le véritable détachement. Pour l'ego humain ordinaire, c'est très rare. L'ego a plutôt tendance à vivre dans une résignation morbide ou une indifférence stérile. Comme en toute chose, la sagesse est la voie du milieu. Nous allons donc **commencer par nous centrer** afin de revenir au « milieu », au centre de nous-mêmes.

L'ego n'est jamais centré; d'ailleurs, il ne le peut pas. L'ego ignore en effet qu'une main sûre dirige sa vie. L'ego se croit seul et abandonné; alors, comme un bateau sans gouvernail, il est ballotté sur les vagues, écrasé sur les récifs de la vie et, finalement, il s'échoue sur les bancs de sable de l'échec...

Pourtant, si l'ego savait, oui si seulement il savait, sa vie serait agréable et merveilleuse. Mais voilà le drame : l'ego ne sait pas. Il ne sait pas, l'ego, que sa vie est guidée, dirigée et conduite. Oui, « tu me guides, tu me diriges, tu me conduis » vers la joie suprême, vers la richesse suprême, vers la lumière, vers l'Ascension dans la conscience.

Tu me guides, tu me conduis, tu me diriges...

Ces paroles superbes sont si belles, si profondes que lorsque l'ego les entend, il s'arrête, il écoute, **il reconnaît** quelque chose. Quand l'ego entend « tu me guides, tu me conduis, tu me diriges », il sait, au fond de lui-même que, oui, c'est tout à fait la réalité. L'ego **se souvient** qu'une main le guide, le conduit et le dirige.

Tu me guides, tu me conduis, tu me diriges...

Dans les merveilleux soutras de la réalisation suprême, le Chant du Cygne déclare à plusieurs reprises : « Tu me guides, tu me conduis, tu me diriges ». Alors tout en chantant, l'ego **se rappelle** : « Mais oui, quelqu'un dirige ma vie. **Je ne suis plus seul**, il y a un pilote dans l'avion, il y a un capitaine à la barre du bateau de ma vie... ».

Tu me guides, tu me conduis, tu me diriges...

L'ego mène sa vie de la pire façon, heurtant les écueils, les difficultés, les maladies, accumulant les erreurs et les échecs. C'est bien naturel, il ne se connaît pas lui-même, il veut diriger sa vie; mais il n'y connaît rien, il ne sait pas lire la carte, il ne connaît ni le vent, ni les marées, ni les courants. Alors il s'échoue, puis la marée le ballotte et le courant l'emporte. Pourtant, dès qu'il entend « Tu me guides, tu me conduis, tu me diriges », **il sait** que son cauchemar est fini et qu'il peut confier la direction de sa vie à une conscience supérieure.

Oui, voilà ce qui arrive lorsque l'ego comprend qu'une conscience supérieure dirige sa vie : il s'abandonne, il lâche prise. Alors le bateau de sa vie change radicalement de cap et s'élance vers le large à toute vapeur pour le conduire **en parfaite sécurité**. Sa vie, maintenant parfaitement dirigée, le ramène dans sa véritable patrie, sa conscience supérieure. Une nouvelle vie commence ainsi, guidée maintenant par son essence supérieur, son Être véritable.

Heureux et abandonné, contemplant de la passerelle du navire le soleil qui se lève, il chante encore et encore : « Tu me guides, tu me conduis, tu me diriges ». Cet Être de Lumière, content et joyeux, ne s'inquiète plus pour sa vie. Il sait concrètement, par expérience directe, qu'une **intelligence supérieure à**

la sienne dirige sa vie. Pourtant, il reste vigilant et attentif, **toujours prêt à agir** dès que la vie lui présente l'occasion d'accomplir, de construire, de réaliser ou de servir.

L'Être éclairé comprend qu'au centre de lui-même se trouve la conscience suprême qui le guide, qui le conduit, qui le dirige. Alors il s'y intéresse, il se passionne pour cette conscience et, naturellement et spontanément, il se centre. Son mental se tourne vers l'intérieur de lui-même, vers le centre de son Être, vers sa suprême conscience. **Ainsi centrée, la vie de l'Être se transforme** rapidement.

Cette transformation de la conscience, qui permet à l'ego de découvrir en profondeur la direction Divine, est un pas de géant vers la transmutation de sa conscience. C'est une étape très importante où l'ego va enfin pouvoir s'abandonner. Certes, il ne lâchera probablement pas prise immédiatement, mais déjà, il concèdera des abandons mineurs qui, de fil en aiguille, le conduiront au véritable lâcher-prise.

Déjà, dès le début de cette prise de conscience, la souffrance se calme. Le feu ardent de la souffrance va s'éteindre. En essence, la souffrance est l'incompréhension de la vie et l'impuissance à la diriger; c'est **l'impossibilité** qu'éprouve l'être humain à mener une vie satisfaisante. Dès que l'ego a vraiment compris que sa vie est dirigée par une conscience **très supérieure à la sienne**, il ne souffre plus. **Son pouvoir est revenu** et il sait en profondeur que tôt ou tard, sa vie redeviendra agréable et plaisante.

Oui, voyez-vous, la véritable réalité est que nous sommes guidés sans cesse, jour et nuit. Cela, nous ne le savions pas, nous l'avions oublié et, de toute façon, c'était soigneusement caché. Le comble, c'est qu'on a voulu nous faire croire que tous nos malheurs étaient la volonté de Dieu, de ce barbu assis sur un nuage, là-bas... Le comble, c'est que nous avons cru ça ; comme c'est drôle, à mourir de rire. D'ailleurs, nous en sommes morts de cette croyance. Oui, morts de souffrances, de douleurs et d'agonie.

Maintenant c'est fini, le cauchemar est terminé et nous nous réveillons. Nos jolis yeux pleins de larmes s'ouvrent et nous découvrons notre conscience suprême, là en nous, tout près de nous, si près... Elle sourit gentiment, cette suprême conscience et dit : « N'aie plus peur, mon amour, c'est fini; je te guide, je te conduis, je te dirige, laisse-moi faire, si tu veux... ».

Alors tout étant fini, tout recommence; oui, la vie repart de plus belle sur une autre octave, plus haut. Nous devenons encore plus conscients, nous comprenons que **la vie a un sens**, nous réalisons que **la vie a un but**, nous saisissons que **la vie a une intention**. Vraiment, nous percevons clairement que **la vie a une finalité**.

Comment pourrions-nous exprimer le but de la vie de façon extrêmement simple et concise? Nous pourrions dire que **l'Ascension est le but ultime et suprême de la vie humaine**. Avec cette simple phrase, tout est dit, absolument tout. Pourtant, nous sommes tous parfaitement conscients que cela ne suffit pas pour nous conduire au sommet, à l'Ascension dans la conscience. C'est d'ailleurs pour cela que le Nectar de la Conscience comporte mille pages d'explications... et que le Chant du Cygne comporte soixante-treize soutras permettant d'infuser chaque jour la conscience suprême dans l'ego.

Donc si le but suprême de la vie est l'Ascension, **sa stratégie en est la réincarnation**. Ainsi, la conscience suprême nous conduit, de vie en vie, jusqu'en haut de la montagne, jusqu'à l'Ascension. **Sa tactique est le libre choix.** Oui, la tactique de la vie consiste à laisser l'ego libre de faire tout ce qu'il veut, absolument tout. Il peut faire tout ce qu'il veut, certes, mais sa conscience supérieure est toujours là et le guide sans cesse, jour et nuit. Elle lui propose sans cesse des choix et il y a **toujours un bon choix**. Usant de sa pseudo-liberté et de son ignorance, l'ego fait parfois le bon choix et parfois le mauvais... Il peut même en arriver à faire plus souvent le mauvais choix...

Pourtant, la vie est toujours là pour le guider, pour le conduire, pour le diriger. Le pauvre ego a tout oublié et se débrouille tout seul. Plus il est aveugle, plus il se trompe. Enfin, viendra le jour où il se réveillera; il reconnaîtra alors qui le guide et se laissera conduire; en arrivant finalement et assez vite **à toujours faire le bon choix**.

Personne au monde ne veut nos malheurs, personne ne les provoque si ce n'est nous-mêmes. Dans notre aveuglement et notre ignorance, coupés de notre intelligence supérieure, nous opérons trop de mauvais choix. Nous sommes alors écrasés sous le poids de nos erreurs et notre souffrance est terrible. Pourtant, le remède est simple : redécouvrir notre conscience supérieure et la laisser agir. C'est le lâcher-prise, l'abandon, la soumission de l'ego. Nous voulons tous une vie heureuse, agréable, merveilleuse, riche et prospère. Alors tous, nous en viendrons à la capitulation de l'ego qui provoquera aussitôt notre émergence vers la joie et le contentement.

Oui, le mental lâchera prise quand il aura compris qu'il est guidé; à ce moment-là seulement, il lâchera. Tant qu'il se croit seul et petit ou même qu'il se pense le maître, il ne peut pas s'abandonner. Demandez donc à quelqu'un qui marche au-dessus du vide de s'abandonner... Il ne lâchera pas, vous le savez bien. Pour l'ego, c'est la même chose; il ne lâchera jamais, **sauf le jour où il aura compris, en profondeur**, qu'une main bienveillante le guide, le conduit et le dirige. Là, oui, il lâchera, il s'abandonnera; mais pas avant. Tant qu'il n'aura pas compris par qui et comment sa vie est dirigée, il s' agrippera de toutes ses forces.

Illustrons ces propos par un cas vécu. Prenons l'exemple de Juliette. Elle a un petit travail, pas très enrichissant, pas très payant, pas très épanouissant, mais qui lui permet de vivre. Elle se dit : « Aujourd'hui, c'est ainsi; ce travail m'apporte peu de choses, mais je sais que la vie me réserve mieux ». Alors elle travaille sur sa conscience pour se connaître elle-même et découvrir tout son côté de lumière.

Un beau matin, surprise, elle ressent quelque chose de très fort au fond d'elle-même et donne sa démission. Quitter son travail, de nos jours, c'est impensable; il faut être fou ou carrément « inspiré »! Elle ne sait pas de quoi elle va vivre; pourtant, elle est sereine et sans peur. Elle ressent en elle-même qu'elle ne doit pas s'en faire et que tout s'arrangera. Quelques semaines plus tard, une connaissance lui offre la gérance d'un foyer pour personnes retraitées. Elle adore ce travail; c'est payant, plaisant et elle s'y épanouit.

La leçon de vie à retirer du vécu de Juliette est qu'elle a accepté de vivre sa vie ordinaire en la confiant à sa conscience supérieure : « Je sais que la vie me réserve mieux ». Elle s'est confiée, par un travail éclairé, à élever sa conscience, tout en vivant le mieux possible son petit emploi . Spontanément, l'ouverture de conscience s'est produite, lui faisant quitter un niveau pour l'amener à un niveau supérieur.

Examinons à présent le cas opposé, celui de Ginette. Cette personne-là déteste son travail, ses collègues et ses patrons. Elle se rend au bureau sans plaisir, uniquement pour toucher sa paye. Elle n'est pas très positive dans la vie et ignore tout de sa conscience. Tout ce qui concerne la conscience, c'est pour les autres, pour les petits; elle n'a pas besoin de cela. Finalement, un jour de frustration intense, elle donne sa démission et part en claquant la porte.

Neuf mois plus tard, elle n'a toujours pas retrouvé de travail, elle ne peut pas bénéficier de l'aide sociale, ses ressources financières s'épuisent... Maintenant, elle commence à se poser des questions au sujet de la conscience...

La leçon, là encore, est des plus simples : l'ego n'a pas accepté sa vie. Il a laissé grandir son mécontentement jusqu'à l'explosion fatale. Il a opéré un très mauvais choix : démissionner sur un coup de tête... Alors, il se retrouve cul nu, dans des difficultés majeures. Maintenant, après les dégâts, il commence à se poser des questions.

Ginette a vécu dans l'ego, a pris ses décisions dans l'ego et sa vie a pris une mauvaise tournure. Plus son ego sera obstiné et buté, plus sa vie deviendra difficile. Pourtant, tout pourrait changer en un clin d'oeil car sa conscience continue de lui présenter les bons choix. Parfois le choix, c'est tout simplement d'étudier la conscience.

Juliette a vécu dans le Soi, elle s'est branchée sur sa conscience suprême. Elle a laissé couler la vie tout en sachant que, forcément, son travail sur la conscience lui ouvrirait des portes et la conduirait vers de nouveaux horizons. Dans cette paix et cette tranquillité d'esprit, elle a pu opérer les bons choix, ceux que lui présentait sa conscience supérieure.

Ginette aurait pu agir autrement; elle aurait pu se calmer et trouver une bonne raison d'aimer son travail, car il y en a **toujours** une. Elle aurait pu se détendre, se calmer, observer son impatience, être un peu témoin de son attitude. Avec un peu de travail sur elle-même, elle aurait pu se sentir plus confortable dans son activité. Alors, son travail sur la conscience se poursuivant, elle se serait sentie à l'aise dans cette situation et **dans ce calme**, sa conscience suprême aurait pu s'ouvrir et Ginette opérer des choix nouveaux, des bons choix.

Juliette **s'est détachée sans se résigner**; elle a compris et sa conscience s'est ouverte sur une vie plus large. Ginette **s'est résignée sans se détacher**; c'est dommage, elle a explosé, opérant des choix malheureux.

À travers cet exemple très simple, nous pouvons comprendre le principe du détachement et de la non-résignation. **Le détachement véritable est toujours actif.** Il permet de vivre nos conditions de vie au présent, en sachant parfaitement que **tout va changer** et se transformer pour le meilleur. Ainsi, la vie se transforme d'elle-même et assez vite – c'est surprenant – dès que l'Être éclairé s'attaque avec détermination à découvrir sa conscience. Voilà le principe : comprendre que notre vie actuelle peut **changer profondément** par un travail sur la conscience. Alors, sachant que la vie **va changer très vite**, on est détaché et comme on travaille sur sa conscience, c'est la non-résignation. Comprenez-vous ceci :

se détacher sans se résigner?

Pour vous aider à bien saisir l'idée – car ce principe ouvre bien des portes –, illustrons-le par une analogie. C'est l'hiver à Paris, froid, gris et pisseux; vous rêvez des tropiques, du soleil, des palmiers et de la plage... Alors, vous décidez de partir au « Club », au Sénégal. Le grand jour arrive et votre monokini dans la poche, vous partez pour Dakar. Le voyage commence par treize stations de métro... À la station Opéra, les gens se bousculent, se tassant les uns sur les autres, froissant dans votre poche votre joli monokini. Alors là, vous êtes coincée, impuissante, et vous maugréez contre la vie, contre le métro, contre la foule, contre cette vie de merde dans le métro. De toute façon, vous êtes coincée là, il vous reste encore onze stations à parcourir. Alors à contre-coeur, **vous vous résignez à subir**, sans pour autant vous détacher de ce que vous vivez. Vous subissez votre sort avec résignation et impuissance.

Soudain, à la gare de Lyon, la lumière réapparaît, le métro émerge du tunnel et revient en surface. Vous sortez de l'obscurité, le soleil est là, **la**

mémoire vous revient. « Oui, je vais à Dakar, sous les tropiques, sous les cocotiers, sur une plage de sable blanc brûlant. À cette idée, votre coeur saute de joie. Le métro est toujours là; vous aussi, toujours tassée contre les autres. Vous tâtez votre joli monokini dans votre poche et vous riez; oui, vous riez de bon coeur.

Maintenant, vous comprenez ce que vous faites là; alors **vous vous détachez** de ce que vous vivez, **mais sans vous résigner.** Vous comprenez pourquoi vous êtes là et où vous allez. Encore sept stations et bonjour le métro, peut-être même plus que trois stations... Ensuite le taxi, l'avion, la plage, le soleil, un gros punch au rhum. Puis zut! j'ai perdu mon joli monokini; mais à quoi ça sert, un monokini, sous les tropiques?

Se détacher sans se résigner!

Le détachement **actif** consiste à vivre sa vie et ses difficultés dans le calme que procure l'étude attentive de la conscience suprême. Il n'y a plus de résignation car vous savez que votre vie va changer. Vous sortirez du tunnel et des ténèbres, puis votre vie se transformera profondément.

Ô, Êtres de Lumière, il faut bien noter que le détachement **actif** est l'attitude d'un Être éclairé qui comprend le sens de sa vie et qui oeuvre sur sa conscience pour se transformer lui-même. Il sait qu'agissant ainsi, sa vie se transformera pour le meilleur.

Le détachement **actif** est aux antipodes de l'indifférence. La difficulté qu'éprouve l'ego à comprendre la vie le pousse, d'un côté, dans la résignation souvent morbide, mais aussi de l'autre côté, dans une indifférence des plus stériles, l'ego devenant progressivement indifférent à de plus en plus de choses. Si une condition de vie le fait souffrir, il se résigne ou se révolte. Si la condition le dérange sans le faire souffrir, il y deviendra indifférent. Ainsi, il trouve le moyen de ne plus être dérangé. Avec cette attitude stérile, il n'a pas amélioré sa vie, ni changé ses conditions; il n'a pas appris, il n'a pas compris. Il croupit dans une vie difficile qu'il pourrait pourtant changer facilement lui-même, en prenant conscience.

Imaginons un couple dont l'adolescente de seize ans se drogue et même se prostitue peut-être un peu. Les parents ont tout essayé pour ramener l'enfant dans le droit chemin : récompenses, punitions, argent, promesses, menaces; rien n'y a fait. Tout l'arsenal publique est utilisé : médecin, psychologue, assistante sociale, centre d'accueil. Après avoir tout essayé, les parents constatent leur impuissance. La mère, désespérée, tombe dans une résignation des plus négative. La situation, trop intense pour le père, le pousse à se couper de la réalité et il se forge une belle indifférence. Tout cela est bien humain et se comprend facilement.

Un autre couple, plus éclairé celui-là, décide de se détacher sans se résigner et sans être indifférent. Alors ce couple travaille sur sa conscience sérieusement, complètement. Ces parents veulent comprendre profondément la nature même de leur propre conscience. Évidemment, le calme revient, la lumière revient dans leur vie.

Dans ce calme, ils peuvent à nouveau aider sans imposer; ils ne cherchent plus à changer leur fille, mais à l'aider là où elle est, dans le trou noir où elle est tombée. Ils la reçoivent à la maison sans menaces, ni morale, ni conseils... Ainsi, ces parents éclairés pourront-ils limiter les dégâts; ils éviteront que l'enfant couche dans la rue ou n'importe où. En lui donnant des moyens de contraception, ils lui éviteront une grossesse non désirée. En lui gardant la porte de la maison ouverte et sa chambre disponible, l'enfant saura qu'un vrai refuge l'attend. En lui gardant leur amour, les parents l'aideront à revenir plus vite.

Dans tous les cas, les parents pourront aider sans souffrir car ils auront élevé leur conscience et se seront transformés eux-mêmes. **Ils ne cherchent pas à changer leur fille, mais seulement à l'aider si elle leur demande...** Voilà toute une évolution qui profite pleinement au père, à la mère et à l'enfant, celle-ci ayant le libre-choix de faire ses expériences. Toutefois, si elle sait qu'un refuge chaleureux l'attend, **elle abrégera rapidement sa descente**. Les parents éclairés, montés dans les étages de la conscience, maîtrisent à nouveau leur vie; leur aide et leur amour sont disponibles jour et nuit. Ils savent que la situation est provisoire, passagère et éphémère et qu'en travaillant toujours plus sur leur conscience, finalement la lumière jaillira et transformera leur vie pour le mieux.

Ils sont détachés, non-résignés, non indifférents, actifs, disponibles, aimants et plus conscients.

Ainsi, l'étude de la conscience les a transformés dans le sens le plus favorable pour eux-mêmes. Cela entraînera forcément, tôt ou tard, les conséquences les plus positives pour leur enfant.

Comprenez bien, ô Êtres de Lumière, que l'étude de la conscience vous transformera vous-mêmes, et non les autres. Oui, quand vous étudiez la conscience, c'est vous qui changez, et non autrui. Beaucoup de gens se mettent à étudier la conscience, espérant ainsi changer patron, conjoint, enfants, amis, voisins. Non, leur prise de conscience éventuelle les changera eux, et eux seuls. **Par contre**, ceux qui vivent à proximité d'un Être éclairé se sentiront attirés et recevront de ce fait une bonne influence. Voyez-vous, personne ne peut changer les autres, mais chacun peut se transformer lui-même par l'élévation de sa conscience et émettre ainsi une bonne influence. Les fleurs ne changent pas les gens mais elles attirent abeilles, papillons et sourires.. En élevant notre conscience, nous pouvons fleurir comme une rose et exhaler notre parfum Divin; alors, nous attirerons des Êtres plus éclairés vers nous...

Beaucoup d'êtres humains, dès qu'ils commencent à s'intéresser à leur conscience, se demandent pourquoi celle-ci ne leur change pas instantanément la vie, sans qu'ils n'aient même à bouger le petit doigt... Ces esprits qui commencent à s'éveiller en sont encore **à croire** qu'une volonté extérieure à eux influence leur vie pour les maintenir dans la crotte et qu'il suffit de désirer mieux pour que tout change. L'être raisonnant encore ainsi **n'a pas démêlé** la religion de la connaissance. Il confond encore l'une et l'autre.

Dans la connaissance, dans la conscience, nous savons que notre vie est le reflet de notre ignorance profonde de la réalité et de la métaréalité. Dans cette ignorance, l'esprit planétaire **croit** qu'un quelconque Être suprême le maintient dans la crotte et peut l'en sortir instantanément si tel est son bon plaisir... Dans cette ignorance, l'esprit planétaire ne cherche pas à prendre conscience pour s'élever au-dessus de la conscience humaine. Ses supplications superstitieuses ne visent qu'à tenter d'améliorer un peu sa petite vie. Il reste dans l'ignorance profonde des causes de sa souffrance; rien ne change; pire, il s'enfonce et sa douleur augmente.

Dans la connaissance, dans la conscience, nous savons que notre vie est **le reflet exact** et parfait de notre état de conscience. Nous comprenons alors que pour changer notre vie, il nous faut élever notre état de conscience. Moins l'être est conscient, plus sa vie est difficile. Ne pas confondre avec l'intelligence, la Terre est pleine de gens intelligents qui souffrent terriblement. Ils sont intelligents mais non conscients. La vie pleine de difficultés affecte les pauvres, mais aussi les riches qui, souvent, souffrent beaucoup, non pas de leur richesse... mais de leur incompréhension de la vie et de leur manque de conscience d'eux-mêmes.

Donc, notre vie est le reflet exact de notre conscience. Un peu comme notre niveau de vie est le reflet de nos finances. L'ego terre à terre qui veut améliorer son niveau de vie doit **d'abord** améliorer ses finances. Alors, si nous voulons une vie meilleure, pleine de joie et de satisfaction, nous devons **d'abord** améliorer notre conscience. Oui, c'est en prenant conscience et en élevant notre conscience que notre vie se transformera, améliorant aussi nos finances au passage, par surcroît...

Pour certains, la question reste toujours dans leur tête, coincée entre deux vieux neurones fossilisés : « Pourquoi la conscience ne change-t-elle pas ma vie immédiatement? Pourquoi me laisse-t-elle ainsi souffrir? ».

La vie, la conscience veut nous conduire tous au sommet de la montagne; elle nous guide, elle nous conduit, elle nous dirige vers l'Ascension dans la conscience. Il appartient à chacun de nous de participer consciemment, volontairement et de parfait plein gré **à notre retour** et à notre réintégration dans la conscience Divine. En cours de route, nous abandonnerons l'ego, tout comme le serpent abandonne sa vieille peau, tout comme le papillon abandonne son cocon.

La conscience nous guide vers le sommet en nous présentant régulièrement des choix; il y a **toujours** un choix meilleur que l'autre. L'être humain **doit vouloir** se connaître lui-même, connaître sa conscience suprême, connaître sa véritable réalité. Alors la conscience le tire, le soulève vers une conscience supérieure.

Ô, mes Amis de Lumière, nous qui sommes des amis depuis des siècles, comprenez bien ceci : l'être humain doit s'avancer, s'élever par **une volonté consciente** de connaître la réalité. Oui vraiment, il **doit vouloir** accéder à la métaréalité. Trop d'esprits planétaires, coincés dans l'ego, attendent que la conscience descende dans leur vie pour y régler problèmes et difficultés. Ceux-ci étant le reflet de leur ignorance, la conscience supérieure devrait, durant toute leur existence, coller et recoller encore les morceaux de leur vie. Non, la conscience ne descend pas dans l'ego pour y régler son intendance. Au contraire, l'ego doit s'élever toujours plus haut dans la conscience et là, il verra ses problèmes disparaître et s'évaporer. Là, il verra la conscience à l'oeuvre, lui apportant toujours des cadeaux merveilleux, splendides et inattendus. **Alors, comprenant enfin vraiment le jeu de la conscience, il s'évaporera lui aussi, s'immergeant dans la joie totale.**

Bref, n'attendez pas que la conscience descende dans votre vie, mais élevez-vous vers elle par un travail adéquat tel que celui déjà expliqué en détails dans le Nectar de la Conscience. Ainsi, vous redeviendrez ce que vous êtes depuis toujours : un Être Divin ruissellant de lumière.

La conscience descend-elle? L'ego monte-t-il? Il n'y a ni haut ni bas; ce sont des symboles pour dire que « le haut » signifie plus de conscience et que « le bas » en renferme moins. Ainsi, dans l'analogie de la maison, le sous-sol représente « le bas » de la conscience, là où règne l'ego très peu conscient. Le deuxième étage représente « le haut » de la conscience, le domaine de la conscience suprême. En réalité, **toute** la conscience est déjà là, ici-même. S'élever, pour l'ego, signifie devenir plus conscient; descendre, pour la conscience, c'est s'exprimer toujours plus à travers l'Être. La conscience est un domaine très abstrait qui ne peut être exprimé qu'à travers les symboles, les analogies, les contes, les comparaisons. Donc, ni haut ni bas, tout est déjà là. Ceci devait être précisé...

En fait, c'est très simple : il y a la connaissance et il y a l'ignorance. Ou l'on connaît sa conscience ou l'on ignore tout à son sujet; ou l'on est conscient de sa réalité supérieure ou l'on ignore tout à son sujet. Être conscient, c'est faire le nécessaire pour redevenir **complètement** conscient. Ignorer, c'est ne rien faire pour Être, soit parce qu'on ne sait pas, soit parce que c'est trop dérangeant.

Le véritable détachement est un état de conscience avancé ou « élevé » nous permettant de comprendre que notre vie actuelle est un état passager et provisoire et qu'il ne saurait durer bien longtemps **si** nous travaillons vraiment sur notre conscience. En effet, dès que nous travaillons sérieusement pour prendre conscience de nous-mêmes, notre conscience nouvelle remplit notre vie et la transforme rapidement, **à la vitesse** même où nous prenons conscience.

Le travail requis est des plus simple. Étudier la conscience, c'est chercher à la comprendre vraiment et profondément; pour cela, lisez et relisez vos livres sur la conscience. Trempez-vous chaque jour dans la conscience en vous centrant par le Chant du Cygne. Ainsi vous vous centrez de plus en plus, ainsi vous comprenez de plus en plus, ainsi vous êtes toujours plus conscients, ainsi votre conscience remplit votre vie.

Alors soudain... oui soudain, la conscience jaillit et transforme votre vie d'une façon merveilleuse, surprenante, « miraculeuse ». Soudain arrive ce que vous n'avez jamais réussi à faire arriver... Soudain votre vie prend une tournure innattendue. Soudain votre vie se transforme dans les plus petites choses comme dans les plus grandes. L'Être de Lumière qui vraiment comprend cela, atteint facilement le détachement véritable. **Il sait** profondément que sa médiocre petite vie va changer radicalement. Alors, il la supporte sans se résigner, **mais** en travaillant activement sur sa conscience...

Il est comme la personne dans le métro, qui part au Club à Dakar : « Encore sept stations de métro et je m'envole pour les tropiques »... De la même façon, l'Être éclairé, pour qui la vie est si dure, se dit : « Encore un peu de temps et **tout sera changé** ». Oui, il a parfaitement raison car dès que vous vous intéressez sérieusement à votre conscience, votre conscience se passionne pour vous...

Vous savez que pour la conscience suprême, **vous êtes son grand amour**. Votre conscience vous aime vraiment, d'un amour prodigieux, infini, inconditionnel. Ô, Être adorable, si tu savais à quel point tu es aimé de ta conscience, ton petit coeur s'ouvrirait tout de suite. Oui, Être adorable si tu connaissais la hauteur et la profondeur de l'amour que te porte ta conscience, tu fonderais sur place... et tu serais illuminé instantanément. Oui, votre conscience est profondément amoureuse de vous. Voilà votre fiancée Divine. Quand vous la connaîtrez, quand vous la reconnaîtrez, vous irez à la noce. Oui, la conscience vous conduira au mariage, aux noces alchimiques entre vous **et vous.**

Votre conscience brûle d'amour pour vous. Quels que soient votre petite vie, vos fardeaux, votre accablement, **votre conscience veut vous sortir de là**. Ô, Êtres accablés pour qui la vie est si terrible, sachez que votre conscience brûle d'amour pour vous. Vous êtes le fiancé, vous êtes la fiancée et la noce attend! Alors, n'attendez plus, courez vous jeter dans ses bras; elle se précipitera dans les vôtres.

Oui, vraiment, cherchez votre conscience
et votre conscience vous trouvera...

Pour l'Être audacieux qui veut brûler les étapes et retrouver sa conscience au plus vite, dans le plus court délai possible, voici le secret :

L'amour, l'amour profond de votre conscience vous conduit à la noce à la vitesse de l'éclair. Vous retrouverez par cet amour, votre véritable nature, vous redeviendrez vous-mêmes plus conscients, plus heureux, plus lucides. Les difficultés et les problèmes disparaîtront, votre vie se transformera, vous redécouvrirez l'abondance, puis même la richesse. Le plaisir de vivre sera de retour, apportant le contentement et la joie.

Que faut-il faire pour mériter tout cela? Rien! **vous le méritez dans tous les cas** et de toute façon; c'est le cadeau de vie, d'existence et de conscience que votre grand amour de conscience Divine veut vous apporter.

Ô TOI, mon grand Amour
TOI, ma véritable conscience d'Être

Ô mon amour, je préfère mourir
que de vivre sans Toi.
Ô mon amour, c'est Toi que je veux.

Le Chant du Cygne, soutra 35

Voilà l'amour de la conscience, l'hymne d'amour à votre conscience. Seul un grand amoureux peut chanter pour sa bien-aimée... Seule une véritable amoureuse peut chanter pour son adoré... Voilà l'amour, voilà la conscience, voilà la joie. Le chant de l'amour ouvre la conscience, ouvre la joie, ouvre l'abondance, ouvre une nouvelle vie. Bref, cet amour éclairé ouvre toutes les portes.

**Ô Êtres amoureux, maintenant,
pouvez-vous être détachés et actifs,
sans être résignés ni indifférents?**

Nous avons besoin de la conscience et la conscience a besoin de nous. Notre mariage doit être célébré dans le **consentement mutuel**, c'est-à-dire de plein gré, avec l'accord profond des deux parties. L'ego doit donc **vouloir** retrouver sa conscience, il doit **vouloir** ne plus faire qu'un avec elle. La conscience ne forcera jamais l'ego, elle ne le contraindra jamais; elle lui laissera toujours le libre choix.

L'ego doit donc, de lui-même, s'engager sur le chemin du retour; plus il avance, plus sa petite fiancée cosmique accourt vers lui... Plus vous, la future épouse, activez les préparatifs de la noce, plus votre magnifique fiancé accourt dans vos bras... Les noces alchimiques permettent à la conscience suprême – **omniconsciente**, omniprésente, omnisciente, omnipotente dans sa sphère à elle – de devenir tout aussi consciente sur le plan physique.

Quand la fusion est opérée, la noce célébrée, l'être humain s'est profondément et radicalement transformé. Il est devenu un Être de Lumière – **omniconscient**, omniprésent, omniscient, omnipotent dans son monde terrestre –, tout aussi conscient que dans les mondes supérieurs.

Alors, un Christ est né. Oui, voilà la nouvelle naissance, **la résurrection**. C'est effectivement **la naissance du Christ, la résurrection** d'entre les morts. L'être humain ne voit rien, mais les Êtres sensibles le ressentent profondément. Cet homme **ou cette femme**, Christ nouveau-né, tout ruisselant de conscience, accomplira une **mission terrestre** plus ou moins visible, plus ou moins publique, complètement secrète ou carrément visible de tous. Quand il aura terminé, quand « tout est accompli », l'Être christique fera son Ascension, généralement dans la plus grande discrétion.

Ce Christ, terriblement contagieux, allumera les esprits et enflammera les consciences partout sur son passage. Le Nouvel Âge devant produire quelques milliers de Christ, ceux-ci enflammeront la conscience sociale, provoquant l'émergence d'autres Christ par millions... Toutefois, ne pensez pas qu'il suffise d'attendre pour que ça vous arrive automatiquement. Vous pourriez mourir avant et ce serait tellement dommage de rater ça... D'autre part, plus vous serez ouverts, plus vous aurez de bonnes chances d'être embrasés. Par ailleurs, il faut des allumettes pour allumer le feu. En devenant le Christ vous-mêmes, vous êtes certains du résultat.

Pour que la conscience suprême en arrive à s'exprimer totalement à travers l'être humain, il faut que celui-ci collabore. Oui, la collaboration de l'ego doit être parfaite, totale et inconditionnelle. Pourquoi, d'ailleurs, ne pas collaborer puisque l'on a tout à y gagner? Dans cette collaboration parfaite, la vie de merde disparaît pour toujours et apparaît une vie de satisfaction totale sur tous les plans, dans tous les domaines, **y compris les plus concrets et les plus terre à terre**.

La conscience veut, en effet, que **sa** vie soit propre et en ordre, sans confusion aucune et elle ne néglige aucun aspect de la vie humaine de son époux adoré, de sa merveilleuse épouse. La conscience, se manifestant pleinement dans votre vie, y apportera la solution parfaite pour tous les aspects petits ou grands. Oui, la conscience améliore rapidement tous les aspects de la vie humaine de son adorable épouse.

Tout ceci se passe agréablement et facilement dès que l'Être entreprend le travail Divin de redécouvrir sa conscience. Il n'y a jamais de conséquences négatives, **jamais**. Bien au contraire, des effets des plus positifs apparaissent rapidement, à la vitesse même où l'ego est capable de s'ouvrir. Il s'ouvre d'ailleurs à la vitesse où il étudie sa conscience. Si l'étude est régulière, soutenue et pleine de vigueur, les résultats apparaissent très vite.

Si l'étude est molle, négligée, sans intérêt, les résultats se font attendre. Pourtant, c'est tellement passionnant, tellement gratifiant, tellement plaisant, tellement surprenant qu'on se demande : « pourquoi ne pas foncer? ». Oui, le Royaume des Cieux peut se prendre d'assaut! Vraiment, vous pouvez prendre le Royaume des Cieux d'assaut dès maintenant! Pour ce faire, vous avez tout ce qu'il vous faut :

Le Chant du Cygne,
le Nectar de la Conscience,
la connexion au Septième Rayon.

Ainsi avec ces moyens puissants, vraiment **saturés de conscience**, vous pouvez partir à l'assaut du Royaume des Cieux. À l'assaut de votre Divinité, de votre conscience christique, de votre Ascension.

Le chemin qui vous mène de là où vous êtes en ce moment, au sommet de la conscience, est comme un escalier qui se parcourt agréablement et joyeusement. Dès que vous avez gravi les toutes premières marches, **la souffrance vous quitte** pour toujours. Vous devenez tranquilles et sereins. Déjà, presque tout de suite, vous constatez les résultats. Des améliorations apparaissent, vous avez une nouvelle vision de la vie et vous comprenez les choses autrement. Dans cet éclairage nouveau, vous discernez le relatif du réel et vous faites la part des choses. Le contentement commence à fleurir en vous. Finalement, tout va très vite pour l'Être qui se donne le plaisir de faire le travail requis. **De toute façon, vous avez le choix : ou vous découvrez votre conscience ou vous sombrez dans le douloureux naufrage de l'ego.**

En fait, vous n'avez plus le choix : la seule solution globalement satisfaisante pour votre vie, c'est la conscience suprême. Pour le reste, **vous avez déjà tout fait, tout essayé**. La seule et unique chose qu'il vous reste, c'est la découverte de votre suprême conscience. La société humaine ne vous a délivrés d'aucun fléau; bien au contraire, ceux-ci se sont largement multipliés tant au niveau individuel que collectif, local que planétaire. **Nous vivons dans un monde de gens inconscients, dirigés par des gens sans conscience.** Ceci, il faut bien le savoir et en être parfaitement conscient.

Seule une prise de conscience en profondeur par chacun permettra la transformation globale. Seule la prise de conscience, tant individuelle que collective, permettra d'instaurer un monde de paix, de justice et d'abondance **pour tous**. Seule la prise de conscience de tous, tant sur le plan local que planétaire, permettra l'émergence d'un monde sans fléaux, d'un monde de beauté. Seule la prise de conscience profonde de chacun, **un par un**, permettra l'émergence d'un monde nouveau où règnera à flot la conscience des sept rayons. Seule une prise de conscience planétaire, provenant de la conscience collective, produite par l'ouverture de conscience de chacun, ramènera le véritable Âge d'Or pour l'humanité toute entière.

- **Au niveau individuel, la prise de conscience globale de Soi transforme la vie en profondeur dans la joie et l'abondance.**
- **Au niveau collectif, la prise de conscience globale de l'ego planétaire ramène dans le monde la justice, la prospérité et la liberté.**

Ô, Êtres de Lumière, maintenant vous comprenez tout ce que la conscience peut et veut faire pour vous dans votre vie. Cette conscience supérieure veut vraiment s'installer dans votre vie et la transformer. Pour cela, votre **collaboration** volontaire, consciente et active est indispensable.

- **Volontaire :** vous avez le choix de rester dans l'ego ou de vous ouvrir à la conscience; c'est vous qui décidez.
- **Consciente :** en choisissant de découvrir votre conscience, vous savez que vous allez accéder à une conscience très supérieure à la vôtre.

- **Active :** vous agissez, vous lisez, vous chantez, vous vous intéressez au domaine de la conscience, vous vous connectez sur la conscience.

Ainsi faisant, vous **collaborez**; par votre volonté consciente, vous voulez retrouver votre conscience. La volonté de l'ego ne permettra jamais de devenir conscient, mais la volonté d'être conscient ouvrira toutes les portes. N'oubliez pas qu'il y a deux volontés en présence. Prenons un exemple : un malade à l'hôpital; sa volonté d'en avoir terminé avec la maladie ne le guérira pas, mais sa volonté de vivre lui fera retrouver la santé... Deux volontés, deux résultats opposés.

Dans la bonne volonté, celle d'être conscient, vous êtes ouverts, disponibles et actifs dans le sens où vous faites le travail requis pour comprendre votre conscience et pour vous tremper dans votre conscience chaque jour. D'ailleurs, votre conscience ne vous demande rien d'autre. Votre collaboration consiste simplement à chercher à comprendre et à penser à elle. C'est tout et la conscience fera tout le reste d'elle-même, changeant votre vie et la transformant pour le meilleur.

Collaborer, c'est chercher à comprendre
la conscience et y penser souvent.

Ainsi, cette collaboration apportera tout le reste par surcroît... Finalement, la conscience est quelque chose de très simple. Au départ, le domaine de la conscience semble compliqué, mystérieux, abstrait. Certes, au premier abord, avec toutes ces explications sur l'ego, sur le Soi, le domaine ressemble un peu à une forêt touffue où l'on ne sait par quel chemin pénétrer.

Méfiez-vous, c'est un piège du mental qui veut vous faire croire cela **et vous faire renoncer avant de débuter.** Piège grossier qui fonctionne encore très bien. Pourtant, rien n'est plus simple que le chemin qui mène à la conscience. Tout le travail est fait – disons à 99 % – par votre propre conscience suprême. Vous, il ne vous reste qu'un pour-cent d'effort à offrir; c'est votre participation, votre sacrifice, le signe manifeste de votre intérêt, l'évidence de votre collaboration active. Vous offrez votre effort, celui de chercher à comprendre et d'y penser souvent. Réalisant ainsi consciemment et volontairement **l'unité** de l'ego et du Soi, la lumière apparaît, la conscience jaillit. Voilà le vainqueur, voilà le gagnant et c'est vous.

Oui, vous êtes nés pour gagner,
oui, vous êtes déjà vainqueurs...

Beaucoup de gens confondent la conscience et le mental. Dans notre société qui valorise le mental, l'intellect et l'intelligence humaine, la notion de conscience reste une idée assez floue sans aucune application concrète...

Pourtant, il y a un monde entre le mental et la conscience, un océan les sépare. C'est une image car, en fait, la conscience est omniprésente. Celle-ci existe, sans le mental, avec le mental et au-delà du mental.

- **Sans le mental :** la conscience est là, ici, entièrement et totalement, mais son expression est limitée. Le chien, par exemple, est conscient de certaines choses, comme du retour de son maître. Alors, il exprime sa conscience non mentale comme il peut : il aboie, il saute, il remue la queue. Quand vous dormez, il n'y a plus d'ego, **plus de mental**, vous n'existez plus. Pourtant, votre conscience s'exprime joyeusement et complètement sur les plans subtils pendant votre sommeil...
- **Avec le mental :** c'est le propre de notre humanité, la conscience s'exprime par l'intellect et l'intelligence humaine, mais d'une façon très limitée, très loin même de la véritable intelligence Divine. Avec si peu de conscience, les fléaux produits par l'homme ravagent la planète et ses habitants.
- **Au-delà du mental :** notre véritable conscience suprême est complètement elle-même « mille fois » plus grande et plus intelligente que nous, omni-sciente, omniprésente et omnipotente. Elle peut tout **si** nous lui laissons **toute** la place.

Le mental est une toute petite partie de nous-mêmes. L'intellect est, quant à lui, une toute petite partie du mental... Pourtant, dans notre société, toute l'emphase est mise sur ce minuscule aspect de nous-mêmes. Bien sûr, il en faut de l'intellect, comme il faut une gousse d'ail dans la soupe. Beaucoup de gens ne voient plus que la gousse d'ail et ils jettent la soupe... Ils se sentent creux et vides, et ça les étonne; pourtant, ils ont mangé une gousse d'ail... Ainsi, beaucoup de gens ne voient, dans la vie, que leur intellect; ils ont tout oublié d'eux-mêmes, ne comprenant de leur Être que cette minuscule partie d'eux-mêmes. Alors ils sont surpris de se sentir creux et vides... La conscience réelle est au-delà du mental, de l'intellect et de l'intelligence humaine. Ce n'est pas en cherchant dans le mental qu'on trouvera la conscience car – je le répète – la conscience suprême est au-delà. Le mental est la « terre » de la conscience, la conscience suprême est le « ciel » de la conscience.

Si vous cherchez « en bas » ce qui est « en haut », vous chercherez longtemps. Un certain champignon – la truffe – pousse dans la terre. Si vous voulez trouver des truffes, il vous faut creuser le sol avec une pelle. Les noix de coco poussent dans le ciel... tout en haut des cocotiers. C'est fou le nombre de gens qui cherchent des noix de coco en creusant le sol avec leur pelle...

Ô, Êtres de Lumière, c'est fou le nombre de gens qui cherchent leur conscience suprême en fouillant dans leur mental... Ainsi, l'être humain peut passer sa vie à étudier son mental dans l'espoir de se connaître lui-même, il n'y parviendra jamais **car il n'est pas le mental.** Il est celui qui utilise le mental – nuance. Vous n'étudiez pas vos pieds pour vous connaître vous-mêmes car vous savez que vous n'êtes pas les pieds; vous êtes tellement plus. Bien sûr, les pieds font partie de vous, mais vous êtes « mille fois » plus que vos pieds. C'est pour cela que vous ne cherchez pas votre intelligence dans vos pieds... Le mental fait partie de vous mais vous êtes « mille fois » plus que le mental. Pourtant, certains cherchent encore leur conscience dans le mental... C'est en cherchant dans la conscience, par la conscience, avec la conscience que l'on retrouve la conscience. Celle-ci est immédiatement disponible **pour tous**.

Dans la conscience, il n'y a plus de différence de cultures, d'éducations, de castes, de classes, de sexes, de races, d'intelligences. Dans la conscience suprême, seuls existent des Êtres de Lumière, tous aussi adorables les uns que les autres. Dans la conscience suprême, c'est l'égalité absolue et merveilleuse. Dans la conscience règne un amour Divin et infini, c'est la fraternité parfaite. Dans la conscience, il n'y a plus ni dominateurs ni dominés; la liberté est totale, c'est la liberté suprême.

**Voici votre royaume Divin,
c'est à vous d'y entrer.**

Trop d'Êtres s'imaginent encore qu'accéder à la conscience suprême, c'est perdre le contact avec la réalité humaine. Ils pensent qu'en devenant vraiment conscients, ils se sentiront coupés ou déphasés de leur vie ordinaire. Pour eux, la conscience est quelque chose de flou qui doit se vivre « ailleurs ». Mais non, mais non... la conscience suprême **se vit ici et maintenant**, au présent. Redevenir conscients ne nous éloigne pas de la réalité humaine, bien au contraire. C'est avec une lucidité accrue que l'Être éveillé mène sa vie ordinaire. Cet Être de Lumière qui a réalisé la conscience, continue ses activités terrestres – travail, mariage, affaires, enfants. Il vit normalement, avec attention, vigilence et lucidité.

Comprenez, une bonne fois pour toutes, qu'un Être réalisé – celui qui a vraiment réalisé la conscience suprême – ne quitte pas la terre, ne quitte pas le monde, ne quitte pas la société. Bien au contraire, il sera, dans ce monde, encore plus actif et plus créatif. Il y vivra les deux pieds bien sur terre, dans une parfaite lucidité. Il y accomplira une oeuvre remarquable, même si celle-ci reste invisible aux yeux du plus grand nombre.

L'Être réalisé est une bénédiction pour l'humanité, il rayonne d'amour et de compassion. Il rayonne de conscience et de lumière. Il est « contagieux », extrêmement contagieux. Qu'un être vive dans l'entourage immédiat d'un Éveillé ou qu'il en soit à dix mille kilomètres, s'il pense à lui, il s'infusera aussitôt de sa conscience.

La réalisation de la conscience est une étape infiniment glorieuse où l'Être a réalisé enfin, en profondeur et totalement, sa nature suprême, sa propre métaréalité, son état Divin :

« Oh! vraiment, je suis cela... »

Un jour– le jour venu –, l'Être qui a su s'éveiller et se libérer fera son Ascension. Il aura alors atteint le but des âges : réaliser son suprême destin, accomplir l'ultime destinée humaine, l'Ascension. L'être humain s'imagine souvent qu'après l'Ascension, tout est terminé; non, pas du tout. Certes, **tout est accompli**, mais tout commence vraiment. La vie des Maîtres, la vie des Maîtres Ascensionnés est passionnante et fabuleuse.

Les Maîtres vivent **ici**, sur le plan éthérique, dans le monde éthérique, dans ce monde merveilleux où les éthers sont la substance, « la matière » de ce plan. Voyez-vous, les Maîtres sont **ici**, ils sont faciles d'accès pour l'Être qui laisse son ego au vestiaire. Leur amour est infini et ils oeuvrent jour et nuit pour nous infuser de leur conscience. Ils agissent sans cesse afin de nous sortir du merdier individuel et planétaire dans lequel nous croupissons.

Ô, mes Amis de Lumière, nous qui sommes des amis depuis des siècles, comprenez bien que la conscience vous apportera la vie Divine et merveilleuse des Maîtres. Immédiatement, une très grande lucidité transformera votre vie humaine d'une façon appréciable et remarquable. Comprenez aussi, mes amis, que les Êtres éveillés, les Êtres libérés, les Êtres ascensionnés, les Maîtres Ascensionnés sont toujours **ici**; ils ne sont **jamais partis**. Cela est ainsi, **voilà la réalité :** c'est la connaissance que vous apporte la conscience. Tous les radotages dogmatiques ne changeront pas ce **que l'expérience de la conscience** démontre avec éclat.

Ô, Êtres de Lumière, vous qui menez une vie si difficile, vous qui – peut-être – êtes si accablés, voyez-vous maintenant poindre la lumière au bout du tunnel? Pouvez-vous comprendre que malgré toutes vos difficultés dans « sept stations de métro », tout sera changé pour vous?

Maintenant, vous savez qu'une autre vie et qu'une autre conscience vous attendent à bras ouverts et avec grande impatience. Maintenant que vous savez cela, vous ne devez plus vous résigner, vous ne pouvez plus vous résigner. Non, sachant à présent que la vie, l'amour, la conscience et l'existence sont là, à portée de votre main, vous ne pouvez plus vous résigner. C'est tout à fait impossible. Vous ne vous le pardonneriez pas... L'être humain tombé dans l'ego s'est tellement trompé... mais il peut tout se pardonner dès qu'il revient dans sa véritable conscience. Qui blâmerait un aveugle d'être tombé dans la boue? Pas vous, bien sûr! Qui peut blâmer l'ego d'être tombé si bas, dans une vie si difficile? Pas vous, bien sûr, Êtres de Lumière.

L'Être de Lumière qui, vraiment, comprend la réalité supérieure n'a pas de temps à perdre avec les erreurs du passé. Ce qu'il veut, c'est sa conscience suprême, et tout de suite, si possible. Il ne se résigne pas à sa vie de merde, il **ne perd pas son temps** avec son passé. Non, il part à l'assaut de sa conscience suprême.

Comprenant vraiment tout ce que sa conscience suprême peut faire pour lui, l'Être de Lumière ne perd plus son temps avec sa vie actuelle. Non, il sait que cette vie tellement déplaisante est le fruit de l'ego ignorant. Alors, pourquoi irait-il la rafistoler? Sa vie est comme une vieille cabane branlante et inconfortable à l'extrême. Il peut passer son temps à la réparer, ce sera toujours une vieille cabane... Cette personne comprend que la **véritable solution** consiste à se construire une belle maison neuve de trois étages. Ainsi, il aura tout le confort, le luxe et la beauté en prime. Sa femme, ses enfants et son toutou y vivront joyeux, ses amis viendront; ce sera la fête!...

Dans la vie humaine, lorsqu'une personne décide de se faire construire une maison neuve, que fait-elle? Elle est joyeuse, active; elle fait des plans, des projets, des dessins, elle prépare sa décoration, elle imagine déjà sa nouvelle vie. Déjà son présent se remplit de son futur plaisir, elle est heureuse et enthousiaste. Croyez-vous qu'elle se désole encore sur les défauts de sa vieille maison? Pourtant, elle y habite encore. Non, elle « supporte » les défauts de sa vieille maison, sachant que dans très peu de temps, elle va emménager dans sa maison flambant neuve.

Si vous m'avez bien suivi jusqu'ici, vous comprenez parfaitement que l'Être de Lumière qui entreprend de redécouvrir sa conscience suprême **n'a plus le temps** de souffrir de sa vie actuelle. Il sait, cet Être lumineux, qu'il se construit jour après jour une nouvelle conscience toute neuve, une véritable conscience, belle, grande, large, spacieuse et ensoleillée. Il sait que c'est lui, le constructeur et qu'il édifie une autre maison, une autre conscience qui lui apportera toute satisfaction, sur tous les plans et dans tous les domaines.

Alors oui, sa vie actuelle est peut-être misérable, mais **il n'a plus le temps** de la rafistoler indéfiniment. Il a décidé de changer, il a décidé de changer de vie, il a décidé de changer de conscience. Maintenant, il travaille jour et nuit pour édifier sa conscience nouvelle, il sait que bientôt ce sera une réalité, que bientôt sa réalité sera fondamentalement différente. Certes, sa vie actuelle est pleine d'inconvénients; pourtant, il les a oubliés, il les met de côté et travaille sur sa conscience sans arrêt. Oui, **il n'a plus de temps** à perdre avec sa vieille vie, fruit de l'ignorance de son ego. Oui, il se construit une nouvelle conscience flambant neuve. Oui, déjà il ressent le plaisir, la joie et l'exaltation de la transformation qui se prépare. Oui, il éprouve déjà le contentement que sa nouvelle conscience va lui procurer.

- **Il accepte sa vie, mais fait tout pour la changer... par une infusion massive de conscience.**

Voilà le véritable détachement.

Se détacher sans se résigner est un grand pas en avant car il libère votre énergie et votre conscience pour édifier une vie nouvelle, fruit d'une conscience nouvelle. Vous vous dites : **« Aujourd'hui, j'accepte ma vie en sachant que ma conscience suprême va tout changer SI je fais le travail adéquat »**. Vous savez que par le travail sur la conscience, votre vie va se transformer. Vous ne vous résignez pas; vous acceptez l'état de votre vie avec détachement. Vous êtes détachés sans être résignés **car vous êtes actifs pour tout changer**.

Le pouvoir de changer les choses vous est revenu. Oui, **votre pouvoir** est entre vos mains. Oui, vous **avez le pouvoir**, à présent, de changer votre vie. Vous voulez une vie plus belle, plus grande, plus riche, plus agréable? **Vous avez le pouvoir de la réaliser**. Ça tombe bien; justement, voilà la volonté suprême de votre conscience : vous offrir une vie de contentement suprême. Voilà où vous conduit la vie.

Se détacher sans se résigner
et agir activement dans la conscience.

Oui, se détacher sans se résigner et agir activement pour prendre conscience vous apportera le contentement suprême, la conscience et tout par surcroît, tel l'amour, l'abondance, la richesse, la santé, la connaissance et la joie de vivre.

Ô, Êtres de Lumière, tout dépend de vous; vous avez toujours le choix : la connaissance ou l'ignorance, l'expérience ou la croyance, la conscience ou l'ego. **Oui, vous avez le choix** et peut-être avez-vous fait les mauvais choix; alors comprenez-moi bien : si tel est le cas, **vous n'avez plus le choix**. Pensez-vous intégrer ces deux idées apparamment si opposées?

- **Vous avez le choix.** Vos choix successifs vous ont conduit au sommet de la joie... ou dans l'abîme des difficultés, de la dépression et du désespoir, pour certains. Si tel est le cas, quel choix peut encore vous sortir de là? Quel choix reste-t-il à celui qui est tombé au fond du puits? **Donc :**
- **Vous n'avez plus le choix.** Du fond du puits de vos malheurs, vous ne pouvez plus rien faire d'autre que de remonter à la surface. Que pourriez-vous faire d'autre? Là où vous en êtes, que pourriez-vous faire d'autre si ce n'est de prendre conscience? Posez-vous la question.

Alors, il faut remonter à la surface. Seul un merveilleux et puissant travail de prise de conscience vous ramènera dans la lumière. Seule votre prise de conscience vous rendra la liberté, la prospérité et la sérénité. Finalement, tout bien compris, vous avez le choix : croupir au fond ou remonter et jaillir dans la lumière. Oui, jaillir dans la lumière... c'est facile, c'est pas cher et ça rapporte gros...

Le détachement véritable est la clé de la transformation de Soi en douceur, à la vitesse de l'éclair... Votre conscience vous guide, vous conduit et vous dirige; alors, vous pouvez vous **centrer et comprendre**. Le détachement, bien compris et bien vécu, ouvre toutes les portes. Le détachement véritable, sans résignation ni indifférence, est actif et agissant. Travailler à prendre conscience est agir, **c'est l'action suprême** qui conduit aux résultats durables et concrets. Travailler à prendre conscience transforme la vie profondément et durablement. Travailler à prendre conscience apporte la véritable connaissance, **fruit de l'expérience** de la conscience.

Je vous résume en deux lignes cette conférence; voici l'essence du détachement : **vivre le mieux possible sa vie actuelle et travailler le plus possible à prendre conscience**. Alors, vous vous connaîtrez vous-mêmes et vous connaîtrez l'univers et les Dieux... Oui, vous connaîtrez votre propre Divinité. Voilà la véritable connaissance.

Maintenant, ô Êtres de Lumière, détachons-nous et retrouvons notre Soi Divin en chantant le Chant du Cygne. Ce soir, nous allons le lire à haute voix, d'un ton ferme, sur un rythme un peu rapide mais pas trop.

Oui, lisons le Chant du Cygne tous ensemble afin que l'épée de notre langue déchire le voile du temple de haut en bas et que jaillisse la lumière; lisons!

7

L'Ascension est conscience

Bienvenue à vous tous, ô Êtres de Lumière, pour notre conférence du jeudi dont le sujet, ce soir, est l'Ascension.

Le destin ultime de **tous** les êtres humains est d'en arriver, un jour ou l'autre, à transcender totalement le plan mental. L'humain aura alors acquis une conscience magnifique et grandiose : la conscience du Christ.

Cet Être merveilleux atteindra son destin suprême en accomplissant le but des âges : l'Ascension. Pourtant, l'Ascension, ce sommet de conscience qui nous paraît si mystérieux et si difficile à atteindre, nous l'avons déjà tous accompli et même plusieurs fois!...

Vous êtes stupéfaits, c'est bien naturel car cette dernière affirmation est véritablement osée et tout à fait stupéfiante, j'en suis bien conscient.

- **Notre destinée suprême est l'Ascension.**
- **Nous avons accompli x fois l'Ascension.**

Allons-nous pouvoir intégrer ces deux affirmations d'apparences si opposées en un tout complémentaire? Allons-nous pouvoir opérer la synthèse harmonieuse de ces deux aspects si différents de la Réalité?

Ô, Divins Êtres, méfiez-vous des apparences; les opposés sont parfois si complémentaires... Étudions donc l'Ascension et pour bien comprendre, étudions donc le Christ.

Le Christ est chacun d'entre nous, femmes ou hommes, blancs ou noirs. Ce Christ, cet Être merveilleux et adorable que nous sommes **tous**, vit dans le monde causal. Son existence est merveilleuse, sa conscience est inouïe.

Chacun de nous vit dans le monde causal, totalement conscient. Nous sommes **tous** dotés d'un prodigieux outil d'expression de la conscience : **le Manas**. Au moyen de Manas, nous pouvons exprimer la plénitude de notre Divine conscience christique, tout comme l'être humain exprime sa conscience terrestre au moyen du mental.

Chacun d'entre nous, dans le monde causal, exprime sa conscience christique au moyen de Manas. Cette merveilleuse conscience nous procure tous les dons, tous les talents, toutes les capacités. La plénitude de notre conscience nous rend **tous** omniscients, omnipotents, omniprésents et évidemment, **omniconscients**.

Là, dans le monde causal, nous sommes vraiment nous-mêmes, profondément nous-mêmes. Plus « haut », d'autres mondes, d'autres plans de conscience existent, qui sont le domaine de la **Monade**. Cela, nous l'étudierons un de ces jours.

Il est important de ne pas tout mélanger et chaque aspect de la conscience doit être parfaitement compris par chacun. Alors, la confusion étant remplacée par la compréhension, vous progresserez en un jour plus que ne le peut l'être confus en mille jours.

Donc, chacun devrait en arriver à comprendre une bonne fois que le Christ, c'est lui dans la plénitude de son existence dans le monde causal, dans la plénitude de sa conscience exprimée par Manas.

La conscience est illimitée et infinie. Des Êtres qui ont plusieurs vagues de vie d'avance sur nous vivent dans une conscience si élevée que nous ne pouvons en avoir aucune idée.

La conscience a besoin, pour s'exprimer, **d'un outil**. Sans l'outil, la conscience ne peut pas jaillir, absolument pas. L'outil de l'humain est le mental qui lui procure la pensée et la parole. Ainsi, il peut exprimer sa conscience. Sans le mental, l'humain est privé de pensées, de parole et de la faculté d'exprimer sa conscience. Il est devenu un légume...

L'outil de l'Être de Lumière, du Christ, pour exprimer sa conscience, est le Manas. Vous pouvez donc comprendre qu'aussitôt que vous retrouvez Manas, vous redevenez le Christ.

Alors, si chacun est le Christ si Divin et si conscient, pourquoi menonsnous une vie de merde si difficile? C'est pourtant simple à comprendre : nous vivons dans le mental. Ce mental est un outil pour exprimer la conscience, mais il ne peut même pas exprimer le millième des possibilités de Manas.

Oui, Manas peut exprimer « mille et mille » fois **plus de conscience** que le mental. Le mental est à Manas ce que la bicyclette est au jet à réaction. Oui, la différence de possibilités est aussi énorme.

Donc, si vraiment nous voulons mener la vie de nos rêves, la vie idéale pleine de richesse, de perfection, de joie, d'amour dans un contentement permanent, il nous faut retrouver Manas[1], ce qu'il faudrait comprendre d'urgence, ne croyez-vous pas?

Ce Christ Divin, parfait et merveilleux que nous sommes tous veut exprimer la plénitude de sa magnifique conscience jusqu'ici. Oui là, sur Terre, dans la troisième dimension. **Alors il descend** dans un corps humain et il s'habille d'un mental humain. **Ce Christ en haillons** devient un mendiant de l'existence. Il s'affaire et se démène dans la vie, dans cette vie si difficile que parfois il oublie.

Mon Dieu, quelle horreur! Le Christ est descendu et il a oublié qui il est, ce qu'il fait là et pourquoi il est là. Incroyable! certains Christ ont oublié qu'ils sont le Christ et ils se prennent pour... Vous n'allez pas me croire (la salle retient son souffle...). Ils se prennent pour des êtres humains!...

Donc, le Christ est descendu sur Terre. Là, il barbotte dans la matière pour **tenter de transformer son ego en collaborateur intelligent et conscient.** Il tentera par tous les moyens possibles d'ouvrir la conscience de l'ego, de la réveiller et de l'amener à l'Ascension. Au bout de quelques dizaines d'années, le corps physique meurt. C'est foutu pour l'Ascension, l'Ascension est ratée. Il devra revenir, **alors il remonte**.

Il remonte donc et arrive, après sa mort physique, sur le plan astral. Là, il va y mener la vie que va lui offrir la conscience de l'ego, de cet ego indécrottable qui n'a rien compris de ce qu'il faisait là.

Puis le corps astral mourra à son tour, et également le corps mental. Alors le Christ, libéré de ses corps inférieurs, **remonte** encore. Il se retrouve donc chez lui, dans le monde causal, dans son corps causal, dans son Manas. Maintenant qu'il est de retour chez lui, tout « en haut », il va prendre quelques vacances. Il va mener son existence merveilleuse quelques dizaines d'années avant de redescendre à nouveau. Comprenez-vous le principe?

Le Christ, cet être adorable – vous – est donc, disions-nous, de retour chez lui dans le monde causal. Ce monde magnifique d'une splendeur inouïe

1 Chapitre 4, *L'antakarana*.

comporte trois plans de conscience qui sont respectivement les septième, sixième et cinquième ciel.

À l'étage du dessous se trouve le monde mental qui, lui, comporte quatre plans : le quatrième ciel, le troisième ciel, le deuxième ciel et le premier ciel. Le quatrième ciel est le plan des Êtres qui ont avancé dans la compréhension et la réalisation de la conscience, mais qui sont morts avant l'Ascension. **Au-delà, ils ne sont plus conscients**, l'ego a disparu.

Le premier ciel est le plan des êtres qui ont atteint l'intellect. Que vous soyez une lumière intellectuelle ou un minus de l'intellect, un très grand savant ou une simple femme de ménage, vous serez encore conscients sur le premier ciel. Au-delà, vous n'êtes plus conscients, votre ego disparaît et vous redevenez le Christ libéré de ses haillons terrestres.

À l'étage en dessous, encore plus bas, se trouve le monde astral. Ce monde est composé de sept plans qui forment deux niveaux de conscience très différents : le haut astral et le bas astral.

Tous ceux qui sont morts sur Terre **vivent là**, puis ils quittent lorsque leur Christ remonte. Le haut astral est le domaine des gens conscients et paisibles. Le bas astral est le domaine des ego, de ceux qui sont restés pris dans leur mental ou dans leurs instincts. La vie dans le bas astral n'est guère différente de la vie humaine.

À l'étage en dessous se trouve le monde physique qui lui, en fait, est constitué de trois mondes ou plans très différents :

- Le plan éthérique, vie des Êtres ascensionnés.
- Le plan terrestre, vie des êtres humains.
- Le plan marin, vie des êtres aquatiques.

Donc si on résume, nous nous retrouvons ainsi :

• monde causal	le Christ
• monde mental	
• monde astral	l'homme-ego
• monde éthérique	les Maîtres
• monde physique	l'homme-ego

Tous les êtres humains sont des Christ; ils possèdent **tous** ces cinq différents corps. Vu sous d'autres angles de la conscience, nous avons **tous** sept corps et même douze. Ce soir, nous découvrirons ce qui se passe dans ces cinq corps et ce sera largement suffisant pour la soirée...

Tous les êtres humains sont des Christ, **mais tous les Christ ne sont**

pas des humains. Non, bien sûr; des légions entières de Christ ont accompli leur Retour depuis très longtemps. Ils sont des millions de Christ à s'être complètement **réintégrés** dans la conscience depuis des années, des siècles et même plus longtemps encore.

Ces Christ réintégrés dans la conscience Divine mènent une vie de splendeur dans le monde causal sur le plan supérieur : **le septième ciel**. Là, ils préparent les prochaines phases **d'expansion** de leur conscience. Certains d'entre eux ont décidé d'accomplir le voeu de Boddishava : aider l'humanité à remonter, à sortir du trou, à retrouver la plénitude.

Ces Êtres merveilleux, ces Christ adorables s'activent sans trêve ni repos pour faire émerger l'humanité vers la lumière, la connaissance et la conscience. Ce sont **les Maîtres Ascensionnés**, qui ont établi leur quartier général sur le plan éthérique. Ainsi, ils sont encore plus près de nous pour nous aider encore plus.

Comprenez bien ceci : les Êtres réintégrés en conscience christique vivent dans le monde causal au septième ciel. **Un groupe** d'entre eux s'est installé sur la plan éthérique pour oeuvrer activement au service de l'humanité.

Imaginez... vous vivez dans une très jolie cité située au sommet d'une montagne à quatre mille mètres d'altitude. En bas dans la vallée, vos enfants ont besoin de votre aide. Alors vous vous achetez une villa sur une colline près de la ville où résident vos enfants. Ainsi, vous êtes beaucoup plus près d'eux, vous pouvez leur rendre visite souvent et même à l'improviste... Vous pouvez les « voir », les comprendre et les aider facilement.

Voilà donc ce que font nos Maîtres Ascensionnés bien-aimés. Eux qui vivent dans le monde causal au septième ciel, ils sont descendus. Ils habitent dans le monde éthérique pour mieux nous aider en étant « tout près » de nous...

Ô, mes Amis de Lumière, nous qui sommes des amis depuis des siècles, si vous cherchez à comprendre, vous allez constater que tout cela est très simple. Vous êtes le Christ, vous vivez dans le monde causal au cinquième ou sixième ciel et vous **décidez de descendre**. Alors, quelque part sur la planète, un beau bébé apparaît et c'est vous.

Vous vivez sur Terre pour tenter de devenir conscients dans ce monde si dense. Oui, **vous êtes descendus** pour tenter d'être aussi conscients dans la matière que vous l'êtes sur le plan causal. Au bout d'un certain temps – disons soixante-quinze ans – **vous décidez de remonter**.

Alors vous franchissez les portes de la mort et vous voilà **vivants** sur le plan astral. La remontée va se poursuivre jusqu'à votre retour dans le monde causal, au cinquième ou sixième ciel. Vous êtes de retour, vous êtes revenus, **vous êtes remontés**.

Et le cycle se poursuivra encore et encore, jusqu'à la fin; **car il y a une fin**. Oui, le cycle se termine à la prise de conscience. Lorsque l'être humain a **fini par comprendre** et par prendre vraiment conscience qu'il est le Christ, le cycle se termine. Nous allons voir de quelle façon ce soir.

Donc pour vous, les choses sont claires à présent. Vous êtes un Être adorable, vous êtes le Christ – comme tout le monde d'ailleurs, ni plus ni moins. Vous descendez dans le monde physique, puis vous remontez dans le monde causal.

- **Descendre** dans le monde physique, voilà **la chute de l'homme** dans la conscience de la dualité du bien et du mal.
- **Remonter** dans le monde causal, voilà **l'Ascension du Christ** dans la conscience Divine de la perfection suprême.

Cette remontée, nous l'avons déjà accomplie des dizaines de fois, car nous sommes descendus des dizaines de fois également.

- **Ici, vous comprenez que vous avez accompli x fois l'Ascension.**

Maintenant, il reste à découvrir comment **accomplir l'Ascension finale**, celle qui mettra fin pour toujours à la descente, à la naissance, à la vie humaine, à la mort et à la réincarnation.

- **Ici, vous comprenez que votre destinée suprême est l'Ascension finale.**

Lorsque le Nectar de la Conscience parle de l'Ascension, il parle **toujours** de l'Ascension finale, celle qui se fait **vivant**, sans passer par les portes de la mort, l'Ascension qui se fait en pleine conscience, en toute lucidité.

Donc, si vous m'avez bien compris jusqu'ici, vous avez saisi que pour l'être humain, la remontée commence à la mort. C'est la mort **naturelle** qui arrive à l'heure du destin. Une question passionnante se pose : un être humain peut-il, sans mourir, remonter jusqu'au plan causal **et** revenir vivre dans son corps humain?

L'apôtre Jean, Moïse, le prophète Isaïe ont vécu l'aventure, ainsi d'ailleurs que plusieurs illustres inconnus signalés par l'ésotérisme. Oui, dans certains cas rarissimes, des êtres encore humains peuvent accéder au plan causal et revenir vivre dans leur corps physique. Cela arrive à quelques-uns afin qu'ils puissent accomplir un travail particulier et laisser un message durable.

- **L'apôtre Jean.** Le Christ en lui, a envoyé son ange et Jean fut saisi par l'Esprit. De retour, il écrivit l'Apocalypse. Vu du côté ésotérique, la conscience christique de Jean, aidé de son ange gardien, a permis au mental de s'ouvrir et de garder le souvenir de la remontée jusqu'au plan causal.

- **Moïse** a vécu une Ascension partielle jusqu'au quatrième ciel. De retour, il a déclaré que nul ne peut aller plus haut, car personne ne peut voir le visage de Dieu sans mourir. Il croyait sans doute que Dieu est un être qui vit sur le plan causal... (fous rires).

  L'Exode relate une partie de l'histoire : « L'Éternel dit à Moïse : « Tu ne pourras pas voir ma face, car l'homme ne peut me voir et vivre ». Qui a dit que l'Éternel a dit ça? C'est Moïse, comprenez-vous?

- **Le prophète Isaïe**, lui, a vraiment vécu une Ascension complète et il est remonté jusqu'au septième ciel.

  De retour, il a écrit un récit passionnant qui décrit tout ce qu'il a vu en montant, monde par monde, plan par plan. Il relate très bien ce qu'il a rencontré partout, y compris dans les **sept ciels**.

Il décrit de la même façon tout ce qu'il a enregistré lors de la descente. Il y a une différence très instructive entre ce qu'il voit à l'aller et ce qu'il découvre au retour en descendant. Revenu sur Terre, dans son corps physique, il a déclaré : **« Moïse n'est qu'un aveugle »**. Cela explique, bien sûr, la raison pour laquelle l'Ascension d'Isaïe **ne figure plus** dans la Bible et qu'elle a été reléguée parmi les apocryphes...

Ô, Êtres de Lumière, parfois dans des cas rarissimes, des êtres humains peuvent remonter jusqu'au plan causal, en rapporter le souvenir et continuer de vivre dans leur corps physique. Leur Ascension finale en sera probablement facilitée. En tout cas, ils laisseront un message impérissable à l'humanité.

Maintenant que vous avez compris ce qui se passe dans la conscience, nous allons aborder un autre aspect de son activité. Vous le Christ, vous vivez dans le monde causal, dans la béatitude, dans la joie parfaite; votre contentement est total.

Bientôt c'est l'heure, l'heure de redescendre pour vous fabriquer un nouvel ego, une nouvelle personnalité. Alors vous descendez encore et vous allez tenter de conduire votre humain, votre bourricot mental jusqu'à la prise de conscience. Vous êtes encore descendus, vous vous êtes encore **réincarnés**.

Galactos
Logos
Monade

« CIEL »
Le sommet de la montagne

Monde causal Conscience christique	Septième ciel Sixième ciel Cinquième ciel	Les Maîtres Ascensionnés Résidence permanente
Monde mental	Quatrième ciel Troisième ciel Deuxième ciel Premier ciel	– Conscience – Intellect
Monde astral	Haut astral ⇑ ---------- Bas astral ⇑	Les Êtres conscients vie astrale Les ego humains
Monde éthérique Conscience christique	⇑	Les Maîtres Ascensionnés Résidence temporaire
Monde physique Conscience sociale	**ASCENSION** ou **MORT**	Les êtres humains Les ego Vie sur terre

Le pied de la montagne
« TERRE »

- **Lorsque la conscience christique descend dans un corps humain, c'est la réincarnation.**

- Combien de fois allez-vous descendre dans un corps humain puis remonter dans le monde causal?
- Combien de fois allez-vous encore revenir et revenir encore?
- Combien de temps allez-vous encore attendre pour prendre la conscience en main et **en finir** une bonne fois pour toutes?
- Combien de fois voulez-vous encore **mourir** et encore **renaître** et encore apprendre **à lire**?...
- C'est vous **et vous seuls** qui connaissez les réponses.

Examinons à présent qui se réincarne. Si vous avez bien compris tout le principe, vous avez saisi que le Christ revient vivre dans la joie et dans la béatitude du monde causal. Après vos épreuves et tribulations terrestres, Vous le Christ vous relaxez un peu chez vous, dans votre monde.

Si cela est clair dans votre esprit, vous avez compris que lors du retour, vous avez perdu successivement tous vos corps. À la mort, le corps physique est mort puis aussitôt après, le corps éthérique aussi. À la fin de votre séjour dans l'astral, le corps astral est mort également.

Arrivés sur le plan mental, vous n'étiez plus conscients, alors l'ego s'est dissous ainsi que la personnalité et l'intellect. Débarrassés de tous ces accessoires encombrants, Vous le Christ êtes revenus encore une fois chez vous dans le monde causal.

Vous vivez là, dans votre magnifique corps causal de lumière et vous voilà complètement débarrassés de tous vos **scaphandres** de chair, de matière, d'énergie, d'éthers et de substance.

N'oubliez pas que nous avons tous sept corps et même douze. Cette explication des principes, avec cinq corps, permet cependant de saisir et d'ouvrir la conscience.

Examinons la nature, les arbres par exemple. Au printemps éclatent les bourgeons et jaillissent les feuilles puis les fleurs; en été, les fruits apparaissent. À l'automne tombent les fruits, puis tombent les feuilles. Que reste-t-il? L'arbre, « le bois » : racines, tronc, branches et les bourgeons déjà prêts.

L'année suivante, le cycle recommence : bourgeons, feuilles, fleurs, fruits, chute des feuilles, les bourgeons sont déjà là. Qui revient chaque année? **L'arbre lui-même**, avec de nouveaux bourgeons, de nouvelles feuilles, d'autres fleurs, d'autres fruits.

Corps causal + Manas
Corps mental
corps astral
corps éthérique
corps physique

+

ego, personnalité,
pensées, intellect 

Vous, le Christ
vivant sur Terre.

Corps causal + Manas

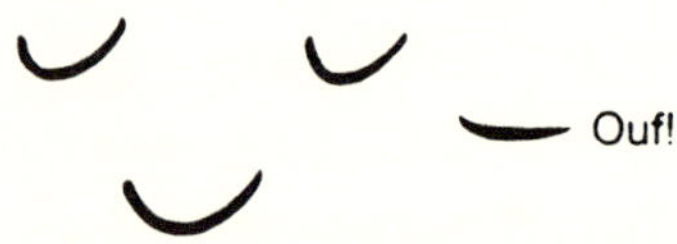

Vous, le Christ
vivant dans le monde CAUSAL.

Selon le même principe, qui se réincarne à chaque descente? **Le Christ lui-même**, le vrai vous-même avec de nouveaux **scaphandres**, des corps tout neufs, une nouvelle personnalité, un nouvel ego, un autre intellect. Puissiez-vous comprendre, ô adorables Êtres divins.

Finalement, quel est le but de tout cela? À quoi sert donc ce grand jeu qui dure des siècles, qui dure depuis des siècles? Vous savez, dans la conscience, plus la question porte sur le fond et plus elle est fondamentale, plus la réponse est belle de simplicité.

- Vous le Christ, vous devez exprimer la plénitude de votre conscience christique, ici sur Terre.
- Vous le Christ, vous devez exprimer la plénitude du « paradis », ici sur Terre.
- Vous le Christ, vous devez jaillir de joie, de béatitude et de contentement suprême, ici sur Terre.

Alors et alors seulement, vous aurez atteint la plénitude de la conscience dans l'humain et dans le Divin, sur « Terre » comme au « Ciel ». Alors Hermès sera content car il en sera « en bas » comme il en est « en haut ». L'Alchimie de la conscience aura accompli le Grand Oeuvre. **Tout est accompli**. Vous pouvez rentrer chez vous, vous n'avez plus besoin de revenir, **car tout est accompli.**

Vous avez dépassé et transcendé la condition humaine. Alors pour vous, le « ciel s'ouvre » et dans la gloire Divine, c'est l'apothéose finale, par la grande porte du monde éthérique :

voilà votre Ascension finale!

Le Christ est ressuscité, vous êtes ressuscités. Vous n'avez plus besoin de revenir sauf si vous voulez servir... Cette oeuvre, vous avez voulu l'accomplir, vous vous êtes portés volontaires, vous avez demandé et obtenu l'autorisation. **Souvenez-vous!...**

L'échelle de la conscience.

Pour atteindre l'Ascension finale et retrouver, ici sur Terre, la plénitude de sa conscience christique, l'Être de Lumière – vous – a besoin d'une échelle de conscience. Il doit également, cet Être merveilleux – vous – disposer d'un moyen d'infusion de conscience lui permettant de gravir facilement tous les échelons de son échelle de conscience.

L'Être a besoin d'une échelle de conscience et d'un moyen d'infusion de conscience.

L'échelle de la conscience comporte **dix degrés**, dix barreaux et permet de s'élever de la conscience humaine sociale jusqu'au sommet de la montagne, l'omniconscience. Tout en s'élevant sur l'échelle de la conscience, l'Être traversera des états de conscience des plus plaisants tels, par exemple, la conscience de l'abondance et la conscience de la richesse.

Dans cette ascension vers l'Ascension... l'Être réalisera chacun des états de conscience. Il les comprendra pleinement et saura les distinguer les uns des autres. Il saura alors reconnaître dans quel niveau de conscience il se trouve lui-même à tel ou tel moment.

Étant pleinement conscient de ses états de conscience, il pourra en changer à volonté. Il choisira l'état de conscience le plus élevé qui convient le mieux à la situation du moment présent. Chaque présent se vit dans un état de conscience particulier. L'Être conscient se place délibérément dans l'état de conscience qui convient le mieux à chaque moment. Chaque état de conscience a ses propres caractéristiques et je vais tenter de jeter un peu de lumière sur chacun d'eux.

Non-conscience. C'est un état de conscience des plus médiocre ou végètent les dominateurs de toutes sortes, les criminels et tous les Retardataires de la dictature mondiale : tyrans, monstres et abrutis. Il sont **la honte** de l'humanité. Ici, c'est la voie de la perdition qui fait **reculer** les Retardataires d'une vague de vie.

Conscience sociale. C'est la voie de l'individu qui peine et qui lutte. C'est la conscience vécue par l'humanité dans les pays développés de l'Orient et de l'Occident. Mille fléaux accablent chacun, la vie est terriblement difficile et la souffrance, excessive. Quand aux populations des pays non développés, elles vivent des conditions pénibles encore pire. Là, c'est la voie de **la survie** dramatique. La tragédie humanitaire bat son plein.

Conscience cosmique. Cet état de conscience est un pas de géant au-dessus de la conscience sociale. Il est l'apanage de beaucoup d'Êtres éclairés qui ont compris que la société sans conscience est terminée. Ils travaillent beaucoup sur eux-mêmes. Ils utilisent abondamment et avec succès tout l'arsenal **non**-scientifique. Ils obtiennent la guérison. Des Êtres avancés comme certains guides sont devenus une réalité pour eux. Ils font preuve d'une spiritualité dégagée qui tend vers la Réalité. Ici, c'est la voie de l'énergie et la vie devient plus substantielle.

Conscience de SOI – l'ego. La conscience de Soi dans l'ego, c'est la révélation pour l'Être de sa nature Divine et christique. Il découvre ce qu'il est en réalité et il comprend **ce qu'il n'est pas**. Il réalise qu'il est bien trop bas dans la conscience. Il comprend vraiment qu'il doit « monter ». **Ici débute la voie de la conscience.**

Conscience d'Être. Dans cet état de conscience, l'Être sait maintenant qu'il est un Être de Lumière. Certes il ne le sait que mentalement, mais c'est déjà un progrès énorme. Cette connaissance nouvelle s'infuse rapidement en lui et sa vie se transforme gentiment et agréablement.

Conscience de l'abondance. L'abondance[2], la conscience de l'abondance est un état de conscience remarquable. L'Être qui le vit a réalisé profondément en lui qu'il ne manquera jamais de rien. La peur de manquer l'a quitté pour toujours. L'abondance est une réalité pour lui dans sa vie. La conscience de l'abondance est le fruit de la conscience d'Être.

Conscience de l'unité. Celui qui réalise la conscience de l'unité connaît, par ouverture de conscience, la Réalité de chaque être humain. Dans la conscience de l'unité, l'Être sait par expérience directe que tous les humains sont des Christ. Alors il est libéré pour toujours des calamités, du racisme, du sexisme et des pseudo-hiérarchies sociales. Sa vie se transforme radicalement et devient vraiment agréable.

---

2 Tome 2, chapitre 2, *L'abondance*.

L'ÉCHELLE DE LA CONSCIENCE.

Les Maîtres **Omniconscience**	↑	**Ascension finale**
Conscience Divine Conscience christique	3	Libération Réalisation
	↑	
Conscience de Soi – le Christ Conscience de la Richesse Conscience de l'Unité Conscience de l'Abondance Conscience d'Être Conscience de Soi – l'ego	2	Amour Richesse Compassion Abondance Compréhension Révélation
--	↑	**Voie de la conscience**
Conscience cosmique Conscience sociale	1	Voie de l'énergie[3] Voie de l'individu
NON-conscience Les dominateurs[4] (les tyrans, les monstres, les abrutis)		Voie de perdition ⇓

3 Tome 2, chapitre 3

4 Tome 2, chapitres 11 à 13, *La dictature mondiale*.

Conscience de la richesse. Cet état de conscience magique est directement le fruit de la conscience de l'unité. L'Être a découvert la véritable nature de la richesse[5]. Il sait ce qu'est la véritable richesse, comment la reconnaître et la faire apparaître dans sa vie. Il sait que la richesse est toujours avec lui et qu'elle ne le quittera jamais. Cet être merveilleux **sera riche pour toujours** de la véritable Richesse.

Conscience de Soi – le Christ. L'Être est parti de la conscience de Soi dans l'ego et il a franchi toutes les portes de la conscience. Alors sa conscience de Soi s'est élargie, « multipliée par mille »; il se connaît lui-même profondément. Il a retrouvé sa conscience et il se connaît comme le Christ. Cette conscience continuellement infusée à doses massives produira ses fruits d'elle-même.

Elle ouvrira, cette conscience de Soi dans le Christ, les grands portails des étapes finales de la réintégration de Soi dans la conscience Divine, **la Réalisation**, la libération et l'Ascension finale.

Conscience christique. La conscience christique est la première des trois grandes étapes finales de la réintégration dans la conscience. Cette conscience est le fruit que vous obtenez **gratuitement** lorsque vous avez gravi les échelons de la conscience. **C'est la Réalisation.**

Elle se produit d'elle-même et vous ne pouvez strictement rien faire pour l'obtenir. C'est l'état de conscience où vous **réalisez** vraiment et en profondeur que vous êtes le Christ, celui qui vit normalement sur le plan causal. C'est **la réalisation** de la conscience. Vous êtes un **Être réalisé**. Ici le Christ – vous – a définitivement perdu ses haillons, il a revêtu une robe blanche **sans couture...** Il ruisselle de lumière. **Réalisez-vous cela?**

Conscience Divine. La conscience Divine se manifeste dans le Divin Être christique – vous – qui a atteint **la réalisation**. L'Être atteint la conscience Divine lorsqu'il a reconnu, maintenu et soutenu son état de conscience christique de toutes ses forces, de toute son âme et de tout son coeur.

Alors il atteint la **libération**; il est complètement **libéré** de toutes les contingences et limitations humaines. Il peut aller et venir, tout à fait **librement**, du plan éthérique au plan physique. Il navigue d'un monde à l'autre en toute **liberté**. Ce merveilleux Christ – un Être tel que vous – est devenu un « jivanmukta », c'est-à-dire **un libéré vivant**. Il termine la mission terrestre qu'il s'est donnée et il jaillit dans la lumière, dans la gloire et l'apothéose de son Ascension finale.

---

5 Chapitre 3, *La richesse*.

Omniconscience. Le Maître est de retour, il a retrouvé la plénitude de son Être. Le voilà à nouveau omniscient, omniprésent, omnipotent et **omniconscient**. Lui, c'était vous...

Cet Être splendide a jailli dans la lumière, dans la gloire et l'apothéose de son Ascension finale. Il a accompli son destin ultime, il a réalisé le Grand Oeuvre alchimique.

Tout est accompli.

Gloire à Dieu!
Gloire à Dieu!
Gloire à Dieu!

L'infusion de la conscience.

L'étude de la conscience doit porter des fruits, délicieux, nombreux et abondants. L'étude de la conscience est en fait **l'étude de la Réalité** qui conduit à la découverte de la **métaréalité**.

Cette découverte doit être vécue et expérimentée. L'étude de la conscience doit procurer un véritable changement de conscience. L'ego de chacun doit être profondément transformé, puis plus tard transmuté : la vie de chacun doit être profondément améliorée de façon très substantielle.

Donc, pour que l'étude de la conscience porte ses fruits et que chacun se trouve élevé, grandi, enrichi et éclairé, **il faut nécessairement des moyens d'infusion de la conscience.**

Les moyens d'infusion de conscience doivent permettre :

- l'immersion dans la conscience,
- la compréhension de la conscience,
- la connexion à la conscience,

Bref, les moyens d'infusion de conscience doivent procurer à chacun une infusion massive de conscience, de façon agréable et facile. Vos moyens d'infusion de conscience vous sont déjà familiers. Ce sont, bien sûr :

Le Chant du Cygne,
le Nectar de la Conscience,
la connexion au Septième Rayon.

Ce soir, je veux vous faire découvrir leur action **sur l'échelle de la**

conscience. Vous connaîtrez ainsi un nouvel aspect du travail accompli par vos moyens d'infusion de conscience, en particulier par le Nectar de la Conscience.

Le Nectar de la conscience permet de découvrir la Réalité. La connaissance est révélée et expliquée sous de nombreux aspects. La connaissance de la conscience est présentée de plusieurs façons différentes, ce qui conduit chacun à vraiment comprendre la Réalité et la nature profonde de ce qu'est la conscience.

La compréhension est la base, la fondation sur laquelle repose tout le processus de prise de conscience. Sans compréhension de la Réalité et de ce qu'est la conscience, **il n'y aura pas de prise de conscience**, cela est tout à fait clair.

Vous devez bien savoir que le **lâcher-prise** ne se produit que lorsque l'ego a compris. Il ne se produit **jamais** avant. L'étude apporte la compréhension. Dès le départ, l'étude est plus ou moins intellectuelle, puis elle devient seulement mentale. Rapidement, l'étude de la conscience passe **par-dessus l'intellect** et saute aussi le mental. Alors l'étude commence à porter ses fruits, la compréhension devient intérieure et voilà **la véritable compréhension** qui apparaît.

L'Ascension de la montagne de la conscience s'effectue étape par étape, selon **six** niveaux de conscience très bien définis. Tous les êtres humains, absolument tous, passeront par les six étapes. Quel que soit leur niveau de compréhension, de sagesse, de lumière ou d'intelligence, ils arriveront au sommet après avoir réalisé **en eux**-mêmes les six niveaux de conscience.

Ces six niveaux sont représentés sur l'échelle de la conscience, au centre, le groupe **2**.. Il s'agit de :

- Conscience de Soi – l'ego.
- Conscience de l'abondance.
- Conscience de la richesse.
- Conscience d'Être.
- Conscience de l'unité.
- Conscience de Soi – le Christ.

Le tome 1 du Nectar de la conscience, **« L'ego et le Soi »**, révèle le grand principe : **« Je ne suis rien et je suis Toi ».** L'Être qui étudie cet aspect de sa conscience découvre qu'il existe une autre Réalité, infiniment supérieure à la réalité humaine. Il comprend, cet Être magnifique, que nombreux sont les états de conscience et il s'aperçoit qu'il est au pied de l'échelle.

Il prend pleinement conscience qu'il est au pied de la montagne. Il réalise alors la première partie du grand principe. Pour lui, **c'est la Révélation que dans le mental, « Je ne suis rien »**. Voilà déjà toute une prise de conscience d'un aspect de la Réalité : **Je ne suis pas...** Déjà, cela lui change la vie.

Le tome 2 du Nectar de la Conscience, **« Les 13 principes »**, permet de s'élever rapidement sur l'échelle de la conscience. L'Être de Lumière va **acquérir la conscience d'Être**, c'est-à-dire la compréhension encore mentale de la Réalité. Il saura vraiment qu'il est un Être de Lumière doté d'un destin fabuleux.

Alors il va **acquérir la conscience de l'abondance** et sa vie se transformera de façon significative. L'abondance devient une réalité tangible pour lui. Il peut déjà commencer à multiplier l'abondance. Maintenant qu'il a acquis **compréhension et abondance**, il commence **à lâcher prise**.

Le tome 3 du Nectar de la Conscience, **« Je suis conscience »**, permet à l'Être de Lumière d'atteindre des états de conscience supérieurs. Il atteint en effet la véritable compréhension de la conscience, profonde et intérieure. **Il acquiert la conscience de l'unité** qui se révèle à lui dans toute sa splendeur. Il réalise profondément la nature exacte de la réalité humaine. Il acquiert **la compréhension** véritable. Sa vie change profondément, il redevient vraiment lui-même.

Maintenant, la richesse se révèle à ses yeux. **Il acquiert la conscience de la richesse.** Sa vie en est profondément transformée pour le meilleur et pour toujours. **La richesse véritable** s'est installée dans sa conscience et jaillit dans sa vie. Maintenant qu'il a acquis **la compassion et la richesse, le lâcher-prise** s'opère vraiment.

Le tome 1 du Nectar de la conscience va **à présent** permettre **d'achever** l'oeuvre entreprise. L'Être de Lumière peut maintenant comprendre, par la véritable compréhension, la deuxième partie du grand principe : **« Je ne suis rien et je suis Toi »**.

Lorsqu'il était « en bas » au pied de la montagne, il a réalisé en lui-même « Je ne suis rien », je ne suis pas. Maintenant qu'il est beaucoup plus « haut », il réalise : **« Je suis Toi »**.

Dorénavant, l'Être de Lumière est en mesure de comprendre qu'il est le Soi, qu'il est Divin, qu'il est en fait et en toute **réalité le Christ**. Cet état de conscience glorieux lui apporte **le véritable amour de tous les Êtres**.

Maintenant, il a acquis la connaissance : **« Je ne suis rien et je suis Toi ».** Il connaît la Réalité en profondeur. Il connaît sa véritable nature. **Maintenant il EST : Je suis Toi, je Suis, je Suis, JE SUIS.**

Le Nectar de la Conscience va donc permettre d'acquérir les **six états** de conscience qui vont de l'état d'ego à la conscience de l'état de Christ. Chaque état de conscience apportera une grande réalisation en cours de route, telle : la Révélation, la Compréhension, l'Abondance, la Compassion, la Richesse véritable, l'Amour de tous les Êtres. Sur le chemin, l'Être de Lumière en arrivera, étape par étape, à lâcher prise et finalement au lâcher-prise total.

Le lâcher-prise.

Le lâcher-prise[6] est un état de conscience glorieux où l'Être de Lumière ne s'accroche plus à sa conscience humaine et à ses limitations. Il a enfin compris qu'il y a un pilote dans l'avion et qu'il peut dormir tranquille. Alors il se laisse guider, il se laisse conduire, il se laisse diriger.

- Il sait que de lui-même, il ne peut rien faire.
- Il a perdu l'illusion de croire qu'il est celui qui agit.

Alors il laisse son Être guider sa vie, mais dans un état de vigilance et de lucidité terrible pour **agir** quand il le faut et **agir** dès qu'il le faut. Lui a profondément compris ce que sont **les attentes et le détachement**. Son ego s'est libéré de ces entraves. Il vit de façon ouverte et attentive de manière à toujours « sentir » la direction que son existence doit prendre.

Alors il peut chanter les soutras de la réalisation suprême du Chant du Cygne avec une conscience parfaite de ce qu'ils représentent.

Ô Conscience, Toi ma véritable réalité,
tu me guides, tu me conduis, tu me diriges
vers la réalisation suprême de Toi,
vers l'Ascension dans la lumière.

Le Chant du Cygne, soutra 69.

Pour cet Être merveilleux, la vie est complètement transformée, il chante de joie. Son existence est devenue agréable et facile. Il atteindra, c'est bien certain, la réalisation suprême.

L'étude de la conscience.

L'étude de la conscience doit s'effectuer d'une manière très particulière. La conscience étant **au-delà** du mental et de l'intellect, de la logique et du rationnel, il faudra l'aborder d'une façon très spéciale.

---

6. Tome I, chapitre 11, *Le lâcher-prise*.

L'étude de la conscience doit se faire **hors du mental**, dans Manas. Mais l'humain ne peut pas sortir du mental. Alors, comment faire? Il y a un truc : vous devez utiliser un « crazy horse », **un cheval fou!...** Vous allez comprendre.

Supposons que vous veniez habiter dans un charmant petit village niché au creux d'une merveilleuse vallée. Vous voulez tout connaître de votre nouvelle région.

Alors, vous montez en selle sur votre cheval fou et comme un fou, vous parcourez follement votre vallée. Du matin au soir, du soir au matin, vous galopez à bride abattue **dans tous les sens, dans toutes les directions**.

Vous sautez les obstacles, vous bondissez par-dessus les fossés, vous escaladez les collines, vous les descendez à fond de train. Vous franchissez les rivières, vous sautez par-dessus les ravins. Rien ne vous arrête, ni les trous, ni les bosses. Vous galopez comme un fou jour et nuit.

Vous savez aussi vous arrêter et vous reposer dans les petits endroits charmants, au coin d'un bois ou près d'un ruisseau. Vous savez aussi où sont les jolies bergères...

Bref, vous le fou, galopant sur votre cheval fou, vous parcourez votre région dans tous les sens. Alors vous obtenez **une vision globale** et complète. Vous la connaissez complètement, en profondeur et **globalement**.

- Le mental procure une connaissance relative,
  celle des éléments.
- Le Manas procure une connaissance du tout,
  celle de l'ensemble, absolue, globale et totale.

Donc, l'étude du Nectar de la Conscience se fait avec Manas. Foncez dans le Nectar de la Conscience au triple galop. Bondissez d'un chapitre à l'autre. Sautez hardiment d'un tome à l'autre. Revenez, repartez, parcourez la connaissance dans tous les sens. Sautez ce que vous ne comprenez pas. Bondissez par-dessus ce qui vous accroche. Franchissez au grand galop les passages mystérieux. Continuez et revenez, encore et encore.

De temps en temps, au coin d'un passage qui vous parle, infusez-vous tranquillement de conscience. Puis repartez au galop, comme un fou sur son cheval fou. Ô, Êtres de Lumière, de cette façon, vous ne travaillez pas avec le mental, mais avec **Manas**. Vous percevez alors la conscience sous tous ses angles. Vous en connaissez toutes les facettes.

Vous avez acquis ainsi **une vision globale, une compréhension globale NON MENTALE** de la réalité et de la conscience. Alors, ô Êtres de Lumière, vous êtes déjà haut sur l'échelle de la conscience. Voulez-vous arriver tout en haut? Alors, sellez encore votre cheval fou et galopez comme un fou. **Avec Manas, vous obtiendrez TOUT de cette façon.**

La réalisation suprême.

La réalisation suprême est exprimée par le Chant du Cygne **à la fin** du Chant... Rien ni personne ne peut faire quoi que ce soit pour obtenir la réalisation suprême et accéder aux trois étapes finales de la réintégration de la conscience :

La réalisation, la libération, l'Ascension.

La réalisation suprême est l'oeuvre de la pure conscience totalement **libérée de l'ego**. La réalisation suprême se produit soudainement, spontanément et naturellement. Elle est donnée à tous, **à toutes**. Oui, tous ceux qui ont accompli le travail conscient de retrouver leur véritable conscience émergeront vers la Réalisation suprême.

Le travail conscient pour réintégrer la conscience consiste à s'offrir régulièrement :

- l'immersion dans la conscience,
- la compréhension de la conscience,
- la connexion à la conscience,

Bref, à s'infuser de conscience de façon systématique et massive. Pour cela, ô mes Amis de Lumière, vous qui êtes mes amis depuis des siècles, vous disposez de vos trois excellents moyens d'infusion de conscience :

Le Chant du Cygne,
le Nectar de la Conscience,
la connexion au Septième Rayon.

Pour atteindre la réalisation suprême, l'Être de Lumière doit passer par les trois portes. Il doit franchir, cet Être adorable – vous – les grands portails :

de l'Amour, de la Compassion, de la Conscience.

Seul celui qui passe les trois portes pourra atteindre la réalisation suprême. Tous les Êtres qui accomplissent le travail conscient de réintégration dans la conscience passeront par les trois portes et accéderont ainsi à la libération suprême.

D'autres, qui n'ont pas encore entrepris le Grand Oeuvre, passeront naturellement par les portes de la mort, de la réincarnation et de la naissance.

Quant aux quelques-uns qui ont bloqué leurs propres grands portails, ils reculeront d'une vague de vie; ce sont les Retardataires.

Ô, Êtres de Lumière, sachez-le bien : celui qui franchit les trois portes retrouve la Puissance, la Richesse et la Gloire... pour toujours!

Les trois pouvoirs.

Un jour ou l'autre, l'être humain **accablé** lève les yeux au ciel et il découvre qu'il y a **autre chose** dans la vie. Oui, il s'aperçoit qu'il existe une autre façon de vivre et même **une autre façon d'exister**. Alors il cherche à comprendre et tout naturellement, il découvre la conscience. Puis, ayant compris **le principe** de base, il entreprend la réalisation du **Grand Oeuvre :** son retour en Soi, la réintégration dans la conscience.

Son merveilleux voyage lui fera escalader la montagne de la conscience, l'amenant de la Terre au Ciel. Ainsi, cheminant sur l'échelle de la conscience du bas vers le haut, il retrouve de nombreux états de conscience et les fruits qu'ils procurent tels :

Révélation, Compréhension, Abondance,
Compassion, Richesse, Amour.

En plus de cela, sa conscience toujours plus large lui offre toujours plus de possibilités pour le **récompenser**, le gratifier encore plus et **l'encourager** à continuer. La conscience lui rend alors ses pouvoirs.

Oui, la conscience lui rend ses pouvoirs.

L'Être de Lumière retrouve ses véritables pouvoirs, ceux qui émanent de sa conscience supérieure. Ces trois pouvoirs **au service de la conscience** vont lui permettre d'avancer encore plus vite. Ils vont lui permettre d'améliorer profondément et durablement sa vie.

Ces trois pouvoirs sont au nombre de six... Comme c'est bizarre!...

- Le pouvoir de l'Action,
- le pouvoir de la Volonté,
- le pouvoir de la Compréhension,
- le pouvoir de la Parole,
- le pouvoir de la Guérison,
- le pouvoir de la Maîtrise.

Ces facultés de votre conscience supérieure, ces véritables pouvoirs Divins sont **octroyés par Manas** qui les délivre un par un, spontanément et **aussitôt qu'il le peut...**

- Le pouvoir de **la Compréhension** vous viendra directement de votre conscience par l'étude du Nectar de la Conscience.
- Le pouvoir de **la Parole** vous sera remis directement par votre conscience par la pratique du Chant du Cygne.
- Tous les autres pouvoirs découleront directement de votre prise de conscience grâce à votre **infusion de conscience** régulière et puissante de connexion sur le Septième Rayon.

Ces pouvoirs **ne sont pas** au service de l'ego; ils sont les serviteurs de votre conscience qui les utilisera pour transformer votre vie et vous accorder une nouvelle existence. Celle-ci sera toujours plus riche, pleine de satisfactions et de contentement total.

Dès lors, ayant bien utilisé vos vieux pouvoirs tout neufs, la conscience suprême vous donnera le pouvoir suprême. Alors vous recevrez, émerveillés, comblés et bénis :

- le pouvoir de l'Amour,
- le pouvoir de la Compassion,
- le pouvoir de la Conscience.

Mais dites-moi, mon bon Das, ne sont-ce point là les trois portes dont vous nous avez précédemment parlé? Ô, Êtres de Lumière, mais oui, vous avez vu juste. Voilà les portes, voilà les grands portails de la conscience.

- Entre si tu veux, entre si tu peux,
- Entre qui veut, entre celui qui peut.

Vous avez atteint les trois portes, vous voilà vainqueurs. En cours de route, vous avez retrouvé tous vos pouvoirs et vous avez vaincu.

Oui je suis né pour gagner.
Oui je suis déjà gagnant.
Oui je suis né vainqueur.

Le Chant du Cygne.

Le grand espoir.

Chacun le sait, l'espoir fait vivre. Avons-nous besoin d'espoir et si oui, qui a-t-il à espérer? Notre besoin éventuel d'espoir **dépend** de notre état de conscience.

Dans l'état d'ignorance, dans la conscience sociale, l'être humain est accablé de mille fléaux. Il vit une tragédie humaine et seul **l'espoir** lui permet de tenir le coup. Il espère toujours que les fléaux vont disparaître de sa vie et que son existence va devenir radieuse.

Cet être accablé vivra peut-être aussi dans **l'espérance** qu'il existe un paradis quelque part pour compenser la vie de merde qui se déroule sur Terre. La société est devenue si dure à vivre que sans l'espoir et l'espérance, les gens tombent malades, ou meurent, ou deviennent fous, ou criminels, ou suicidaires, ou terriblement déprimés.

- Dans l'état humain, effectivement seuls l'espoir et l'espérance vous permettent de vivre et de tenir le coup, sinon...

Dans la voie de la conscience, l'Être découvre la Réalité. Qu'y a-t-il de mieux? Qui a-t-il de plus? Il s'aperçoit qu'il est un Être de pure conscience qui possède déjà tous les dons, tous les talents, toutes les facultés. Il réalise qu'en fait, il est le Christ et qu'en bout de ligne, il est déjà omniscient, omniprésent, omnipotent et omniconscient.

Puisqu'il est déjà **tout**, que peut-il espérer de plus? Qui a-t-il en plus de tout? Pour l'Être de Lumière qui avance vers le sommet de la montagne, il n'y a plus besoin de l'espoir et de l'espérance. Que voudriez-vous qu'il en fasse?

L'Être qui gravit l'échelle de la conscience en arrive très vite à comprendre **le principe** et lui non plus n'a plus besoin de ces béquilles. Il a compris qu'il se dirige à toute vitesse vers son trésor, vers la plénitude, vers la liberté suprême. Que voulez-vous qu'il espère de plus?

Dans l'état intermédiaire situé entre la connaissance et l'ignorance, il existe toute une gamme d'états de conscience. Ceux-ci vont, évidemment, du plus bas au plus élevé. Plus vous êtes « en bas », plus vous avez besoin d'espoir et d'espérance. Plus vous vous élevez, plus vous comprenez et moins ils vous sont utiles. Tout cela est très simple et bien naturel et il n'y a pas lieu de se tracasser pour si peu.

Ô, mes Amis de Lumière, ce soir vous avez découvert que l'Ascension est conscience. Bien sûr que oui, puisque nous vivons dans un océan de conscience, que peut-il exister d'autre que la conscience? Vous cherchiez votre mission sur Terre? Ne cherchez plus, vous l'avez trouvée.

Votre mission est l'Ascension.

Vous connaissez maintenant votre destin suprême et vous savez comment le réaliser. Vous avez découvert l'échelle de la conscience et les facultés et les pouvoirs qui vous seront **rendus** sur le chemin.

Maintenant, vous savez qu'arrivés à un certain état de conscience, vous franchirez les trois portes. Alors, il ne vous reste qu'une chose à faire : agir, agir et **agir encore** pour vous infuser de conscience à dose massive et continuer jusqu'au bout. Oui, jusqu'à **la réalisation suprême**. Ne lâchez surtout pas avant, de peur de redevenir humains...

Ajoutons une précision. Ce chapitre, « l'Ascension est conscience », présente la conscience d'une façon très différente du chapitre 4. Oui, « l'Alchimie est conscience – l'antakarana » présente une approche extrêmement particulière de la conscience. Attention, ô Êtres de Lumière! Ne laissez pas le mental se prendre les pieds dans les fleurs du tapis.

Laissez plutôt votre conscience **intégrer en douceur les complémentaires** l'un dans l'autre. Vous l'avez compris : il s'agit de **deux aspects** très différents **de la même Réalité.**

À présent, ô Êtres de Lumière, gravissons tous ensemble l'échelle de la conscience et chantons le Chant du Cygne. Oui, chantons le Chant du Cygne et que notre chant s'élève au sommet de la montagne et fasse vibrer avec puissance les trois portes de la conscience.

Oui, chantons et que s'ouvrent les portes de la conscience!...

8

La mort est conscience

La mort est conscience, la mort est un passage, la mort est une ouverture sur la suite de la vie. Bonjour à tous, ô Êtres de Lumière, et bienvenue à notre conférence dont le sujet, vous l'avez déjà compris, est : « La mort est conscience ».

Dans la vie humaine, nombreuses sont les incertitudes. On ne sait rien de ce qui va arriver dans la société. On ignore tout de notre avenir, même le plus proche. La divination bat son plein car tout le monde veut savoir ce qui va se passer. Les voyants, les futurologues, les météorologues, les astrologues et les économistes, chacun y va de sa spécialité à grands renforts de boules de cristal pour les uns et d'ordinateurs pour les autres.

Finalement, tous échouent car les prédictions et les prévisions sont fausses à quatre-vingt-dix-neuf pour-cent. Les voyants, les astrologues, les futurologues, les économistes se sont tous trompés. C'est ainsi depuis longtemps et tous les ans, chacun y va de ses nouvelles affirmations.

Pourtant, l'avenir est bien facile à deviner. Il n'est pas besoin d'être un grand Nostradamus pour prédire le destin de chacun et l'avenir de tous.

- **Le destin de chacun est la mort.**
- **L'avenir de tous est la vie dans l'astral.**

Voilà des lois universelles et absolues. Tous vont mourir, tous vont aller vivre dans l'astral. **Voilà la seule certitude** de l'être humain. Pour ceux qui ne sont plus humains dans leur conscience, ayant atteint des états supérieurs de conscience, les choses seront **peut-être** différentes. Mais pour l'humain ordinaire, dans la vie, il ne peut être sûr que d'une seule chose : **il va mourir** un jour.

En principe, des êtres intelligents vivant sur une planète intelligente, sachant qu'ils vont forcément mourir un jour, devraient chercher à comprendre ce qu'est la mort. Chacun devrait se renseigner, se documenter sur ce qu'est la mort, sur ce qu'il y a lieu de faire **avant, pendant et après** la mort. Ceci, tant pour ceux qui partent que pour ceux qui restent.

Croyez-vous que c'est ainsi? Pas du tout! La mort, aux environs de l'an 2000, est un sujet tabou, encore plus que le sexe. Personne n'en parle et tout le monde feint de l'ignorer. L'imprudent qui ose aborder la mort de quelqu'un se fait remettre à sa place. Si en plus, arrivé au dessert, il parle de la vie après la mort, là c'est le comble. Tous les convives font leur possible pour ramener la conversation sur les choses importantes de la vie : les sports, les courses de chevaux ou le divorce de la princesse des Îles Malouines... Alors, que se passe-t-il dans la société avec la mort? C'est très simple :

- **L'être humain a peur de la mort.**

Voilà le problème : l'être humain a peur de la mort. Les pauvres et les riches, les cons et les intelligents, les érudits et les ignares, tous ont peur de la mort. Tous crèvent de peur.

Dans un sens, c'est une aberration; comment peut-on ne pas encore **avoir compris**? Dans un sens, c'est bien naturel; la société émerge à peine de plus de mille ans d'un obscurantisme total. Oui, la société émerge à peine d'un millénaire complet d'ignorance totale et de superstitions crasseuses.

Les religions pseudo-chrétiennes de tout l'Occident ont entretenu et cultivé le mythe, la superstition, l'ignorance et la peur de la mort pendant plus de mille ans. Ces religions de l'ignorance ont fait de la mort un objet de douleurs, de souffrances, de peurs, de deuils et de cultes.

Ainsi faisant, elles maintenaient volontairement la conscience de l'être humain au plus bas de l'échelle de la conscience. L'être humain non conscient et plein de peur était facilement soumis. Ainsi les religions ont-elles pu perpétrer la domination et la dictature de l'Église et des rois. Leur pouvoir était absolu et reposait sur la peur et l'ignorance.

Le problème fondamental est facile à comprendre dès qu'on saisit ce qui se passe depuis plus de mille ans; et quand je dis « mille ans », c'est pour arrondir et choisir un chiffre symbolique, car de Constantin[1] à nos jours, c'est plus de quinze siècles d'ignorance crasseuse qui collent à l'Occident.

L'être humain a peur de la mort
car il ignore tout de la mort.

Voilà le coeur du problème, le coeur de tous les fléaux, le principe universel de toutes les dominations : **la peur et l'ignorance**. Cela a été voulu ainsi, profondément voulu ainsi pour garder l'homme au sol. L'être humain qui vit dans la peur et l'ignorance vit également dans la **soumission et la pauvreté**.

La domination par la peur et l'ignorance
génère une vie de soumission et de pauvreté.

Voilà l'essence du système qui a cloué l'humanité à terre. Les dominateurs ont :

CRUCIFIÉ L'HOMME SUR LE SOL.

Ô, mes Amis de Lumière, nous qui sommes des amis depuis des siècles, la mort est une chose belle, naturelle, qui se produit assurément un jour ou l'autre, naturellement et spontanément.

Nous n'avons ni à la craindre ni à l'adorer. C'est un passage, c'est un instant entre deux mondes. C'est le tranquille et paisible moment de transition d'un monde vers l'autre. C'est très beau et très émouvant.

- La mort doit être comprise, la mort doit être conscientisée.
- La réalité doit être connue, la connaissance doit être révélée.

Il en sera totalement ainsi dans toute la société; la mort, le sexe et la conscience seront enseignés en toute liberté dans la société du XXIe siècle.

Aucun être ne peut devenir conscient des réalités supérieures de la vie tant qu'il reste cloué au sol par une patte. Chacun doit **se décrucifier lui-même** en retrouvant la connaissance et la liberté. Seule **la compréhension** de

1 Tome 1, *L'origine secrète de la Bible*.

la conscience, de la mort et du sexe permettront à l'être humain de découvrir la Réalité de sa conscience.

La conscience, le sexe, la mort sont les trois aspects de la Réalité que l'être humain doit conscientiser totalement et globalement. Le sexe doit être abordé sous l'aspect de la transmutation de l'énergie en conscience; nous en avons déjà parlé. Nous devons maintenant en finir une fois pour toutes avec le problème de la mort.

Personne ne peut s'élever bien haut sur l'échelle de la conscience tant qu'il n'a pas compris ce qu'est la mort. La connaissance de la conscience – la Gnose éternelle – permet de découvrir la Réalité. C'est la connaissance de Soi authentique, profonde et complète.

La Réalité nous révèle face à face ce qu'il en est exactement de la mort. Alors nous la comprenons vraiment, car nous comprenons vraiment qui nous sommes. Là, nous retrouvons notre conscience, notre réalité, notre Divinité, notre liberté.

L'Être de Lumière, ayant vraiment conscientisé et compris la véritable nature de la mort, va s'élever haut dans la conscience. Oui, lorsque cela est compris, l'Être est libéré de ses chaînes terrestres, il s'est affranchi de la peur et de l'ignorance.

Alors la connaissance étant revenue, il gravit rapidement les échelons sur l'échelle de la conscience. Il s'élève rapidement vers le sommet de la conscience. Enfin il jaillit dans la lumière, ruisselant de conscience, rayonnant de conscience.

Il a appris, il a compris, il est libre.

Ô, Êtres de Lumière, ce soir je ne veux pas vous donner un cours sur la mort. J'ai déjà abordé le sujet de la mort à plusieurs reprises dans le Nectar de la Conscience. Vous découvrirez certains aspects de la mort au cours de votre lecture au coin d'un chapitre, dans un tome ou dans un autre.

Ce soir, je veux plutôt vous conscientiser à la **nécessité** absolue de prendre conscience en profondeur de la nature exacte de la mort. Ainsi, vous pourrez vous élever vers le sommet de la conscience très rapidement.

Nous examinerons ce soir trois aspects de la mort :

- **Le problème** : la peur due à l'ignorance.
- **Le remède** : la connaissance et la conscience.
- **L'attitude** : l'Agir – avant, pendant et après.

Comprenez bien une chose : la mort ne change pas vraiment la conscience humaine. Le monde astral est **un monde humain** pas vraiment pire que le nôtre et pas tellement meilleur non plus. La vie humaine s'y déroule comme sur Terre, chacun y vivant ses passions, ses désirs et son ignorance comme sur Terre. Chacun vit et exprime dans l'astral ses états de conscience larges ou étroits, tout comme sur Terre.

Celui qui meurt con continue d'être un con dans l'astral. Celui qui meurt dans une ignorance crasseuse de la réalité continue d'être ignare dans l'astral. Celui qui vit dans ses illusions matérielles, sexuelles et spirituelles reste dans l'illusion dans l'astral. On pourrait penser que le monde astral est le même que le monde terrestre. Dans un sens, oui. La vie humaine est fort semblable sur les deux plans.

Pourtant, il y a une différence; c'est que **les polarités s'inversent**. Si vous avez donné, vous allez recevoir. Ceux qui ont donné amour, compassion, compréhension, nourriture, logement, vêtements, connaissance, lumière, conscience savent déjà ce qu'ils vont recevoir. On ne peut guère vivre sans donner quelque chose aux autres. Chacun sait ce qu'il a donné, chacun sait ce qu'il va recevoir. Comprenez-vous?

Les deux mondes étant quand même assez différents, la surprise en réveille quelques-uns. Le choc de la mort, suivi du fait de se retrouver vivant contre toute attente, en réveille quelques autres.

Toutefois, la grande majorité restera comme sur Terre, largement inconsciente des réalités supérieures. Ceux-là n'auront pas accès aux plans plus lumineux du « haut » astral. Ils passeront leur vie dans le « bas » astral, de façon médiocre, tout comme sur Terre. Bien sûr, la mort n'ayant pas changé sa conscience, l'être humain vit encore et toujours la même chose. **Sa conscience étant la même, sa vie sera la même**, mais en polarité inverse.

Examinons le schéma suivant pour saisir le principe. Représentons ici cinq corps et gardons présent à l'esprit que nous en avons tous sept et même douze.

Que constatez-vous?

- Vous vivez encore dans le même ego, la même personnalité, les mêmes pensées, le même intellect.
  Donc, vous avez la même conscience.

- Alors, vous éprouvez les mêmes désirs, les mêmes passions, les mêmes sentiments.
  Donc, vous vivez la même vie, mais en polarité inversée.

corps causal, Manas corps mental corps astral corps éthérique corps physique **+** ego, personnalité, pensées, intellect **+** désirs, passions, sentiments	**corps causal, Manas** corps mental corps astral – *mort* – *mort* **+** ego, personnalité, pensées, intellect **+** désirs, passions, sentiments
• **Vous vivant sur Terre.**	• **Vous vivant dans l'astral, après votre « mort ».**

Il devrait être clair pour tout le monde que la mort **ne change rien** à l'état de conscience. Chacun devrait donc saisir comment s'orienter dans la vie dès maintenant pour savoir exactement ce qu'il fera **après** sa mort.

L'Ascension vivant.

L'éternelle question, celle qui revient toujours lorsque, dans les conférences, nous abordons le sujet de la mort ou de l'Ascension, est celle-ci : « Pourquoi ne pas faire l'Ascension depuis le plan astral? ».

L'Ascension **finale** ne peut se faire qu'à partir du monde terrestre. Pourquoi? C'est très simple : le but suprême que nous poursuivons **tous** depuis des siècles est de devenir autant conscients sur Terre que nous le sommes dans le monde causal.

- Oui, nous avons **tous** voulu accomplir cette oeuvre splendide : devenir tout aussi conscient « en bas » comme « en haut », sur « Terre » comme au « Ciel ».
- Oui, c'est nous qui avons voulu exprimer la plénitude de la conscience du plan causal, jusqu'ici sur le plan terrestre.
- Oui, nous avons voulu « descendre » jusqu'au jour où nous pourrions « remonter » **avec** la conscience totale du Christ.
- Oui, nous avons voulu venir ici sur Terre, jusqu'au jour où nous y vivrons dans la conscience christique pleinement réalisée.
- Oui, nous avons décidé qu'alors et alors seulement, nous ferions notre Ascension finale en rejoignant **vivants, en corps éthérique**, les

maîtres sur le plan éthérique.

Donc, c'est tout à fait clair, chacun fera son Ascension finale lorsqu'il sera devenu le Maître ici sur Terre. D'ici là, chacun se réincarnera encore et encore. Cela, jusqu'à la compréhension **du principe** et sa pleine manifestation dans la vie de chacun.

- C'est ce que **tous** nous voulons, de toutes nos forces, de toute notre âme, de tout notre coeur.
- C'est ce que **tous** nous voulons vraiment même si, tombés dans l'ego, l'on a complètement **oublié** ce que l'on fait ici.

Penser aux survivants.

Finalement, la mort est quelque chose de **prévisible**; tout le monde sait qu'il va mourir, donc tout le monde **prévoit les conséquences** de sa mort, n'est-ce pas?

Hélas non, ô Êtres de Lumière; une multitude de personnes meurent sans avoir jamais pensé aux survivants. Ces « intelligents » non conscients ne pensent pas qu'ils vont mourir. Ils ne pensent pas à assurer **la sécurité des survivants**.

Ils croient toujours qu'ils ont le temps parce qu'ils sont jeunes et en bonne santé. Ceux qui sont malades pensent qu'ils ont le temps car ils vont sûrement guérir. Ceux qui sont vieux ont le temps car la vie va sûrement leur accorder encore quelques années.

Ceux qui sont très vieux ne veulent s'occuper de rien car cela leur crée de l'angoisse. Quant aux mourants, ils sont tellement préoccupés par l'imminence de la mort que la vie des autres n'a plus aucune importance.

- Alors la mort arrive, toujours à l'improviste.
- **Alors le drame des survivants commence.**

L'épouse adorée et les enfants comblés se retrouvent démunis, sans argent, avec des dettes bien souvent. Le revenu familial a disparu... avec le cher disparu. Le niveau de vie baisse de façon dramatique et certains se retrouvent à la rue.

« L'intelligent » non conscient est mort sans testament, sans assurance-vie, **sans prévoir de ressources pour les survivants**. Ce négligent est décédé, alors après lui, le déluge. De son vivant, il aimait sa femme et ses enfants. **Pas suffisamment**, toutefois, pour les mettre à l'abri du besoin lorsqu'il sera mort.

Une autre sorte d'égoïste non conscient, c'est le vieux bonhomme qui se remarie ou qui vit avec une jeune femme. Il est amoureux, il ne pense pas qu'il va mourir. Lui aussi va finalement casser sa pipe. Alors à sa mort, le cauchemar commence pour la jeune et belle veuve; le vieux bonhomme **n'a rien prévu pour elle**. La famille de pépère arrive – enfants, petits-enfants – qui s'emparent des biens, des meubles, des comptes en banque et qui mettent la maison en vente en expulsant la veuve éplorée et dénudée...

Le gros égoïste était plein de « Je t'aime, je t'aime »; **mais il n'a rien prévu** pour lui permettre de vivre décemment **après** son départ. Sa maîtresse adorée sera femme de ménage ou dormira sous les ponts; il s'en fout, il est mort.

- Un être conscient prévoit sa mort.
- Un être conscient prévoit la sécurité financière des survivants.
- **Un être conscient fait le nécessaire AUJOURD'HUI.**

Comprenez-vous? Ces gens-là ne pensent jamais qu'ils vont mourir; ils feignent de l'ignorer. Ils oublient de prévoir et c'est le drame pour les survivants.

L'aberration du suicide.

Si certains ne pensent jamais qu'ils vont mourir, d'autres y pensent constamment. Ils deviennent obsédés par la mort à tel point qu'ils désirent mourir. Ce sont **les suicidaires**; il y en a plusieurs espèces. Ce soir, nous en examinerons deux très répandues chez nous : **les désespérés et les « désolés »**.

- **Le désespéré** suicidaire est un être lucide, mais complètement ignorant. Il observe la société et se dit : **« C'est ÇA, le monde!...** Je ne peux pas vivre dans cet asile »... Ne pouvant concevoir qu'il existe une réalité supérieure à laquelle il pourrait accéder, il décide d'en finir, s'imaginant qu'après la mort, tout sera fini pour lui.
- **Le désolé** est aussi un être lucide, tout à fait ignorant, **mais** qui croit tout savoir. Il observe la société et se dit : **« Non, ÇA, ce n'est pas le monde!... »**. Pour lui, le vrai monde est un paradis. Il est désolé de ne pas le trouver sur Terre. Il est si désolé qu'il décide de mourir pour retrouver le paradis de ses rêves, de son imagination, **de son illusion**.

Leurs illusions les poussent à fuir, les uns vers des **pseudo-néants**, les autres vers des **pseudo-paradis**. Ils atterrissent comme tout le monde sur le plan astral. Là, ils constatent – un peu tard – leur terrible erreur.

Le suicide, tant individuel que collectif, est une aberration existentielle qui prend racine dans l'ignorance de Soi. L'humain qui se suicide ignore tout de la réalité. Il ignore la valeur de la vie comme moyen de devenir conscient. Il ignore son destin suprême et glorieux, l'Ascension. Il ignore sa réalité profonde d'Être de Lumière. **Oui, le suicide est une aberration existentielle.**

- Le suicide individuel des **désespérés** est l'illusion que la mort va les délivrer des fléaux qui les accablent.
- Le suicide collectif des **« désolés »** est l'illusion que la mort va les conduire dans le paradis dont ils rêvent.

Tous sont dans l'illusion totale. La mort ne délivre pas des calamités que chacun **s'attire lui-même**. La mort ne conduit personne dans un quelconque paradis. La connaissance de la Réalité nous l'enseigne très bien. Notre vie est le reflet exact de notre conscience et la mort **ne change rien** à la conscience.

- Donc après la mort, notre conscience n'ayant pas changé,
- notre vie dans l'astral ne sera pas changée non plus.

Ô, Êtres de Lumière, comprenez bien, une bonne fois pour toutes, puisque : la mort ne change pas la conscience, la mort ne change pas la vie... Réfléchissez-y sérieusement.

D'autre part, la mort **ne permet pas** de changer de planète... En effet, le mort se retrouve en corps astral, sur la plan astral et **jamais** un corps astral ne pourra rejoindre une étoile... Un être **vivant** sur Terre dispose de certaines facultés en voyage astral. Mais s'il ne les a pas de son **vivant**, il en sera complètement dépourvu après la mort. Sachez-le bien.

- Si vivant vous ne pouvez pas, en corps astral, rejoindre un groupe ou un lieu,
- après la mort, vous ne le pourrez pas non plus, soyez-en certains.

Le suicide individuel des **désespérés** et le suicide collectif des **« désolés »** prennent leur source dans l'ignorance de la réalité. La cause fondamentale en est une société matérialiste, sans valeurs, sans idéaux. C'est une société aberrante qui domine **et écrase** l'homme.

La religion creuse et vide n'a rien à offrir; c'est un désert aride parsemé des cactus épineux des dogmes périmés et des mythes désuets. La vie est rendue si dure **et si vide** que les adolescents se suicident, les gens âgés se suicident et au Japon, les enfants se suicident aussi.

Le remède **au fléau de l'aberration** du suicide est très simple : une infusion massive de conscience, une infusion massive de connaissance. **Mais** la société et la religion sont rendues si dégradées qu'elles préfèrent laisser continuer le suicide plutôt que d'y mettre fin par la Révélation de la Connaissance de la Conscience.

Bref, un Être conscient reste vivant.

Mourir dans son lit.

Finalement, un jour ou l'autre la mort s'approche et si elle n'est pas accidentelle ou subite, on a le temps de la voir arriver. Chacun a disposé de toute sa vie pour prendre ses dispositions. Comment allez-vous mourir? Chez vous ou à l'hôpital?

La médecine et l'industrie ont tout médicalisé[2] et dès que le malade devient mourant, il est expédié à l'hôpital. Là, il subira des traitements et des tracasseries inutiles qui le prolongeront trois semaines.

Il aurait pu mourir chez lui en trois jours, entouré de l'affection[2] de toute sa famille. Il aurait pu mourir calmement et paisiblement dans son lit, dans sa maison, en tenant la main de l'épouse adorée. Mais non, le vautour médico-financier s'est repu de son cadavre quelques jours de plus. Il a subi des souffrances inutiles et une mort dans l'angoisse et le stress.

Cela doit cesser! La mort est une chose normale, belle et naturelle qui doit se passer chez soi, en compagnie de ses proches. Il n'y a nul besoin d'interventions médicales, **sauf** pour calmer la douleur. La nature doit accomplir son oeuvre, chacun doit expirer tranquillement dans le confort de son foyer conjugal, de sa résidence familiale.

Dans quelques années, des services de **« mort paisible »** seront offerts aux mourants qui sont seuls et sans famille.

- **Un Être conscient expire à son domicile.**

Laisser le mort tranquille.

Maintenant que l'être aimé est mort, on le laisse tranquille... Oui, un être récemment décédé a besoin d'une **tranquillité** absolue.

En effet, il se passe énormément de choses dans le corps inerte. Là, dans son corps astral, il revoit totalement sa vie, en couleurs avec tous les

2. Tome 2, chapitre 9, *L'échec médical.*

détails, le son, les impressions, les sensations et les sentiments. Sa vie entière défile, depuis son dernier souffle de sa récente mort jusqu'à sa naissance, soixante-quinze ans auparavant. Cela est d'une **importance vitale** pour lui et durant cette période de quelques heures, il ne doit aucunement être dérangé.

De plus, le mort entend encore la voix humaine durant une période de douze à quinze heures. Je sais que certains ignorants vont ricaner à la lecture de ces propos. Ô ignorant, ricane mais je répète : le mort entend la voix humaine après la mort, parfois même toute la journée.

Donc, vous avez compris : le mort a besoin de **tranquillité**, il ne doit pas être manipulé, ni déplacé. Il a aussi besoin de **silence** et les commentaires des uns et les sanglots des autres peuvent se faire à la cuisine.

Les corps subtils du mort – son corps astral et son corps éthérique – mettent de trois à quatre jours pour **se séparer** du corps physique, quasiment quatre jours. Durant cette période, le corps éthérique peut encore recevoir des impressions et **ressentir de la douleur**.

Comprenez bien cela : durant quatre jours après la mort, le corps éthérique peut ressentir de la douleur. En conséquence, n'infligez aucune blessure au cadavre car il va ressentir les coupures et les brûlures. Il n'est pas nécessaire de ricaner encore, car la réalité sera découverte un jour ou l'autre et même assez vite d'ailleurs. Alors chacun comprendra comment il doit traiter le cadavre de ses proches.

Les Êtres les plus conscients ont déjà compris et agissent de façon adéquate. Le respect de l'être aimé implique le respect **et l'intégrité** de son corps après la mort. Le devoir étant d'assurer tranquillité, silence **et intégrité** du corps, ce qui est un minimum de respect.

- **L'Être conscient respecte le cadavre.**

Chacun ayant compris, le délai de trois à quatre jours s'écoule et il faut nécessairement disposer du cadavre. Il suffit donc d'exécuter les dernières volontés du défunt. S'il n'a rien prévu, quelqu'un devra décider à la place du mort. Le choix est varié, il existe **six** possibilités principales.

- **L'enterrement.** Classique; le corps est placé dans un cercueil et enfoui sous terre ou placé dans un caveau.
- **L'incinération.** Très en vogue aux Indes, elle est de retour en Occident; le cadavre est brûlé et la famille reçoit une urne qui contient les cendres.
- **L'embaumement.** Cette pratique est courante en Amérique du Nord. Le corps est traité de façon à sécher sans se décomposer. C'est cher,

mais c'est durable...

- **Le vidage.** Le corps est vidé de ses entrailles au moyen d'un aspirateur puissant. Une petite incision dans le vente et hop! tout est aspiré. En prime, le mort est peigné, maquillé et exposé au salon funéraire.
- **« Scientifié ».** Le corps est remis à la science qui l'étudiera sous tous ses aspects. En fait, il sera découpé en morceaux qui seront congelés et remis aux étudiants en médecine pour le cours d'anatomie.
- **« Organifié ».** Le corps est recyclé pour prélèvement des organes qui seront vendus puis greffés à des malades. Cela se fait par consentement du donneur ou bien carrément à l'insu de sa famille.
- Pour les « intelligents » dotés de grands moyens, il existe une septième possibilité : **« cryogénisés ».** Cela consiste à congeler le cadavre de telle façon qu'il puisse revivre le jour où la science aura trouvé comment faire... Cela coûte une fortune et les clients sont nombreux... Alors là, excusez, ô ignorants, mais je ris, ah que je ris...

Donc, pour disposer du corps du cher disparu, le choix est vaste. Sur le plan ésotérique, une solution en vaut une autre, **pourvu** que le délai de quatre jours soit respecté scrupuleusement **avant** toute piqûre, brûlure ou coupure. Comprenez-vous?

- **L'Être conscient respecte le délai.**

Ô, mes Amis de Lumière, nous qui sommes des amis depuis des siècles, nous devons en arriver à la liberté totale, ce qui **inclut** la liberté de disposer de son corps. La société et la religion n'ont aucun droit de nous imposer la méthode de leur choix, ni le délai de leur choix. Le délai de quatre jours est une exigence de tout citoyen conscient. Le refus d'être embaumé ou vidé ou d'être soumis à un prélèvement de ses organes est un droit absolu. Cela relève de **la liberté de disposer de son corps**. C'est une liberté non contestable qui doit maintenant être reconnue **pour tous** par la société et que chacun doit formellement exiger.

À présent, vivre sa vie.

Bien, la mort s'étant bien passée, le corps étant soigneusement arrangé selon les volontés éclairées de l'Être conscient, que fait le survivant? **Rien, rien du tout, tout est fini.** Il doit se préoccuper de sa vie, rien que de sa vie et non pas de la mort du disparu. **Le disparu a disparu**... comprenez-le bien. **La vie**

continue pour les survivants et ceux-ci doivent se préoccuper **de vivre**; ils ne peuvent plus rien pour le mort, absolument plus rien. À présent, vous devez vivre votre vie... Si vous êtes un Être éclairé et conscient, vous pouvez faire une dernière chose :

- **lui envoyer un guide-étoile[3].**

Après cela, tout est terminé, **votre vie continue** et pour lui, sa nouvelle vie commence. Il arrive sur le plan astral et découvre, étonné, ce monde grouillant de vie et la foule nombreuse de ses habitants.

Évidemment, s'il ne s'est pas conscientisé au sujet de la mort avant son trépas, il ne sait pas quoi faire. Il risque même d'être un peu perdu. Dans ce cas-là, il peut obtenir une aide immédiate. Mais oui, avec la formule suivante :

« J'ai besoin d'un guide-étoile, j'ai besoin d'aide[3] ».

Immédiatement, un Être de Lumière très conscient viendra aider le « mort »; il viendra **vous aider**. Il pourra vous conduire et vous guider à l'endroit le plus approprié pour vous. Ce lieu et son état de conscience sont une affaire de conscience. Plus vous serez conscients, plus vous vous élèverez vers le haut astral.

Écoutez sagement les conseils de votre guide-étoile, vous saurez tout de suite quoi faire et où aller. **Oui, pour une fois, laissez vous donc guider dans la vie...**

Il y a toujours quelqu'un, dans les conférences, pour me dire : « Je ne crois pas à tout ça ». Vous avez bien raison car croire à « ça » ou ne pas croire à « ça », **c'est ignorer dans les deux cas.**

L'Être conscient s'élève au-dessus du doute et de la croyance; il cherche **à comprendre** et il découvre **la réalité**. Si la réalité est telle que je vous l'enseigne, il est préférable pour vous de le savoir; vous avez, en effet, **tout à gagner**. Si la réalité est complètement autre, vous le découvrirez en temps et lieu et vous n'aurez rien perdu. N'est-ce pas?

- **L'Être conscient cherche à comprendre.**

Soyez rassurés.

Bien, chacun ayant compris qu'il a changé de monde, qu'il est passé du monde physique au monde astral, a finalement compris qu'il est « mort »; c'est-

3. Tome 1, chapitre 11, *La mort*.

à-dire qu'il est en fait bel et bien vivant quelque part « ailleurs », dans « l'au-delà ».

- **Rassurez-vous** tout de suite, vous ne trouverez ni enfer, ni purgatoire, ni paradis. Absolument pas et d'aucune façon. Ces mythes moyenâgeux étaient destinés à dominer le peuple et à le maintenir ainsi soumis par la peur.
- **Rassurez-vous** tout de suite, vous ne trouverez ni Dieu, ni diable. Non, pas du tout, d'aucune façon. Vous allez rencontrer des gens comme vous, exactement comme vous, tout comme sur Terre.

Vos nouveaux voisins sont des êtres humains exactement comme vous. Certains étaient sur Terre il y a encore peu de temps. Eux aussi, tout comme vous, viennent de « mourir ». Certains sont morts depuis longtemps.

Certains autres qui se baladent dans l'astral sont encore vivants sur Terre. Vous les reconnaîtrez facilement; le lien vital qui les relie à leur corps physique est très visible. L'ésotérisme désigne ce lien vital sous le nom de « corde d'argent ». Tant qu'il n'est pas coupé, le corps physique reste vivant. Lorsqu'il se coupe, le corps physique meurt.

La personne décédée commence à découvrir son nouveau monde et ses nouveaux amis. Ceux-ci ne sont ni pires ni meilleurs qu'elle. Ils sont le reflet exact de sa conscience, tout comme sur Terre d'ailleurs.

Sa vie astrale sera de la même nature que sa vie terrestre. Les polarités s'étant inversées, les rôles sont inversés. Elle continue ainsi à s'ouvrir à plus de lumière et de conscience, ce qui la conduira vers le haut astral un jour ou l'autre.

- **L'Être conscient cherche à être encore plus conscient.**

Quel tunnel?

Beaucoup de gens s'imaginent qu'au moment de leur mort, ils passeront par une sorte de tunnel. Ils pensent qu'ils rencontreront lumière, musique et Êtres Divins de toute beauté...

Ceux qui ont des attentes et qui espèrent un tunnel seront déçus; nous allons voir pourquoi. Mais tout d'abord, élucidons le mystère du tunnel. Celui-ci est apparu récemment dans une certaine littérature qui relate des expériences de mort imminente, (NDE). C'est l'aventure vécue par des gens ayant été **réanimés**.

La personne était quasiment morte et la réanimation artificielle l'a ramenée à la vie. Les corps éthérique et astral sont expulsés violemment lors de traumatismes tels noyade, électrocution, asphyxie, chute ou anesthésie générale. La réanimation ramène les corps subtils brutalement en place et **effectivement**, il y a une authentique expérience d'une certaine métaréalité, d'un certain aspect de la métaréalité.

Durant le bref moment entre l'expulsion et la réintégration des corps, l'être humain **est délivré de son ego**; il est « ouvert » et **effectivement**, il peut voir et entendre des Êtres d'un autre plan et d'une autre conscience. Donc en cas de N.D.E., c'est-à-dire en cas de **réanimation** rapide, oui il y a « ouverture », le fameux « tunnel ». Les médecins eux-mêmes ont écrit des livres entiers sur ce phénomène.

Pour ceux qui meurent vraiment et qui ne sont pas réanimés, **il n'y a pas de tunnel**. Chacun passe du physique à l'astral, tout comme il passe de la plage à l'océan. Quand vous sortez de votre plongée sous-marine pour revenir sur la plage, il n'y a pas de tunnel. C'est la même chose pour passer du physique à l'astral. Tous ceux qui font un voyage astral le savent parfaitement.

Ils sortent de leur corps pour aller dans l'astral; pas de tunnel. Ils reviennent de l'astral et réintègrent leur corps; pas de tunnel. Examinez la littérature ésotérique **d'avant** 1945; il n'y est fait mention d'aucun tunnel; bien sûr, la réanimation artificielle n'existait pas.

Donc à votre mort, ne cherchez pas le tunnel. Appelez plutôt **un guide-étoile** pour vous guider, vous conduire et vous diriger. **Ses précieux conseils vous procureront une aide inestimable.** Ce sera une bénédiction permanente qui vous accompagnera toute la durée de **votre vie astrale**.

La mort naturelle est belle.

L'on me demande souvent si la mort est douloureuse. Il ne faut pas confondre le processus naturel de la mort avec la cause elle-même de la mort. **La mort naturelle est belle.** C'est un passage **agréable** du monde physique au monde astral et ce n'est pas douloureux, pas du tout; bien au contraire.

Quant **à la cause** de la mort, c'est autre chose. Selon l'accident qui vous conduit au trépas, il y aura probablement à souffrir. Si vous êtes tués par bombardement, accident d'auto, noyade, en marchant sur une mine, par des armes à feu, par des armes blanches ou en tombant de la tour Eiffel, oui, l'accident vous fera sûrement souffrir. Toutefois, le passage d'un monde à l'autre ne génère **aucune** douleur; c'est même, je le répète, très agréable; tous ceux qui le font **vivants** et consciemment en voyage astral l'ont déjà vérifié...

D'autres me demandent où se trouve l'astral. L'astral est un monde « parallèle ». C'est un monde comme le nôtre, mais sur une fréquence vibratoire plus rapide. Il est substantiel et tangible, mais puisque la vibration physique est plus lente, on ne le perçoit pas avec nos cinq sens, ceux-ci étant là uniquement pour appréhender le monde physique.

L'astral est **ici**; tout ceux qui font du voyage astral le savent. Ceux qui sont clairvoyants, donc qui voient avec les yeux de leur corps astral, savent également qu'**ici** se trouve le monde astral.

Influence astrale ou solaire?

Quelques-uns me disent que certains êtres de l'astral peuvent avoir une influence plus ou moins positive sur la vie humaine. Vous savez, il y a deux courants[4] de vie. L'un descendant astral et lunaire, l'autre ascendant causal et solaire[5]. Chacun a la possibilité de se brancher sur le courant de son choix. Si vous voulez la Vie, la lumière, la conscience, la liberté, l'amour, l'abondance, branchez votre conscience sur **le courant causal et solaire**.

Alors le courant de l'astral n'aura plus aucune influence sur vous. Oui, branchez-vous sur le courant ascendant causal et solaire. Lui vous conduira au sommet de la conscience.

Comment faire? Chantez le Chant du Cygne, étudiez le Nectar de la Conscience, connectez-vous au Septième Rayon. Après la mort, vous pourrez **continuer** de vous brancher sur les forces solaires et causales du courant de lumière. Oui, même dans l'astral, le courant de lumière et de conscience est toujours là. Votre guide-étoile vous y conduira.

- **Un Être conscient reste branché sur la conscience.**

Le monde astral est un monde humain peuplé de plusieurs milliards d'Êtres. La vie s'y déroule selon la méthode essais-erreurs, tout comme sur Terre. Au niveau des principes, l'astral est en tous points semblable au monde physique. Les différences importantes entre le physique et l'astral proviennent surtout de l'aspect extérieur des paysages. Tout comme sur Terre, d'ailleurs.

Observez votre monde physique, d'un bout à l'autre de la Terre : les paysages, les villes, les peuples laissent voir des différences énormes. Comparez la Hollande et le Sénégal, le Québec et l'Algérie, l'Irlande et Madagascar, la Floride et l'Éthiopie, ainsi de suite.

Si vous comprenez que la Terre puisse offrir une telle diversité, vous comprendrez alors que le plan astral présente, lui aussi, de très nombreux aspects, tous différents de ce que vous connaissez sur Terre.

---

4 Tome 2, chapitre 5, *Les deux courants*. 5. Tome 2, chapitre 6, *Connexion au Septième Rayon*.

La présence des Maîtres.

Parfois, quelqu'un me demande s'il va rencontrer Jésus après sa mort. Vous avez autant de chances de rencontrer Jésus dans l'astral que vous en avez sur Terre. En effet, les Maîtres sont totalement présents dans l'astral, tout comme sur Terre d'ailleurs. Avez-vous rencontré Jésus sur Terre?

Si la réponse est « non », c'est que votre niveau de conscience ne l'a pas permis. Vous étiez trop « bas ». Il faut donc élever encore et encore votre conscience jusqu'à atteindre **le même niveau de conscience que celui de Jésus**. C'est-à-dire qu'il vous faut rejoindre **les Maîtres** sur le plan éthérique, ce qui ne commence à être possible qu'à partir de l'étape de la **Réalisation**. Avant cela, oubliez ça. Seul un Être très élevé dans sa conscience peut rencontrer un Maître Ascensionné.

Les maîtres aident puissamment l'humanité à prendre conscience et à s'élever jusqu'aux niveaux supérieurs de la conscience. Ils agissent ainsi en tout temps, jour et nuit, accomplissant une oeuvre magnifique par un travail gigantesque.

Oui, ils nous aident, mais de là à imaginer qu'ils vont descendre au niveau mental pour parler avec des êtres non conscients vivant sur Terre et dans l'astral... **C'est à nous de monter**, comprenez-le bien.

Par contre, vous pouvez vous élever et les **rejoindre en conscience** en vous connectant au Septième Rayon. Alors vous vous infuserez de leur conscience à doses massives. C'est ce qu'ils veulent et c'est ce qu'ils font pour tous. Celui qui se connecte ainsi consciemment **est infusé directement cent fois** plus que celui qui ne voit rien et qui ne sait rien.

Le voyage astral.

Maintenant se pose une question de fond que tout Être conscient a intérêt à bien comprendre. Cette question fondamentale présente deux réponses complètement opposées. La compréhension profonde permettra de les **intégrer** dans leur **complémentarité** naturelle. Alors ayant compris, l'Être aura l'attitude et le comportement **justes**.

- L'être humain vivant sur Terre a-t-il **besoin** du voyage astral?

    - Oui, c'est vraiment nécessaire;
    - non, c'est complètement inutile.

Considérons soigneusement les deux réponses; alors les opposés deviendront complémentaires par leur **fusion dans la compréhension**.

- L'humain vivant sur Terre a-t-il **besoin** de voyager dans l'astral?

Oui, c'est vraiment nécessaire. En effet, l'être humain qui découvre la conscience et ses nombreux aspects a parfois besoin de toucher la réalité. **C'est le principe de Thomas** et c'est excellent. Ce merveilleux principe permet une prise de conscience profonde et rapide. Celui qui s'y adonne veut **toucher la réalité** de sa main.

Alors ayant vu, constaté et touché, il est **libéré** du marécage de la croyance et du doute; maintenant, **il sait par expérience directe**. Croire ou douter, c'est ignorer dans les deux cas; mais maintenant, il sait...

Toucher la réalité, c'est découvrir le réel directement et c'est obtenir instantanément la connaissance : « Oui, la métaréalité existe ». Alors, la prise de conscience est fulgurante, l'Être est instantanément réveillé, il est devenu conscient et il continuera jusqu'à la réalisation suprême.

Donc, pour celui qui veut tout de suite en avoir le coeur net et qui veut savoir si oui ou non existe la métaréalité, le voyage astral est une solution. En effet cet être, impatient de **la bonne impatience**, de l'impatience stimulante, veut **toucher** la métaréalité avec ses mains.

Il veut mettre ses doigts dans les plaies du Seigneur et prendre ainsi conscience : « Oh! La vie après la mort existe! ». Il a **touché la réalité**; maintenant il sait, il sait vraiment et pour toujours. Lui est conscient. Dans ce sens, le voyage astral permet une triple prise de conscience profonde et instantanée :

- de la métaréalité par la découverte du monde astral,
- de la vie après la mort par la rencontre d'êtres vivant sur l'astral depuis leur mort physique,
- de la réalité de la réincarnation par la découverte que la vie progresse, continue, se transforme et « revient ».

Cette triple prise de conscience apporte par surcroît un bénéfice majeur : la prise de conscience que la vie est continuelle **et qu'il n'y a de mort nulle part**. Certes, les corps disparaissent, mais l'Être qui les habite, lui, **ne meurt jamais**; sa conscience ne meurt jamais. Ainsi le voyage astral permet-il une prise de conscience majeure.

- L'humain vivant sur Terre a-t-il **besoin** de voyages dans l'astral?

Non, c'est complètement inutile. Bien sûr, l'Être vient ici sur Terre avec un but et une intention précise. Celle-ci est toujours la même pour **tous** les êtres. Il n'y a qu'un seul destin et il est le même pour **tous**; c'est **l'Ascension**.

Tout ce que chacun fait sur Terre n'est qu'un moyen de prendre conscience : travail et carrière, famille et solitude, pauvreté et richesse sont vos **moteurs de conscientisation**. Ce sont eux qui vous obligent à prendre conscience. Ils vous tirent par les narines et vous poussent dans le dos. Ainsi vous êtes obligés de prendre conscience petit à petit.

Dès que vous prenez conscience de vous-mêmes, la vie cesse de vous presser. Elle n'a plus besoin de vous obliger à le faire puisque vous le faites de vous-mêmes. Alors la vie devient douce, facile et agréable.

- L'Être humain conscient réalise que plus il prend conscience par lui-même, plus la vie le comble de bénédictions.
- L'Être humain conscient réalise que le but suprême de sa vie est l'Ascension. Il se prend en main et s'élève sans cesse.
- L'Être humain conscient réalise que son travail de prise de conscience doit s'accomplir sur Terre, ici et maintenant.

Cet Être de Lumière réalise en profondeur qu'il **a choisi** de venir sur Terre pour prendre conscience. Il a réalisé que son destin suprême, l'Ascension, passe par une puissante prise de conscience effectuée régulièrement, d'une façon éclairée.

Connaissant son destin et le moyen de l'atteindre, il réalise que cela se passe ici sur Terre et qu'il n'a donc rien à faire dans l'astral. L'astral ne lui apportera rien. Effectivement, l'astral ne lui procurera **jamais** la prise de conscience qu'il doit effectuer dans le plan physique.

L'Être de Lumière comprend sa vie, il comprend la Vie. Il sait qu'avant de naître, entre deux vies, il a déjà passé quelque soixante-dix ans dans l'**astral**. Il sait qu'après sa mort, il retournera vivre un bon soixante-dix ans dans l'astral. Il a compris que le plan astral, **il le connaît très bien**, même s'il a complètement oublié, depuis qu'il vit ici sur Terre, dans son ego mental.

Alors, il ne se préoccupe plus du tout de l'autre côté de la vie. Il s'occupe de sa vie ici sur Terre. Il s'occupe de s'infuser de conscience. Il s'occupe de saturer sa vie de conscience. **Ainsi, il s'occupe de l'ESSENTIEL : d'être toujours plus conscient là où il est.**

- L'humain vivant a-t-il **besoin** de voyager dans l'astral?
  Cela dépend de son état de conscience.

Si l'Être de Lumière a besoin de **toucher la réalité**, c'est excellent. Il va gagner un temps fou par une prise de conscience instantanée de la métaréalité. Alors, passez à l'action, suivez un cours de voyage astral et allez-y voir. Après, vous saurez, vous l'aurez découvert, vous aurez la connaissance pour toujours. Ensuite, oubliez ça et revenez sur Terre pour prendre le chemin de l'Ascension.

Si l'Être de Lumière peut oeuvrer à prendre conscience de sa réalité suprême sans passer par le voyage astral, c'est excellent. Il oeuvrera **immédiatement** à s'infuser de conscience. Il va avancer très rapidement dans la découverte de sa conscience. Il s'infusera de conscience abondamment, régulièrement, tous les jours et en temps voulu, sa conscience s'ouvrira.

Ô, mes Amis de Lumière, nous qui sommes des amis depuis des siècles, maintenant vous avez compris et opéré **la fusion des opposés** dans leur complémentarité naturelle.

Certains vont s'essayer au voyage astral. Certains vont réussir très vite; pour d'autres, ce sera plus long. Dans les deux cas, souvenez-vous : l'essentiel est la prise de conscience. Sachez ne pas vous obstiner, sachez arrêter, sachez revenir à l'essentiel.

Certains êtres très rares ont parfois un travail à accomplir qui les oblige à naviguer entre les deux mondes. Ils sont rares. Ils savent depuis longtemps en général si leur mission est de ce genre. Si tel n'est pas votre cas, inutile de vous chercher ce genre de mission, vous ne la trouverez pas. **Votre mission, c'est votre conscience, votre mission, c'est l'Ascension.**

Que faire après la mort?

Ô, Êtres de Lumière, chacun de nous arrivera un jour ou l'autre, une fois de plus, sur le plan astral. Cette fois-ci, nous saurons exactement ce qu'il y a lieu de faire car nous serons devenus conscients **avant** de mourir.

Que faites-vous le lendemain de votre mort? Oui, quels sont vos projets? À ces fortes questions, apportons donc des réponses puissantes. Je sais qu'ainsi, le moment venu, vous ne serez pas dépourvus...

Bien sûr, certains ricanent; **je poursuis néanmoins** car eux aussi, le jour venu, ne seront pas dépourvus. Eux aussi, qui ricanent aujourd'hui, profiteront de cette connaissance **dès le lendemain** de leur mort. Que peut donc faire un Être éclairé ce jour-là? La première chose à faire, c'est de demander un guide-étoile avec cette simple formule :

« J'ai besoin d'un guide-étoile, j'ai besoin d'aide ».

Alors, demandez-lui des choses **essentielles** comme, par exemple : comment rejoindre le haut astral? Comment continuer l'étude de la conscience? Comment mener une vie de qualité dans ce monde? Est-ce bénéfique que je retrouve certains amis ou non?

Posez donc quelques bonnes questions à votre guide-étoile... mais pas trop. Il est là pour vous guider **si** vous voulez être guidés. Ce n'est ni un professeur, ni un maître, ni un guru; c'est **un aide**. Il vous accueille, il vous conduit au meilleur endroit possible pour vous.

Alors surtout, **écoutez-le** soigneusement, vous en aurez une vie astrale énormément facilitée. Oui, en écoutant le guide-étoile, tout vous sera extrêmement plus facile. Votre nouvelle vie commencera bien, facilement et agréablement.

Que faites-vous le lendemain de votre mort? À présent, vous savez l'essentiel; alors faites-le... Après la mort, rien ne presse.

Tout en faisant votre petite vie astrale au mieux de vos possibilités, vous pouvez accéder à des niveaux de conscience plus élevés. Vous savez déjà, puisque vous êtes dans l'astral, que vous êtes « morts ». **Donc pour vous, l'Ascension est ratée.** Vous avez bien compris que l'Ascension finale se fait exclusivement à partir du monde physique. Avec son corps éthérique, on rejoint les maîtres dans le monde éthérique et c'est l'Ascension finale.

Donc, celui qui se retrouve dans l'astral **n'a pas fait** son Ascension, il ne peut plus la faire. **Il devra donc obligatoirement se réincarner.** Le Nectar de la Conscience aborde la réincarnation à plusieurs reprises. L'essentiel du sujet, le principe même y est traité sous plusieurs angles.

Puisque chacun a bien saisi qu'il va revenir sur Terre à une autre époque, a également bien compris que son but sera **encore** l'Ascension finale. Lorsque l'Être a vraiment compris, il saisit l'importance de travailler sur sa conscience.

Alors, **de là où il est**, il travaille sur sa conscience de façon à revenir sur Terre le plus conscient possible. Il espère, cet Être de Lumière, qu'en continuant de se conscientiser au maximum, il en arrivera à l'Ascension. Oui, il espère qu'en continuant à prendre conscience, sa prochaine vie sur Terre sera imprégnée de conscience et qu'il fera alors son Ascension. L'Être de Lumière qui pense et agit de cette façon **a parfaitement raison** car effectivement, ainsi va la vie, **ainsi est la Vie**.

Qu'allez-vous faire de votre vie durant toute votre « mort »?

- Je vais me faire aider au maximum par mon guide-étoile.
- Je vais prendre conscience au maximum, avec tous les moyens que je vais chercher et découvrir.

- Je vais continuer de me connecter sur le Septième Rayon autant que je le pourrai.
- Je vais rechercher la compagnie des gens conscients et délaisser les abrutis et les crottés.
- Je vais me brancher sur Hilarion, Chohan du Cinquième Rayon, Maître de l'Ascension, pour m'infuser de la conscience du Cinquième Rayon.
- Je vais me brancher sur Jésus, Chohan du Sixième Rayon, Maître de la Guérison, pour m'infuser de la conscience du Sixième Rayon[6].
- Je vais me brancher sur St-Germain, Chohan du Septième Rayon, Maître de l'Alchimie, pour m'infuser de la conscience du Septième Rayon.
- Je vais chercher et je vais trouver tout ce qu'il me faut pour devenir un Être de Lumière complètement conscient et parfaitement lucide.
- Je vais apprendre l'Alchimie, la Guérison, la Conscience et l'Ascension.
- Je vais donc renaître comme un Être de Lumière, alors j'accomplirai mon destin suprême.
- **Je ferai mon Ascension finale**, dès ma prochaine vie.

Félicitations, ô Amis de Lumière, nous qui sommes des amis depuis des siècles. Félicitations! vous avez parfaitement saisi ce qu'il y a lieu de faire de sa vie durant la « mort ».

Un dernier mot : avez-vous besoin d'attendre d'être morts pour commencer à travailler sur votre conscience? Avez-vous besoin de mourir pour commencer à servir le Christ magnifique que vous êtes? Puisque vous avez bien compris, **commencez dès maintenant**. N'attendez pas, agissez dès maintenant.

Actuellement, pendant que vous êtes vivants dans le monde physique, vous disposez de vos trois moyens d'infusion de conscience; sachez donc profiter au maximum :

du Chant du Cygne,
du Nectar de la Conscience,
de la connexion au Septième Rayon.

Ô, Êtres de Lumière, vous avez, ce soir, découvert la mort. Oui, la mort est conscience et il y a vraiment lieu d'être pleinement conscient de ce qu'elle est. La connaissance de la mort est un grand pas dans l'évolution de la conscience de l'Être. C'est un bond de géant vers la liberté de Soi.

La prise de conscience de la nature réelle de la mort nous amène à en découvrir les quatre aspects fondamentaux[6] : le deuil, notre mort, la vie après la mort, la vie continuelle.

- **Le deuil.** Il nous conduit à prendre conscience de l'aspect de la mort relatif à la perte d'un être cher.
- **Notre mort.** Sa perspective nous pousse à découvrir l'autre côté de la vie. Nous devenons libres par la connaissance.
- **La vie après la vie.** La prise de conscience que la vie se continue encore et encore est une révélation puissante qui nous élève haut sur l'échelle de la conscience.
- **La vie continuelle.** De la prise de conscience du deuil, de notre mort, de la vie après la vie, résulte la grande révélation que la vie est continuelle, éternelle et sans fin.

Alors oui, la vie est continuelle, passant alternativement du monde physique au monde astral et de l'astral au physique. Elle se poursuit ainsi durant des siècles, **jusqu'à l'Ascension finale**.

Après l'Ascension commence la vie glorifiée des maîtres. Puis plus tard, bien plus tard, la vague de vie passera à un stade encore plus haut, encore plus glorieux. La vie ne cesse jamais, la vie est continuelle. Votre vie ne cessera jamais, votre vie est continuelle. **Dans cet état de conscience glorieux, ils cherchent la mort et ils ne la trouvent plus...**

Oui, la vie ne cesse jamais,
Oui, la vie est continuelle.
Ils cherchent la mort...
... et ils ne la trouvent plus...

Cette connaissance, cette Gnose vous permet à tous et à toutes de découvrir la Réalité. Vous pouvez alors entreprendre dès à présent l'étude de la conscience. Oui, vous pouvez poursuivre votre conscience jusqu'à l'Ascension finale.

Qu'importe si vous mourrez avant. Poursuivez-en l'étude farouchement durant tout votre séjour dans l'astral. À votre réapparition sur Terre, ruisselants de conscience, vous allez continuer d'ouvrir votre conscience.

- **Alors, en une seule vie pétrie de conscience,**
  vous aboutirez à l'Ascension finale.

---

6. Chapitre 11, *La Guérison*.

IMAGINE...

Ô mort, que tu es belle!...
Si je devais vivre 500 ans, 1000 ans ou 5000 ans,
mais quel supplice!
je te supplierais de m'emporter.
Ô mort, achève-moi, achève-moi, achève-moi
nom de Dieu.

Ô mort, tu nous guéris
tu nous délivres, tu nous transmutes.
Ô mort, ton feu purificateur éclaircit les rangs...
et nous conduit tous à l'Ascension.

Ô mort, je n'imagine pas vivre sans toi.
Mais vivre un siècle ici-bas,
et encore un siècle au-delà,
et revenir et repartir encore et encore.
Ainsi, ô mort, avec toi je peux vivre
des milliers d'années dans la joie.

Ô, quel génie!...
Ô, que tu es bonne!...
Ô mort, que tu es belle!...
Merci à toi, ô ma Belle.

Ô, Êtres de Lumière, oui la mort est conscience; chantons le Chant du Cygne tous ensemble. Oui la mort est une ouverture, un passage entre deux vies; chantons le Chant du Cygne **à la gloire de la Vie**. Oui, chantons notre Vie continuelle et perpétuelle.

Oui, chantons le Chant du Cygne pour célébrer **notre VICTOIRE sur la mort et l'ignorance**.

9

Le vide est conscience

Bonjour et bienvenue à tous, ô Êtres de Lumière, pour notre conférence du jeudi en ce premier jour du printemps 1997. Ce soir, c'est la soixante-treizième conférence donnée ici, depuis la parution du Chant du Cygne; tout un anniversaire, donc.

Nous avons découvert que la réalité de la vie est la conscience et qu'en réalité, tout est conscience, rien que conscience, seulement conscience. Vous avez réalisé, peut-être déjà, que la vie est conscience, que la mort est conscience, que l'argent est conscience, que l'Alchimie est conscience.

Bref, vous avez pris conscience que tout est conscience et que vous-mêmes êtes conscience. Cette conscience, nous devons nous en approcher de plus en plus. Nous devons arriver à être totalement conscients de ce qui nous sépare encore de notre conscience suprême.

Cela, cet obstacle entre nous et Nous, a déjà été étudié sous de nombreux aspects. C'est en comprenant profondément la nature réelle de l'illusion que nous la ferons disparaître vraiment. Oui, la connaissance profonde de l'illusion la fera disparaître comme neige au soleil.

Pour en arriver à ce résultat, la conscience doit être étudiée sous **tous** ses angles avec la faculté supérieure : **le Manas**. Ainsi vient **la perception**

globale, le ressenti global, la vision globale. Lorsque la conscience est perçue de façon complète et globale, l'illusion de l'ego s'évanouit. L'ego s'évapore, il se dissout et l'on se connaît soi-même, tel que l'on est en réalité : un Être adorable débordant de conscience, ruisselant de lumière.

Pour en arriver au plus tôt à cette perception globale, j'ai inclus dans ce livre trois conférences qui présentent la conscience, chacune sous un aspect très particulier. Ces trois aspects si différents ne peuvent pas « s'emboîter » avec le mental. Le mental, d'ailleurs, ce n'est pas ce que vous attendez de lui. Non lui, le mental, doit céder la place à Manas.

Alors avec Manas, vous pouvez saisir la substance et l'essence de ces trois conférences. Parcourez-les au triple galop, montés sur votre cheval fou. Manas pourra percevoir de façon globale et vous **révéler** le précieux Nectar de la Conscience. Ces trois conférences sont : chapitre 4, l'antakarana; chapitre 7, l'Ascension; chapitre 9, le vide. Avec Manas, **l'unité globale** de ces trois aspects de la conscience se révélera.

La perception globale ouvre la conscience.

Souvenez-vous : Manas est au-delà du mental et les facultés de Manas sont « mille fois » supérieures au mental. Puisque vous disposez de Manas, **utilisez Manas!**

Ce soir, donc, nous allons aborder la conscience selon une nouvelle approche surprenante et déroutante à bien des égards pour l'être humain. En effet, l'approche du vide « le vide est conscience » laisse souvent les gens très perplexes. Cela est essentiellement dû à deux raisons :

- soit qu'ils ne comprennent pas vraiment,
- soit qu'ils ne saisissent pas l'aspect pratique immédiat.

Cela est tout à fait naturel et il n'y a pas lieu de s'en inquiéter; c'est la réaction normale de l'intellect mental. Il faut laisser Manas **percevoir et ressentir** et la compréhension globale jaillira dans votre conscience.

L'être humain, où se trouve-t-il? Exactement et précisément, quelle est la partie de nous qui est l'être humain? Peut-on examiner un être humain et le démonter jusqu'à ce que nous trouvions quelque chose de spécial qui soit l'être humain lui-même? Si nous fouillons en nous-mêmes, allons-nous trouver l'être humain?

Certains, qui ne se posent pas les bonnes questions, disent : « Je suis humain, je suis un être humain ». Vraiment? Parlent-ils de leur corps? Ou de leur mental? Et qui est ce « Je suis »? Oui, nous devons découvrir la réalité de nous-mêmes et nous connaître en profondeur sous tous les angles.

• Se connaître soi-même, vraiment, produit la réalisation de la conscience.

Nous devons découvrir notre aspect « mémoire ». La mémoire, comme chacun le sait, est une accumulation de connaissances et le souvenir des expériences que l'on a vécues. Certains pensent que le siège de la mémoire se trouve dans le cerveau. D'autres plus éclairés savent que la mémoire est enregistrée dans chacun des quatre corps et que le cinquième corps y participe également.

L'Être qui veut vraiment se connaître lui-même doit découvrir sa mémoire et **la vie de sa mémoire**. Il doit comprendre ce qu'est cette vie mémorielle ainsi que les effets et conséquences qui en découlent directement dans sa vie. Notre mémoire fonctionne comme une drôle de machine qui enregistre tout ce qu'elle rencontre. Elle enregistre tout de A à Z, même ce qui échappe à la conscience de veille de l'être humain.

La mémoire du corps mental enregistre les pensées. La mémoire du corps astral enregistre les émotions. La mémoire du corps éthérique enregistre les impressions et la mémoire du corps physique enregistre les sensations. Quant au corps causal, au moyen de Manas, il enregistre la vie dans sa globalité et dans sa totalité.

La mémoire des quatre corps donne les sentiments. Cette mémoire vit, elle est animée d'une vie intense et palpitante. Le moindre stimulus d'un souvenir quelconque met aussitôt la mémoire en mouvement. Alors, chacun se souvient et un sentiment apparaît. Beaucoup de gens qui éprouvent toutes sortes de sentiments négatifs vivent inconsciemment le bouillonnement de leur mémoire. La prise de conscience du principe permettra à chacun de se **libérer** de bien des fléaux.

Donc nos cinq corps enregistrent chacun à leur façon notre vie. L'accumulation du souvenir de tout ce que nous avons vécu et appris s'appelle la mémoire. Cela, tout le monde le sait. Ce qu'on sait beaucoup moins et qu'on ignore en général, c'est la vie de cette mémoire. Celle-ci mène en effet une vie **autonome**, bien souvent indépendante de notre volonté.

La vie de la mémoire échappe à votre volonté.

Nous allons examiner cet aspect de près. Découvrons tout d'abord certaines facultés dont dispose l'être humain, telles la personnalité, l'intellect et la pensée.

La personnalité d'un individu est l'ensemble des caractéristiques qui le rendent unique. C'est en particulier son caractère, son attitude vis-à-vis des autres et son comportement dans la vie. La personnalité est le résultat direct de son éducation, de son instruction, de son expérience de vie. Donc la personnalité est le reflet de ce qu'il a appris et enregistré dans sa mémoire.

La personnalité est donc l'expression du contenu de sa mémoire.

L'intellect, cette faculté mentale si appréciée et si glorifiée par la conscience sociale, est un aspect de la mémoire. L'intellect apparaît dans la société chez les individus qui possèdent trois dons très spéciaux : savoir lire, écrire et compter. À partir de là, en sachant lire, écrire et compter, l'humain va se développer un intellect. Avant ces facultés, chez ceux qui n'en disposent pas, il n'y a pas d'intellect.

Dans le passé, il y avait très peu d'intellectuels car peu de gens savaient lire, écrire et compter. De nos jours, tous ou presque ayant été à l'école, sont devenus au moins un peu intellectuels. Il est très facile de devenir un intellectuel; il suffit de lire beaucoup, ce que l'on appelle étudier. Donc si vous lisez beaucoup, si vous étudiez beaucoup, vous accumulerez beaucoup de connaissances dans la mémoire du corps mental. Plus vous lirez, plus vous aurez de connaissances mémorisées et plus vous aurez un gros intellect.

Si vous exprimez le contenu de votre mémoire, vous aurez l'air « cultivés » ou « savants ». Là encore, chacun exprime le contenu de sa mémoire, rien d'autre.

La pensée est une des grandes facultés de l'homme mental et intellectuel. Il pense, puis il parle, puis il agit. Il exprime ainsi sa conscience humaine. Toutefois, il ignore ce qu'est vraiment sa pensée et il vit avec, **ne sachant pas** comment l'arrêter. L'humain pris par ses pensées est toujours projeté loin du centre de lui-même. Il est toujours dans le passé, dans le futur ou dans l'imaginaire. Il est bien souvent pris dans de vaines imaginations dont il a beaucoup de peine à s'extirper.

Comment la pensée se produit-elle? Il l'ignore totalement. L'Être qui se connaît profondément lui-même sait que sa pensée est le contenu de sa mémoire agitée par le « vent mental ».

La pensée est de la mémoire agitée par le vent mental.

Rassurez-vous, nous allons examiner de près ces affirmations surprenantes. Nous allons découvrir leur influence sur notre vie. Ainsi, nous bénéficierons d'une puissante **prise de conscience** qui nous élèvera sur l'échelle de la conscience et nous permettra de saisir encore davantage **l'unité de la conscience**.

Le vent mental est une « énergie » produite par chaque être humain. Bien compris, le vent mental est une émanation mentale produite par la vie de la mémoire de chacun.

Disons cela autrement. La mémoire accumulée dans les quatre corps vit d'une manière autonome. Elle produit d'elle-même, naturellement et spontanément, les pensées, les idées, les souvenirs et les sentiments, les fantasmes et les imaginations.

Le contrôle de cette mémoire **n'est pas** entre les mains de la volonté humaine, pas du tout et d'aucune façon. Seul l'Être conscient peut **transcender** la vie autonome et automatique de sa mémoire.

Le vent mental est « l'énergie » produite par le fonctionnement automatique et spontané de la mémoire des quatre corps. La connaissance globale enregistrée par le cinquième corps ne participe pas au vent mental. La conscience globale **« repose »**, calme et silencieuse... au sein de Manas.

Le vent mental est donc toute l'énergie mentale générée par chacun **inconsciemment**. L'humanité toute entière, chacun sans exception, produit de l'énergie mentale.

Cela forme de gigantesques nuages sur le plan mental qui vivent et bougent d'une vie intense et palpitante. Avec une force effrayante, le vent mental, l'énergie mentale de tous déplace ces nuages tout autour de la planète.

Pour chacun au passage d'un nuage, le vent mental souffle dans sa mémoire, y produisant un « bruit mental » énorme. Cela génère aussitôt un flot de pensées de toutes sortes. Ces pensées n'appartiennent d'aucune façon à celui qui les éprouve.

- Si l'Être est vraiment conscient, il ne sera pas dérangé, **il observera** tranquillement en attendant que ça passe.
- Si l'être n'est pas conscient, il se lancera dans de longues imaginations et il en éprouvera divers sentiments. Il pourra même parler et agir en fonction de ces pensées qu'il prend pour les siennes.

Non, l'être humain n'a pas pensé; c'est le vent mental qui a secoué ses neurones et fait vibrer sa mémoire. Vous avez tous vu ces tubes métalliques que l'on suspend aux fenêtres à l'extérieur des maisons. Quand le vent souffle, les tubes se cognent l'un à l'autre et cela produit un joli son. C'est très agréable à entendre quand on est au jardin, n'est-ce pas? Qui a produit les sons?

La mémoire fonctionne exactement ainsi. Le vent mental agite les souvenirs et génère le bruit mental : un flot de pensées. Chacun croit qu'il pense, chacun ignore que ses pensées sont en fait les pensées de toute l'humanité tricotées par son propre mental.

Oui, c'est ainsi; le flot des pensées de l'humanité s'engouffre dans le mental de chacun, y produisant une multitude de pensées ordinaires, banales et semblables pour tous. Toutefois, chacun ayant un contenu mémoriel différent, une culture différente, une éducation différente, une personnalité différente, un intellect différent, va le ressentir d'une façon différente. Cela le conduira, s'il l'exprime, à le manifester de façon différente. **Mais quant à sa nature profonde, la pensée ressentie est de la même nature pour tout le monde.**

Le vent mental est d'une puissance considérable d'autant plus qu'il est produit par les deux humanités, celle du plan astral et celle du plan physique. D'un point de vue global, il n'y a qu'une seule humanité dont une partie vit sur Terre et l'autre dans l'astral. Mais compte tenu du niveau des basses passions vécues par certains êtres du bas astral, on peut presque parler de deux humanités.

Qui est celui qui pense? Préparons-nous maintenant à découvrir plusieurs aspects du vide. Oui, préparons-nous à **une prise de conscience majeure** qui va rapidement nous élever dans la conscience de l'unité.

Si vous avez bien saisi ce qui précède, vous pouvez légitimement vous poser la question **« qui est celui qui pense? »**.

La mémoire fonctionne de façon automatique. La personnalité exprime une petite partie de la mémoire. Quant à l'intellect, c'est une petite partie de la personnalité, **celle qui lit** et qui enregistre. Les sentiments débordent tout seuls dès que la mémoire est secouée. Quant à l'ego, lui, c'est l'espèce de sous-conscience qui est produite par la vie des quatre corps et de leur mémoire automatique. Alors ceci étant bien compris : **qui est celui qui pense?**

- Est-ce le corps causal avec Manas? Eux sont au-delà du mental et de la pensée. Dans Manas, il n'y a ni mental, ni pensées. Sachez-le bien, une bonne fois pour toutes : Manas est au-delà du mental.
- Est-ce le corps mental? Ou le corps astral, ou éthérique, ou physique? Est-ce les sentiments ou l'ego? Est-ce la personnalité ou l'intellect? Est-ce la mémoire ou le souvenir? Est-ce le vent mental ou le bruit mental? Est-ce la pensée, ou les idées, ou l'imagination? **Qui est celui qui pense?**

Quelle que soit la réponse que vous puissiez fournir, selon votre choix sur cette liste de questions, vous n'avez pas trouvé qui est celui qui pense. Sinon, vous seriez obligés de dire : je suis l'intellect ou je suis la mémoire ou je suis l'imagination. Ou je suis le vent mental...

Et vous le savez bien, ô Êtres de Lumière, vous êtes tellement plus, vous êtes « mille fois plus » que l'intellect, la personnalité, l'ego ou la mémoire. Tout cela, ce sont vos « meubles », rien de plus, absolument rien de plus.

Alors, qui est celui qui pense?

Personne; il n'y a personne qui pense. Il n'y a pas de penseurs. Il n'y a qu'un bruit mental automatique, pur jus de votre mémoire automatique. Cherchez, cherchez bien, allez-y, trouvez qui est celui qui pense. Vous ne le trouverez jamais car c'est le « vide »; il n'y a personne qui pense. Il n'y a pas de penseurs.

Alors, qui est celui qui pense? Vous avez bien saisi tout ce qui précède et vous en arrivez à la stupéfiante conclusion : il n'y a personne qui pense, **« ça »** pense tout seul... donc :

Je ne suis pas celui qui pense!...

Alléluia! je ne suis pas celui qui pense!... Quelle magistrale prise de conscience. Quelle magnifique observation de conscience. Oui, je ne suis pas celui qui pense, donc je peux maintenant observer mon mental d'un oeil neuf.

Ayant vraiment compris que « je ne suis pas celui qui pense », il devient très facile d'observer la vie bouillonnante de notre mémoire agitée par le vent mental. Lorsque nous nous surprenons en pleines vaines imaginations, il est facile de constater : le vent mental souffle, le vent est fort. Lorsque des bouffées de fantasmes surranés vous terrassent les neurones, il est facile de constater : le vent mental ramène encore ces vieux nuages.

Ainsi, l'Être de Lumière attentif à lui-même peut constater tout au long de la journée la présence du vent mental, fort ou faible, doux ou violent. Il peut voir arriver la tempête et même prévoir l'ouragan mental.

Alors cet Être de Lumière constate : **« Je ne suis pas celui qui pense »**. Il observe le vent mental et comprend : « Je ne suis pas celui qui pense ». Voyant les flots de pensées inutiles bouillonner dans son mental, il se dit : « Je ne suis pas celui qui pense ». Plus le vent mental est fort, plus il constate : « Je ne suis pas celui qui pense ». Plus le flot des nuages du mental est épais, plus il réalise :

« Je ne suis pas celui qui pense ».

Alors, le vent mental cesse!...
Alors, le mental se calme!...
Alors, le mental se « vide »!...

- Dès que vous prenez vraiment conscience qu'il n'y a personne qui pense, le mental cesse de penser.
- Dès que vous réalisez que ce n'est pas vous qui pensez, l'agitation mentale se calme aussitôt.
- Dès que vous avez saisi « Je ne suis pas celui qui pense », **ça** ne pense plus.

Pourquoi en est-il ainsi? C'est l'intellect de chacun, petit ou gros, qui intensifie l'agitation mentale. L'intellect est également une mémoire automatique; au moindre souffle de vent mental, il s'agite... L'intellect est comme un soufflet de forge qui attise le feu. Le vent mental allume un petit feu de forêt dans votre mémoire, aussitôt l'intellect souffle dessus; plus il souffle, plus l'incendie fait rage.

Autrement dit, le vent mental agite la mémoire pour y produire quelques pensées. L'intellect intervient aussitôt, multipliant l'énergie mentale, augmentant ainsi de façon considérable le flot des vaines pensées. Dès que vous constatez : **« Je ne suis pas celui qui pense »**, l'intellect cesse immédiatement de nourrir l'agitation de la mémoire. L'intellect est comme les ailes d'un moulin à vent. Plus le vent mental souffle fort, plus l'intellect **transmet** d'énergie.

Vous connaissez peut-être cette petite chanson française :

Meunier, tu dors, ton moulin,
ton moulin va trop vite...
Meunier, tu dors, ton moulin,
ton moulin va trop fort...

- L'être humain qui ignore le vent mental est comme le meunier qui dort. Le moulin mental va trop fort, il s'emballe dans un flot de pensées qui débordent de partout.
- L'Être de Lumière conscient du vent mental est comme le meunier attentif qui ralentit la vitesse du moulin, en agissant sur les ailes **et non pas** sur le vent...

Ainsi, dès que vous constatez « Je ne suis pas celui qui pense », vous avez coupé les ailes du moulin. Oui, vous avez déconnecté l'intellect. Alors le vent souffle mais le moulin ne va plus trop fort; il ralentit et il finira même par s'arrêter complètement.

« Je ne suis pas celui qui pense »
est la porte qui ouvre sur le « VIDE ».

Le vide est une ouverture de conscience donnant accès au plan causal à travers Manas. Le vide ne dépend pas de votre volonté, pas du tout. Le vide se produit de lui-même, naturellement et spontanément. Cela arrive à l'Être de Lumière qui s'est pris en main et qui a accompli le travail de prise de conscience voulu. Ayant agi, ayant conscientisé, forcément il aura des résultats. Ayant semé, il va récolter, bien évidemment.

Ô, mes Amis de Lumière, nous qui sommes des amis depuis des siècles, nous sommes partis à la recherche de l'être humain. Vous n'aviez pas oublié?

Jusqu'à maintenant, nous avons découvert que : **je ne suis pas** la personnalité, ni l'intellect, ni la mémoire, ni les souvenirs, ni le vent mental, ni le bruit mental, ni les pensées, ni les idées, ni l'imagination, ni le mental. Je ne suis ni ceci, ni cela... **Je ne suis pas celui qui pense** et par conséquent, je ne suis pas le corps mental. Alors **« je ne suis pas »**, pas encore.

Dans notre Ascension vers la conscience de l'unité, nous avons gravi deux étages :

« Je ne suis pas celui qui pense ».
« Je ne suis pas le mental ».

Nous venons d'opérer là une prise de conscience majeure. C'est une réalisation essentielle de la conscience dont les conséquences immenses nous réjouiront profondément. Cette conscience nouvelle nous surprendra tous les jours, goûtez-y... Ceci nous élève rapidement vers les hauteurs sublimes de la conscience de l'unité, vers le grand état de conscience :

« Je suis conscience ».

Ô, Êtres de Lumière, revoyons à présent la structure de l'Être tel qu'il est révélé par l'ésotérisme et par la Gnose éternelle. Examinons soigneusement ce petit schéma car il contient un trésor : le principe même de la **création de la réalité**. Oui, il renferme le principe **concevoir - recevoir** qui, une fois compris, permet à chacun de se créer une **nouvelle réalité**. La fin du chapitre 13 vous permettra **de saisir** le principe.

Conscience Divine Le corps Anouïque Le corps Atmique Le corps Bouddhique		**L'ÊTRE** La Monade
Conscience christique Le corps causal + Manas	connaissance globale	**LE SOI** LE CHRIST
Le corps mental	pensées*	**L'EGO** L'humain
Le corps astral	émotions	
Le corps éthérique	impressions	
Le corps physique	sensations	
Conscience humaine	paroles, actions	

* Mental + pensées + personnalité + intellect = **l'ego**.
Pensées + émotions + impressions + sensations = **les sentiments**.

* * *

En examinant ce schéma, les esprits attentifs s'aperçoivent que l'âme n'y figure pas. Bien sûr, c'est la religion qui parle de l'âme. Ceux qui parlent de l'âme devraient tout savoir à son sujet et pouvoir tout vous expliquer : ce qu'est l'âme, d'où elle vient, où elle était avant la naissance, ce que sera sa vie après la mort et la relation qui existe entre chacun et son âme.

Posez ces simples questions à ceux qui vous parlent de l'âme et peut-être aurez-vous des bonnes réponses...

Pour la connaissance ésotérique, pour l'Alchimie de la conscience, pour la Gnose éternelle, les choses sont claires et précises. L'Être est composé de sept corps – physique et éthérique étant souvent comptés pour un seul – et chacun d'eux est parfaitement connu dans son rôle, dans sa fonction, dans son origine, dans sa transformation et dans sa transmutation finale.

La connaissance ésotérique connaît l'Alpha et l'Omega de l'Être : sa source, sa destinée, son périple, son but, ses intentions, son élévation, son Ascension. Elle connaît totalement, complètement, globalement jusqu'aux stades glorifiés et maha-glorifiés des vagues de vie suivantes.

Ainsi la connaissance des sept corps de l'ego et de la conscience est-elle la connaissance **ultime**, celle qui révèle complètement la nature véritable de l'Être. **La Gnose éternelle est l'expression de la Réalité et le moyen de l'atteindre.** Ainsi par la connaissance, chacun peut-il se connaître lui-même en profondeur et retrouver facilement et agréablement son état naturel et Divin, sa conscience suprême.

Alors dans l'apothéose glorieuse de son Ascension finale, l'Être de Lumière – vous – rejoint les Maîtres. Il a retrouvé l'Existence, la Puissance, la Richesse et la Gloire. Vous êtes devenus omniscients, omniprésents, omnipotents, **omniconscients**. Vous êtes un maître splendide, ruisselant de lumière, tout vibrant de conscience.

- **Toutes les femmes peuvent aujourd'hui, si près de l'an 2000, atteindre l'état suprême d'ici la fin de leur vie.**

Oui, toutes les femmes de chaque race et **tous les hommes aussi**, bien sûr, peuvent réaliser la conscience d'ici la fin de leur vie. Évidemment, si vous avez déjà quatre-vingt-dix-neuf ans, c'est raté; il aurait fallu vous y prendre plus tôt.

Toutefois, l'étude de la connaissance n'est jamais perdue. Si vous commencez dès maintenant, quel que soit votre âge, elle sera **toujours** avec vous. Oui, la connaissance vous suivra partout. Ainsi, en commençant dès maintenant l'étude de la conscience, vous retrouverez très jeunes la connaissance dans votre prochaine vie, ce qui vous permettra, éventuellement, de la réaliser en une seule vie. Une chose est certaine : plus tôt on commence, plus tôt on aboutit. Plus vite on s'y attaque, plus vite on change notre vie actuelle pour le meilleur.

Ainsi la connaissance ésotérique, l'Alchimie de la conscience et la Gnose éternelle, sont l'Alpha et l'Omega de la connaissance de Soi, celle qui vous élève au sommet de la conscience; c'est vraiment **l'ultime connaissance**.

Ô, Êtres de Lumière, nous avons cherché l'être humain et nous ne l'avons pas trouvé dans la pensée, ni dans le mental, ni dans l'intellect. Allons donc fouiller du côté du corps physique pour voir si, par hasard, l'humain ne s'y trouverait pas.

Le corps physique est-il l'être humain? Ou bien le corps physique est-il le scaphandre de l'Être Divin? Beaucoup de gens sont tellement limités dans leur compréhension de la Vie, ils se sont tellement identifiés à leur corps qu'ils se prennent pour leur corps. Pourtant, ce corps-là est démontable et beaucoup de gens vivent avec des pattes en moins et même des organes en moins. Alors il est facile pour chacun de comprendre « Je ne suis pas la main » puisqu'il existe de nombreux manchots.

Le manchot est toujours vivant et il a compris : « Je ne suis pas le bras ». Pour les culs-de-jatte à qui il manque un pied, une jambe ou les deux, c'est tout à fait évident : « Je ne suis pas la jambe ». Ainsi vous pouvez prélever de nombreux morceaux du corps humain tels ovaire, utérus, vésicule, rein, cheveux, dents, etc... Si je ne suis pas tel ou tel morceau, où suis-je exactement? Jusqu'à quel point peut-on m'extraire des organes avant que **je ne puisse plus** dire : « Moi, moi, moi »?

Avec les greffes, certains se font implanter le coeur d'un autre ou les poumons d'un autre. Leur propre coeur n'étant plus là, ils réalisent : « Je ne suis pas le coeur », « Je ne suis pas les poumons ». Pensez-vous que votre conscience est dans le sang? Des accidentés saignés à blanc revivent avec le sang de plusieurs donneurs. Alors, ils comprennent : « Je ne suis pas le sang ». Surtout que du sang, on peut en donner. Si vous en offrez un litre à la Croix-Rouge, que vous manquera-t-il? Vous êtes toujours vous-mêmes; donc « Je ne suis pas le sang ».

Les esprits forts déclarent que l'être humain est dans le cerveau. Pourtant, en voyage astral ou après la mort, ou lors d'un opération chirurgicale, vous êtes **hors de votre corps physique**. Dans cet état, vous voyez, vous entendez, vous pouvez encore dire « moi » ou « Je suis madame Voronof ». Vous êtes **encore là** et pourtant, votre corps physique est absent. Votre précieux cerveau n'est plus là et pourtant, vous voyez, vous entendez, vous vous souvenez, vous parlez; bref, toutes vos perceptions fonctionnent parfaitement **sans** votre corps physique.

Si celui-ci est déjà mort, votre cerveau est redevenu poussière et sans lui, tout fonctionne à merveille. Dans ce cas-là, le corps physique a disparu totalement. On a tout enlevé : les membres, les organes, la tête, le tronc; tout a disparu, il ne reste plus rien. Pourtant vous êtes toujours là, toujours vivants et sur le plan astral, dans votre corps astral, vous pouvez encore dire : « Je suis madame Voronof décédée il y a six mois ».

- **Le corps physique a disparu et on n'y a pas trouvé quoi que ce soit qui est l'être humain.**

Après un examen minutieux, force est de constater qu'il n'y a aucune partie du corps physique qui est l'être humain. Force est donc de constater que **l'humain N'EST PAS un être physique**.

En effet, le corps physique a disparu, morceau par morceau, et l'être humain est toujours là. Ensuite, le corps physique a disparu tout entier. C'est le cas en voyage astral et l'être humain, hors de son corps, est toujours là. Enfin, le corps physique est mort, il s'est dissous et l'être humain est toujours là. Sur le plan astral, certes, mais toujours lui-même, bien humain. Donc, à notre question « le corps physique est-il l'être humain? », nous répondrons, car c'est tellement évident : « Non ». **Non, le corps physique n'est pas l'être humain.**

Il en est l'habitant, le scaphandrier de son gros corps de cuir. Il est le scaphandrier de son scaphandre de chair et d'os. Quand il le veut, il sort et rejoint d'autres plans et d'autres niveaux d'existence. **Donc vous n'êtes pas votre corps physique**, pas du tout, en aucune façon. Lorsque cela est vraiment saisi, il en résulte une prise de conscience qui est le **premier pas** vers la connaissance de soi. Se connaître soi-même, c'est savoir en profondeur ce que l'on est, **tout en étant profondément conscient de ce que l'on n'est pas**. Ceci nous conduit à réaliser l'état de conscience :

- **« Je ne suis pas le corps physique ».**

Ô, mes Amis de Lumière, nous qui sommes des amis depuis des siècles, nous commençons à découvrir quelque chose de passionnant qui va transformer notre vie de façon merveilleuse.

Oui, nous commençons à découvrir **le « VIDE »**. Le mental est vide, sa mémoire fonctionne toute seule. Le penseur est vide, il n'y a personne qui pense. Le corps physique est vide, nous n'y avons pas trouvé l'être humain. Nous devons bien constater avec une lucidité terrible que nous vivons dans une espèce de machine automatique. Celle-ci est vide, inhabitée, l'être humain ne s'y trouve pas.

Une gigantesque mémoire collective souffle avec violence les lourds et bas nuages de la conscience humaine. Cet ouragan mental fait « tinter » les neurones de tout le monde et ébranle la mémoire individuelle de chacun. Alors, des flots de pensées débordent de la conscience humaine de tous. **Chacun oriente sa vie selon ce débordement mental.** Tous sont pratiquement inconscients du phénomène. Tous vivent de cette façon sans jamais imaginer qu'il puisse en être ainsi, sans jamais penser qu'il puisse exister quelque chose au-delà et au-dessus de la vie humaine. Personne ne reconnaît que cette vie soumise à la vie bouillonnante et automatique de la mémoire et du vent mental est machinale et inconsciente.

Si vous êtes lucides et conscients, vous constatez que toute la vie humaine n'est qu'une agitation désordonnée de la mémoire. Celle-ci est une vaste accumulation de données rangées pêle-mêle dans une multitude de tiroirs du mental. Lorsque souffle le vent mental, le « meuble » est secoué, la mémoire est agitée. Des tiroirs s'ouvrent et leur contenu déborde à flots dans notre vie. Des tiroirs se renversent, répandant des quantités de pensées, d'émotions et de sentiments dans notre vie.

Alors chacun exprime pensées, émotions, sentiments avec des paroles et des actions. Chacun éprouve, dit, fait et se comporte d'une certaine façon. Ces agissements ne sont pas voulus consciemment; c'est purement machinal, automatique et inconscient. C'est le résultat d'une rafale de vent mental qui renverse une partie de sa mémoire. Il n'y a strictement rien de conscient dans la façon dont chacun va exprimer le remue-ménage qu'il vient de vivre. La conscience est complètement absente du phénomène.

La vie humaine est-elle simplement une réaction inconsciente de la mémoire? **Oui**, ce n'est rien d'autre, perdez vos illusions. Comprenez et devenez conscients **et là**, l'existence sera saturée de conscience, une vie nouvelle apparaîtra. La pleine prise de conscience du « jeu » nous conduira directement au sommet de la conscience de l'unité et à **ses effets merveilleux** dans notre vie.

- **L'humain est un être qui vit inconsciemment l'agitation de sa mémoire, provoquée par le vent mental.**

Continuons d'examiner le « jeu ». Chacun exprime donc à sa façon le débordement bouillonnant et gargouillant de sa mémoire. Chacun va exprimer comme il le peut ce qu'il ressent par des paroles et par des actions.

Certains, encore assez proches de leurs instincts, vont vivre leur « tremblement de terre » de façon très agitée. Ils vont s'engueuler et même se battre. Ils vont briser quelque chose, distribuer des claques, tirer des coups de feu. Puis ils vont se saoûler pour se calmer. La prochaine fois, tout recommence. Ça peut durer ainsi une bonne partie de la vie.

D'autres personnes, plus près de leur conscience que de leurs instincts, vont éprouver « l'éruption de leur volcan mental » avec un certain calme. Ils pourront exprimer de la colère, du pessimisme, de la dépression tout en gardant un certain contrôle d'eux-mêmes.

Ils ne seront pas emportés par l'impétuosité de leurs sentiments. Ils ne prononceront pas de paroles irréparables et ne poseront aucun geste dramatique. Finalement, ils seront capables de retrouver très vite le calme et le sourire. Ces Êtres éclairés sauront remonter vers le niveau de l'amour et s'y maintenir jusqu'à la prochaine grande éruption volcanique mentale. Bien que vivant avec plus de lucidité, ces êtres subissent l'agitation de leur mémoire. C'est encore et toujours la mémoire qui déborde et les tiroirs qui se renversent pêle-mêle.

Certains Êtres de Lumière sont devenus conscients et ils ne sont plus du tout dérangés par le phénomène. Le vent mental souffle, la tempête mentale se déchaîne, l'intellect multiplie la furie et l'agitation, **rien ne se passe**.

En effet, l'Être conscient sait ce qui arrive. Il est devenu le parfait témoin, le parfait observateur du « jeu » mental. Il comprend profondément comment ça marche. Il connaît parfaitement la machine et il ne se laisse plus happer par les engrenages. Cet Être de Lumière possède la connaissance. Il a vécu la connaissance, il l'a expérimentée à de nombreuses reprises et celle-ci est devenue pour lui **une réalité** dans sa vie.

Alors le déchaînement mental peut se produire, non seulement il n'est pas emporté, mais par son seul état de conscience, **il calme le vent et la tempête mentale**. La tempête fait rage, le vent mental souffle en rafales, la mer de la mémoire est agitée. Les vagues des passions déferlent sur le frêle esquif de l'ego humain. Celui-ci, agrippé à l'illusion de son ego, est prêt à faire naufrage et à s'engloutir dans la mer des sentiments déchaînés.

Alors, du fond de son Être, la conscience jaillit :

« Je ne suis pas le mental ».
« Je ne suis pas celui qui pense ».

Aussitôt la mer se calme, aussitôt le vent cesse. **Instantanément**, la tempête s'apaise. C'est le calme suprême, la tranquillité suprême, le parfait silence; plus rien ne bouge.

La mémoire a disparu. Tout a disparu : le vent, la tempête, la mémoire, le mental, l'intellect, les sentiments. Il ne reste plus rien. Le VIDE est total, parfait, complet et absolu.

Ce vide merveilleux n'est pas vide, il est plein. **Oui, le vide est plein** de la conscience suprême, il est saturé de cette conscience qui vient de jaillir. Depuis le corps causal, au moyen de Manas, la conscience christique a jailli.

Le Seigneur a calmé la tempête, il est monté à bord, dans la barque de l'ego. La paix suprême s'est installée. Oui, la conscience christique a jailli, installant la paix suprême. Ce miracle s'est produit par la magie de cet état de conscience :

« Je ne suis pas le mental ».
« Je ne suis pas celui qui pense ».

Ainsi, par la connaissance de la conscience, les plus grands miracles peuvent-ils se produire **dans la vie de chacun**. L'Alchimie de la conscience, la Gnose éternelle, la connaissance ésotérique sont les portes d'accès à la réalité suprême, le Christ en vous, ce Christ que vous êtes tous. Oui, femmes et hommes, noirs, blancs, jaunes et rouges, tous, vous êtes cela. Oui, chacun sans exception vit dans son corps causal l'état de conscience christique avec Manas.

La connaissance vous permet de le découvrir, de le comprendre, de le réaliser **et de le manifester**. C'est à chacun d'émerger vers la lumière et de jaillir en conscience, toujours plus haut sur l'échelle de la conscience.

Ô, Êtres de Lumière, nous savons que l'être humain n'est pas physique, ni mental et qu'il n'est pas non plus celui qui pense. Continuons notre recherche de l'être humain. Oui, cherchons-le plus loin encore, dans le corps éthérique et dans le corps astral. Peut-être allons-nous découvrir quelque chose qui sera l'être humain. Nous pourrons constater alors : « Ceci est l'être humain ».

Nous avons, il y a un moment, démonté complètement le corps physique. Nous avons enlevé de nombreuses parties du corps physique sans trouver l'être humain. Puis finalement, avec la mort, le corps physique a complètement disparu sans que nous y découvrions l'humain. Nous avons donc été obligés de conclure que l'être humain n'est pas le corps physique.

Bien, ceci étant récapitulé et parfaitement compris par tous, continuons notre exploration. Pour découvrir **si** l'être humain est le corps astral ou le corps éthérique, il suffit de démonter ces deux corps subtils. Alors, de la même façon dont nous avons procédé pour le corps physique, éliminons ces deux corps en partie ou tout entier.

Pour le corps éthérique, la chose est très facile. À la mort du corps physique, chacun se retrouve vivant dans son corps astral. Le corps éthérique meurt trois ou quatre jours **après** le corps physique. C'est alors et alors seulement que le corps astral est complètement détaché des deux corps (physique et éthérique) et qu'il ne peut plus rien ressentir de ce qu'ils peuvent subir.

Donc, quelques jours après la mort, le corps éthérique commence à se dissoudre. La personne est bien vivante **dans** son corps astral. Nous devons bel et bien constater que l'être humain n'est pas le corps éthérique, donc :

« Je ne suis pas le corps éthérique ».

Si chacun réalise ceci en profondeur, cet état de conscience lui fait découvrir qu'il n'est pas l'énergie et par conséquent, qu'il n'est pas la sexualité non plus. Le corps éthérique éprouvant les impressions, l'Être s'aperçoit qu'il n'est pas les impressions non plus.

Puisque nous venons de constater que l'être humain n'est pas le corps éthérique, cherchons-le dans le corps astral. Ce corps, dans lequel nous vivons après la mort des corps physique et éthérique, est mortel lui aussi. À la fin de la vie astrale, après une période de quelque soixante-dix ans, le corps astral va mourir lui aussi. Chacun se retrouve bien vivant. Oui, bien vivant, un bref moment sur le plan mental, avant de passer au plan causal.

Donc, le corps astral meurt et chacun se retrouve bien vivant sans lui. Là encore, l'évidente conclusion saute aux yeux : l'être humain n'est pas le corps astral. Nous réalisons :

« Je ne suis pas le corps astral ».

Le corps astral éprouve les émotions. Chacun découvrant qu'il n'est pas le corps astral réalise également qu'il n'est pas les émotions.

Nous avons exploré complètement **les quatre corps inférieurs** de l'Être et nous n'y avons trouvé aucune trace de l'être humain. Ô, Êtres de Lumière, soyez vigilants, toutes ces considérations sur la présence de l'être humain ont **un but**. Il s'agit de prendre conscience et de réaliser en profondeur la véritable nature de la Réalité. Ceci procure la conscience de l'unité; **c'est un état de conscience grandiose** qui nous rapproche très rapidement des états supérieurs de conscience.

Chacun doit en arriver **à se connaître** lui-même profondément pour réaliser en profondeur **sa nature véritable**, cet Être de Lumière qu'il est depuis toujours. Pour progresser très vite à la découverte de votre Réalité suprême, il existe un moyen puissant, efficace et ultra rapide. C'est la prise de conscience de ce que vous n'êtes pas.

- L'Être ayant pleinement compris ce qu'**il n'est pas**, a lâché ses encombrants bagages.
- L'Être comprend alors vraiment **ce qu'il est**. Il réalise pleinement la nature de la Réalité suprême.
- L'Être a réalisé une prise de conscience globale et complète. **Il est parfaitement conscient :**
  - **de ce** qu'il n'est pas **et** de ce qu'il est vraiment.

Donc, nous avons cherché l'être humain dans les quatre corps et dans la vie de ces corps et nous ne l'avons pas trouvé. Pouvons-nous en arriver à conclure : l'être humain n'existe pas? Attention! suivez-moi bien. Quand un être humain entend quelqu'un lui dire que « L'Être humain n'existe pas », il crie au fou. Alors, n'appelez pas encore l'ambulance, attendez plutôt la fin de la conférence (rires).

Tout le monde sait que l'être humain existe; il y en a six milliards sur la planète. **Mais** lorsqu'on le démonte entièrement, corps après corps, on ne le trouve pas. **Si par cet oeil de la conscience, vous ne pouvez pas trouver l'être humain, que pouvez-vous en déduire?** Cette révélation vous apportera, outre la stupéfaction, une prise de conscience des plus élevée.

Récapitulons tout ceci afin d'obtenir une perspective d'ensemble, une vision globale. L'examen attentif des quatre corps nous a conduits à la prise de conscience :

- **« Je ne suis pas le mental ».**
- **« Je ne suis pas celui qui pense ».**
  - Donc je ne suis ni la pensée, ni la personnalité, ni l'intellect.

- **« Je ne suis pas le corps physique ».**
  - Donc je ne suis pas les sensations.

- **« Je ne suis pas le corps éthérique ».**
  - Donc je ne suis pas les impressions, ni l'énergie, ni la sexualité.

- **« Je ne suis pas le corps astral ».**
  - Donc je ne suis pas les émotions.

Arrivés à ce point dans la découverte de nous-mêmes, nous sommes obligés de franchir un pas de plus.

- **« Je ne suis pas les sentiments ».**
  - Car je ne suis pas les sensations, ni les impressions, ni les émotions, ni les pensées.

- **« Je ne suis pas l'EGO ».**
  - Car je ne suis pas le mental, ni la pensée, ni la personnalité, ni l'intellect.
  - Je ne suis même pas celui qui pense.

Maintenant que nous avons tout démonté et tout arraché, nous devons, avec une profonde lucidité, celle de notre conscience, constater l'évidence :

Je ne suis pas!... Je ne suis rien!...

Ici, vous avez découvert la réalité de l'être humain : **« Je ne suis pas, je ne suis rien ».** C'est un vide terrible, un néant total. Il n'y a rien, rien du tout, absolument rien. Lorsque l'Être comprend, réalise et émerge vers cette conscience, il connaît le vide, le grand vide. C'est là une prise de conscience magnifique. Peut-être un peu intimidante... mais tellement fascinante...

La pleine compréhension du **VIDE** est une étape majeure et indispensable sur le chemin abrupt qui mène à l'Ascension. La réalisation du **VIDE**, de ce que l'on n'est pas, **permet** de comprendre enfin ce que l'on est en réalité. Beaucoup s'imaginent atteindre le sommet de la conscience sans même avoir découvert et compris ce qu'ils ne sont pas. Erreur, erreur terrible et fatale; ils ne réaliseront pas la conscience de l'unité. Le grand principe universel de la prise de conscience doit être parfaitement réalisé.

« Je ne suis rien et je suis Toi ».

Beaucoup aimeraient tellement réaliser « Je suis Toi » tout en oubliant « Je ne suis rien ». Illusion terrible; c'est comme de vouloir entrer dans le Royaume des Cieux avec son ego...

Je ne suis pas!... Je ne suis rien!...

Lorsque ceci est une prise de conscience réelle et non pas quelques mots prononcés avec le mental, la conscience jaillit. Oui, la conscience jaillit avec une telle force et une telle puissance qu'elle vous élève au sommet de la montagne. Alors votre vie ne sera plus jamais la même, elle sera transformée pour toujours.

De la prise de conscience jaillit la Lumière. De la réalisation du **VIDE** jaillit la Plénitude. De la compréhension du rien **jaillit le Tout**. De la disparition du petit jaillit le Grand. Alors, avec force et puissance, jaillit la Conscience.

- **« JE SUIS CONSCIENCE ».**
- **« JE SUIS CONSCIENCE ».**
- **« JE SUIS CONSCIENCE ».**

Ceci est le jaillissement de la pure conscience suprême. Aucun ego, aucun être humain ne peut jaillir à cette hauteur. L'ego, le mental, l'être humain doivent préalablement disparaître dans le vide. Oui, il faut faire le vide. Le vide de soi-même doit être réalisé. **C'est seulement quand l'Être est enfin vide que tout s'accomplit.**

La conscience suprême est attirée par le vide; elle ne peut lui résister, c'est totalement impossible. Que fait l'eau face à un creux? Elle le remplit. Pour l'eau, c'est dans sa nature de remplir tous les creux qu'elle rencontre. Elle les remplit entièrement, complètement, totalement, elle ne peut pas faire autrement. Ainsi est la conscience suprême : elle descend, elle jaillit, elle remplit de sa présence tous les vides qu'elle peut rencontrer en vous. Dès que vous êtes vides d'un aspect de vous-mêmes, votre conscience suprême pénètre à flots dans **cet espace de conscience** et le remplit totalement.

Tout cela est très simple. Si vous êtes vides de conscience, c'est que vous êtes pleins de l'être humain. Ôtez-vous de là, faites le vide. Vu avec les yeux de la conscience, l'humain n'est pas. Alors, sortez de l'illusion, ôtez l'humain, ôtez-vous de là et faites le **VIDE**.

Alors aussitôt jaillira le flot de la conscience de l'Être suprême. Ce nouveau Vous, ce père glorieux **dévore** le fils, l'ego ancien. Le vide a disparu, **il est plein** de conscience suprême. Oui, dans le vide a jailli la conscience et c'est **la plénitude totale** :

- **« JE SUIS CONSCIENCE ».**

Alors le père ayant **dévoré** le fils, un nouveau père et un nouveau fils débutent **ensemble** une vie nouvelle, Divine, parfaite et merveilleuse. Il n'y a plus qu'un seul Être sous deux aspects : **vous et Vous**, fusionnés **ensemble**. Alors vous vivez dans la plénitude de la conscience; l'amour, la beauté, la joie, la richesse, le rire, l'abondance, le contentement vous accompagnent partout.

Ces « amis » sont toujours avec vous, tous les jours de votre vie et pour toujours. Pleins de joie, le coeur débordant d'amour, vous arrivez au sommet de la montagne. Un Être ayant atteint un tel état de conscience si magnifique réalise dès cette vie la **plénitude** de la conscience.

Vous avez cherché le vide, vous avez exploré le vide et, ô Êtres splendides, vous avez découvert **la plénitude**. Oui, maintenant vous connaissez la **plénitude** de votre conscience suprême; laissez jaillir la plénitude.

- **« JE SUIS CONSCIENCE ».**

La réalisation du vide et l'émergence de la plénitude peuvent être atteintes pleinement par chacun. Cela est très simple, facile et agréable. Tous peuvent jaillir dans la conscience en effectuant le travail de conscientisation voulu. Oui, chacun peut réaliser le vide et émerger vers la plénitude en prenant conscience. Pour cela, il suffit de :

Chanter le Chant du Cygne.
Étudier le Nectar de la Conscience.
Se connecter sur le Septième Rayon.

Chacun peut se prendre en main et cultiver sa conscience. Rapidement, celle-ci se dégage du voile de l'ignorance et la réalité apparaît, éblouissante de splendeur. Cela est possible pour tous. Les plus grandes réalisations de la conscience sont possibles en une seule vie, pour chacun.

Retrouver sa conscience suprême, c'est se retrouver soi-même, c'est retrouver son propre **état naturel** et Divin. Oui, c'est cela que nous sommes tous : un Être du pure conscience, tout à fait merveilleux. Cela est la Réalité de tous. Cela est le Royaume des Cieux. Cela est la métaréalité.

Entre si tu veux... Entre, tu le peux...

À présent, chacun sait qu'il peut changer de conscience et surtout, chacun sait **comment faire** pour changer de conscience. Si vous suivez les indications du Nectar de la Conscience, vous êtes obligés de changer de conscience. Il est tout à fait impossible de passer à côté.

Le vide doit être compris, vécu et supporté. L'Être éclairé qui a décidé d'atteindre le sommet de la conscience :

- cherche à **comprendre** et à réaliser profondément la nature du vide;
- s'attache à **vivre** chaque jour l'état du vide : **« Je ne suis pas celui qui pense »**;
- décide de **supporter** le vide face à tous les problèmes, difficultés et limitations qui l'accablent.

En effet, c'est en **supportant le vide** par un travail éclairé sur la conscience que la plénitude jaillira. Exemple : vous vivez un vide tel la solitude. Alors, cherchez à comprendre le vide; vivez le vide en toute lucidité. Supportez le vide tout en travaillant sur votre conscience. Le vide conscientisé devient plénitude. Alors la conscience jaillira, vous serez comblés, remplis, la plénitude vous envahira. Comprenez-vous?

Le vide conscientisé devient plénitude.

Le vide est conscience, vous devez être conscients du vide. Vous devez réaliser la conscience du vide. La véritable connaissance de soi-même révèle le vide. L'ego est vide, l'humain est vide, le penseur est vide.

Il n'y a en toute réalité ni ego, ni humain, ni penseur. Celui qui comprend cela vraiment obtient la Révélation suprême. Il atteint alors une prodigieuse ouverture de conscience **car il a compris le principe suprême**. Son travail régulier et systématique de prise de conscience lui fera atteindre le sommet de la conscience.

Soyez en permanence très conscients d'une chose : si vous pensez, **vous n'êtes pas**, la conscience connaît sans penser. Alors il est facile de constater : « Je ne suis pas celui qui pense ». Vous pouvez donc prendre conscience que ce n'est pas vous qui pensez. Ainsi, la prise de conscience du Vide est la véritable compréhension de l'illusion. C'est **une réalisation** de conscience qui ouvre en grand les portes de la conscience. Chacune et chacun peut se donner la joie de découvrir le Vide et tout ce qu'il contient...

Oui, le Vide contient la plénitude.

La conscience commence à pénétrer dans la vie dès que vous commencez à vous intéresser à elle. Aussitôt que vous faites un pas vers elle, elle en fait trois vers vous. Plus vous pensez à elle, plus elle pense à vous. La conscience est **la Sécurité suprême**.

Plus vous vous attachez à votre conscience, plus vous éprouvez un profond sentiment de **sécurité**. Votre conscience et le courant ascendant des forces solaires **éloignent de vous** les forces astrales négatives. Plus vous vous baignez dans votre conscience suprême et plus vous vous sentez **en parfaite sécurité**.

Ô, mes Amis de Lumière, nous qui sommes des amis depuis des siècles, une étude passionnée et attentive de la conscience vous apportera **la plénitude totale** de la vie. Le vide aura disparu à jamais. Le Nectar de la Conscience, exploré au triple galop sur votre cheval fou[1], vous apportera la connaissance de la réalité. Le tome III du Nectar de la Conscience comporte trois pics élevés : chapitre 4, l'antakarana; chapitre 7, l'Ascension, chapitre 9, le Vide. Montés sur votre cheval fou, bondissez d'un pic à l'autre. Allez et revenez encore et encore, au galop sur votre cheval fou. **Alors, Manas s'ouvrira...**

Ô, Êtres de Lumière, vous savez que la Réalité de la vie est conscience, rien que conscience, seulement conscience. Vous savez que votre faculté supérieure, le Manas, vous apporte la perception globale de la conscience. Vous savez que vous êtes un Être de pure conscience, tout à fait merveilleux.

Maintenant, vous savez ce qu'il vous reste à accomplir, accomplissez-le! Chantons tous ensemble le Chant du Cygne pour réaliser la nature du vide. Oui, chantons le Chant du Cygne pour retrouver la plénitude de notre conscience et que coule à flots le Nectar de la Conscience dans notre vie.

---

1. Chapitre 7, *L'Ascension, l'étude de la conscience*.

10

L'Unité de la conscience

Bonjour à vous, ô Êtres de Lumière, pour notre conférence du jeudi. Ce soir, nous découvrirons le Principe de l'Unité de la Conscience.

Ce principe de l'unique conscience, vraiment compris, vraiment vécu, conduit à **la dissolution de l'ego**. Tout simplement. Simplement, certes; mais en pratiquant l'Unité de la conscience, vous escaladez la montagne de la conscience par sa face la plus abrupte. C'est la voie rapide, c'est la voie abrupte des guerriers de la conscience. C'est la voie de ceux qui prennent d'assaut le Royaume des Cieux.

Ô, Êtres de Lumière, examinons donc **l'Unité de la conscience**. Là par terre, au milieu du tapis, nous pouvons voir une petite fleur en pot. C'est une fleur pleine de vie; elle est pleine de vie parce qu'elle est vivante...n'est-ce pas? La différence entre un morceau de bois sec pour le feu et une plante vivante, c'est que l'un possède la vie, et l'autre ne la possède plus. Mais au fait, qu'est-ce que la vie?

La vie, c'est quelque chose de très abstrait. C'est une force, c'est une énergie, c'est une conscience, c'est une volonté, c'est une intention, c'est un amour, c'est l'ensemble de ces choses qui font de nous des êtres vivants.

Mais il n'y a pas plusieurs vies. Nous penserons peut-être : « Louisette est vivante, Sylvie est vivante, je suis vivant; par conséquent, ça fait trois vies ». Non, c'est la même vie, c'est la même vie qui nous baigne. À un certain moment, notre corps va mourir. En fait, à un certain moment, le corps d'un tel se ferme à la vie; oui, il s'est coupé de la vie, c'est tout. C'est tout mais ce n'est même pas tout à fait ça car la vie continue encore pour lui d'une autre façon.

Ce que j'aimerais vous faire comprendre, ce soir, c'est qu'il n'y a pas plusieurs vies, il n'y a pas plusieurs consciences, il n'y a pas plusieurs volontés. Il y a :

une seule vie,
une seule conscience,
une seule volonté,
qui est déjà ici,
qui est déjà omniprésente.

Oui, maintenant, en ce moment avec chacun, cette vie nous baigne et s'imprègne en nous. Alors nous sommes dedans comme un poisson dans l'océan. Ce n'est pas la peine de chercher la vie, de chercher la conscience : nous sommes déjà dedans. Non seulement nous sommes dedans, mais nous sommes cette vie, nous sommes cette conscience. Voilà un principe fondamental qu'il est essentiel de bien comprendre, au moins mentalement :

Nous sommes la vie.
Nous sommes la conscience.

Si nous y pensons suffisamment, à un certain moment, il se produira un déclic dans notre esprit. Non seulement sommes-nous la vie, non seulement sommes-nous la conscience, mais nous sommes aussi l'amour, nous sommes aussi la joie. Oui, mais alors, pourquoi sommes-nous si tristes? Oui, pourquoi manquons-nous d'entrain et d'enthousiasme si nous sommes la vie et si nous sommes l'amour et la joie?

C'est parce que nous avons sur l'esprit, une épaisse couche de « nuage mental ». C'est comme un nuage qui nous sépare du soleil. Alors, il nous faut faire le ménage pour que le soleil de la conscience puisse à nouveau briller dans notre vie.

Nous devons prendre conscience de cette conscience Divine qui est déjà ici et de cette joie qui est déjà là. Il nous faut bien y penser pour arriver à un certain moment, à chasser les nuages et à la ressentir. La vie de cette plante, c'est la même vie qui nous fait vivre. Il n'y a pas deux vies. Le chat a une vie qui est pareille à la nôtre. La conscience qui est dans la plante, la conscience qui est dans le chat, la conscience qui est en nous, c'est la même conscience, car il n'y a qu'une seule conscience et chacun de nous est cette conscience.

Chacun de nous l'exprimera de manières différentes. Un artiste, par exemple, l'exprimera peut-être sous forme de musique ou de sculpture; un artisan, sous la forme d'un objet magnifique; un ouvrier, sous forme d'un travail très réussi, une ménagère sous forme de recettes succulentes. Nous exprimons **tous** la vie et la conscience à notre façon, car la conscience peut s'exprimer de mille et mille manières différentes, et même de milliards de manières différentes.

Il n'y a jamais assez de façon d'exprimer la vie. La créativité, c'est le fait que la vie, la conscience, puisse s'exprimer toujours plus à travers un individu. Pour que nous puissions laisser la vie s'exprimer à travers nous, il nous faut avant tout devenir libres, complètement débouchés. Oui, débouchés du bouchon mental, car c'est cette illusion qui nous laisse croire que nous sommes isolés. C'est l'illusion de la séparation.

Pensons donc suffisamment souvent au cours de la journée, de la soirée et aussi avant de nous endormir :

oui, je suis la vie,
oui, je suis la conscience,
oui, je suis l'amour.

Nous nous brancherons ainsi sur **le principe** de l'unité de la conscience. Il ne s'agit pas de répéter, cela **n'est pas** un mantra. Il s'agit plutôt de prendre conscience que : **« Oui, je suis la conscience »**.

Si l'on dit : « Oui, je suis l'amour », naturellement on inclut tous les êtres. Ce n'est pas uniquement nous seuls qui sommes l'amour, c'est l'ensemble, c'est tout le monde. Dans cette conscience de l'Unité, nous prendrons conscience qu'il n'y a qu'une seule conscience, qu'une seule vie. Et la conscience de l'Unité, si elle est bien vécue, conduit **à l'abolition de l'ego**. Une des façons d'abolir notre ego est de prendre conscience de l'Unité. Et pour prendre conscience de l'Unité, il faut y penser beaucoup, beaucoup et souvent. En fait, il faut y penser **sans cesse**...

Bien souvent, on le dit comme ça, de façon superficielle, et au moindre souffle de vent mental, à la moindre vaguelette mentale qui nous éclabousse un peu, nous trébuchons. Nous retombons dans une dualité épouvantable qui nous laisse croire que « moi c'est moi, et toi c'est toi » et que l'autre ne vaut rien du tout.

Lorsque nous sommes dans la dualité, nous voulons faire aux autres des choses que nous ne **ferions jamais** à nous-mêmes. Nous ne sommes alors plus dans l'Unité, dans la conscience de l'Unité qui nous permet de connaître et de savoir :

- qu'il n'y a qu'une seule vie;
- qu'il n'y a qu'une seule conscience;
- que nous sommes cette conscience;
- et que chaque être humain est **également** pleinement et complètement cette même conscience.

C'est là le septième niveau de conscience. C'est le principe des sept niveaux de conscience[1]. Et ce septième niveau de conscience, nous ne pouvons pas le réaliser à partir de notre mental. Toutefois, notre mental peut comprendre. Mentalement, il peut comprendre; intellectuellement, il peut comprendre. Il peut en arriver à le vivre d'une certaine manière, cahin-caha, à travers les événements de la vie. Ceci facilitera énormément la tâche de notre conscience Divine pour couler à travers nous. Lorsque l'ego, mentalement, comprend le principe, il devient plus ouvert et plus réceptif.

Le pire, pour nous, c'est lorsque l'ego mental vit dans la dualité, ce qui est d'ailleurs le cas et le triste sort de l'humanité. Cet état de conscience inférieure et limitée se nomme **« l'enfer »**... C'est la **« terre »** de la conscience. Ne cherchons pas l'enfer ailleurs que dans notre dualité mentale, notre pauvre petite conscience humaine.

Dès que nous sommes dans la dualité, nous empêchons la conscience Divine de circuler en nous. Non pas que cette conscience Divine ne pourrait pas circuler pleinement si elle le voulait. Elle le pourrait – en général, mais pas toujours. Elle veut en fait pouvoir circuler à travers un ego totalement réceptif, ouvert et disponible.

Elle veut s'exprimer selon sa volonté propre, sans interférence du mental, complètement à sa façon, avec **la parfaite collaboration** de l'ego et la parfaite collaboration du mental.

Vivre dans la conscience de l'Unité, vraiment et profondément, dissout l'ego. L'état de conscience **« je suis conscience »**, vraiment vécu, s'appelle le **« paradis »**... C'est le **« ciel »** de la conscience. Ne cherchons pas le paradis ailleurs que dans notre conscience supérieure, notre glorieuse et joyeuse conscience Divine.

---

1. Tome 2, chapitre 2, *L'abondance et la richesse, les instincts*.

Finalement, l'ego doit être complètement soumis pour faire uniquement notre volonté, totalement notre volonté suprême. L'ego doit **volontairement et consciemment** se mettre au service de sa conscience Divine et devenir un parfait collaborateur de l'Être. C'est là que sa conscience le guide, le conduit et le dirige. Cela se poursuivra jusqu'à la véritable compréhension...

Pour bien vous faire saisir le principe, examinons, ô mes Amis de Lumière, nous qui sommes des amis depuis des siècles, le « principe du cavalier »; cette analogie devrait ouvrir votre conscience.

Si, à chaque fois que nous désirons monter à cheval, il nous faut courir après notre monture, l'attraper au lasso, la ramener et la faire tourner une heure ou deux dans le parc avant de pouvoir la monter, l'on n'aurait pas là une monture très disponible... Si le cheval continue malgré tout à donner des ruades pendant presqu'une heure avant de se décider enfin à marcher correctement et dans la bonne direction, monter un tel cheval deviendrait un sport peu agréable à pratiquer.

Il nous faut donc, au moyen d'un dressage approprié, parvenir à « convaincre » le cheval d'être docile et de nous obéir totalement. Non pas parce que nous sommes son maître, mais bien parce que c'est **son intérêt** le plus profond d'être une bonne monture. La véritable monture est le cheval qui fait la volonté de son maître, rien que sa volonté, seulement sa volonté. Ce cheval-là est aimé, adoré, choyé par son maître, sous la direction duquel il accomplira les plus grands exploits, tels concours hippiques, parades ou promenades. Si le cheval n'en fait qu'à sa tête de « mule », il risque de devenir un canasson inutile à qui le maître bottera le cul.

Notre conscience Divine à tous n'a de cesse de nous dresser jusqu'à ce nous soyons un mental et un ego totalement réceptif, complètement docile. C'est ainsi tout simplement parce que cette conscience Divine, pour pouvoir s'exprimer sur le plan de la matière, a besoin de nous à travers notre corps et notre mental. Nous devons donc devenir totalement réceptifs et dociles, abandonnés et soumis, mais dans le bon sens du terme; c'est-à-dire **conscients que nous avons une conscience infiniment plus grande que notre mental** et que cette conscience dispose d'une intelligence infiniment plus grande que notre intelligence. Et si nous nous laissons faire, si nous **acceptons** la direction de notre conscience Divine, notre vie sera mille et mille fois meilleure et très supérieure à la vie humaine..

Bien souvent, il nous faut ramer quelques dizaines d'années dans la vie - ou y passer la vie entière - avant d'être en mesure de comprendre ce principe. Parce que nous avons la malheureuse manie d'essayer de toujours tout faire par nous-mêmes et de vouloir faire arriver les choses au moyen de notre mental.

À certains moments, il faut dire à la vie : **« tu me guides, tu me conduis, tu me diriges»**, ceci tout en restant vigilant et actif... Actif et soumis, ce n'est pas évident! Il se peut alors que nous vivions un bref passage de la vie où rien de particulièrement intéressant ne survienne. Apparemment, c'est le point où l'ego prend conscience avant de lâcher prise.

En effet, nous croyons être réceptifs, nous croyons être dociles mais en fait, nous sommes toujours en train de regarder si ça pousse, s'il se passe quelque chose. Nous nous agitons, attendant un miracle, attendant ce que nous avons prévu, attendant que nos désirs – ceux de l'ego – se réalisent...

Si nous devenions calmes et tranquilles, si nous nous abandonnions, nous lâcherions prise. Mais non, pas du tout, nous sommes toujours là, à regarder ce qui se passe, à **vouloir** qu'il se passe quelque chose. Nous ne sommes pas encore prêts, ouverts, disponibles, réceptifs. La vraie réceptivité, la véritable ouverture, c'est le lâcher-prise; nous n'y sommes pas encore parvenus, ce n'est pas ça du tout. Nous avons **encore des attentes**, beaucoup trop d'attentes.

De toute façon, la Vie nous obligera à nous laisser conduire. Il arrive un moment, dans la vie, où nous prenons conscience de la vanité de nos efforts, où nous réalisons que tout ce que nous avons fait n'a abouti à rien. Si nous nous laissons faire, il finira par arriver ce qui doit arriver, il arrivera enfin ce qu'il **y a de mieux** pour nous.

Mais attention! Se laisser guider n'est pas être fataliste. Le fataliste laisse son ego dériver dans la vie. L'être qui a compris le principe reconnaît la Direction Divine de sa vie et la **distingue** clairement de l'errance de son ego.

Devenir soumis à la vie demande beaucoup de patience et nécessite un bon grain de folie. Lorsque nous devenons soumis, la société ne comprend pas, elle se demande ce qui arrive, elle suppose que nous restons là, à nous décrotter le nez, elle croit faussement que nous ne **faisons rien** et elle a profondément horreur de cela, notre société... Tout le monde voudrait que nous soyons tout le temps en action, tout le temps en train de nous grouiller et de nous agiter, dans l'hystérie collective. Non! De ceci, l'on débarque. On devient calme et tranquille; alors, dans cet esprit apaisé, **la conscience peut enfin jaillir...**

Bien, je pense que les principes sont clairs et que si vous y réfléchissez profondément, votre conscience s'ouvrira à la réalité de la **vie**; pour cela :

Chantez le Chant du Cygne,
étudiez le Nectar de la Conscience,
connectez-vous sur le Septième Rayon.

Ô, Êtres de Lumière, continuons d'examiner l'Unité de la conscience vue sous d'autres angles. Savez-vous ce qu'est un acte de foi? Et un acte de fou? Examinons comment démêler l'un de l'autre.

Il y en a beaucoup qui s'activent avec frénésie pour obtenir de la vie des résultats généralement matériels. Certains finissent avec une crise cardiaque ou un « karochi », sans résultat du tout si ce n'est la perte de la santé ou même de la vie. Alors, courir après des résultats et récolter une crise cardiaque, ce n'est pas un résultat; le but recherché est **raté**.

Q - *Das, karochi?*
R - *Un karochi, c'est... une sorte de crise cardiaque du cerveau... Ça tue sur le coup et c'est seulement au Japon, juste chez eux... Enfin, pour l'instant.*

Donc, l'abandon Divin constitue toute une démarche qui nécessite parfois un brin de folie, et nous ne sommes pas toujours en mesure de distinguer ce qu'est un acte de foi de ce qu'est un acte de fou. Il est difficile de distinguer l'un de l'autre. Seul le temps nous le dira.

Acte de foi ou acte de fou? Parfois, nous voulons faire un acte de foi; nous nous croyons sûrement un peu fous, mais nous le faisons quand même. Un an ou deux plus tard, nous réalisons que nous avons accompli l'action juste, que nous avons fait ce qu'il fallait, ce qui devait être fait. Nous constatons que nous avons accompli un acte de foi alors que deux ans auparavant, nous nous pensions fous d'agir de la sorte.

Il y a quelques années, j'ai dû faire face à de très graves ennuis financiers. Je devais subvenir aux besoins de deux personnes et assumer les charges de la maison alors que j'étais sans aucun revenu. J'ai donc fait comme bien des gens font dans pareil cas : j'ai mis la maison en vente. Après plusieurs mois, ma crise financière allant de mal en pis, un acquéreur sérieux s'est enfin présenté et m'en a offert un prix excellent, soit quarante pour-cent au-dessus de l'évaluation municipale.

Eh bien j'ai refusé! Je me suis dit : acte de foi ou acte de fou? À cette époque difficile, je m'étais dit, dans ma conscience d'Être : « Si je dois partir d'ici, que cette maison se vende; **sinon**, donne-moi les moyens d'y rester ».

J'ai refusé la proposition de l'acheteur, me disant : « Beunas, tu fais un acte de fou, tu es vraiment con, une pareille proposition ne se présentera pas deux fois ». Effectivement, je n'en ai jamais eu d'autres; d'ailleurs, j'ai jeté le panneau « à vendre » après mon refus...

Aujourd'hui - cinq ans plus tard - je réalise que j'ai bien fait, que j'ai eu raison de ne pas vendre ma maison. C'est dans cette maison et à cet endroit que je veux vivre et que je souhaite passer ma vie, si mon destin le permet. Par ailleurs, en vendant, j'aurais survécu en bouffant le capital pour payer l'épicerie et un loyer et je n'aurais plus de maison. J'aurais tout perdu. Bref, je n'avais nulle envie de quitter les lieux. S'il était arrivé que je doive la vendre, je l'aurais fait avec acceptation. J'ai finalement eu les moyens d'y rester; tout juste les moyens, mais tout de même les moyens. À partir du moment où j'ai dit « non », curieusement, mes finances ont commencé à s'améliorer.

Mais à l'époque, de toute évidence, c'était un acte de fou. Aujourd'hui, je vis toujours ici, mon épouse est enchantée de vivre là. Alors, avec le recul, c'est un acte de foi, oui; mais il a fallu **oser** l'acte de fou. Si le choix - acte de fou, acte de foi - s'opère dans l'ego, vous prenez un méchant risque. S'il se fait dans un état de conscience supérieur, vous prendrez **toujours** la bonne décision. En fait, il faut le sentir, il faut le ressentir. Cela s'apprend en étant **attentif** à sa conscience.

Acte de fou ou acte de foi? Que se passe-t-il dans notre conscience lorsque nous en arrivons là? Il se passe énormément de choses, mais nous ne pouvons les raconter à quiconque parce que nous les vivons intérieurement. Nous savons qu'il surviendra quelque chose. Mais extérieurement, nous ne voyons rien du tout. Nous savons tout simplement qu'un jour, il se passera quelque chose et que ce ne sera pas forcément ce que les gens attendent de nous, que ce ne sera pas forcément ce qui plaira à notre entourage ou à notre famille. Mais nous savons, **nous ressentons** que pour nous, il se passera ce qui doit se passer.

Comprenez bien qu'il se passera quelque chose **si** vous travaillez à prendre conscience; **sinon**, il n'arrivera rien. Nombreux sont les ego passifs qui attendent des miracles. Ils attendront **en vain** toute leur vie.

Acte de fou ou acte de foi? À un certain moment, lorsque nous arrivons vraiment à comprendre qu'il existe une véritable Direction dans notre vie, qu'il y a vraiment une conscience qui dirige notre vie de A à Z, nous commençons alors à nous dire : d'accord, je me laisse faire. Je vais douter, je doute déjà. Même si nous croyons être fous, nous voyons qu'il se passe quelque chose et qu'il va s'en passer d'autres. Il est certain que nous ne pourrons jamais raconter ce que l'on vit à nos amis; ils nous prendraient complètement pour de véritables fous et dans leur amour, ils voudraient absolument nous soigner...

Lorsque j'ai édité le Chant du Cygne, en 1995, je ne l'ai même pas dit à mes proches. Si je l'avais fait, ils auraient dit : « Travaille donc **plus** au lieu d'éditer "ça" ». C'est à peu près la réflexion que mes proches auraient émise. J'aurais bien aimé partager avec eux, mais je n'ai pas pu. Ils n'auraient jamais compris pourquoi j'éditais "ça" au lieu de me chercher des contrats, au lieu de travailler **plus**... Les choses sont ainsi, voyez-vous?.

Pourtant, nous savons bien que dans notre conscience d'Être, il se passe des choses, il survient un début, une ébauche de lâcher-prise, un début d'abandon, et nous devenons réceptifs. Ce qui ne veut pas dire que tout est instantanément bouleversé dans notre vie, que nous gagnerons le gros lot, que nous rencontrerons la personne de notre vie et que tout deviendra tout à coup fantastique. Non, il peut même arriver que ce soit assez plat pendant un certain temps, mais intérieurement, nous ressentons une petite jubilation, un espèce de **contentement** qui grandit car nous savons que nous faisons ce qui doit être fait. Nous le savons, nous le sentons, nous le ressentons et nous le réalisons.

Ce qui ne veut pas non plus dire que nous réalisons la volonté Divine; parce que dans les églises, ça a tellement été déconné, cette histoire-là, qu'on ne peut plus le formuler ainsi, on ne peut plus dire ça. Nous savons simplement que nous nous mettons **en accord** avec la vie, **en réceptivité** avec la vie et que cette vie grandiose peut couler plus librement à travers nous.

Bien sûr, il y a encore un ménage à faire au niveau de notre mental, il y a encore plein de vaines imaginations, mais nous savons que la vie est là parce que nous le sentons. Nous savons que c'est bien ça que nous devons faire et nous le faisons. Nous ne nous occupons plus de l'opinion des autres, nous faisons ce que nous devons faire selon notre conscience, **malgré** l'opinion des « autres ».

Acte de fou ou acte de foi? On a toujours dit que les grands hommes étaient des fous, on dit aussi que le génie frise la folie! Nous ne recherchons pas le génie; nous recherchons simplement la conscience. Le génie est une hypertrophie **horizontale** du mental, c'est juste une évaluation de soi par rapport aux autres que l'on trouve crétins; alors on se trouve génial par comparaison.. Il y a quand même des génies qui ont été loin dans leur intelligence humaine et qui ont frôlé la limite de la folie par rapport aux normes de la société.

Donc pour nous, notre chemin est **vertical**; on essaie de s'élancer dans les hauteurs de la conscience. Alors, à un certain moment aussi, la foi ou la folie, c'est à la limite. Mais si nous comprenons bien **le principe** intérieurement, nous savons que nous agissons de la bonne façon. Nous pouvons douter de ce que nous vivons, nous pouvons douter de notre expérience mais au fond, au fond de nous, **on sait ce qu'on fait**. Parfois, il y a des délais pour régler des affaires. Parfois, la vie se transforme très rapidement. À un certain moment, tout est balayé comme par la marée haute. Vous savez, la mer est basse puis elle monte, la marée monte puis d'un seul coup, la mer est haute; ça va vite, parfois. Oui, souvent, tout va très vite tout à coup. Alors notre travail sur la conscience porte ses fruits. **Soudain**, nous émergeons vers la lumière. Une vie nouvelle pleine de promesses apparaît.

Acte de fou ou acte de foi? Alors, ô Êtres de Lumière, c'est aux fruits que l'on reconnaît l'arbre, n'est-ce pas? Plus vous cultiverez votre conscience d'Être, plus vous sentirez votre Direction intérieure et plus vous serez conscients que vous êtes **guidés**, que vous êtes **conduits**, que vous êtes **dirigés**.

- Alors, vous saurez que vous faites un acte de fou, que c'est la **folie Divine** et que vraiment, là, vous faites un acte de **foi** véritable...

Ô, Êtres de Lumière, la conscience de l'Unité peut se comprendre mentalement assez facilement, mais pour la vivre réellement, c'est autre chose. **La réalisation** de la conscience de l'Unité se produit tranquillement chez ceux qui y pensent souvent. Branchez-vous tous les jours sur la conscience de l'Unité et vous commencerez à vivre la transformation de l'ego.

Donc, branchez-vous! Nous allons nous brancher ensemble, là, assis confortablement, **les yeux ouverts**. Regardez cette fleur, dans son pot, posée sur le tapis.

Notre exercice vise : **À CONSTATER LA RÉALITÉ**. « Regardez la fleur; vous pensez que la vie de cette fleur, c'est votre vie. Oui, je suis la vie, vous y songez intérieurement. Oui, je suis la vie. Il n'y a qu'une seule vie, une seule et unique vie et je suis cette vie. La vie de cette fleur, c'est ma vie. La vie de ma voisine, c'est ma vie. Comment ça? C'est ma vie, la vie de ma voisine? Je ne veux pas avoir une vie comme elle! **C'est la même vie**, elle fait ce qu'elle veut de sa vie; c'est ainsi que la vie qui coule en elle et la vie qui coule en vous ne sont qu'une seule et unique vie. Puissiez-vous le comprendre, ô Êtres de Lumière.

- C'est la **même** volonté, c'est la **même** vie, c'est le **même** amour, c'est la **même** intelligence, c'est la **même** intention qui vit en chacun. Oui, c'est votre vie car il y a une seule vie et c'est la **même pour tous**.

Si vous voulez une comparaison, c'est un peu comme vos cheveux. Si vos cheveux étaient conscients, ils pourraient dire : « je suis un cheveu et lui, à côté, c'est un autre cheveu ». Évidemment; mais qu'est donc la vie de votre chevelure? C'est vous-mêmes, c'est votre vie, il n'y a qu'une seule vie qui fait que tous vos cheveux sont vivants.

Et bien pour nous, il n'y a qu'une seule vie qui fait que nous sommes tous vivants. Alors la vie, la conscience, l'intelligence, la volonté, la joie émanent d'une seule source : la conscience Divine. Et c'est ce que nous sommes. Il y a une seule vie, une seule intelligence, une seule volonté, une seule joie, c'est toujours la même conscience Divine. Il n'y a pas plusieurs consciences; une seule, et c'est notre véritable réalité. À se brancher ainsi régulièrement, nous devenons **conscients**. Nous réalisons enfin entièrement, complètement et profondément que nous avons toujours été cette conscience Divine. Alors, c'est le **retour** du fils prodigue, c'est le **retour de la fille** prodigue...

Si vous vous offrez le plaisir de « **constater la réalité** » ainsi régulièrement, votre conscience va se transformer rapidement et vous allez rapidement vous en apercevoir. Vous pouvez ainsi **constater la Réalité** partout où vous êtes et prendre conscience toute la journée...

Pourquoi nous sommes-nous cassé la tête à développer un mental? Pour que cette conscience Divine puisse s'exprimer sur le plan terrestre à travers un corps humain, il lui faut un outil, elle a besoin du mental. **Sinon**, elle s'exprimerait à travers un animal; car sans mental, nous ne serions pas autre chose qu'un animal. Je répète : un être humain sans mental est un animal.

Réfléchissez profondément à cela et vous comprendrez. Durant le sommeil, le mental est mort; il reste l'animal dans le lit. Les êtres enfoncés profondément dans l'ego se rebellent beaucoup à cette idée.

En tout cas, nous avons développé un mental pour être un peu plus qu'un animal. Et surtout, le mental doit nous permettre de **comprendre** notre conscience. Il doit nous permettre de prendre conscience. Il doit, en renonçant à sa volonté, laisser couler la conscience suprême en nous, afin que nous retrouvions notre **état naturel** : la pure conscience Divine. Voilà le véritable rôle du mental. Tout le reste ne sert qu'à gérer l'intendance quotidienne de la vie humaine.

Tant que l'être humain vit dans son inconscience égoïque, la nature le dote d'un certain nombre de qualités et de défauts – en quantité égale – pour lui permettre de vivre ou de survivre. Car c'est bien de cela qu'il s'agit, coincé qu'il est, le pauvre bougre, entre l'animal et Dieu. Il ne peut ni redescendre dans l'animal, ni s'élever jusqu'à Dieu. Il doit donc mijoter dans le monde **relatif** jusqu'à ce qu'il soit devenu :

assez conscient pour comprendre.

Alors là, les choses iront rondement. Lorsqu'un être a **vraiment compris**, il ne peut plus rester un être humain, il ne peut plus supporter la limitation de sa conscience. Il va donc sans cesse travailler sur sa conscience pour vivre très vite dans la conscience d'Être. Il va rapidement arriver à calmer son ego et à collaborer avec lui.

Ainsi, durant les quelques années qui le séparent de sa mort physique, il aura fait un bond de géant dans l'évolution de sa conscience en s'approchant terriblement près de son **Ascension**.

Cette ascension est le but ultime, le but suprême non seulement de la vie humaine, mais la raison d'être même des quatre règnes inférieurs : minéral, végétal, animal, humain. La conscience humaine est un état passager, une passerelle jetée sur l'abîme qui sépare l'animal de Dieu. L'être humain avance en tremblant sur ce pont suspendu, contemplant l'abîme sous ses pieds, les Cieux au-dessus de sa tête, se demandant à chaque instant ce qu'il fiche dans cette galère.

Il viendra pourtant, le temps de la compréhension, le temps de la conscience; alors, en quelques bonds, il franchira farouchement les derniers obstacles qui le séparent de sa Résidence Divine.

- Ôtez-vous de son chemin, car celui qui a compris possède la Volonté, la vraie. Et même si vous le critiquez ou le ridiculisez, il s'en fout. Il continuera son chemin, accomplissant sa mission envers et contre tout.

Alors, Amis de Lumière, reprenons l'examen de la conscience de l'Unité pour que, nous aussi, nous devenions ce guerrier de Lumière, celui **qui a compris** le Principe.

Pour nous, c'est déjà clair; dans le principe, chacun est conscience, cette unique conscience. Chacun peut donc dire : « je suis la vie, je suis l'amour, je suis la conscience ». C'est pour ça que c'est important d'avoir une bonne image de soi, parce que souvent, on se dénigre, on ne s'aime pas suffisamment, on passe tout son temps à se critiquer. Souvent, la confiance en soi est à son plus bas niveau.

Rappelez-vous : vous êtes l'amour, vous êtes la conscience Divine, vous êtes un Être de Lumière. Arrêtez de vous casser la tête sur les défauts de votre ego. Quand une personne se critique, se déteste, se trouve des défauts, c'est de la masturbation mentale. C'est simplement un état de conscience mentale inférieur où nous observons tous les défauts de notre ego. C'est, en fait, **de l'orgueil inversé**. Notre orgueil voudrait que nous soyons parfaits, et comme ce n'est pas le cas, bien sûr, il souligne sans cesse nos défauts. Mais nous pouvons les observer à l'infini, les défauts de l'ego, parce que **l'ego, c'est l'imperfection suprême**.

C'est comme le fait de vivre en prison. On peut critiquer indéfiniment la prison, on y trouvera toujours des défauts parce que la prison, c'est le défaut suprême par rapport à la liberté. Donc, si vous observez votre ego, vous allez lui trouver mille et mille défauts, mais c'est manquer d'amour que de passer votre temps à vous critiquer.

Changez de conscience, remontez aux trois niveaux supérieurs – au niveau de l'amour, de l'abondance et de la conscience-témoin – et observez votre conscience supérieure. On ne peut pas la voir, bien sûr; mais observez en conscience toutes les qualités que vous avez en tant qu'Êtres de Lumière. Vous êtes la conscience Divine, vous êtes un Être de Lumière, vous êtes l'amour, vous êtes la joie, vous êtes la conscience Divine. Voilà la véritable réalité de vous-mêmes, mais c'est la partie invisible de vous-mêmes. Il faut le savoir que cette partie invisible **est votre véritable réalité**.

L'aspect visible, c'est la partie la plus illusoire, la plus fragmentaire de l'Être; c'est le côté qui va mourir de toute façon et qu'on va jeter dans le trou avant qu'il pue. N'oubliez pas ça : la partie de vous-mêmes que vous passez votre temps à critiquer, c'est la partie illusoire qui meurt et qui pue.

Il pue, même vivant. Il suffit de ne pas se laver pendant trois jours et il pue. Oui, alors oubliez la partie qui pue et occupez-vous du véritable aspect invisible, du grand morceau Divin, l'Être de Lumière que vous êtes et qui, lui, ne meurt jamais. **Qui ne meurt jamais, comprenez-vous?**

J'utilise consciemment ces images pédagogiques qui sont destinées à frapper votre imagination pour casser votre coque mentale. Le poussin doit casser la coquille pour sortir. C'est pour ça que j'emploie ces images fortes pour casser la coquille de votre ego. Parfois, la coquille mentale est épaisse; c'est un oeuf d'autruche, une noix de coco...

Dans les Ashrams, aux Indes et aux U.S.A., on offre au gourou une noix de coco parce qu'une noix de coco, c'est très dur à casser et ça représente l'ego. On offre une noix de coco au gourou pour dire : « ah! Guru Dev, Toi qui as atteint la conscience suprême, Toi qui t'es libéré de l'illusion de l'ego, casse ma noix de coco mentale pour que moi aussi je trouve ma réalité suprême ». Donc, voilà pourquoi j'emploie parfois ce style de pédagogie : c'est pour frapper sur la noix de coco dans l'espoir qu'elle casse et que vous saisissiez l'essence et la substance des principes.

Alors, si vous avez bien compris, vous savez maintenant qu'il est important, à chaque fois que vous vous dénigrez, de vous souvenir que vous êtes un Être de Lumière. À chaque fois que vous vous trouvez quelque chose de pas bien, dites-vous : « j'ai oublié que je suis un Être de Lumière ». Si vous vous souvenez que vous êtes un Être de Lumière, vous allez arrêter de vous sentir mal sur votre poids, sur votre taille, si vos seins sont trop petits ou s'ils sont trop gros, si vous êtes trop jeune ou trop vieux. Donc c'est ça; prenez conscience mentalement que vous êtes un Être de Lumière **et souvenez-vous!...**

Oui, je me souviens... je me souviens...

Rappelez-vous également la fleur : c'est une bonne façon de se brancher sur la réalité. Sylvie cultive des amaryllis, au salon; sur de très hautes tiges s'épanouissent quatre fleurs en même temps. Je les contemple souvent et la dernière fois, ça m'a frappé. **J'ai senti la vie** : « Je suis la vie de cette amaryllis ». J'ai vraiment senti quelque chose de bon, de très bon au coeur. C'est la même vie; il n'y a pas la vie de la plante et puis la nôtre : il y a une seule vie. Le grand principe, c'est qu'il y a une seule vie, une seule conscience **que chacun exprime** selon son état de conscience médiocre ou élevé. L'Être conscient exprimera toujours sa conscience dans la plénitude et la satisfaction.

Souvent, dans la vie, on cherche une divinité pour régler nos affaires. Quand on est tanné d'avoir prié sans cesse les divinités des religions et qu'il ne se passe rien, on se cherche un Dieu intérieur puis on le prie. Quand, finalement, on a compris que l'Être **est un principe**, que c'est un potentiel, on cherche à être conscient de la réalité. Voyez-vous les étapes successives? Où en êtes-vous?

C'est comme une chenille : ce n'est pas la peine que la chenille prie le papillon; il faut que le phénomène se passe et qu'elle devienne le papillon. Mais imaginez la chenille qui prie : « Papillon, fais pousser mes ailes; ô papillon, que je voudrais avoir de belles ailes ». Qu'elle prie ou non, ça se produira.

Et pour nous, c'est pareil. Ce n'est pas la peine de supplier qui que ce soit : « Ô Dieu, fais-moi devenir un Être Divin, un Être suprême avec une aura lumineuse ». Ça va se faire tout seul naturellement et spontanément **SI** nous sommes devenus **conscients du principe**, conscients de notre potentiel. Contrairement aux chenilles, **l'Humain doit devenir conscient de sa réalité pour pouvoir y accéder**. Oui, il doit consciemment renoncer à la volonté de son ego pour que s'opère la mutation. Plus on va en prendre conscience, plus on va devenir réceptif, plus ça ira vite et facilement.

Dans le bassin, Sylvie et moi, nous avons mis des têtards; ils sont devenus des grenouilles. Nous n'avons jamais vu un têtard qui s'est assis en lotus et récité son chapelet toute la journée pour devenir une grenouille. Il devient grenouille tout seul parce que c'est sa nature de têtard de devenir une grenouille car en réalité, il est une grenouille en potentiel.

C'est ainsi pour nous; en réalité nous sommes déjà un Être de Lumière, un Être Divin; nous n'avons même pas à le devenir, **c'est déjà fait**, mais nous devons **en devenir conscients par un travail éclairé**. Nous avons juste à le savoir et à nous calmer jusqu'au moment où le mental va s'ouvrir **SI** nous avons accompli le travail requis.

Donc, pour ça, il y a plusieurs choses à faire. Nous ne pouvons pas ouvrir le mental, mais nous pouvons nous mettre en état de réceptivité. Nous pouvons comprendre les principes, nous pouvons prendre conscience de l'Unité de la conscience. Nous pouvons prendre conscience que nous sommes déjà un Être de Lumière. Nous pouvons observer notre mental en conscience-témoin. Nous pouvons vivre dans la conscience de l'amour et dans la conscience de l'abondance.

Nous pouvons chanter le Chant du Cygne une ou plusieurs fois par jour. Nous pouvons étudier le Nectar de la Conscience souvent et régulièrement. Nous pouvons nous connecter sur le Septième Rayon chaque jour. Si on accomplit vraiment ce travail, nous allons faire pousser de la conscience dans notre vie. En fait, nous allons **multiplier** notre conscience.

Quand on fait ce travail régulièrement, très régulièrement, le mental se calme; il se calme, il se calme. Puis un jour, il sera devenu tellement calme qu'il va se liquéfier, qu'il va s'ouvrir. Alors, la conscience Divine va couler à flots et nous combler de sa plénitude.

On ne peut rien faire pour atteindre la conscience suprême, **mais** on peut accomplir ce travail qui consiste, en fait, à cultiver sa conscience, à prendre conscience de l'ego. Ensuite, par cette compréhension, la conscience jaillira spontanément lorsque l'Être sera vraiment prêt.

La conscience Divine ne coulera pas à flots dans un mental complètement hystérique qui vagabonde dans tous les sens et dans toutes les directions, et qui n'a rien compris du tout à sa véritable nature. Donc voilà, dans le principe, c'est relativement simple. Pour vivre ça, c'est très prenant au début, et c'est le travail que nous devons accomplir dans notre vie pour ne pas rester **un têtard humain**. Nous devons vivre ces principes-là jour après jour.

Imaginez que vous ayez une belle grande famille; vous avez une fille unique et lui préparez un grand mariage. Pour votre fille unique, vous invitez cinq cents personnes. Vous recrutez le meilleur des chefs-cuisiniers et vous lui donnez vos instructions : « Je veux un repas succulent; tu vas embaucher cinquante marmitons pour faire un repas de noce comme on n'en a jamais vu ». Le rôle du chef-cuisinier, c'est de faire un merveilleux repas. **C'est son seul travail**. Pourtant, le cuisinier est trop zélé; il se dit : « Oui, je vais faire le repas, mais je vais aussi repeindre la maison, je vais réaménager le jardin pour changer le paysage et je vais aussi creuser une piscine ». Alors le cuisinier travaille jours et nuits, vingt-quatre heures par jour; il en fait des choses. Oui, mais le jour de la noce, il a **oublié** qu'il fallait faire un repas. La noce est ratée, elle est gâchée, il n'y a pas de repas.

Comprenez-vous pourquoi je vous conte cette petite histoire? C'est parce que nous, dans notre vie, nous sommes comme le chef-cuisinier. Nous faisons mille affaires, mais nous ne faisons pas la seule chose que nous devrions faire. La seule et unique chose que nous avons à faire dans cette vie, ce n'est pas de faire tout ce que nous faisons. Si, bien sûr, il faut travailler pour vivre; mais à côté de ça, nous faisons mille choses totalement inutiles pour notre **prise de conscience**.

- **Notre seul travail** consiste à prendre conscience de nous-mêmes, à travailler sur notre conscience, à penser à notre conscience et à essayer de comprendre notre conscience Divine; c'est tout.

Vous allez dire : « Mais il faut travailler, il faut étudier, il faut bouffer ». **Oui**, il y a l'intendance. C'est sûr qu'il y a l'intendance mais, fondamentalement, on peut faire tout ce qu'on veut dans la vie. On peut jouer au golf, on peut aller en vacances, mais toujours en travaillant **sans cesse** sur notre conscience pour la découvrir, pour la comprendre, pour réaliser la nature profonde de notre véritable réalité. Pour en arriver un jour à nous fusionner avec notre conscience Divine et à faire notre Ascension. Pour rejoindre sur le plan éthérique, tous les Êtres qui ont déjà réalisé leur conscience Divine. Pour en finir avec la réincarnation, avec la mort, avec la naissance, avec les vies de merde que l'on mène, vie après vie.

Un jour, je suis un homme; la vie d'après, je suis une femme. Un jour, je suis une femme et j'ai douze enfants; la vie d'après, je suis une femme et je suis désolée car je n'ai pas d'enfants. Et puis une autre vie et je redeviens un homme, et puis ça recommence. Aie! Quand est-ce qu'on va arrêter ça?

Donc nous vivons, en général, pour une bonne partie de l'humanité, comme le cuisinier. Il est tellement occupé à faire n'importe quoi qu'il **a complètement oublié** la chose pour laquelle il était venu : il devait faire un repas de noce. Il ne l'a pas fait, il a oublié, la fête est ratée, il a gâché le mariage...

Nous sommes tellement occupés à faire n'importe quoi que nous avons oublié la seule chose, **la seule raison** pour laquelle nous sommes venus sur terre, qui consiste à découvrir notre conscience Divine, à l'aimer, à la comprendre, **à la réaliser**. Chacun a oublié, la vie est gâchée, l'Ascension est ratée. Il faudra revenir encore...

Celui qui va travailler toute sa vie à comprendre sa conscience Divine aura vraiment gagné le gros lot. Pas le gros lot humain du 6/49; ça peut arriver à quelqu'un, bien sûr, mais la **véritable chance**, le vrai gros lot, c'est la conscience. C'est le véritable gros lot qui apporte **tout** par surcroît.

Dans le Chant du Cygne, le 6/49 est considéré comme le **symbole** même de la chance suprême humaine. Mais pourquoi cultive-t-on le symbole de la chance suprême humaine? C'est une métaphore parce que nous voulons gagner le suprême gros lot de la conscience Divine, qui est notre propre conscience Divine. Cela pourrait arriver que nous gagnions au 6/49 aussi; mais le vrai gros lot, c'est notre conscience Divine.

Cette conscience, vous la cultivez jour après jour, à travers les différentes façons de prendre conscience exposées dans le Nectar de la Conscience. Le Chant du Cygne et la connexion au Septième Rayon sont des moyens merveilleux et fantastiques de nous baigner dans la conscience tous les jours.

La conscience est un sujet tellement abstrait qu'on ne peut en parler, si ce n'est à travers des symboles. Alors, si vous prenez une série de symboles – alchimiques de préférence –, vous pouvez parler de la conscience tous les jours, tous les jours, tous les jours, et vous imprégner de cette idée, de cette conscience. Le mental est comme une éponge : il boit, il boit, il boit, et à un moment, il se transforme, il comprend et il cède la place à la pure conscience. C'est **la transmutation** qui s'opère en vous par la pratique du Chant du Cygne.

Dans le négatif, vous savez comment ça fonctionne. Prenez un adolescent qui n'a pas fait une chose bien méchante et mettez-le en prison avec des abrutis. Il sortira, un an plus tard, aussi abruti que ceux qui étaient là depuis des années. Il est foutu, il est gâché, il est contaminé; il s'est imprégné de négatif.

Nous, si nous nous imprégnons tous les jours de conscience, de conscience, de conscience, notre mental s'imprègne de conscience. Il devient lui-même conscience et à un certain moment, il est tellement beau, tellement vibrant, tellement sur la même longueur d'ondes que la conscience, que la fusion peut se produire.

Plusieurs choses peuvent arriver avec le Chant du Cygne :

- le mental s'est tellement imprégné de conscience qu'il fusionne avec la conscience;
- le mental s'est tellement baigné dans la conscience, il est devenu si calme qu'il disparaît et c'est le jaillissement de la conscience;
- le mental a tellement travaillé sur sa conscience qu'il a vraiment compris, il lâche prise, il est remplacé par la conscience;
- le mental a tellement chanté sa conscience que l'Alchimie s'est produite, il est devenu conscience;
- le mental a tellement parlé de sa conscience à lui-même que l'ouverture s'est produite, la conscience s'est installée;

- le mental est devenu tellement fou qu'il est redevenu lui-même, pure conscience;
- le mental est tombé tellement amoureux de sa conscience que, dans un sanglot d'extase, son coeur s'est ouvert, libérant sa conscience.

Alors voyez-vous, ô Êtres de Lumière, ce sont là quelques-uns des effets surprenants du Chant du Cygne. En le chantant, vous serez **transformés**. Si vous étudiez le Nectar de la Conscience en même temps, vous serez bénis, comblés et vous réaliserez la connaissance. Et si en plus de cela vous vous connectez régulièrement sur le Septième Rayon, vous serez comblés au-delà de toutes espérances... **Vous aurez tout par surcroît**.

De toute façon, avec ce travail sur soi-même, on devient réellement cette conscience. D'autant plus qu'on l'est déjà car vu sous un certain angle, il n'y a pas d'ego. En effet, l'ego est le mental, la vie du mental; mais le mental lui-même est une partie de la conscience. Indispensable, comme nos pieds : nos pieds sont une partie de nous-mêmes, mais nos pieds nous sont obéissants, ils n'ont pas de volonté propre.

Notre mental, lui, n'en fait qu'à sa tête parce qu'il a été séparé artificiellement de sa source Divine à cause de la société, à cause de la science, à cause de la religion. Toute la société, tout le système nous crée une conscience artificielle de séparation. Oui, la société actuelle nous coupe de notre source Divine. En effet, c'est absolument évident que la société refuse et dénigre même toute idée de **métaréalité**.

Donc, plus nous allons nous imprégner de cette conscience Divine, plus nous allons nous transformer. Plus nous allons la vivre, plus nous allons vivre des choses différentes et meilleures. Alors, à un certain moment, on va vraiment vivre ce qu'on devrait vivre dans la réalité. Cette vie nouvelle n'est pas du tout ce que nous avions prévu de vivre, pas du tout ce que nous avions imaginé; il nous faut même un certain temps pour comprendre. Nous allons souvent passer par des phases de déstructuration, de démolition, pour préparer le terrain de notre nouvel état. Alors va renaître un être nouveau, un vrai « Nous » avec une autre conscience et bientôt une nouvelle vie. Bien sûr, **il faut y travailler**; la prise de conscience nécessite vraiment l'effort requis de la part de l'ego qui doit absolument faire sa part.

- C'est la Loi Suprême : **« L'ego doit revenir consciemment »**, volontairement, de lui-même; il doit **le vouloir et oser**.

Un Maître est un être merveilleux, d'une volonté et d'une détermination incroyables, avec une compassion et un amour grandioses. Alors, le Royaume est pour les guerriers de la conscience. Les mous qui ne prennent pas la connaissance avec détermination resteront encore un temps **des têtards** de la conscience...

Nous sommes comme le cuisiner : nous préparons un suprême repas de noce pour nos propres noces Divines, nos noces Alchimiques. Quand nous nous intéressons à notre conscience, nous préparons notre repas de noce parce que nous allons nous marier avec notre véritable épouse, avec notre véritable époux, qui est notre conscience Divine. Ça n'empêche pas qu'on puisse être marié sur le plan terrestre. Mais notre véritable épouse, notre véritable époux, c'est notre conscience Divine, fusionnée avec le mental; il ne faut jamais oublier ça.

- Chacun dans la vie peut **recevoir** ce que son esprit peut **concevoir**.
- Chacun dans la vie peut **recevoir** tout ce dont il est conscient.

Si vous pouvez **concevoir** l'Ascension,
si vous pouvez être conscients de la métaréalité,
vous êtes certains de RECEVOIR les deux.

Ce principe ***concevoir - recevoir*** *est exprimé à la fin du chapitre 13. Il s'agit du principe même de* ***création de la réalité****. Si vous souhaitez une vie nouvelle pleine de satisfaction et de contentement, vous devez pleinement prendre conscience de la façon dont* ***se crée la vie****. Alors vous serez à même de vous créer vous-mêmes une nouvelle vie, vraiment à votre goût, vraiment plus satisfaisante. Comprenez bien, ô Êtres de Lumière, que tout ce que vous pouvez* ***concevoir, vous allez le recevoir****. Pour créer votre vie, comprenez comment fonctionne la vie!*

Ô, mes Amis de Lumière, vous qui êtes mes amis depuis des siècles, ce soir vous avez découvert le principe de l'Unité de la conscience. Cette connaissance doit être vécue chaque jour jusqu'à ce que vous en fassiez une véritable expérience, **une expérience significative**.

L'Unité de la conscience vous apportera ses fruits merveilleux et ses réalisations grandioses. C'est la voie des Êtres forts et braves qui avancent silencieusement sur le chemin de l'Ascension.

L'Unité de la conscience, c'est la voie abrupte des guerriers de la conscience. C'est la voie de ceux qui prennent le Royaume des Cieux d'assaut. C'est la voie qui dissout l'ego. C'est la voie des valeureux impatients.

L'Unité de la conscience est votre voie.

En réalité, je suis conscience,
En réalité, je suis TOI,
Toi et moi, nous ne faisons qu'un
car il n'y a qu'une seule conscience
et je suis cette conscience,
Oui, je suis cela.

Le Chant du Cygne, soutra 34.

Ainsi dans l'Unité de la conscience, vous vous connaîtrez vous-mêmes, vous connaîtrez l'homme, vous connaîtrez l'univers et les Dieux, vous connaîtrez la **métaréalité**.

Maintenant, ô Êtres de Lumière, chantons le Chant du Cygne tous ensemble. Nous allons le lire à haute voix de façon assez rapide. Non pas que nous soyons pressés, mais plutôt pour libérer une énergie vivante et vibrante.

Oui, chantons, ô Amis de Lumière, nous qui sommes des amis depuis des siècles et jaillissons tous ensemble, ruisselants de lumière, dans la conscience de l'Unité.

11

La guérison est conscience

La guérison et la santé, voilà bien une denrée rare recherchée par tous. Bonjour et bienvenue à vous, ô Êtres de Lumière, pour notre réunion du jeudi. La santé et la guérison sont notre sujet de ce soir. Il semblerait que cela vous intéresse particulièrement car vous êtes très nombreux, aujourd'hui.

L'Être qui travaille sur lui-même pour prendre conscience a besoin d'un certain niveau de confort financier, moral et psychologique, ce qui nécessite qu'il ne soit pas prisonnier des conditions **de survie**. L'être humain qui se débat pour sa survie à cause de la pauvreté ou de la maladie est terriblement limité dans sa prise de conscience.

Toutefois, un puissant travail de conscientisation poursuivi assidûment **malgré** ses terribles conditions de vie va l'élever. Il atteindra un certain niveau de confort financier, amoureux, sexuel. Il améliorera également son état de santé général. Ayant atteint une certaine **stabilité** de vie, avec un certain **confort** de vie, il ne sera plus menacé par les épreuves de la survie. Sa prise de conscience lui aura apporté déjà une certaine **qualité de vie**.

Alors commencera pour lui une nouvelle phase d'expansion de sa conscience qui le conduira rapidement au sommet de l'échelle de la conscience. Tout Être qui travaille sur sa conscience rencontrera, un jour ou l'autre, sur son chemin :

la Richesse, l'Amour, la Guérison.

C'est pour cela que le Nectar de la Conscience comporte plusieurs chapitres consacrés à ces sujets. Ainsi la prise de conscience s'opère-t-elle encore plus rapidement. En effet, il est réconfortant pour chacun de savoir que **malgré** ses terribles conditions de vie d'aujourd'hui, la Vie le dirige vers le meilleur. Oui chacun, **en partant de là où il est** et en travaillant sur sa conscience, se dirige à grands pas vers :

la Richesse, l'Amour, la Guérison.

Cela n'est qu'une question de temps et la durée n'est qu'une question de persévérance **quotidienne**. Chaque jour est suffisant pour atteindre la conscience en faisant le nécessaire jour après jour. Alors rapidement, les résultats apparaissent.

Ce soir, nous allons examiner les grands principes qui permettent à chacun de trouver la guérison et de retrouver la santé.

Premier principe :

La santé du corps physique dépend DIRECTEMENT de l'état de conscience.

Cela est très facile à comprendre. L'être humain, prisonnier de la conscience sociale, constate les fléaux qui accablent l'humanité. Il constate amèrement qu'il mène une vie de merde, très **en dessous** de ses aspirations les plus légitimes.

Que se passe-t-il alors?

- **Ses pensées** deviennent pessimistes et même négatives.
- **Ses émotions** sont de bas niveau; il vit dans la peur, le mécontentement, la frustration.
- Cela produit des **impressions** défavorables dans **son énergie** qui baisse. Il se sent vidé, fatigué, à plat.
- Les conséquences se font vite sentir sur le corps physique. Il dort mal ou pas assez, il mange trop, il est constipé et stressé à mort. **Les sensations** reçues par le corps physique sont des plus destructives.
- L'être est fatigué, mécontent, sa vie est difficile. Alors il éprouve des **sentiments très destructeurs** : colère, échec, impuissance.

À ce moment-là, ses **pensées** sont encore plus pessimistes. Les **émotions** sont encore plus fortes et plus destructives. Son **énergie** s'affaiblit encore plus. Le corps physique, perturbé par des **sensations** trop négatives, se détraque encore plus.

Les **sentiments** deviennent terriblement noirs. Certains êtres frôlent le désespoir et la dépression. Alors tout devient pire et la maladie apparaît. Certains seront malades toute leur vie. Pour les uns, la maladie ne sera pas trop grave, ils seront gavés de médicaments. D'autres en arriveront à l'opération. Et quelques-uns, à force de médicaments et d'opérations, finiront infirmes.

Pourtant, tout cela est facilement évitable et il est même très facile de changer radicalement l'orientation de sa vie.

La santé du corps physique dépend DIRECTEMENT de l'état de conscience.

Lorsque l'être humain se rend compte du processus qui dégrade sa santé, il décide de l'inverser. Oui, tout simplement, **il suffit d'inverser le processus** pour se diriger vers la santé. Cela est très facile pour chacun.

• **Processus destructeur.**	**Processus régénérateur.** **Prise de conscience.**
• Conscience accablée.	• Conscience éclairée.
• Difficultés sérieuses.	• Difficultés moindres.
• Pensées pessimistes.	• Pensées de conscience.
• Émotions négatives.	• Émotions élevantes.
• Énergie en baisse.	• Énergie et vitalité accrues
• Physique dégradé.	• Physique se guérit.
• **Sentiments destructeurs.**	• **Sentiments libérateurs.**
– Plus ça va, pire c'est : maladie, médicaments, opérations, infirmités.	– Plus la prise de conscience avance et plus l'ensemble se régénère. La guérison se produit, la santé revient.
– **Cercle vicieux :** tout s'aggrave.	– **Cercle bénéfique :** tout s'améliore.

Pour inverser le processus morbide, il suffit de travailler sur sa conscience de façon éclairée, régulièrement et systématiquement. Pour cela, le Nectar de la Conscience vous procure tous les moyens qui vous permettent de vous offrir une belle conscience toute neuve. Alors c'est automatique, il ne peut en être autrement, **le processus s'inverse**.

Que se passe-t-il alors?

- **Les pensées**, pétries de conscience, s'élèvent. Elles se tournent vers la Réalité suprême.
- **Les émotions** s'élèvent également, la satisfaction, le contentement et le plaisir reviennent.
- Cela influence favorablement le corps éthérique, ses **impressions** sont bonnes, **son énergie** augmente rapidement.
- Très vite, le corps physique bénéficie du changement. Le niveau de stress diminue. La personne dort mieux, s'alimente mieux et se déconstipe... Les **sensations** éprouvées sont de plus en plus agréables.
- L'Être redevient optimiste, content, régénéré, sa vie est beaucoup plus agréable. Alors il éprouve des **sentiments libérateurs** tels le calme, la paix, la tranquillité.

  Surtout, il éprouve le calme tranquille **de celui qui sait où il va,** le calme et la sérénité de celui qui sait qu'il se dirige vers la réalité suprême, vers sa conscience suprême.

À ce moment-là, ses **pensées** sont encore plus élevées. Ses **émotions** profondes sont encore plus stimulantes. Son **énergie** augmente toujours plus, il est plein de vie. Le corps physique, comblé de **sensations** agréables, se régénère à vue d'oeil. Les **sentiments**, imprégnés de conscience, deviennent intenses. La joie commence à apparaître.

À ce moment-là, l'Être avance à grands pas sur le chemin de la guérison totale. Beaucoup guérissent complètement. Beaucoup sont complètement régénérés. Tous émergent dans une qualité de vie nouvelle. Cela leur paraît incroyable, si peu de temps s'est écoulé et tant de résultats sont apparus.

Ceci est le cas de très nombreuses personnes guéries très vite, parfois en quelques semaines. C'est le cas de tous ceux qui décident de revenir à leur conscience suprême. Cherchez votre conscience d'abord et vous aurez tout par surcroît, y compris la santé.

Sur le chemin, en cours de route, votre conscience vous fera **toujours** rencontrer, au moment où vous en aurez besoin, le remède qui vous conviendra à ce moment-là. Ainsi, en travaillant sur votre conscience, vous vous régénérez et également, vous rencontrez des moyens de guérison si c'est nécessaire.

Donc, le premier principe consiste à se prendre en main et à cultiver sa conscience suprême d'une façon quotidienne, régulière et systématique. L'état de conscience changeant en profondeur, la vie change et la santé s'améliore profondément. Vous êtes absolument certains du résultat car votre vie est le reflet de votre état de conscience. Oui, votre santé est le reflet de votre état de conscience.

En changeant de conscience,
votre santé change.

Deuxième principe :

La santé est l'état naturel, donc il n'est pas normal d'être malade.

En effet, il n'est pas normal d'être malade. Pourtant, beaucoup de gens trouvent que la maladie est quelque chose de normal qu'il faut attraper un jour ou l'autre. Ils trouvent qu'attraper un rhume, c'est normal; attraper la grippe, c'est normal. Alors, quand arrive un cancer, ils trouvent ça aussi normal. Certes, ils auraient tellement voulu passer à côté, mais que voulez-vous? C'est normal d'être malade...

Foutaises! Ô malheureux, cela **n'est pas normal!**... Ce qui est normal, c'est la santé parfaite. Voilà l'état naturel et normal : la santé parfaite.

La santé idéale est une réalité absolue que chacun peut atteindre et réaliser facilement. Pour cela, il faut comprendre et saisir les principes de la guérison. Et pour commencer, il faut absolument comprendre :

Il n'est pas normal d'être malade.

Cela est un état de conscience. Lorsque la personne malade pense, réfléchit et comprend qu'il n'est pas normal d'être malade, il se passe quelque chose. Elle **réalise** en profondeur que oui, vraiment, ce n'est pas du tout normal d'être malade. Cette idée s'est **transformée** en un état de conscience.

Alors cette conscience est **obligée** maintenant de lui apporter la santé. En effet, la conscience est **obligée** de s'extérioriser et de se manifester. Si l'état de conscience est « Il n'est pas normal que je sois malade », la conscience **est obligée** de projeter la santé.

Comprenez-vous comment ça marche, la conscience? Votre vie est le reflet exact de votre conscience.

- Celui qui trouve une chose normale la voit apparaître dans sa vie.
- Celui qui trouve une chose anormale la voit disparaître de sa vie et être remplacée par son contraire.

Sachant cela, il devient très facile à chacun d'inverser ses états de conscience en remettant les choses dans le bon sens. Par un travail adéquat et judicieux, on retourne ses états de conscience aussi facilement qu'on retourne ses chaussettes.

Le procédé pour inverser l'état de conscience est très simple. Comme un vélo, il comporte deux roues : une roue sert à diriger le cycliste dans la bonne direction; l'autre est entraînée par le moteur humain qui pédale. Cette dernière est la roue motrice qui permet d'avancer.

- **La roue de direction.** C'est votre choix conscient, votre orientation consciente : la santé parfaite, cet état naturel qui est parfaitement normal. Vous pensez, vous réfléchissez et vous comprenez qu'il n'est pas du tout normal d'être malade. Ainsi, vous donnez une **direction** à votre vie. Dirigez-vous fermement vers ce qui est normal : la santé parfaite.
- **La roue motrice.** C'est votre conscience suprême qui, elle, ne veut qu'une seule chose : la santé idéale. Sur un vélo, pour avancer, il faut pédaler. C'est-à-dire que vous devez cultiver votre conscience suprême. Vous devez la cultiver sérieusement, assidûment tous les jours. Le Nectar de la Conscience, le Chant du Cygne et la connexion au Septième Rayon sont vos puissants moyens pour vous infuser de conscience.

  Cultivez votre conscience sans cesse, dirigez-vous fermement vers l'état naturel tout en pédalant comme un fou...

Alors attendez-vous à être vainqueurs; vous allez franchir les étapes de la guérison à toute vitesse. Voilà la ligne d'arrivée, voilà la victoire, **voilà la santé!** Vous avez gagné, vous êtes vainqueurs, félicitations!

Vous venez de découvrir un merveilleux secret : l'art et la façon d'inverser vos états de conscience. Procédez de la même façon pour tous les aspects de votre vie et vous serez vainqueurs dans **tous** les domaines.

Chacun peut immédiatement accomplir le travail requis pour changer sa vie en inversant ses états de conscience. Pourtant, beaucoup attendent trop longtemps. Ils attendent en effet d'être à bout, complètement excédés, pour se prendre en main.

Lorsqu'un être humain est suffisamment dégoûté et fatigué de vivre malade au bas niveau de ses possibilités réelles, **il réagit**. Oui, il comprend que cette vie médiocre **n'est pas normale**. Il réalise vraiment qu'il n'est pas normal d'être limité, pauvre et malade.

Lorsqu'il a compris que cela n'est pas normal, il a touché le fond du trou. Alors sa conscience commence à le ramener vers le haut, vers la lumière, vers la guérison.

Dès qu'il a compris que cela n'est pas normal, des moyens de guérison apparaissent. Il a ouvert une porte par laquelle des influx de conscience pourront passer. Sa conscience ne le lâchera plus avant qu'il n'ait retrouvé la véritable santé.

Cela s'obtient simplement et facilement en inversant ses états de conscience et en pédalant comme un fou sur son vélo **à deux** roues...

- Oui, la santé parfaite est normale
  et c'est parfaitement normal
  d'être en parfaite santé.

Troisième principe :

Les sentiments profonds sont la véritable cause de la santé (ou de la maladie).

Le rôle des sentiments est si important que lorsqu'il est compris, l'amélioration de la santé se produit rapidement, parfois même de façon spectaculaire. Chacun doit bien saisir ce qu'est un sentiment, ensuite il pourra le transformer et **le transmuter** selon la méthode offerte par le Nectar de la Conscience. Les sentiments **ne sont pas** les émotions, pas du tout, d'aucune façon. La plupart des gens confondent émotions et sentiments. Il y a un monde entre les deux.

L'émotion provient d'une agitation temporaire du corps astral. Même si la personne éprouve souvent la même émotion, la colère par exemple, c'est un bouleversement temporaire. **Ça passe**, ça passe **toujours**, même si ça revient souvent.

Le sentiment provient de l'expérience et du vécu **des quatre corps** inférieurs. À chaque événement de la vie, les quatre corps enregistrent les pensées, les émotions, les impressions et les sensations. Cela est le **RESSENTI** de l'ego. Cela est pour l'ego la réalité, car c'est ce qu'il **ressent**, ce qu'il expérimente par ses quatre corps **en même temps**.

Là, l'être vibre de tout son être, par toutes ses cellules, par toutes ses fibres. Là réside le sentiment qui est, je le répète, **le vécu et le ressenti** de l'ego éprouvés par les quatre corps.

« Je veux t'aimer de toute ma force,
de tout mon coeur, de toute mon âme ».

Ce qui signifie : « Je veux éprouver pour Toi Dieu ou pour Toi mon amour, un sentiment profond et intense ». Ce sentiment provenant de ce que je ressens et de ce que j'éprouve : dans tout mon corps physique et éthérique (ma force); dans tout mon corps astral (mon coeur); dans tout mon corps mental et causal (mon âme).

Le sentiment est profond et durable. C'est la substance même de notre conduite et de notre comportement. Comprenez-le bien, le sentiment est l'essence qui **oriente votre vie** pour le pire ou le meilleur.

Illustrons par un exemple l'émotion et le sentiment. Vous vous promenez dans un centre commercial; dans une vitrine, vous voyez des petits chiens. Qu'ils sont mignons, qu'ils sont adorables, ces petits chiots ravissants. Les gentils toutous vous regardent avec leurs beaux grands yeux suppliants... Là, vous craquez, une émotion intense vous envahit.

Si vous êtes une personne très consciente, vous prenez quelques bonnes respirations, vous pleurez un peu; mais que feriez-vous d'un chien, au dix-septième étage, dans votre ville en béton?

Si vous n'êtes pas un être très conscient, l'émotion déborde de vous, elle vous emporte, vous achetez le chien-chien et de retour à la maison, ce sera la dispute avec le conjoint; dans deux jours, vous regretterez votre impulsivité. **L'émotion** est passagère; elle passe et c'est fini. L'émotion provient d'un « coup de coeur » négatif ou positif. Elle passe et se dissout, toujours.

Le sentiment, lui, est **profond, durable et permanent**. Le sentiment reste en vous en permanence. Il est ce que vous éprouvez et ce que vous ressentez pour vos parents, vos enfants, vos amis, votre conjoint, votre maîtresse ou votre amant, votre travail, **votre vie**.

Le sentiment est le fond solide et durable de votre expérience de la vie. **En fait, le sentiment est l'essence de votre vie.** Quand la vie a distillé toutes les expériences, tous les événements, toutes les situations, alors il ne reste plus rien. Sauf le sentiment profond, qui est pour chacun l'essence de sa vie. C'est ce qu'il lui reste de toutes ses années écoulées.

Les années sont passées...
Seul le sentiment est resté...

Les conséquences sur la santé et la guérison sont considérables. Si la personne vit des sentiments intenses de peur, de haine, de racisme, de sexisme, d'insécurité, de désespoir, d'impuissance, de colère, d'envie, de jalousie, de mécontentement, d'insatisfaction, sera-t-elle en bonne santé?

J'en doute; les sentiments négatifs sont destructeurs. Ils détruisent carrément la personne qui en est affligée. Les sentiments négatifs sont dus parfois à la haine de soi-même. Le racisme est – avant d'être la haine des autres – la haine de soi-même. Ce qui conduit la personne raciste à s'autodétruire inconsciemment. Bref, le sentiment négatif est terriblement destructeur, tout le monde peut facilement le comprendre.

Maintenant, venons-en au côté pratique. En effet, le Nectar de la Conscience expose les principes, mais également, il fournit **les moyens de les réaliser concrètement dans votre vie**.

Chacun peut transmuter ses sentiments.

Dans le tome 2, « Les 13 principes », du Nectar de la Conscience, j'ai révélé la méthode qui permet de **transmuter** les sentiments. J'aurais vraiment aimé l'inclure aussi dans ce chapitre, mais **faute de place**, je ne le peux. La méthode **pratique** pour transmuter les sentiments se trouve dans le tome 2, chapitre 6, « Les sentiments, la transmutation ».

Chacun peut facilement et agréablement travailler avec la méthode et **transmuter** ses sentiments. Rapidement, il éprouvera un grand soulagement, puis une véritable libération; enfin, une ouverture de conscience se produira.

Alors, les vieux sentiments négatifs s'écouleront, ils disparaîtront. Certains seront carrément **transmutés** dans leur contraire. Ainsi, l'insécurité devient sérénité; l'impuissance devient le pouvoir d'agir... etc...

Chacun peut transmuter ses sentiments.

Ainsi, la cause des maladies disparaît-elle. Le sentiment est la **cause-causale** de la maladie. Lorsque cela sera compris par la société, naîtra une nouvelle science. Celle-ci, avec son armée de « sentimentologues » très diplômés, s'efforcera à prix d'or de vous changer les sentiments.

Inutile d'attendre cette science du XXIe siècle qui va mettre encore vingt-cinq ou trente ans avant d'être officielle. **La transmutation est déjà une réalité.** Chacun peut **déjà** transmuter ses sentiments. Chacun peut se transmuter lui-même **dès à présent, 1997**.

Quatrième principe :

La santé est un état naturel assuré par le système immunitaire.

Tout de suite, les « intelligents » vont dire : « Voyez tous ces gens malades, leur système immunitaire ne les protège pas ».

- Si, le système immunitaire est suffisant pour assurer une santé parfaite.
- Lorsque le système immunitaire est détraqué, évidemment la porte est ouverte à toutes les agressions.

Donc et comprenez-le bien, la véritable médecine **sera** celle qui restaure et régénère le système immunitaire. Avec un système immunitaire en parfait état, chacun sera **totalement protégé** contre toutes les agressions extérieures. Tout le monde a constaté, lors des épidémies de grippe, que certains l'attrapent, d'autres non. Pourquoi? L'un a son système immunitaire défaillant, pas l'autre.

Là, la médecine chimique se précipite à grand renfort de médicaments, d'antibiotiques et de vaccins. Là n'est pas la solution, pas du tout, loin de là. La véritable solution consiste à régénérer le système immunitaire.

Chacun peut régénérer son système immunitaire.

Oui, cela est à la portée de tout le monde, par les moyens les plus simples. Dans « quelques années », lorsque les médecins et les scientifiques se seront libérés[1] **des tyrans** de l'industrie chimique, apparaîtra la science du système immunitaire.

Inutile d'attendre encore cinquante ans; chacun peut, dès aujourd'hui, reconstruire son système immunitaire lui-même. Chacun peut se régénérer lui-même, cela est à la portée de tout le monde. Cela est soigneusement caché au grand public[1] pour des raisons bassement mercantiles.

Toutefois, les grandes lois de la Vie ne peuvent être **cachées** à la population indéfiniment. Elles finissent toujours par **ressortir** sous une forme ou sous une autre. Aujourd'hui, le besoin d'une véritable alternative à la médecine chimique est si énorme et la pression si considérable que la lumière jaillit de partout. Alors la Réalité apparaît, jaillissant d'un peu partout et une multitude de moyens émergent, apportant des solutions nouvelles aux vieux fléaux.

S'opposer à ce courant ascendant dirigé par les forces solaires, c'est faire preuve d'un aveuglement total. Les forces rétrogrades seront balayées, submergées et définitivement éliminées. Sachez-le bien, quelles que soient les apparences de la société actuelle qui termine son cycle, le changement s'opère.

1. Tome 2, chapitre 9, *L'échec médical*.

Chacun peut régénérer son système immunitair

Oui, chacun peut régénérer son système immunitaire. Cela [illegible] une réalité absolue. Encore faut-il savoir ce qui le détruit et ce qui le régénère. C'est ce que nous allons découvrir immédiatement.

Le système immunitaire dépend directement de l'harmonie qui règne dans les quatre corps. Dès que l'un d'eux est perturbé, aussitôt le système immunitaire est affecté. À l'inverse, dès que l'harmonie revient dans les corps subtils, aussitôt le système immunitaire est rééquilibré.

Cela est illustré dans ce chapitre au premier principe, par l'explication du processus destructeur et du processus régénérateur.

- Il est essentiel de prendre conscience à quel point ces deux processus influent sur le système immunitaire.

Le système immunitaire est détraqué par une perturbation des corps subtils et des sentiments.

- **Corps mental :** pensées négatives, esprit critiqueur, mentalité rétrograde, esprit fermé et buté, ambitions mesquines, mentalité du toujours mécontent, ...
- **Corps astral :** émotions inférieures, colère, haine, méchanceté, jalousie, ambitions déçues, deuil, chagrin d'amour, absence de rire et de joie, ...
- **Corps éthérique :** fatigue, stress, surmenage, manque de sommeil, excès sexuels, ...
- **Corps physique :** intoxication générale (drogue, médicaments, tabac, excès d'alcool). Alimentation dénaturée, chimiquée, trafiquée. Excès de pollution de l'air et de l'eau, ...
- **Sentiments :** d'échec, d'impuissance, de désespoir, de peur, de culpabilité, de frustration, de déception, haine profonde (racisme, fanatisme), tristesse, ennui. Ajoutons la dépression et la mélancolie.

Tout le monde peut facilement comprendre cet aspect des choses et donc en déduire que la **régénération** du système immunitaire est tout à fait possible :

- par un processus global agissant sur les quatre corps et les sentiments;
- par une inversion complète de la vie erronée de l'ego.

Cela est déjà une réalité totale pour des millions de personnes qui ont entrepris de se guérir et de se régénérer par un travail éclairé sur leur conscience. Examinez soigneusement votre vie pour déterminer ce qui perturbe gravement l'harmonie de votre être et inversez carrément le processus destructeur.

Pour cela, utilisez à doses massives vos trois puissants moyens : le Chant du Cygne, le Nectar de la Conscience et la connexion au Septième Rayon. Vous allez vous infuser de conscience et vous ouvrir. Alors la conscience jaillira en vous, **vous conduisant** très vite à la guérison véritable. Elle vous fera rencontrer en cours de route les personnes, les ressources, les moyens et les produits dont vous aurez éventuellement besoin.

Chacun peut régénérer son système immunitaire.

Cela est à la portée de tout le monde et devient une parfaite réalité pour beaucoup de gens. Oui, pour tous ceux qui comprennent qu'il faut prendre les choses dans **le bon sens**, c'est-à-dire pour ceux qui décident **d'agir avec conscience**, par la conscience, dans la conscience.

Alors, tout le reste suit et tout vient par surcroît, jusqu'à la **guérison globale** de tous les corps incluant, bien sûr, le corps physique.

- Chacun peut vivre en parfaite santé en régénérant lui-même son système immunitaire.

Cinquième principe :

La guérison véritable passe par le traitement global de l'Être.

Nous devons bien comprendre que la santé globale ne dépend pas du seul corps physique. Nous possédons tous sept corps, huit en fait, étroitement interdépendants l'un de l'autre.

L'ego peut agir seulement sur les quatre corps inférieurs. Heureusement, Dieu est grand... il ne permet pas à l'ego de tripoter dans les corps supérieurs. Ainsi, l'être humain **peut dégrader à volonté** ses corps physique, éthérique, astral et mental. Ainsi d'ailleurs que ses sentiments.

Par contre, l'être humain n'a pas accès, d'aucune façon, à ses corps supérieurs : corps causal, atmique, bouddhique, anouïque. Ces corps supérieurs **sont déjà parfaits** et sont totalement **hors de portée** de l'être humain, heureusement pour lui...

Donc, l'être humain a la liberté de dégrader à volonté ses quatre corps inférieurs. Il se retrouve alors affligé de nombreuses maladies et de fléaux divers qui lui gâchent la vie. Lorsqu'il atteint le fond du trou, il n'a plus qu'une idée en tête : **guérir, guérir, enfin guérir**. Là, il est prêt, il est mûr pour revenir à la guérison.

- S'il s'agit d'un être peu conscient, il fera confiance **« aux autres »**, il se « confiera » à un pouvoir extérieur et il s'en remettra à la médecine chimique et... **il ne guérira pas**. Évidemment, il a dégradé ses quatre corps et ses sentiments et la médecine officielle ne soigne **que** le corps physique...
- Si l'Être est plus ouvert ou plus conscient, il comprend son unité et va chercher à **se traiter de façon globale**. Il fera confiance **à lui-même** dans son **propre** pouvoir de se guérir et il se confiera à sa conscience supérieure.

Alors il découvrira une **multitude** de moyens divers qui permettent d'agir sur les corps subtils et de les régénérer en douceur. Ainsi, il découvre la médecine douce, la médecine alternative, les thérapies et **les mille moyens** de guérir.

Ayant découvert toute la panoplie des nombreuses solutions qui s'offrent à lui, il lui suffit, par un choix judicieux, d'utiliser les moyens qui lui conviennent le mieux. Plus cet Être nouveau est conscient, plus il **« demande »** à sa conscience supérieure de le conduire, de le guider et de le diriger. Alors naturellement et spontanément, il rencontre les personnes et les ressources qui lui conviennent parfaitement.

- **Alors, il guérit!** Oui, la guérison devient une réalité dans sa vie.

Cette personne intelligente a compris que la santé dépend étroitement de l'état des quatre corps et de la nature des sentiments. Elle se soigne donc de façon globale et son retour à la santé est très rapide.

Il est courant de voir des personnes, malades depuis des années, améliorer leur santé de façon spectaculaire en quelques semaines. Cela se produit dès que la personne a pris conscience :

- qu'il n'est pas normal d'être malade;
- que sa santé est reliée à ses corps subtils;
- que sa conscience supérieure **veut** la guérir.

Alors dans cette ouverture jaillit un flot de conscience qui va conduire rapidement l'être humain à la guérison véritable. Celle-ci sera d'autant plus rapide que la personne sera ouverte et à l'écoute de sa conscience supérieure.

Dans les années 70, je me suis retrouvé dans ce cas-là, guérissant en six semaines d'un traitement médical de trois ans qui m'avait presque conduit à l'amputation de l'estomac. Un sursaut de conscience m'a évité le pire et depuis bientôt trente ans, je vis en parfaite santé avec tous mes organes au grand complet... Les médecines naturelles m'ont apporté une santé parfaite en six semaines, là où la médecine « scientifique » allait – après trois ans d'échec – m'offrir une infirmité à vie. Comprenez-vous?

Êtes-vous certains de vraiment comprendre?

Si vraiment vous comprenez le cinquième principe, vous êtes **obligés de guérir** rapidement. La compréhension des principes de la guérison, suivie de leur mise en oeuvre, **vous connecte** directement à votre conscience suprême. Lorsqu'il en est ainsi, votre volonté de guérir est en tout point **identique** à la volonté de votre conscience supérieure qui **veut** aussi vous guérir.

Votre volonté humaine et votre volonté Divine ne font plus qu'un. Lorsqu'il n'y a plus deux volontés, mais une seule, la dualité a disparu. Alors la volonté supérieure n'a plus d'obstacle; elle jaillit librement dans votre vie, vous apportant **en un jour** ce que vous n'avez pas vous-mêmes réussi en un an.

La guérison véritable passe par le traitement global de l'Être. Le cinquième principe vous ouvre les portes de la guérison. Il vous suffit :

- de vous ouvrir, de comprendre et d'agir en vous laissant guider.

Sixième principe :

Dans votre conscience supérieure, vous disposez du POUVOIR de vous guérir.

La véritable santé passe par la **régénération**. Or il faut bien le savoir, l'Être a la faculté de régénérer tous ses corps, y compris le corps physique. Comprenez bien, vous disposez d'une faculté extraordinaire, **celle de maintenir vos corps en vie**. C'est vous, dans votre conscience supérieure, qui maintenez vos corps en vie.

Bien sûr, vous le lavez, vous l'habillez, vous le nourrissez, vous le faites baiser. Mais en plus de cet entretien quotidien, c'est vous qui le faites respirer, digérer, éliminer. Mais bien plus encore, c'est vous qui faites pousser les cheveux, qui régénérez la peau, qui produisez les globules rouges et les blancs.

- Vous êtes vous-mêmes la **Vie** de vos corps.
- Vous êtes vous-mêmes la **Vie** de votre corps physique.
- Vous êtes vous-mêmes la **Vie**, la santé parfaite et globale.

Dans votre conscience supérieure, vous faites vous-mêmes vivre votre corps. Vous vous assurez en permanence que la vie, la vitalité et la santé parfaite débordent de tous vos corps. Vous n'avez qu'une seule volonté : celle de disposer d'un corps en parfait état, ce qui vous permettrait d'accomplir sur tous les plans vos intentions et aspirations profondes.

Alors, puisque votre conscience supérieure a **tous les pouvoirs** de régénérer, de guérir et de rétablir, pourquoi ne le fait-elle pas?

- Elle le fait! Jour et nuit! Sinon, vous seriez morts depuis déjà longtemps!

Pourtant vous êtes malades, peut-être même très malades et depuis longtemps. Il y a donc quelque chose qui vous empêche de vous guérir vous-mêmes. Ce quelque chose qui vous empêche de vous guérir vous-mêmes, **c'est vous!** Mais bien sûr, l'ego, l'être humain si limité, si ignorant, c'est lui le problème!

Qui a détruit sa santé? **Qui a usé de son pouvoir de dégrader à volonté sa santé?** C'est vous! Bien sûr, dans la majorité des cas, vous ne l'avez pas fait exprès mais pourtant, vous, dans votre ego, vous avez ruiné votre santé.

- Avec des pensées négatives, vous avez brisé l'harmonie de votre corps mental.
- En cultivant des émotions inférieures, vous avez bouleversé votre corps astral.
- Avec un mode de vie erroné, vous avez privé d'énergie votre corps éthérique.
- Avec des habitudes non naturelles, vous avez intoxiqué votre corps physique.
- Toutes les difficultés de la vie vous ont généré une foule de sentiments destructeurs.

Arrivés là, vos corps sont tellement dégradés que vous ne voyez plus d'issue, vous ne voyez plus la lumière. Arrivés à ce niveau de maladie et de souffrance, vous n'entendez plus l'appel d'en haut, vous n'entendez plus la voix de votre conscience.

Votre souffrance vous prive de ressentir la bonne direction. Vous ne ressentez plus rien, sauf votre souffrance. Vous êtes devenus un quasi légume condamné aux médicaments et aux opérations...

Voilà où vous a conduits l'ego dans son ignorance, dans son

aveuglement, dans sa surdité. L'ego, têtu et borné, préfère encore se maintenir dans la maladie plutôt que de s'ouvrir à sa conscience supérieure pour enfin guérir. Oui, si l'ego renonçait, la conscience pourrait **encore** le guérir. Mais encore faudrait-il qu'il le veuille, qu'il voie, qu'il entende, qu'il comprenne.

Que doit-il vraiment comprendre? Tout simplement que vous êtes un Être tout à fait Divin. Que vous êtes la Vie, la santé et l'amour. Que vous, dans votre conscience supérieure, vous voulez le guérir. Que vous avez réellement **le pouvoir de guérir**, de régénérer et de restaurer la santé parfaite.

- **Vous avez le pouvoir de Guérir.**
- **Vous avez le pouvoir de vous guérir.**

Oui, vous disposez de cette faculté extraordinaire. Vous avez le pouvoir de maintenir vos corps en vie. Vous avez le pouvoir de vous guérir totalement.

Cela dépend de vous... uniquement de vous...

Comment s'y prendre? De la façon la plus simple qui soit. Cultivez votre conscience le plus possible et c'est elle qui vous conduira directement à la santé. En cours de route, **vous rencontrerez** les traitements naturels dont vous avez besoin.

Septième principe :

L'état naturel de santé parfaite ne peut être rétabli que par des moyens naturels.

Bien sûr, le naturel ne peut être rétabli que par le naturel. Pourtant, beaucoup de gens pensent encore que la bonne santé est quelque chose de très exceptionnel qui nécessite des moyens tout à fait extraordinaires.

Ces gens-là sont les adeptes de la médecine chimique, des examens fréquents pour voir si « tout est normal ». Ils sont partisans des opérations. Pour eux, enlever la rate, les amygdales, la vésicule, c'est tout à fait normal. Changer un foie, un coeur, un poumon ou un rein, c'est très bien.

Cela n'est en aucune façon de la guérison. C'est du tripotage qui parfois prolonge un peu la vie. La guérison n'est pas apparue, la qualité de vie a **disparu**. La personne est condamnée à bouffer des médicaments toute sa vie. Finalement, à force d'opérations, elle deviendra infirme et elle échouera à Lourdes[2], l'espérance d'un miracle étant désormais... son seul espoir de guérir!

2. Tome 2, chapitre 9, *L'échec médical.*

La véritable santé passe par la sauvegarde de **l'intégrité** physique. **Ne** pensez pas que vous pouvez être en bonne santé s'il vous manque des organes. Il n'est pas sans conséquences d'ôter au corps certaines glandes ou certains organes.

Tout Être conscient qui décide de retrouver la santé véritable va la retrouver et même très vite. Cela, pour plusieurs raisons.

- C'est en son pouvoir, dans sa conscience.
- C'est sa volonté supérieure qui le veut.
- Il possède donc le pouvoir et le vouloir...

C'est tout et c'est bien facile à comprendre. Vous avez **réellement le pouvoir et la volonté** dans votre conscience supérieure. Vous pouvez vraiment vous guérir complètement. Vous possédez la faculté de vous rétablir entièrement.

Vous disposez d'une ouverture de conscience qui vous permet de comprendre **les principes supérieurs** de la guérison, ici exposés. Ce sont les principes de **la guérison par la prise de conscience**.

Voilà la guérison par la conscience.

Voilà donc, pour notre monde, le retour de la guérison, de la santé, du bien-être pour tous. Beaucoup ont déjà compris depuis longtemps. Mais au sein de la société ignorante, ils ne sont qu'une minorité.

- La guérison par la conscience est une réalité que la société devra conscientiser dans « quelques années ».
- **L'état naturel de santé parfaite ne peut être rétabli que par des moyens naturels.**

L'Être de Lumière qui a ouvert en grand sa conscience pour accepter la guérison par la conscience comprend parfaitement le septième principe.

- Il sait que seul le naturel peut rétablir le naturel.
- Il sait que sa conscience est la Vie, le pouvoir et la volonté de guérir.
- Il sait qu'il peut **« aider »** sa conscience en **« aidant »** son corps physique.

Alors il se tourne vers les moyens et les produits naturels pour **« s'aider »** à se regénérer. Cet Être de Lumière sait qu'il va guérir d'autant plus vite qu'il utilisera les moyens les plus naturels. Alors, dans une nouvelle vie vraiment saine, il se guérit de façon naturelle par la nature elle-même.

Il se guérit au moyen des **cinq éléments** : l'eau, l'air, la Terre, le feu et l'éther. Les cinq éléments offrent « mille » moyens de guérir.

- **L'eau :** bain, sudation, irrigation du colon, bain de siège, boisson naturelle...
- **La Terre :** argile, plantes, tisanes, huiles essentielles, nourriture saine...
- **Le feu :** marche sur le feu, baume chauffant, chaleur localisée, soleil...
- **L'air :** bain d'air, respiration, pranayama...
- **Les éthers :** transfert d'énergie vitale, magnétisme, insufflation, aura, acuponcture, homéopathie...

En fait, chacun des cinq éléments offre **des dizaines** de façons de travailler sur sa santé. Il n'y a que l'embarras du choix. En étant à l'écoute de sa conscience on choisira **toujours** la bonne méthode, celle choisie par notre conscience, celle qui nous convient le mieux à ce moment-là de notre vie.

Comprenez une chose : toutes les médecines douces, toutes les médecines naturelles sont directement reliées à l'un des cinq éléments **et** à l'un ou l'autre des quatre corps. Ainsi, l'Être de Lumière qui veut guérir par la conscience travaille sur sa santé avec les cinq éléments. Cela s'accomplit au travers d'une médecine douce que sa conscience lui aura fait choisir et rencontrer.

Par ailleurs, cet Être en voie de guérison rapide oeuvre à ouvrir toujours plus sa conscience et il rétablit l'harmonie de ses quatre corps inférieurs.

- **Corps mental :** sa pensée devient claire et lumineuse, tournée vers l'abondance et la richesse de sa conscience.
- **Corps astral :** ses émotions ne lui échappent plus. Il élève rapidement ses émotions vers les niveaux supérieurs de l'amour de son Être.
- **Corps éthérique :** son énergie revient, il est plein d'énergie. Il sait maintenant conserver son énergie et se recharger pour déborder de vitalité.
- **Corps physique :** sain, tonifié, vivant, régénéré, il mange bien, il élimine bien, il dort bien et si possible, il baise bien.

- **Les sentiments :** l'Être conscient a bien saisi tout ce qui concerne les sentiments et il est capable de les **transmuter**. Il vit alors dans les sentiments supérieurs. Sa guérison s'accélère!...

L'état de santé parfaite ne peut être rétabli que par des moyens naturels.

Cela étant parfaitement saisi, chacun ayant ouvert sa conscience, chacun oeuvrant sur ses quatre corps, chacun travaillant avec les cinq éléments, guérit rapidement et complètement.

- **Pour vraiment guérir :**
  - ouvrir sa conscience;
  - travailler avec les cinq éléments.
  - oeuvrer sur les quatre corps et les sentiments;

Ô, Êtres de Lumière, cela est-il assez simple? Voulez-vous plus simple? Ici réside le secret de la santé totale et parfaite, sans médicament ni opération. Vous n'avez qu'une seule chose à faire : comprendre vraiment le Nectar de la Conscience. Alors **votre conscience dirigera votre vie**, vous apportant en très peu de temps un état de santé stupéfiant : l'état de santé dont vous rêvez et que vous n'avez jamais pu obtenir vous-mêmes. Lorsque j'animais l'émission de télévision « Joie et santé », j'avais une formule d'introduction, celle-ci :

« La véritable santé, c'est la joie de vivre et c'est à nous de la reconquérir ».

Ô, mes Amis de Lumière, nous qui sommes des amis depuis des siècles, ne lâchez jamais votre conscience et la reconquête de la santé avant de jaillir dans la joie de vivre. Vous en avez le pouvoir et c'est à vous de le vouloir.

Huitième principe :

L'activité mentale automatique est LA SEULE cause qui perturbe le sommeil.

Le retour de la santé passe par la guérison, dirait La Palice. La guérison passe par le retour du sommeil. Oui, le bon sommeil naturel et profond doit revenir pour accélérer, compléter et consolider la guérison. **Découvrons** donc le secret du sommeil naturel pour tous.

Nous savons tous, par l'étude de la connaissance de soi, ce qui perturbe le sommeil. Sous mille aspects différents pour chacun, le sommeil est perturbé par **une seule cause** : l'agitation mentale automatique.

En effet, le mental est continuellement agité de vaines pensées, de vaines imaginations toute la journée. Le vacarme mental est si intense que beaucoup font marcher la radio à fond sans arrêt pour ne plus s'entendre eux-mêmes...

Dès que vous êtes couchés, c'est encore pire : **il rumine**. Le mental avale toute la journée une multitude d'émotions, de sensations, d'impressions, de frustrations, d'ambitions, de désirs, de mécontentements, d'échecs, de disputes, de déceptions. Cette « nourriture » n'est pas digérée.

Alors la vache mentale, ses estomacs pleins, se met à ruminer dès que vous êtes au lit. Toute cette « nourriture » remonte sous forme de pensées dans le mental qui les rumine une à une.

La rumination va se poursuivre longtemps, très longtemps, parfois des heures durant. Elle ne cessera pas tant que toutes les pensées n'auront pas été ruminées et digérées.

Réfléchissez bien à la rumination mentale et vous constaterez la profonde similitude avec le bovin ruminant de nos étables. Dès son retour à l'étable, la vache rumine l'herbe qu'elle a mangée toute la journée. Elle s'arrêtera seulement lorsqu'elle aura terminé et qu'elle n'aura donc plus rien à ruminer.

Le ruminant mental, lui aussi, se « nourrit » toute la journée. Dès qu'il se couche, il rumine et ne cesse pas avant que tout son mental soit ruminé. Comme cela peut durer des heures, que fait le ruminant mental?

Il avale des somnifères et il dort! Enfin, il ne dort pas vraiment, mais au moins, il en a l'impression car il ne rumine plus. Au matin, **son sommeil artificiel** ne l'ayant ni reposé, ni régénéré, il est fatigué.

Il prendra donc quelques stimulants pour attaquer sa journée du bon pied. Le cycle somnifère - sommeil artificiel - stimulant se poursuivra quelques années. Le système nerveux hyper stressé ne résistera pas. La porte sera ouverte à de nombreux troubles qui deviendront des maladies.

D'autre part, le manque de sommeil véritable aura rendu la personne agitée, irascible, colérique et d'une mauvaise humeur permanente. Ainsi est la vie du ruminant mental dans nos grandes villes, sur notre belle planète bleue.

L'activité mentale automatique
est LA SEULE cause qui perturbe le sommeil.

Pourtant, par la connaissance **de soi**, il est possible pour chacun de retrouver le sommeil naturel. Ce sommeil bénéfique qui permet de se régénérer et de récupérer ses forces se trouve à portée de la main.

Oui, le merveilleux sommeil de notre enfance qui nous fait sombrer dans les bras de Morphée **dès** que nous sommes au lit peut revenir. Ce beau sommeil peuplé de rêves heureux et qui nous laisse au petit matin frais, dispos, heureux et joyeux, chacun peut le retrouver.

Ce sommeil naturel est à la disposition de tout le monde, **même** de ceux qui dorment mal depuis longtemps **et même** à ceux qui sont gavés de somnifères. Tous peuvent revenir au bon sommeil naturel.

Le retour du sommeil naturel se fait de façon très simple, comme d'ailleurs tout dans le domaine de la conscience. Pour revenir au sommeil, il y a une seule chose à comprendre :

« Je ne suis pas celui qui pense ».

Ce principe, parfaitement saisi, **arrête** complètement la rumination. Cela est très facile à comprendre.

- Le ruminant mental se couche, une pensée lui vient à l'esprit. Il ne cesse d'y penser. Aussitôt, l'intellect l'examine sous tous ses aspects. Ainsi pour toutes les pensées, toute la nuit.
- L'Être conscient se couche, une pensée lui vient à l'esprit; tranquillement, il constate : « Je ne suis pas celui qui pense ». Il ne s'y intéresse même pas, il ne rumine pas. **Et il dort...**

Les « intelligents » crient au secours. C'est trop simpliste, c'est bien trop simple. Laissez faire ces ignorants crottés. Laissez-les ricaner, **cela n'affecte pas la réalité**, ni moi non plus, d'ailleurs.

Lorsque l'individu conscient constate en pleine lucidité : « Je ne suis pas celui qui pense », la rumination **cesse** aussitôt. C'est naturel car à ce moment-là, l'intellect cesse d'examiner la pensée. L'énergie mentale n'est plus envoyée dans la vaine imagination et le mental n'y pense plus.

Alors une autre pensée apparaît dans l'esprit; l'Être conscient constate simplement : « Je ne suis pas celui qui pense ». Il n'y a plus de rumination. Bien sûr, puisque « vous n'êtes pas celui qui pense », c'est qu'il n'y a **personne** pour penser.

S'il n'y a **personne** pour penser, il n'y a **personne** pour ruminer. Alors, après une poignée de pensées qui ne trouvent personne pour penser à elles... et personne pour les ruminer... le mental capitule.

Mais oui, vous avez gagné. Vous avez observé votre mental et tranquillement constaté : « Je ne suis pas celui qui pense ». C'est tout et c'est

suffisant, le mental capitule.

Voilà la victoire, voilà le sommeil.

C'est ainsi et ça fonctionne à mille pour-cent. Beaucoup de ceux qui suivent les conférences me le disent régulièrement : « Das, ça marche, ton truc ». Oui, ça marche vraiment très bien; mais ce n'est pas un truc, **c'est la véritable connaissance de Soi**. Le mental est automatique et **personne** ne pense, voilà la réalité.

C'est la connaissance de soi-même **appliquée concrètement** dans la vie, ici et maintenant. Tous peuvent vraiment retrouver un sommeil de bébé par la prise de conscience :

« Je ne suis pas celui qui pense ».

Naturellement, il faut se donner la peine de comprendre vraiment le principe. Naturellement, il faut l'appliquer systématiquement jusqu'au résultat.

Après le cours que je donne ici, les personnes voient leur sommeil s'améliorer sérieusement en deux à trois semaines. Rapidement, en quelques semaines, l'habitude est prise. Ils se couchent **et... ils dorment**. Le ruminant mental a disparu, l'Être conscient et lucide l'a remplacé. L'Être n'a pas besoin de ruminer. La rumination mentale est une perturbation qui disparaît avec la connaissance de soi-même.

Même sans cours, il est très facile à chacun de comprendre et d'appliquer le principe. Alors, qu'attendez-vous pour retrouver le sommeil naturel? Bonne nuit...

J'ai pris grand soin d'élaborer tout un chapitre sur « Je ne suis pas celui qui pense ». C'est le chapitre 9 : le vide est conscience. Je sais bien que le mental a besoin d'explications avant de pouvoir passer à l'action... Le chapitre 9 contient tout ce qu'il vous faut pour **comprendre et réaliser** le principe :

« Je ne suis pas celui qui pense ».

Étudiez-le, comprenez-le, saisissez-le avec Manas, montés sur votre cheval fou. **Appliquez** le principe dans la journée, selon vos besoins. **Appliquez** le principe de façon systématique tous les soirs au coucher. **Appliquez** le principe en cas de réveil au milieu de la nuit.

Bientôt, vous vous endormirez très vite et vous dormirez comme un bébé. Vous serez reposés et régénérés. Vous serez détendus, calmes et souriants. Alors, vous commencerez à guérir. **Continuez** ainsi jusqu'à la santé parfaite.

La nuit, vous n'avez pas besoin de penser. Vous connaissez le dicton : « La nuit porte conseil ». Oui, à ceux qui dorment, pas à ceux qui ruminent.

Souvenez-vous, ô mes Amis de Lumière, nous qui sommes des amis depuis des siècles : le repos passe par le sommeil. Cette vérité de La Palice cache une grande réalité : le sommeil naturel procure le véritable repos qui, lui-même, restaure une grande partie de la santé. Cela est offert à chaque Être qui **réalise** le principe de cet état de conscience :

« Je ne suis pas celui qui pense ».

Neuvième principe :

La santé du corps physique est le reflet de votre état de conscience.

Si chacun a bien compris les huit principes de la guérison, chacun comprendra facilement le neuvième et dernier principe : la santé du corps physique est le reflet exact de notre état de conscience.

Il est très facile de constater chez quelqu'un la fatigue, le stress, la lassitude, l'énervement. Chacun peut observer et découvrir les gens qui sont saturés de toxines et complètement intoxiqués; les yeux, la peau, le visage boursouflés nous renseignent. Tout le monde peut s'apercevoir à quel point certains sont intoxiqués. D'ailleurs, presque tout le monde est bourré de toxines et possède un organisme surchargé qui fonctionne au ralenti.

La santé parfaite passe par la connaissance et l'application des huit premiers principes, ce qui nécessite une profonde prise de conscience à plusieurs niveaux. De la prise de conscience découle automatiquement la guérison.

La prise de conscience **étant réalisée**, la guérison commence. Là, il faut **« aider »**. On va donc aider la guérison en nettoyant le corps physique de ses toxines. Tout le monde peut comprendre que l'être humain est intoxiqué. Les difficultés de la vie, les soucis terribles perturbent l'énergie du corps et certains organes fonctionnent au ralenti. C'est en particulier le cas du foie et des reins.

D'autre part, l'ingestion de produits pollués tels l'eau, l'air, le tabac, l'excès d'alcool, la nourriture trafiquée, les médicaments, encrasse complètement le corps physique. Alors les organes d'élimination – foie, rein, intestin, peau – fonctionnent au ralenti. Ils éliminent encore moins.

Plus ça va, plus l'être est saturé de toxines, plus son système fonctionne au ralenti, plus il s'encrasse. Alors, son système immunitaire se détraque et n'arrive plus à fournir à la tâche de résister aux agressions.

Ainsi, la porte est ouverte aux agressions extérieures. Si rien n'est fait, les agressions seront plus nombreuses, toujours plus graves. L'humain finira par tomber sérieusement malade.

- Avant d'en arriver là, **il est urgent** de se désintoxiquer complètement. Oui, il faut vraiment éliminer de son corps toutes les toxines.
- La désintoxication profonde permet à tous les organes du corps de fonctionner de nouveau **à plein régime**.
- La désintoxication profonde **stimule** tout à coup le système immunitaire qui redevient en mesure de jouer pleinement son rôle.
- La désintoxication véritable libère **un flot d'énergie** partout dans le corps qui l'utilise aussitôt pour **se régénérer** partout où il en a besoin.

Lorsque l'Être conscient a décidé de retrouver la santé parfaite, totale et globale, il passe à l'action. Il intègre dans sa conscience les neuf principes de la guérison.

- **Il prend conscience sur le plan de l'Être.**
- **Il se désintoxique sur le plan physique.**

La désintoxication consiste à éliminer les toxines du corps en **stimulant** tout l'organisme de façon naturelle. De très nombreux moyens existent. En travaillant avec les **cinq éléments**, vous en découvrirez des dizaines (voir le septième principe). Pour vous mettre sur la piste, je vous en indiquerai quatre, mais il en existe de très nombreux autres, tous très efficaces.

- **L'acuponcture.** Le véritable acuponcteur doit tout d'abord procéder à l'équilibre de l'énergie. Ensuite, il stimule les points de désintoxication. Après et seulement après, il stimule les points de guérison.

  Un véritable acuponcteur peut vraiment vous aider à vous désintoxiquer.
- **L'homéopathie.** L'homéopathe accompagne toujours son traitement de remèdes de **drainage**. En homéopathie, comme dans tout travail avec les cinq éléments, le drainage est essentiel.

  Assurez-vous donc que vos remèdes de drainage sont puissants et appropriés.
- **Le jeûne.** S'il vous convient, vous pourrez vraiment vous décrasser à fond. À tel point, d'ailleurs, que même des maladies parmi les plus graves n'y résistent pas en général.

- **L'irrigation du côlon** libère carrément toute l'énergie bloquée dans les entrailles. De très nombreux bienfaits en résultent.

La désintoxication libèrant de l'énergie, tout l'organisme fonctionne beaucoup mieux. On se sent bien, rafraîchi, rajeuni. La peau, les yeux, les cheveux resplendissent. On redevient rayonnant. Boire de l'eau **n'est** pas suffisant pour vraiment se désintoxiquer. En ouvrant votre conscience, votre nouvel état de conscience mettra **sur votre chemin** les moyens de désintoxication qui vous conviennent le mieux. Vous avez seulement besoin d'être **conscients, ouverts et curieux**.

Côté désintoxication, n'espérez rien de la médecine qui n'hésite pas à empiffrer de médicaments des malades déjà hyper intoxiqués. Ainsi, la médecine aggrave... gravement le cas de ces patients... beaucoup trop patients.

Ô, Êtres de Lumière, si vous conjuguez la prise de conscience des principes de la guérison **avec** la désintoxication, **vous allez revivre**. Alors vous comprendrez ce que veut vraiment dire le neuvième principe :

la santé du corps physique est le reflet de votre état de conscience.

* * *

La guérison est vraiment possible pour tous, presque tout est guérissable par les moyens naturels **et la prise de conscience**, même les maladies les plus graves. La désintoxication doit s'opérer en profondeur. Le sport ne permet pas une désintoxication profonde et complète. Il faut les vrais moyens offerts par la médecine naturelle, dite « non-scientifique ».

Le **non-scientifique** peut vraiment vous aider à guérir. Se limiter à comprendre ce qui est scientifique, c'est se limiter gravement. Demain, cela sera **devenu** scientifique. Aujourd'hui, c'est disponible... Le non-scientifique est à votre disposition[3]. Seuls les esprits étroits refusent le non-scientifique et en meurent bien souvent.

Le non-scientifique du XXe siècle **sera** scientifique dès le XXIe siècle. Avec les méthodes naturelles, l'on peut aller très loin dans la guérison, jusqu'à la santé véritable **sans médicaments**. Le non-scientifique **plus la prise de conscience** vous conduisent infailliblement à la santé parfaite. Soyez-en bien conscients.

---

3. Tome 2, chapitre 9, *L'échec médical*.

La guérison est conscience

LES PRINCIPES DE LA GUÉRISON

1. **La santé du corps physique dépend DIRECTEMENT de l'état de conscience.**

2. **La santé est l'état naturel, donc il n'est pas normal d'être malade.**

3. **Les sentiments profonds sont la véritable cause de la santé; (ou de la maladie).**

4. **La santé est un état naturel, assuré par le système immunitaire.**

5. **La guérison véritable passe par le traitement global de l'être.**

6. **Dans votre conscience supérieure, vous disposez du pouvoir de vous guérir.**

7. **L'état naturel de santé parfaite ne peut être rétabli que par des moyens naturels.**

8. **L'activité mentale automatique est LA SEULE CAUSE qui perturbe le sommeil.**

9. **La santé du corps physique est le reflet de votre état de conscience.**

Oui, la guérison est conscience

Le Nectar de la Conscience, tome 3, chapitre 11

- **Bref, guérissez-vous vous-mêmes, vous en avez le pouvoir.**

Ô, Êtres de Lumière, la guérison véritable est une réalité dont chacun peut et doit faire l'expérience pour lui-même, par lui-même. Il n'y a aucune raison d'être malade. Il existe mille raisons d'être en parfaite santé. Votre désir le plus **cher** est la santé, c'est un désir qui coûte **cher**... Votre volonté supérieure veut également la santé.

Alors, obstinez-vous à vouloir guérir, persévérez jusqu'à la guérison totale, complète, parfaite; n'arrêtez pas avant.

- **Dans l'ego humain, vous voulez la santé.**
- **Dans le Soi Divin, vous voulez la santé.**

Ô, Êtres bienheureux, vous ne faites plus **qu'un**, vos deux volontés ne font plus **qu'une** seule. Alors c'est bien certain, vous allez guérir. Pour cela, appliquez-vous à réaliser les neuf principes de la guérison.

Lorsque l'Être redevient conscient, tous ses pouvoirs lui sont rendus. L'un des premiers pouvoirs à revenir est le pouvoir de guérison. Pour guérir, il faut :

savoir, pouvoir, vouloir, oser (agir).

Maintenant, vous **savez** que vous pouvez guérir. Maintenant, vous avez le **pouvoir** de vous guérir. Maintenant, vous avez une seule **volonté** pour guérir.

Maintenant, il vous reste à oser (à agir) pour guérir.

Vous allez donc prendre conscience des neuf principes de la guérison et vous guérir vous-mêmes. Ensuite, il vous restera un simple devoir à accomplir : **révéler**. Oui, révéler à tous les Êtres comment vous avez guéri pour que **tous** puissent **aussi** guérir à leur tour. Ainsi, vous aurez manifesté concrètement dans votre vie la maxime de l'Alchimie : **Savoir, pouvoir, vouloir, oser, révéler.** Sur le chemin de la conscience, l'Être retrouve très vite ses amis de toujours :

la Richesse, l'Amour, la Guérison.

N'arrêtez jamais avant le retour de vos précieux amis. Aujourd'hui est revenu le temps **de guérir**. C'est l'âge nouveau de **la guérison par la conscience**.

La guérison par la conscience, oui...

Ô, mes Amis de Lumière, nous qui sommes des amis depuis des siècles, chantons le Chant du Cygne pour la guérison planétaire. Oui, lisons le Chant du Cygne à voix haute pour la guérison de tous les Êtres.

Oui, chantons le Chant du Cygne et guérissons tous. Oui, chantons de joie car la véritable santé, c'est la joie de vivre.

12

L'Amour est conscience

L'Amour est conscience et chacune d'entre vous le désire profondément, vous le savez bien. Bonjour et bienvenue, ô Êtres de Lumière, pour cette conférence sur l'âme soeur.

Vous êtes venues très nombreuses ce soir pour découvrir la façon de rencontrer enfin le véritable amour. Puisque vous êtes si nombreuses, je parlerai donc au féminin. Toutefois, il doit être clair que l'amour et l'âme soeur s'adressent autant aux femmes qu'aux hommes... sinon, bien sûr, l'amour de l'âme soeur ne serait pas possible (rires).

L'amour est l'aspiration fondamentale de tous les Êtres. Chacune d'entre vous aspire profondément à vivre dans l'amour. Chacune d'entre vous espère rencontrer un être avec qui elle sera parfaitement heureuse.

Cela est parfaitement légitime. Je dirai même que cela est « juste et bon ». Pourtant, dans la vraie vie de l'ego humain, le grand amour se fait rare. De plus, pour celles qui ont la chance de le rencontrer, bien souvent il ne dure pas. Le grand amour, confronté aux dures réalités humaines, disparaît comme un château de sable soumis à la brise du large. Nombreuses sont les raisons qui nous empêchent de rencontrer l'amour, plus nombreuses encore celles qui nous empêchent de le conserver.

Ce soir, j'aimerais vous exposer comment chacune d'entre vous peut rencontrer l'homme de sa vie et filer le parfait amour de façon durable. Bien sûr, les mêmes principes s'appliquent aux hommes. Vivre dans l'amour est une chose parfaitement naturelle qui devrait être le lot de la majorité des êtres humains. Comme ce n'est pas le cas, il y a lieu **de chercher à comprendre** pourquoi il n'en est pas ainsi.

En découvrant ce qui, dans la vie, fait obstacle à l'amour, nous allons comprendre comment ouvrir le passage vers une relation durable et satisfaisante. Toutes, vous aimeriez vraiment vivre ce type de relation, agréable, amoureuse, durable et satisfaisante. Nous devons donc toutes bien prendre conscience des limitations et des blocages qui empêchent la relation idéale de s'établir.

Puis nous examinerons les états de conscience à cultiver et ceux à fuir comme la peste. Cela nous permettra de reconnaître l'état de conscience de nos éventuels partenaires. Ainsi, nous saurons lesquels il faut éviter absolument et lesquels sont dignes de notre intérêt.

Ensuite, ayant vraiment compris ce qui nous limitait dans nos choix et dans nos réussites, nous nous préparerons à une rencontre du troisième type.

Alors, ayant vraiment saisi les états de conscience qui favorisent l'amour et ceux ne le permettant pas, nous nous préparerons à une rencontre du genre de celle qui pourrait changer notre vie.

Enfin, nous pratiquerons donc **la méthode de connexion avec l'âme soeur**. Cette méthode, je vous la révèle **au complet** dans ce chapitre. Toutefois, ô Êtres de Lumière, veuillez bien noter que pour rencontrer l'âme soeur et le véritable amour, vous devez gravir trois marches qui vous mèneront à la conscience de l'amour.

Première marche : prise de conscience de nos propres limitations et blocages.
Deuxième marche : découverte des états de conscience qui favorisent ou entravent l'amour.
Troisième marche : la connexion avec l'âme soeur.

Chacune doit être parfaitement consciente qu'il y a trois marches à gravir. Chacune doit s'élever de trois marches. Vouloir commencer directement par la troisième marche s'avère pure perte de temps. Ce n'est pas ainsi que vous obtiendrez le résultat escompté.

Dans la voie de la conscience, pour ouvrir les portes de la conscience, il y a lieu de prendre conscience... Si une personne, inconsciente de ses limitations, ne sachant même pas reconnaître le sale type qu'il faut éviter à tout prix, veut rencontrer son âme soeur, ça ne marchera pas; elle risque fort d'être confrontée à l'échec.

Toutes celles qui veulent le véritable amour graviront les trois marches.

Je vous y invite, sachant que le succès et l'amour seront au rendez-vous pour toutes celles qui accompliront la démarche. Il s'agit, en gravissant les trois marches, de permettre **un processus automatique** qui fonctionne **toujours**. Il suffit en fait de se mettre au top niveau, en état de **réceptivité consciente**.

Lorsque les conditions sont réunies, la conscience s'ouvre **toujours** et libère l'amour : la personne qui vous convient et la relation agréable que vous attendiez depuis toujours. Pour cela, comprenons donc ce que nous devons comprendre : **les lois de la rencontre** de l'Être conscient.

- La première marche : **« attirer »** comporte six lois.
- La deuxième marche : **« discerner »** comporte trois états de conscience.
- La troisième marche : **« Réceptivité »** est l'ouverture de la conscience et la connexion à l'âme soeur.

LA PREMIÈRE MARCHE.

Première loi. C'est le principe fondamental de la connaissance de la conscience : **la vie est le reflet de notre conscience.** Appliqué à la recherche de l'âme soeur, ce principe met donc en évidence que toutes vos rencontres, si décevantes ou si belles, sont le reflet de votre état de conscience.

Si vos rencontres sont belles et satisfaisantes, la vie vous renvoie le reflet de votre conscience. Vous pouvez encore émettre et recevoir beaucoup mieux et beaucoup plus.

Si vos rencontres sont décevantes à l'extrême, s'il vous bat, vous ignore, s'il est égoïste, votre conscience vous montre votre côté sombre et ténébreux. **Soyez rassurées**, il s'agit d'une situation facile à changer.

Ne vous en faites pas, tous les êtres humains ont en eux-mêmes ce côté sombre, ténébreux et négatif. Mais tous ont également un côté radieux, lumineux et éclairé. Pour une raison quelconque due à l'enfance ou aux difficultés de la vie, votre conscience s'est tournée du côté sombre. Maintenant que vous en êtes conscientes, il vous est facile de vous tourner vers la lumière.

- **Pour cela, accomplissez un travail structuré de prise de conscience.**

Alors la vie changera radicalement et vous présentera un nouvel aspect de vous-mêmes plein de beauté et de lumière. Ce reflet nouveau sera beaucoup plus près de la Réalité du vrai vous-même.

Deuxième loi. Beaucoup d'entre vous sont seules et ne rencontrent personne. **On ne rencontre personne parce qu'on est « trop bas ».** La deuxième loi doit nous faire prendre conscience qu'il n'est pas normal de rencontrer personne.

Cela signifie que nous sommes trop bas, beaucoup trop bas dans la conscience, pour des quantités de raisons. La personne est trop fermée, trop timide, trop coincée. Peut-être est-elle trop rêveuse, trop idéaliste.

Elle est tellement trop ceci et si peu cela qu'elle se sent seule et isolée. Son drame qu'elle ignore, c'est qu'elle cultive inconsciemment un sentiment d'isolement. Alors bien sûr, la vie lui montre **le reflet de son sentiment** : elle ne rencontre personne.

Son sentiment s'exprime et s'extériorise dans la vie par une manifestation concrète d'isolement. La courageuse personne qui ose comprendre la deuxième loi peut changer sa vie très vite et pour le meilleur. Elle prend conscience de ses limitations et travaille à transmuter[1] ses sentiments.

Alors, elle se libérera rapidement, elle redeviendra **disponible et ouverte**. Voilà ce que la transmutation des sentiments opérera dans sa vie. Elle sera remise sur les rails, elle sera naturelle, spontanée et joyeuse car elle sera à nouveau disponible et ouverte.

Ainsi, étant disponible et ouverte, elle fera des rencontres nombreuses. Son état de conscience s'étant élevé, elle sera en mesure d'éliminer des états de conscience indésirables et pourra examiner et trier les états de conscience désirables.

- **Pour cela, donnez-vous la joie d'opérer la transmutation des sentiments.**

Troisième loi : l'amour est le destin de tout le monde. L'amour est le besoin profond de l'être humain. C'est l'état naturel de notre conscience suprême. C'est **la volonté** de notre véritable Soi : vivre dans l'amour.

Donc, vous méritez l'amour! Vu de façon superficielle, beaucoup se disent : « Oui bien sûr, je mérite l'amour ». En y regardant de très près, on s'aperçoit en fait que beaucoup d'ego humains **n'ont pas** le sentiment de mériter l'amour. Pire encore, de très nombreux ego ont un très fort sentiment

1. Tome 2, chapitre 6, *La transmutation des sentiments*.

contraire. Ainsi, de nombreuses femmes croient et pensent qu'elles **ne méritent pas** l'amour. Cette conviction est incrustée au fond de leur conscience et se manifeste spontanément dans leur vie. C'est pareil pour les hommes. Alors ces ego rencontrent, mais elles n'aiment pas leur partenaire; ou bien c'est ce dernier qui ne les aime pas. Elles ont le sentiment qu'elles ne méritent pas l'amour; alors bien sûr, elles ne rencontrent pas l'amour.

Vous méritez l'amour, c'est l'un des aspects essentiels de la conscience. Toute personne qui s'intéresse à l'amour et à la conscience est obligée de découvrir et de comprendre qu'elle mérite l'amour.

Vous ne pouvez pas vous connaître vous-mêmes sans en arriver à cette **prise de conscience :** « Je mérite l'amour ». La véritable connaissance de Soi, la Gnose éternelle, l'Alchimie de la conscience, vous le révèle. Oui vraiment, vous êtes une personne merveilleuse et parfaitement Divine, un Être vraiment adorable. Alors oui, bien sûr que vous méritez l'amour.

- **Plus encore, l'amour est votre nature véritable, vous êtes vous-mêmes l'amour.**

Par la connaissance de Soi véritable, chacune découvre, en toute conscience : « Je mérite l'amour ». Cette prise de conscience se transforme en sentiment et celui-ci s'extériorise dans la vie. L'amour alors n'est plus très loin.

Si l'ego humain vit un sentiment négatif, une indignité, un rejet de soi, c'est qu'il est **ignorant de sa Réalité** véritable. Il confond les expériences limitées de son ego avec la grandeur de sa nature réelle. Ici, le remède tout indiqué est une infusion massive de conscience. Une sérieuse étude de la connaissance de Soi transformera rapidement le plus « limité » des ego en un être plein de compréhension. Cet être bienheureux comprendra vraiment et du fond du coeur que « Oui, je mérite l'amour ».

- **Pour cela, découvrez passionnément la véritable connaissance de Soi. Oui, connaissez-vous vous-mêmes.**

Quatrième loi : beaucoup de femmes qui voudraient l'amour s'en éloignent involontairement; elle ne se trouvent pas assez belles. Pourtant, elles ignorent une chose fondamentale : **l'amour ne dépend pas de la beauté physique**; c'est la loi numéro quatre.

Ces personnes confondent la séduction et l'amour, les apparences extérieures et l'amour, le prestige et l'amour, l'attirance sexuelle et l'amour. Le véritable amour ne dépend pas de la beauté physique, pas du tout. La croyance sociale veut nous faire croire que si. Pourtant, ce n'est pas le cas, loin de là.

La société superficielle, de nos jours si proche de l'an 2000, met l'accent sur la beauté et sur un certain style de beauté, celle des mannequins des défilés de mode. Pourtant, ces femmes qui défilent ne sont pas vraiment des belles femmes... En effet, des quantités de femmes sont **beaucoup plus belles**; mais voilà, elles n'ont pas la « norme mannequin ». Beaucoup de femmes sont bien plus belles et plus sexy que la plupart des mannequins. **Alors, pourquoi vouloir leur ressembler?** Il serait préférable de prendre conscience de sa propre beauté plutôt que de vouloir imiter un genre de femmes artificielles, superficielles, stéréotypées et manipulées pour les besoins de l'industrie des fringues...

Beaucoup de femmes ne sont jamais satisfaites de leur corps. Elles se trouvent trop maigres ou trop grosses, elles trouvent leurs seins trop petits ou trop volumineux. Elles se trouvent toujours des quantités de défauts physiques.

Savent-elles, ces femmes impitoyables pour elles-mêmes, qu'elles pourraient **faire le bonheur** de nombreux hommes? Oui, telles qu'elles sont, **sans rien changer**, en étant parfaitement naturelles, de très nombreux hommes seraient **heureux et fiers** d'être en leur compagnie.

- Si vous êtes mécontente de votre corps, vous ne pouvez pas attirer car vous rencontrerez de gens qui, eux aussi, ne trouveront pas votre corps à leur goût.
- Si vous acceptez votre corps en vous aimant telle que vous êtes, vous rencontrerez des gens qui, eux aussi, aimeront votre corps.

Contrairement aux idées reçues et à la croyance générale de la société, la beauté n'a que très peu à voir avec le bonheur et l'amour. C'est une **pure illusion** de s'imaginer que si on était plus belle, on serait plus heureuse et qu'on connaîtrait le grand amour.

Des femmes très belles, très riches et très célèbres vivent dans la déprime permanente et la drogue. Certaines se sont même suicidées. Elles étaient belles, riches, célèbres et adorées par tout le monde. Pourtant, intérieurement, elles étaient affamées d'amour.

Non seulement la beauté ne provoque pas l'amour, mais elle peut même parfois être quasiment un handicap pour certaines femmes; ô, comble des paradoxes! J'ai reçu des confidences de femmes très belles, vraiment splendides, qui se plaignaient de leur solitude... Elles se trouvaient **trop** belles, pensant que les hommes n'osaient pas les aborder. C'est parfois vrai, mais ces femmes-là doivent aussi prendre conscience qu'elles peuvent attirer celui qui ose... et ne pas s'exclure en se trouvant trop belles... Voyez-vous la complexité de l'ego humain? Pour l'une, c'est pas assez; pour l'autre, c'est trop. Dans les deux cas, une infusion massive de conscience éliminera l'ego inutile.

- **Prenez conscience :** la beauté
  ne provoque pas l'amour.

Beaucoup d'autres facteurs favorisent la rencontre et la relation durable; citons : l'intelligence, la spiritualité, le charme, **le sourire**, l'humour, la confiance en soi, l'estime de soi, la joie de vivre, la bonne humeur, le rayonnement, l'allure sexy, la gentillesse, le naturel, **la conscience**, la sympathie.

Toutes les femmes peuvent cultiver ces précieux atouts. Oui, cela se cultive, se développe. Là, c'est entre vos mains, vous pouvez changer certaines choses et en améliorer d'autres.

Inversez les valeurs de votre vie. Au lieu de mettre l'accent uniquement sur l'apparence extérieure – vêtements, coiffure, maquillage, aspect physique – **développez vos pouvoirs intérieurs**. Vous possédez en vous tout ce qu'il faut pour vous attirer l'homme de votre vie. Vous avez en vous tout ce qu'il faut pour **attirez l'amour** et la relation durable.

- **Pour cela, cultivez vos pouvoirs intérieurs.**

Je les répète : intelligence, spiritualité, charme, **sourire**, humour, confiance en soi, estime de soi, joie de vivre, bonne humeur, rayonnement, allure sexy, gentillesse, naturel, **conscience**, sympathie.

Vous n'avez pas besoin de posséder tous ces dons; deux ou trois suffisent. Choisissez ceux qui vous parlent le plus et cultivez-les à fond. Avec deux ou trois de ces précieux atouts, **vous allez rayonner**; par conséquent, vous allez attirer à vous des partenaires possibles, vous n'aurez plus qu'à choisir...

- **Prenez conscience :** c'est votre état intérieur
  qui attire les gens vers vous.

Beaucoup de femmes pensent tellement à la beauté, au style, à la mode qu'elles en oublient complètement le pouvoir de leur charme. Elles oublient même le pouvoir de leur sourire... Elles ignorent le pouvoir magique de la bonne humeur.

- **Prenez conscience :** vos pouvoirs attirent
  et déclenchent l'amour.

Cela n'est finalement qu'une simple question de compréhension, de comportement et d'attitude adéquate dans la vie. J'ose affirmer que toute femme qui est capable **d'oublier** son physique ou son âge peut, grâce à ses pouvoirs intérieurs - ceux de sa conscience supérieure - attirer à elle l'amour avec un partenaire de valeur.

Chacune dispose d'un corps physique qu'elle a en toute réalité choisi elle-même. Évidemment, dans l'ego qui a **tout oublié**, chacune voudrait un corps plus beau et plus parfait. Selon quels critères? Ceux de la mode, bien sûr. Sachez-le bien, que votre corps soit à la mode ou non, qu'il soit trop gros, trop grand, trop maigre, trop petit, trop ceci ou trop cela, c'est le corps que vous avez voulu. Aimez-le ainsi car de toute façon, vous ne pouvez pas le changer.

Tel qu'il est, il est parfait; telles que vous êtes, vous êtes parfaites. Non pas que l'ego soit parfait, pas du tout, mais dans votre conscience supérieure, vous êtes **déjà** parfaite. Comprenez-vous? Oubliez tout ça et exprimez vos pouvoirs intérieurs.

- **Prenez conscience :** telles que vous êtes, vous êtes parfaites.

Sachant cela, il vous reste une seule chose à faire : oubliez toutes les considérations superficielles de la mode et de l'aspect physique. **Alors, vous commencerez à exprimer ce que vous êtes.** Comme en réalité vous êtes une conscience adorable et merveilleuse, vous allez **forcément** attirer un Être de conscience semblable.

En exprimant pleinement vos pouvoirs intérieurs, vous exprimez **la réalité** de votre conscience profonde qui est l'amour parfait. Alors si vous exprimez votre conscience pleine d'amour, vous allez **forcément** rencontrer le parfait amour. C'est ainsi pour toutes les femmes et bien sûr, pour tous les hommes également.

- **Pour cela, oeuvrez sérieusement à prendre conscience de vos vrais pouvoirs intérieurs.**

L'ouverture de la conscience provoque un phénomène étonnant, merveilleux et magique :

la conscience de la beauté.

En effet, l'ouverture de la conscience permet de prendre conscience que chacune d'entre nous est un Être d'une beauté admirable logé dans un corps de femme. Lorsque la femme devient consciente de la beauté de l'Être de Lumière qu'elle est en toute réalité... cette beauté s'irradie d'elle par tous les pores de sa peau, de ses yeux et de son sourire...

Alors elle est ravissante, séduisante, magnifique; elle attire les regards, les hommes, les Êtres et son Âme soeur. Il en est vraiment ainsi, quel que soit par ailleurs son physique. Pour cela, ô femmes de Gaïa, libérez-vous et ouvrez votre conscience à :

la conscience de la beauté.

En toute réalité, la beauté véritable est un état de conscience. Dans cette conscience élevée et grandiose, l'on est pleinement consciente que la beauté est **indépendante** de l'aspect physique...

Il faut un certain culot pour affirmer cela, mais je le répète : la beauté véritable est **indépendante** de l'aspect physique... En effet, la véritable beauté vient de l'intérieur, elle vient du Soi, de l'Être, de la conscience et **se projette** vers l'extérieur. Votre entourage ressent tellement cette émanation de conscience que vous l'attirez vers vous. Il vous reste alors à choisir...

*La femme **naturelle** est un Être d'une puissance étonnante. Alors la société patriarcale, sentant le danger, cherche à couper la femme de la source de son pouvoir.*

À cet effet, elle lui impose modes, allures et coutumes non naturelles. Plus la femme travaille sur son apparence extérieure, moins elle est elle-même et plus elle se coupe de la source de son pouvoir.

*Oui absolument, la recherche de la beauté par la mode et les accessoires ne vise qu'à priver la femme de sa force, de sa puissance **et donc à lui ôter son pouvoir**.*

- **Prenez conscience :** la femme est manipulée.

- **La conscience de la beauté** intérieure vous rend la liberté et le pouvoir.

Cinquième loi : une des clés essentielles pour connaître, rencontrer et vivre l'amour de couple est d'être soi-même. Voilà la cinquième loi : **en étant vraiment soi-même, on favorise l'amour.** En effet, l'Être, dans sa conscience, veut profondément être lui-même. L'Être veut profondément exprimer son état naturel débarrassé de tous les artifices de l'ego.

Si l'ego est pris au piège de la société qui lui impose des moeurs, des coutumes, des comportements et des tenues vestimentaires stéréotypées, il n'est pas lui-même. **Il en souffre terriblement, ce qui le coupe de l'amour.** Ainsi, l'ego est-il séparé de l'Être.

La croyance sociale est à tel point dans l'illusion qu'elle inculque et fait croire que l'amour dépend des vêtements que vous portez. Rendez-vous compte à quel point la société est superficielle : oser faire l'amalgame vêtements-amour. Comme si le fait de porter des vêtements très chers d'une marque très connue ou d'un couturier à la mode allait vous permettre de rencontrer l'amour.

Ce n'est pas le cas, loin de là. Nombreuses sont les femmes qui le soir, après s'être dévêtues de leurs coûteux atours griffés d'un nom prestigieux, dépriment dans leur solitude. Le vêtement n'attire que les rencontres éphémères et superficielles. Il faut bien autre chose pour que la rencontre substantielle puisse s'opérer.

Soyez bien conscientes que les croyances sociales veulent imposer des normes de beauté, de modes et d'habillement. Cela conduit au conditionnement de la société et favorise le commerce : vêtements, bijoux, parfums, fourrures, lingerie...

De plus, cela conduit beaucoup de femmes **à ne pas être elles-mêmes**. En voulant ressembler à des mannequins de défilés, certaines femmes ne sont plus naturelles. Elles veulent ressembler aux modèles présentés dans les magazines et les revues. Moins la femme sera elle-même, moins elle aura de chances de rencontrer l'amour.

- **Être soi-même, être naturelle favorise vraiment la rencontre de l'amour.**

C'est seulement l'ego humain, limité et empêtré dans la conscience sociale, qui se prive d'être lui-même. Il adopte, par un suivisme aveugle, des normes artificielles qui ne lui conviennent pas du tout. Plus il s'enfonce dans le stéréotype social, moins il est lui-même **et plus il se coupe** de son Être réel.

Cette coupure entre lui et sa conscience réelle provoque une véritable souffrance qu'il vit en général inconsciemment. Plus il souffre ainsi, plus il se coupe de l'amour. Plus il est coupé de l'amour et moins il rencontre l'amour.

Ainsi, lorsque la femme vit cet état de conscience limité, sa vie n'est pas fructueuse, ses rencontres sont médiocres, ses aventures sans lendemain. La vie est décevante à l'extrême.

- C'est normal, elle n'est pas elle-même,
  elle s'est coupée de l'Être, donc de l'amour.

Le remède à cet état de chose est des plus simple. Chacune peut décider d'être vraiment et profondément elle-même sans plus s'occuper des normes sociales. Cette femme qui redevient elle-même se pose toujours cette question avant d'agir :

- Qu'est-ce qui me convient vraiment dans cette situation?

Oui, elle se demande toujours ce qui lui conviendrait **à elle**, ici et tout de suite. Elle se questionne à **son sujet** pour savoir **ce qui lui convient à** elle. Puis elle agit en fonction de ses goûts profonds, en fonction de ce qui lui convient vraiment.

Elle mange ce qu'elle-même a décidé de manger. Elle s'habille comme elle a envie de s'habiller. Elle dîne au restaurant qu'elle a choisi, non pas par snobisme mais par affinités. Elle sort en ville là où ça lui convient. Elle ne va pas au théâtre quand elle a envie d'aller au bal. Elle ne va pas en boîte de nuit lorsqu'elle préfère aller au concert. Elle ne rentre pas dans un cinéma lorsqu'elle veut marcher sous la pluie.

Cette femme libérée vit son autonomie retrouvée tel que ça lui convient. Elle redevient elle-même. Elle se fout de l'opinion des autres.

- Elle fait ce qui lui convient, au moment où ça lui convient.

Cette femme plus libre redevient elle-même. Automatiquement, **le lien se refait** avec son Être qui n'attendait que ce moment. Étant plus libre de faire ce qui lui convient, **elle s'aime davantage**. Alors elle établit un contact encore plus étroit avec sa conscience supérieure.

Cette conscience émane de l'amour à flots jour et nuit. Et pour cette femme redevenue elle-même, l'amour jaillit à flots de tout son Être. Cela est naturel, automatique et spontané.

- **Plus vous êtes vous-mêmes, plus vous émettez d'amour.**

Alors, devinez ce qui arrive à une telle femme qui est elle-même et qui émane l'amour? Elle rencontre l'amour, pardi! Naturellement, le même principe s'applique aussi aux hommes, bien sûr. Être profondément naturelle est un aspect de l'Être consciente qui lui permet de se « retrouver » elle-même.

Sixième loi : nombreuses sont-elles ces femmes qui espèrent l'amour et qui cherchent désespérément un peu partout pour trouver un partenaire. Pourtant, selon **la loi d'affinités**, la rencontre doit s'opérer par attraction mutuelle. Donc, la sixième loi peut s'énoncer ainsi : **vous n'avez pas besoin de chercher un Être puisque vous l'attirez.**

La loi d'affinités est une loi fondamentale de la vie. Vous attirez à vous exactement ce que vous émettez. Faites le bilan des personnes que vous rencontrez. Constatez ce qui vous convient en elles et ce qui ne vous convient pas. **Et changez-vous en conséquence...**

Oui, votre conscience suprême est **déjà** parfaite. Ce qu'il faut donc changer, c'est l'ego. Dans l'ego tel qu'il est, vous êtes seules. Dans l'ego tel qu'il est, vous n'avez pas rencontré l'Âme soeur. Si vous conservez le même ego sans le changer, vous ne rencontrerez pas.

Vous devez donc changer quelque chose en vous. Vous devez donc vous transformer, vous devez rectifier l'ego. Vous devez donc prendre conscience en profondeur. Ainsi, vous allez redevenir vous-mêmes et ouvrir en grand les portes de l'amour et de la conscience à votre Âme soeur.

En fait, on ne peut pas changer notre nature profonde qui est **déjà** parfaite et tout à fait Divine, mais on peut prendre conscience de nos limitations et de nos blocages. Ceux-ci sont le fruit de l'ego et empêchent notre conscience naturelle de jaillir. Chacune a le pouvoir d'attirer dans sa vie exactement le genre d'homme qu'il lui faut pour être parfaitement heureuse et vivre dans le parfait amour. Pourquoi cela ne se produit-il pas dans votre cas?

Pour plusieurs raisons, vous êtes prises au piège de la société et vous êtes centrées sur des considérations extérieures : mode, beauté, prestige, snobisme... Vous ne connaissez pas les grands principes de la vie et vos croyances erronées vous font vivre de façon artificielle, superficielle et votre naturel est enterré. Votre spontanéité et votre joie de vivre ont disparu sous les difficultés de la vie. Vous ignorez tout de vos précieux atouts et de vos pouvoirs intérieurs.

Bref, dans tous les cas, vous vivez dans un état de conscience humain, limitées et prisonnières de l'ego. Donc vous cherchez à attraper ce que vous n'attirez pas. En fait, vous êtes « trop bas » et il vous faut gravir les trois marches qui mènent à la conscience de l'amour.

Vous n'avez pas besoin de chercher un Être puisque vous l'attirez.

Donc, il est parfaitement inutile de courir partout et se sauter sur toutes les occasions dans la tentative désespérée de réaliser enfin la rencontre de votre vie.

Pour rencontrer l'homme de votre vie, **vous devez l'attirer à vous**. Cela survient naturellement et spontanément pour celles qui accomplissent un travail éclairé de prise de conscience.

Donc pour un temps, oubliez-le! Je sais, il est très difficile d'oublier le prince charmant alors qu'on espère le rencontrer à chaque coin de rue. Comprenez bien que si l'homme de votre vie... n'est pas là dans votre vie, c'est que vous ne l'avez pas attiré. Vous ne rayonnez donc pas suffisamment. Alors vous devez soigneusement examiner votre vie pour découvrir vos blocages et vos limitations.

Oui, vous devez absolument découvrir pourquoi vous ne l'attirez pas ou, pire encore, pourquoi vous attirez des hommes qui ne vous conviennent pas du tout. Donnez-vous un délai – trois mois ou bien six – pour changer de conscience. Durant cette période, conscientisez-vous au maximum, non seulement sur les lois de la rencontre et sur la conscience de l'amour, mais de façon globale sur la conscience.

Oui, accordez-vous dans la vie une pause. Une pause pour la conscientisation. Pour un temps limité, réduisez fortement toutes vos activités sociales. Le monde peut vivre sans vous et vous sans lui pour quelque temps. En procédant ainsi, vous vous libérez de plusieurs grands fardeaux qui exigent trop de vous. Vous créez ainsi **un espace** dans votre vie. Cet espace, remplissez-le de conscience :

- **Chantez le Chant du Cygne,**
- **Étudiez le Nectar de la conscience,**
- **Comprenez en profondeur les lois de l'attirance et montez sur la première marche.**

Opérez un puissant travail de prise de conscience en oubliant tout le reste. Toutefois, accomplissez normalement vos devoirs, vos obligations et votre travail. Persévérez dans la tranquillité sans vous en laisser distraire et ne laissez personne vous en dissuader.

Vous n'avez pas besoin de chercher un Être
puisque vous l'attirez.

Toutefois, n'ayez pas de stupides attentes, espérant que l'homme de vos rêves va venir frapper à votre porte un soir apportant bouquet, champagne, chocolats et amour. Après quelques semaines ou quelques mois de profonde prise de conscience, fréquentez à nouveau la société.

Vous pouvez alors changer vos fréquentations et vos habitudes. Vous pouvez changer de marché, de restaurants, de lieux de promenade. L'Être éclairé qui s'est conscientisé pour attirer **n'a pas** l'envie ni le besoin frénétique de rencontrer à tout prix.

Cette femme de Lumière **sait maintenant qu'elle attire**. Elle sait donc qu'elle fera la bonne rencontre un jour ou l'autre. Elle sait maintenant que sa conscience la guide, la dirige et la conduit. Elle sait que **la seule chose** qu'elle a à faire est de continuer de cultiver sa conscience. Elle sait que tout dépend d'elle dans sa conscience supérieure.

Cette femme de lumière – vous – a vraiment compris que sa vie est le reflet de sa conscience. Elle a vraiment compris la loi d'affinités qui fait qu'elle attire dans sa vie l'exact contenu de sa conscience. Alors, elle prend conscience encore et encore, toujours plus.

Elle sait ce qui va **forcément** arriver : le véritable amour. Elle ne sait ni la date, ni l'heure, ni le lieu, **mais elle sait**. Alors, elle est libérée de tous les fardeaux, l'angoisse et la déprime la quittent. La paix et la tranquillité l'envahissent. Elle ne cherche plus, elle a trouvé sa conscience. **L'amour durable va arriver par surcroît.** Toutes les femmes et tous les hommes peuvent dès maintenant changer profondément leur vie.

- **Pour cela, il suffit de monter sur la première marche.**

DEUXIÈME MARCHE.

Maintenant, la femme éclairée sait qu'elle va attirer l'amour et un compagnon agréable. Vraiment agréable? La femme consciente est vigilante et attentive. Certes, elle attire mais elle observe et surtout, elle **discerne**.

Cette femme lucide sait qu'elle attire et elle sait également qu'elle doit faire preuve d'une lucidité terrible afin d'examiner de près les éventuels vices cachés du prétendant. **Elle va exercer son discernement de façon à déterminer l'état de conscience de celui qu'elle a attiré.**

Lorsque vous voulez acheter un bien durable comme une maison, par exemple, vous l'examinez de près. Vous étudiez soigneusement la bâtisse pour déterminer son état, sa vétusté, les éventuelles réparations. Vous cherchez à découvrir si par hasard, il n'y aurait pas quelques vices cachés qui causeront des problèmes plus tard.

Vous examinez soigneusement le terrain, le jardin, le quartier, le genre de voisins, les commodités, les services, les écoles. Bref, vous exercez votre discernement pour procéder à un achat en pleine connaissance de causes. Vous vous évitez ainsi bien des mauvaises surprises pour l'avenir.

Le discernement, appliqué à l'achat d'une maison, est compris par tout le monde. Mais le discernement relatif au choix d'un compagnon de vie ne vient à l'idée de personne. Sauf pour certains, qui évaluent la situation, le prestige ou l'âge de la personne. Ou bien il s'exerce au niveau physique : taille, poids, couleur des cheveux... Parfois, c'est au niveau des goûts : musique, sports, voyages.

L'amour se fout de tout cela. L'Être véritablement conscient est ouvert et réceptif. Il écoute sa conscience et son intuition et il laisse parler son coeur, ce qui lui permet en général de bien choisir et de prendre la bonne décision. Si l'Être est vraiment ouvert et réceptif et qu'il peut **« sentir »** ce que lui dicte sa conscience, il fera toujours le bon choix.

Pour cet Être avancé, plus de problèmes, donc. Mais pour les autres, pour tous ceux et celles qui ne sont pas encore en état de vraiment **« ressentir »** la direction de leur conscience supérieure, la confusion peut leur faire prendre une mauvaise décision.

En effet, beaucoup risquent de confondre intuition et émotion, séduction et sentiment, attrait sexuel et intimité. La nouvelle rencontre provoquant des sensations, des impressions et des émotions fortes, cela produit une certaine passion. L'être dans la confusion va confondre tout cela avec l'amour et il s'engagera alors dans une relation qui tournera très vite au vinaigre, si ce n'est au drame.

L'être n'ayant pas exercé son discernement **avant** de s'engager dans une relation suivie, se retrouve mariée ou enceinte, avec un compagnon qui révèle alors tous ses vices cachés. Maintenant, il est un peu tard. Elle a acheté la maison (le bonhomme) et il y a de gros travaux imprévus et c'est même carrément irréparable par endroits... Alors s'ensuit une vie de drame où la femme est infériorisée, médiocrisée, bafouée, battue. Elle vit de nombreux drames, se fait imposer ce qui ne lui convient pas, elle mène une vie inégale de servante ou de « bobonne ».

Certains diront : « Qu'elle divorce! ». Bien souvent, la femme est coincée là avec sa grossesse et ses enfants en bas âge. Elle n'a aucun revenu et aucun endroit où aller. Elle s'est fait piéger. Elle mettra dix, quinze ou même vingt ans pour s'en sortir et se refaire une meilleure vie.

Tout ce drame humain peut être évité par le discernement de l'état de conscience. C'est le but de la deuxième marche : discerner l'état de conscience de l'éventuel partenaire.

- **La deuxième marche permet de discerner l'état de conscience.**

En comprenant bien ce qu'est la deuxième marche, vous éviterez de terribles erreurs. Vous éviterez de tomber dans un drame humain affreux qui risque de vous gâcher la vie pour des années et des années.

L'humanité, dans sa diversité, offre la panoplie complète des états de conscience. Si un état de conscience particulier était l'apanage d'une nation ou d'un peuple, il serait facile à identifier et cela conforterait les racistes.

Mais ce n'est pas le cas, loin de là. Les différents états de conscience sont saupoudrés à travers tous les individus de la société. Rien ne permet de dire qu'une profession relève d'un certain état de conscience. Rien ne permet d'affirmer qu'une classe sociale dispose de tel ou tel état de conscience.

Tous les états de conscience sont mélangés à travers toute la société, tous les individus, toutes les classes sociales. Ce soir, je vais vous présenter trois états de conscience dont les deux premiers sont **à éviter absolument**.

Je vais les appeler :
les instinctifs, les primitifs, les sociables.

Comprenons bien une chose : que vous soyez pauvres ou riches, ignorants ou instruits, inconnus ou célèbres, petits employés ou grands manitous, vous appartenez à l'une des trois catégories.

Il y a des millionnaires et des vendeurs dans les trois catégories. C'est le cas de toutes les professions : des garagistes et des médecins, des policiers et des infirmières, des commerçants et des secrétaires. Quels que soient votre métier, votre rang, votre statut social, vous appartenez à l'un de ces trois états de conscience.

Donc, la femme éclairée et consciente exerce son discernement pour déterminer lequel de ces trois états de conscience est celui de la personne rencontrée. Cette femme éclairée a parfaitement compris que l'état de conscience **n'a rien à voir** avec la profession, les diplômes ou la culture.

L'état de conscience est la chose la plus importante qui soit car **c'est le fond**, l'essence même du bonhomme. Ses croyances et ses valeurs profondes résident là. En identifiant clairement l'état de conscience de votre partenaire éventuel, vous saurez automatiquement ce que vous réserve la vie avec lui.

- **Comprendre son état de conscience,**
c'est comprendre la vie qu'il vous réserve.

Vous devez parfaitement comprendre que vous ne pouvez absolument pas changer son état de conscience. C'est complètement impossible. La vie le poussera à évoluer, il se changera peut-être lui-même, mais n'espérez pas le changer; tel qu'il est, tel il va rester. Vous le prenez tel quel ou vous le laissez; n'espérez pas qu'il changera, ni que vous pourrez le changer. Ne croyez pas que vous avez le pouvoir de le transformer.

L'état de conscience de l'instinctif[2]. L'être humain qui vit cet état de conscience est encore proche de l'animalité. Il vit des pulsions sexuelles très fortes. C'est un individu brutal et assez grossier.

Il a besoin de sexe et il n'hésitera pas à s'accoupler avec des enfants pour se satisfaire. Ce n'est pas un être méchant, mais sa vie est dominée par le sexe, dans l'instinct sexuel... Il peut être bestial, partouzeur, proxénète, pédophile. Votre vie avec lui sera dominée par la sexualité de bas niveau. Il a besoin de sensations fortes; alors il boit beaucoup et il fume beaucoup, mais ce n'est pas toujours le cas. Il est très brutal et s'il bat sa femme, il lui cassera carrément la gueule!...

Il n'éprouve que peu de sentiments vrais tels l'amour et l'amitié. Pour lui, amour et amitié ne veulent pas dire grand chose. L'instinctif peut très bien être avocat, médecin, chauffeur d'autobus, plombier ou banquier. Vous devez le faire sortir de sa coquille sociale pour le démasquer au grand jour.

Dès que vous l'avez identifié, organisez-vous pour **ne plus jamais** le revoir...

L'état de conscience du primitif. Les individus qui vivent dans cet état de conscience médiocre sont terriblement nombreux sur cette planète. Les caractéristiques du primitif sont l'égoïsme et **la domination**. Le primitif est en effet profondément égoïste et dominateur.

Il sera donc, vis-à-vis des femmes, égoïste, macho, dominateur, possessif, jaloux et violent. Ce genre d'être humain n'est pas toujours humain car en effet, il peut être facilement sadique, cruel, inquisiteur, fanatique. Il a donné au monde les pires fléaux : les communistes, les nazis, les envahisseurs japonais, les inquisiteurs de la religion.

Dans le passé et même de nos jours, il a eu et a encore recours à la torture et même au génocide. La vie humaine n'a aucune importance pour lui, sauf sa petite vie à lui, bien sûr. Globalement, **c'est un faible** qui veut prouver sa force en dominant les autres. Il est extrêmement borné et convaincu d'avoir raison. Il ne rêve que d'imposer à tous sa loi, ses croyances, sa religion.

Foncièrement, il a peur de tout : peur d'être malade, peur de manquer, peur de mourir. C'est un suiveux sans originalité et qui fait tout comme tout le monde car il a peur d'être différent... S'il est un être insignifiant, il est plein

2. Tome 2, chapitre 2, *Les trois instincts, l'abondance*.

d'ambitions mesquines. Mais s'il possède le pouvoir de l'argent, il nourrira des ambitions mégalomanes. Pour les satisfaire, il n'hésitera pas à dépouiller les plus pauvres à son profit. Ici, nous retrouvons les Retardataires de la haute finance[3].

Il est souvent raciste et même très raciste; **donc** il est sexiste, ce qu'il cache le mieux possible. Étant raciste, il s'efforce toujours d'exercer son pouvoir sur les autres; par conséquent, il n'hésitera pas à dominer sa femme et ses enfants. Comme il est égoïste et possessif, son épouse sera son bien, sa propriété, son objet qui devra se plier aux instructions du despote sans mot dire.

Bien sûr, c'est lui qui a raison; alors il va vous imposer sa religion, celle de sa tribu, car il a trop peur d'être différent. Avez-vous bien réfléchi, madame, si vous avez vraiment envie qu'il vous impose sa religion? Vous serez obligée de la suivre et vos enfants aussi. Pensez soigneusement et sérieusement à cet aspect des choses...

À cause de sa religion ou de ses coutumes sociales, le primitif peut vous battre, vous enfermer et même vous garder prisonnière. Ces pratiques inouïes de domination font l'objet de milliers de drames chaque année. Soyez conscientes et songez-y à deux fois...

N'espérez pas, avec le primitif, disposer de la liberté. Vous n'aurez pas la liberté de conscience, ni la liberté d'expression. Vous devrez faire comme lui, penser comme lui et dire comme lui... Il vous imposera ses choix de vie, vous serez étouffées et brimées. Il ne songe pas que vous avez besoin de vous épanouir. Il ne veut que vous diriger.

Le gros égoïste de primitif peut aimer et même faire preuve d'amour... à condition que sa vie se déroule à son goût et que son épouse lui soit bien soumise... Là, il va l'aimer de son amour à lui, mais il n'hésitera pas à la battre s'il le juge nécessaire.

Le primitif veut dominer et imposer ses idées par la force. Il ne pense qu'à imposer, interdire et punir. Il y va fort dans les excès de règlements et de discipline. La vie avec lui est dénuée d'humour et de joie. Elle n'est pas tellement drôle, la vie avec le primitif...

Ce type d'individu, malgré de fortes apparences contraires, **n'a pas** confiance en lui; donc il n'aura pas confiance en vous. Il sera méfiant et soupçonneux. S'il achète une maison pour la famille, il la mettra à son nom à lui. Il en sera le seul propriétaire. Il trouve cela plus prudent... pour lui.

Finalement, il veut imposer à son épouse et à ses enfants sa loi de fer car cela fera leur bonheur, croit-il... La vie avec le primitif est placée sous la règle du contrôle. Il veut diriger votre vie, donc disputes, engueulades, reproches,

3. Tome 2, chapitre 10, *Les Retardataires*.

culpabilité, pleurs seront au rendez-vous.

Tout comme l'instinctif, le primitif est présent dans **toute** la gamme des professions et dans **toutes** les classes de la société. Il se cache sous des apparences très trompeuses. Malgré tout, il est facile à détecter si vous exercez votre discernement, éclairées par votre conscience d'Être.

Ô, madame, vous qui cherchez le véritable amour, l'âme soeur, un Être de lumière pour partenaire, si vous rencontrez le primitif, **changez de planète**... immédiatement.

À l'âge de vingt ans en 1965, arrivant de Toulon, en permission à Melun, je rencontre une voisine de mon âge, très jolie jeune fille. Elle fréquentait un type que je connaissais de vue et comptait se marier. Je lui dis : « Madeleine, ce gars-là va te battre après le mariage ».

Très fâchée, ma petite voisine me répond : « La marine t'a sans doute rendu clairvoyant! ». Et elle est partie, fort mécontente. Elle s'est mariée, le bonhomme l'a battue pendant dix-huit ans! Elle l'a finalement quitté après l'adolescence de ses deux fils.

La marine ne m'avait pas rendu clairvoyant, bien sûr, mais j'avais reconnu le primitif. Chacune d'entre vous peut aussi reconnaître le primitif avant qu'il ne soit trop tard.

L'état de conscience de l'être sociable. Avec un être de type « sociable », vous avez une bonne chance de connaître l'amour. C'est un individu gentil, ouvert, affectueux.

Il a besoin d'amour et d'une véritable partenaire dans la vie. Donc il lui faut une compagne avec qui il aura une relation vraiment égalitaire dans la vie. Qu'il soit banquier et vous secrétaire, qu'il soit chirurgien et vous chauffeur de taxi, qu'il soit agent de police et vous dentiste n'a aucune importance pour lui.

Ce qui compte à ses yeux, c'est la qualité de vie, la qualité de la relation dans **l'égalité** des deux sexes. Avec lui, vous discutez agréablement et les décisions se font par consensus.

Il sait que vous avez souvent raison et il vous écoute volontiers. Il a confiance en lui, donc confiance en vous. Si vous achetez une maison tous les deux, il voudra la mettre à votre nom à vous seule. À ses yeux, c'est plus prudent... pour vous.

Cet homme généreux de coeur et de vie attache beaucoup d'importance à l'amour et à l'amitié qui représentent pour lui des valeurs sûres. Avec lui, vous vivrez le rire, l'humour, la joie, le partage, l'égalité.

L'être sociable est ouvert aux nouvelles idées. Il ne se gêne pas pour aller à contre-courant des idées de la société si cela peut lui apporter quelque chose. Si c'est bon pour lui, il utilisera les médecines douces, les thérapies, l'alimentation naturelle et même peut-être les nouvelles spiritualités.

Cet Être avancé est en chemin vers une ouverture de conscience qui le poussera un jour ou l'autre à découvrir sa propre conscience d'Être. D'ici là, il essaiera avec sa compagne de mener une vie de qualité dégagée des contingences sociales superflues.

Il est très capable d'aimer profondément mais bien sûr, comme tout être humain, il peut à l'occasion sombrer dans le négatif. S'il sait exprimer correctement sa peur, sa colère et sa frustration, il remontera alors très vite au niveau de l'amour.

L'être sociable, dans son aspect évolué, n'impose pas sa loi. Il respecte vos choix et vous les siens. Il est ouvert et éveillé et recherche, au-delà de la réussite, à **s'épanouir**. Donc il voudra que son épouse et ses enfants s'épanouissent également. La femme **qui sait choisir** son compagnon de vie préférera assurément un être sociable.

Elle **éliminera** radicalement l'instinctif et le primitif. Ayant fait ses choix elle-même, elle pourra s'épanouir et être elle-même... En compagnie d'un Être merveilleux, choisi en pleine lucidité et en toute conscience, elle pourra découvrir sa conscience et la liberté qu'elle procure.

Plutôt que de tenter vainement de vouloir faire votre bonheur, il essaiera d'être heureux et voudra partager son bonheur avec vous... Ma bonne grand-mère Michèle disait ceci : « Je ne peux pas rendre ton pépé heureux, mais je peux partager mon bonheur avec lui »! Comme ça tombait bien; justement, mon grand-père vivait selon la même idée. Alors ils étaient très heureux tous les deux, mes grands-parents, disait Daniel Kemp.

L'être « sociable » lui aussi occupe toute la gamme des métiers et des classes sociales. Il peut être très cultivé ou pas du tout. Qu'il soit millionnaire ou assisté social, chauffeur d'autobus ou ministre, pompier ou épicier, dans tous les cas, c'est le même Être; comprenez bien cela. Il est facile à découvrir et à détecter. Lorsque vous l'aurez identifié clairement, faites-lui la cour, madame, ça en vaut la peine. Oui, vous pouvez vous attacher à lui.

Bien, ô mes Amies, nous qui sommes des amis depuis des siècles, vous venez de découvrir les trois catégories principales dans lesquelles vous pouvez placer **tous** les hommes de cette planète. Vous êtes sûres de ne pas vous tromper.

Comprenez une chose fondamentale : l'état de conscience qui est le degré d'évolution de chacun, n'a **aucun** rapport avec l'argent, le pouvoir, les diplômes ou la situation. Deux êtres du **même** état de conscience peuvent être l'un P.D.G. et millionnaire, l'autre travailleur au salaire minimum.

La différence sociale provient de deux causes. L'une est le choix de vie et la rapidité à laquelle l'individu veut prendre conscience; l'autre est causée par le karma qui applique la justice et le retour du don. Ne croyez pas que le plus riche ait le meilleur karma. Ne croyez pas que celui qui a le prestige et le pouvoir détient le chemin d'évolution le plus rapide. Ne croyez pas non plus le contraire... Constatez plutôt simplement ceci : la réalité des états de conscience de tous les êtres humains qui :

– sous des milliers d'apparences,
– sous des centaines de professions,
– sous des dizaines de classes sociales,
– sous quelques races,
– se divisent en trois états de conscience, donc en trois groupes humains principaux : **instinctifs, primitifs, sociables**.

Au-delà de ces trois états de conscience existent de nombreux autres états plus élevés de la conscience. Ils sont l'apanage d'une minorité de gens. Lorsque votre conscience s'ouvrira, vous les découvrirez.

Ceci peut être compris par tout le monde, même si la société de notre époque rejette profondément ces idées tellement contraires à l'esprit de domination par la race, le rang, la classe, le sexe et l'argent.

Toutes les femmes qui veulent connaître l'amour, une relation durable, une vie de qualité, un sentiment de confiance et d'égalité peuvent et doivent déterminer l'état de conscience de leur éventuel partenaire. Les hommes aussi, bien sûr, doivent déterminer auquel des trois groupes appartient leur partenaire féminine.

Tous les Êtres du troisième groupe, « le sociable », feront bien d'être attentifs et vigilants pour ne pas se tromper. Ils auront donc intérêt à exercer leur discernement de façon aiguë, avec une **terrible lucidité**. Plus ils seront eux-mêmes infusés de conscience et plus ils pourront discerner avec facilité.

- **La deuxième marche** permet à chacune de **discerner avec lucidité** l'état de conscience de la personne qu'elle a attirée dans sa vie.

Si vous avez attiré un instinctif ou pire encore un primitif, persévérez dans votre conscientisation jusqu'à l'arrivée d'un être de qualité. Sur la deuxième marche, vous êtes devenues conscientes et lucides. Sur la première marche, vous attirez; alors forcément, **c'est automatique**, vous allez vous attirer un être de qualité. Un être sociable et ouvert va débarquer dans votre vie, soyez-en certaines.

- **Pour cela, continuez de cultiver votre conscience avec persévérance.**

TROISIÈME MARCHE.

Nous en arrivons maintenant à la troisième marche. Personne, non personne ne peut monter sur la troisième marche s'il n'a d'abord gravi les deux précédentes. Toutefois, vous pouvez **déjà** utiliser la méthode tout en oeuvrant à prendre conscience des deux premières marches.

Pour accéder à la troisième marche, il faut avoir saisi en profondeur les six lois de la Rencontre et la nature des trois états de conscience. Alors, **si c'est le cas**, vous pouvez monter sur la troisième marche. Vous pourrez donc pratiquer avec succès la méthode de connexion avec l'âme soeur.

Quand on parle d'âme soeur, il faut comprendre tout simplement un être de grande qualité avec qui nous aurons beaucoup d'affinités, une vie pleine d'amour, remplie d'harmonie et de conscience.

Âme soeur = Être de qualité + Affinités + Amour + Harmonie + Conscience.

La Gnose et l'ésotérisme parlent aussi de **la flamme jumelle**. Elle, nous la rencontrerons après notre Ascension sur le plan éthérique, lors de notre retour sur le plan causal. Et là, comme l'exprime si bien le livre « J'ai vécu sur deux planètes », dans un sanglot d'extase, nous fusionnerons en elle... Inutile donc de la chercher avant l'Ascension. Ensuite, la rencontre se produira spontanément au moment voulu.

L'être humain terrestre réincarnant, l'ego mental a trois choix de partenaire :

l'âme karmique, l'âme pénible, l'âme soeur.

L'âme karmique. Notre union avec elle sera ou toute bonne ou toute négative. Ce sera tout l'un ou tout l'autre. Un lointain passé vécu avec elle nous pousse à nous réunir de nouveau pour « compléter » un aspect de la vie. En fait, pour prendre conscience et nous élever ensemble à un niveau supérieur.

Si la relation est agréable, il n'y aura pas de difficultés. Si au contraire la relation est négative, voire très négative, des années terribles peuvent s'écouler avant que la compréhension ne perce et que le but de l'union ne soit réalisé. Le but karmique atteint, la relation peut évoluer vers un niveau supérieur ou se dissoudre tout simplement.

On épouse l'âme karmique sans savoir pourquoi et on se demande souvent ce que l'on fait ensemble. On se demande bien pourquoi on vit avec cette personne. Le destin karmique nous a réunis encore malgré l'ego qui, dans sa raison mentale, n'en avait aucune envie.

Les faux jumeaux sont des âmes karmiques. Ils s'aimeront toute leur vie ou au contraire, ils se détesteront jusqu'à la mort. Dans ce dernier cas, ils devront à nouveau se rencontrer pour rétablir l'amour entre eux.

L'âme pénible provient d'un choix de l'ego laissé libre d'accomplir son petit destin selon **sa** volonté humaine. Le Soi laisse l'ego choisir, pour lui enseigner à quel point il est aveugle... ou le Soi dispose d'un ego terriblement buté et crotté. Dans ce cas aussi, il le laissera choisir lui-même.

Lorsque l'ego aveugle de l'être humain se cogne le nez sur les durs murs de la vie, il réclame de la lumière et de l'aide. Alors aussitôt, le Soi jaillit pour rétablir l'ordre Divin dans sa vie. Certains ego vont frapper des murs toute leur vie sans comprendre. Toutefois, ils finiront toujours par s'ouvrir à la lumière, même si ça prend cinq cents ans.

L'âme pénible est le résultat de l'union de deux personnes dont l'état d'évolution est **très différent**. Ils se sont unis sous le coup de l'émotion, de la séduction, du prestige, de l'attirance sexuelle ou parce qu'il n'y avait personne d'autre en vue...

Même s'ils s'aiment au départ, il n'y aura **jamais d'harmonie** dans leur vie qui deviendra de plus en plus pénible. Finalement, la rupture devient inévitable. La relation aura duré trois ans, vingt ans ou même trente. Dans tous les cas, il s'agit d'une relation d'ego à ego. Le Soi et la conscience n'ont pas eu beaucoup de place. L'ego, laissé à lui-même, a pu faire l'expérience passionnante de se perdre dans les bois et d'être mangé par le loup... Il a fait sa petite volonté, coupé de sa source, privé de lumière.

Certains, à peine séparés, s'empressent de refaire la même erreur avec une autre partenaire. Ils ne changent rien à leur conscience et s'étonnent de vivre à nouveau les mêmes pénibles difficultés. Bien sûr, ils cherchent dans une autre personne ce qu'ils devraient modifier en eux-mêmes. Si vous êtes toujours le même, vous vivrez toujours les mêmes aventures. C'est bien évident.

Après une longue et difficile relation avec une âme pénible, prenez le temps de faire le point. **Prenez le temps** de prendre conscience profondément. Ensuite et ensuite seulement, avec votre nouvelle conscience, partez à la chasse au trésor de l'âme soeur.

Sinon, vous allez repartir à la chasse au monstre, rencontrer à nouveau une âme pénible et vivre encore une vie de merde. Tout cela est très facile à comprendre; pourtant, nombreux sont ceux qui ne veulent rien changer et qui continuent une vie des plus pénible.

L'âme soeur est un Être de grande qualité; notre union avec elle sera riche, fructueuse et heureuse. Nous pourrons dénicher cet oiseau rare parmi les êtres que nous aurons **attirés** dans notre vie. Nous la trouverons **uniquement** dans la catégorie des êtres « sociables ».

Lorsque deux Êtres conscients se rencontrent et que l'amour éclôt entre eux, ils pourront éventuellement devenir des Âmes Soeurs. Naturellement, ils doivent s'assurer que leur amour est profond et qu'ils se conviennent mutuellement.

Pour ces Êtres conscients débute alors une vie nouvelle, agréable et merveilleuse, tout empreinte d'amour. Si leur conscience est ouverte, ils comprendront rapidement le besoin **d'harmonie** dans leur relation. Seule **l'harmonie** permettra à ces deux êtres qui s'aiment de dépasser l'ego et de vivre ensemble une relation riche, fructueuse et heureuse.

Tout compte fait, l'âme soeur est un Être sociable, de qualité, ouvert et conscient. Avec elle, nous pouvons vivre l'amour et **l'harmonie**. Avec elle, nous aurons une oeuvre à accomplir. Nous devrons, pour cela, nous élever ensemble au niveau de la paix et de la sérénité. Alors avec elle, nous jaillirons dans des états de conscience supérieurs et grandioses.

L'Harmonie est souvent la grande absente dans la relation de couple. La plupart des êtres humains ne cherchant que l'amour ordinaire, celui-ci est très vite recouvert de boue par les difficultés de la vie.

L'amour **ne résiste pas** au manque d'harmonie. La discorde et tout son cortège de calamités rongent l'amour; alors, celui-ci s'effrite. Ils disparaît, laissant un désert conjugal sec et aride. La relation se dissout alors ou se maintient malgré les difficultés qui empirent régulièrement et la vie toujours plus pénible.

Pour établir une relation heureuse, il faut absolument l'harmonie. Celle-ci provient de la paix conjugale, du respect de l'autre, de la liberté de l'autre, de l'estime réciproque. Dans cette relation **parfaitement égalitaire** où règne l'amour, l'harmonie peut éclore et donner ses fruits. Pour établir une relation réussie avec une Âme Soeur, trois ingrédients sont absolument nécessaires :

- **La conscience** qui permet d'opérer des choix de vie supérieurs.
- **L'amour** qui est notre raison de vivre avec elle.
- **L'harmonie** qui permet une relation fructueuse, agréable et élevante.

S'il manque l'une des trois pattes, les états supérieurs de vie ne pourront pas apparaître. En effet, dans une relation riche tout imprégnée de conscience, d'amour et d'harmonie, des enfants superbes apparaissent.

Oui, la paix et la sérénité éclosent alors. Imaginez : vous, Êtres de Lumière conscientes, vous vivez le grand amour et l'harmonie véritable... En plus de cela, **par surcroît**, vous vivez dans la paix et la sérénité...

Alors, un miracle se produit : dans ce calme, dans cette tranquillité d'esprit, **le bonheur apparaît!** Il est là et nulle part ailleurs, vous ne le trouverez uniquement que dans la paix et dans la sérénité.

Ailleurs, dans l'ego, le sexe, le matériel, la compétition, le pouvoir, l'argent, la religion, le prestige, les diplômes, il n'y a **aucun** bonheur. Le bonheur est l'enfant Divin de la paix et de la sérénité. Il est là et nulle part ailleurs.

- **Si votre destin est la voie de la vie à deux Êtres complémentaires, vous aurez une oeuvre à accomplir : ÉTABLIR L'HARMONIE dans votre couple. Voilà pour vous votre oeuvre de base.**

En établissant l'harmonie, la paix et la sérénité se produiront spontanément et le bonheur véritable jaillira naturellement dans votre vie. Quant aux Êtres les plus éclairés qui **en plus** auront entrepris l'étude de leur conscience, ils aboutiront très haut sur l'échelle de la conscience. **En une seule vie**, ils se seront terriblement approchés de l'Ascension finale.

Pour vivre la relation Âme Soeur, imprégnez-vous profondément de la connaissance révélée dans ce chapitre. Ne lâchez pas tant que la conscience n'aura pas jailli à flots de votre Être, apportant avec elle ses mille cadeaux.

Ô, mes Amies et mes Amis de Lumière, nous qui sommes des amis depuis des siècles, sachez que cela, **vous le méritez profondément** et que votre conscience suprême **veut** vous le donner. Acceptez donc!...

Souvenez-vous : l'amour et la conscience ne font qu'un. Plus vous ajoutez de conscience, plus l'amour grandit. Plus il y a d'amour et de conscience, plus l'harmonie s'installe, plus il y a harmonie et plus...

L'ÊTRE INCONSCIENTE

rencontre l'instinctif, le primitif ou le sociable.
Elle épousera une âme karmique ou pénible.
L'amour n'y résistera pas

L'ÊTRE CONSCIENTE

rencontre un Être sociable,
elle épousera une Âme soeur.

L'amour engendrera **l'harmonie**,
puis la paix et la sérénité,
d'où naîtra le bonheur.

La conscience fleurira sa Vie.

LES LOIS DE LA RENCONTRE

Première marche : ATTIRER.

1. La vie est le reflet de notre conscience.
2. On ne rencontre personne parce qu'on est « trop bas ».
3. Vous méritez l'amour.
4. L'amour ne dépend pas de la beauté physique.
5. En étant vraiment soi-même, on favorise l'amour.
6. Vous n'avez pas besoin de chercher un Être puisque vous l'attirez.

Deuxième marche : DISCERNER.

1. L'état de conscience de l'instinctif : le fuir.
2. L'état de conscience du primitif : changer de planète.
3. L'état de conscience du « sociable » : s'y attacher.

Troisième marche : ÊTRE RÉCEPTIF.

- S'ouvrir à l'Âme Soeur.
- Se connecter à l'Âme Soeur pour la rencontrer.

Le Nectar de la Conscience, tome 3, chapitre 12

La connexion à l'Âme Soeur.

Voici, pour tous les Êtres et spécialement pour vous, mes Amies de Lumière, la méthode **complète** qui permet de se connecter consciemment sur votre conscience supérieure. Vous recevrez ainsi une infusion de conscience qui vous permettra de rencontrer l'Âme Soeur.

- L'Âme Soeur, avant d'être une personne dans votre vie, est un aspect virtuel de votre conscience que vous devez déclenchez vous-mêmes.

Pour déclencher nos puissants pouvoirs latents dans notre conscience, nous allons nous connecter consciemment et volontairement sur l'Âme Soeur. Nous allons donc utiliser six moyens puissants et parfaitement efficaces.

- **le son**
- **le symbole**
- **la lumière**
- **la connaissance**
- **l'Alchimie**
- **la parole**

Des explications sont nécessaires pour chacun de ces moyens. Cette méthode est basée sur le même principe que celle qui permet de se connecter au Septième Rayon et qui figure dans le tome 2 du Nectar de la Conscience au chapitre 6.

Toutefois, deux aspects majeurs sont **différents** : la musique et le symbole. Ainsi, la méthode est spécialement façonnée pour déclencher dans notre conscience l'aspect Âme Soeur et la faire jaillir dans notre vie.

- **Le son**, chacun le sait, a une influence extraordinaire sur notre conscience. Le choix de nos musiques influence directement notre conscience. La musique peut nous élever au niveau suprême ou nous rabaisser à celui de l'animal. Quelle est la musique disponible sur terre qui est actuellement la plus élevée? Celle qui nous rapproche le plus du plan causal où vit notre cinquième corps? Peut-être allez-vous êtres surprises : c'est la valse. Oui, la valse. **La valse possède la propriété étonnante d'élever la conscience au sommet suprême du plan mental supérieur.** Si vous savez que le sommet du mental supérieur est le royaume de la grande, de la très grande musique, vous découvrez que la valse en est le pic le plus élevé.

Si vous savez aussi que le sommet du mental supérieur est la vallée du plan causal... Je m'explique : en matière de vibrations, les vibrations les plus hautes d'un plan correspondent aux vibrations les plus basses du plan suivant. Donc, si vous êtes au sommet du mental supérieur, vous êtes par conséquent dans la vallée du plan causal; comprenez-vous? **Juchées sur le sommet du**

plan mental supérieur, vous émergez sur le plan causal...,

là où l'ego n'existe plus, là où vous êtes libérées de l'ego.

Comprenez-vous, maintenant? Vous allez vous élever à un niveau de conscience très supérieur, là où **vous-mêmes vous existez sans ego**. Pour cela, il faut utiliser les six puissants moyens **en même temps**, selon le mode d'emploi simple mais précis que je vais vous révéler.

Revenons à la valse. La connaissance ésotérique nous révèle que la valse nous élève au pied du plan causal. Oui, et spécialement les valses de Strauss.

- **La musique.** Selon le même principe, certaines autres musiques vont également **ouvrir notre conscience au plan causal.** C'est le cas de la Marche nuptiale de Mendelssohn. Cette musique très particulière va nous connecter directement sur le principe de l'Âme Soeur. Cette musique n'est pas une valse; pourtant, elle nous élève très haut dans la conscience, à la limite du plan causal.

« La Marche nuptiale », cette musique merveilleuse, va éveiller en vous la Belle au bois dormant... « La Marche nuptiale » va permettre au prince charmant de vous donner le délicat baiser qui va vous éveiller. Comprenez-vous? Préparez-vous, ouvrez votre conscience : l'amour arrive dans votre vie. « La Marche nuptiale » **ouvre votre conscience** à l'idéal de la relation parfaite.

- **Le symbole**, pour notre Alchimie, doit être choisi avec un soin extrême. Un symbole représente un état de conscience et tout ce qui lui est relié. Un symbole nous branche directement sur l'état de conscience qu'il représente. Dans l'Alchimie, notre symbole doit nous élever dans la conscience supérieure.

À cet effet, pour vous connecter à l'Âme Soeur, vous devez utiliser un symbole qui exprime profondément **à vos yeux** l'idéal de la relation parfaite. Cette parfaite relation n'est pas une utopie, mais une possibilité virtuelle latente dans notre conscience. En la déclenchant nous-mêmes, nous aurons assurément une vie très fructueuse, même si de nombreuses limitations humaines nous gâchent encore plus ou moins l'existence.

Votre symbole doit exprimer le fond de vous-mêmes. Il doit être l'expression de votre idéal de vie. Vous le fabriquez vous-mêmes avec des images, des collages, des photos. Il doit être en couleurs et son format pas trop petit, soit 8 1/2 " x 11 " (21 x 27).

À titre indicatif, l'une choisira comme symbole une photo de mariée dans une magnifique robe blanche. Une autre prendra une image de la Belle au bois dormant. Une troisième utilisera la couverture d'un livre qui représente deux amoureux, les yeux dans les yeux... Une autre personne encore choisira comme symbole une couronne du type « reine d'Angleterre »...

Bref, choisissez-vous un bon symbole **qui vous parle** profondément, confectionnez-le et surtout, ne le montrez à personne. Gardez en effet **votre projet secret**, très secret. Dans le silence et le secret réside un grand pouvoir : celui d'accomplir et **de réussir**.

- **La lumière**, en elle-même, est le symbole du Divin opposé aux ténèbres de l'ignorance. La lumière est bénéfique, très bénéfique – chacun sait à quel point il aime le soleil et déteste les journées grises. La lumière nous influence directement; elle joue sur notre caractère, sur notre santé et sur notre conscience.

Par ailleurs, la lumière influence favorablement notre cerveau et la production de certaines hormones. La lumière, tout comme le rire, produit des endorphines. Le docteur Francis Lefébure, dans ses travaux sur le phosphénisme, a démontré les puissants effets de la lumière, dont certains sont déjà connus dans la Gnose et l'Alchimie. La lumière vous servira à éclairer votre symbole de façon assez vive, sans vous éblouir et sans vous cacher l'image.

- **La connaissance** est indispensable pour retrouver sa conscience suprême. **« La connaissance doit être acquise », a déclaré Hilarion,** Chohan du Cinquième Rayon, Maître de l'Ascension. Pour votre connexion, choisissez-vous un livre qui vous parle de la conscience, seulement de la conscience, uniquement de la conscience. Cela stimule fortement et puissamment votre conscience et vous élève vers votre conscience suprême. Bien sûr, je vous conseillerai le Nectar de la Conscience mais un autre livre, saturé de conscience et expliquant la conscience, fera aussi l'affaire.

- **L'Alchimie** est déjà notre travail de connexion avec le Septième Rayon. Pour renforcer encore cette connexion, pour nous brancher encore plus sur l'Alchimie, utilisons un moyen alchimique. Le Chant du Cygne, vous le savez, est un chant alchimique qui vous branche directement sur la conscience du Septième Rayon. Le lire ou le chanter infuse en chacun une qualité de conscience très supérieure. C'est un véritable bain dans la conscience supérieure. C'est une connexion directe avec le Septième Rayon qui va ouvrir votre conscience à la possibilité – **latente en vous**– de rencontrer l'Âme soeur.

- **La parole** libère la conscience et les puissantes énergies de l'Être Divin en nous. Notre parole, **si** elle est saturée de conscience, nous élève toujours plus haut dans la conscience. Notre parole, saturée de conscience, remplit notre vie d'une conscience nouvelle et supérieure. Ainsi notre vie se transforme gentiment et agréablement, de façon vraiment rapide... Nous libérerons donc notre parole, son énergie et sa conscience par une lecture du Chant du Cygne, à voix haute et sur un rythme assez rapide – mais pas trop, toutefois.

Donc, pour la connexion sur l'Âme Soeur par l'élévation de notre conscience, nous nous branchons directement sur le Septième Rayon, **aspect** Âme Soeur, avec les six moyens puissants suivants :

- **Le son**, avec la Marche nuptiale,
- **le symbole**, avec l'image de votre idéal,
- **la lumière**, pour éclairer le symbole,
- **la connaissance**, avec le Nectar de la Conscience,
- **l'Alchimie**, avec le Chant du Cygne,
- **la parole**, par la lecture à voix haute.

Maintenant, il est temps de s'installer. Vous vous êtes procuré un disque ou une cassette de la musique de Mendelssohn, *La Marche nuptiale*. Si c'est un disque-laser, vous faites jouer la plage sur le mode répétition. S'il s'agit d'une cassette, il faudrait enregistrer la musique en question plusieurs fois de suite, de façon à pouvoir l'écouter sans avoir à vous déranger durant trente à quarante-cinq minutes. Le mieux est un magnétophone « auto-reverse ».

Choisissez-vous un endroit agréable – chambre ou salon. Posez votre corps physique sur quelque chose de confortable – fauteuil, canapé, ou assis sur le lit. À côté de vous, placez votre appareil de son. Derrière vous et au-dessus, installez une lampe de cent watts, genre « spot ». Devant vous, à un mètre environ, placez votre symbole en évidence, bien éclairé par votre spot. Bien sûr, vous avez déjà enfilé une tenue très confortable.

Vous vous êtes coupées de toute source de dérangement autant que possible. Le travail consiste à alterner et à enchaîner :

- la lecture silencieuse,
- la lecture à voix haute,
- la contemplation du symbole les yeux ouverts,
- la contemplation du symbole les yeux fermés,
- la Marche nuptiale joue en permanence sur un volume confortable.

Combien de temps y consacrer chaque jour? Cela dépend de vos occupations et de vos obligations. Celles qui sont très motivées vont opérer de larges coupures dans leur emploi du temps. Si vous êtes seules, sans emploi ou si vous avez un temps fou de disponible, soyez folles, pratiquez dix heures par jour.

Pourquoi pas? En 1991, au cours de l'été, je me suis connecté avec cette méthode sur le Septième Rayon[4] des semaines durant, dix heures par jour. Cela a profondément changé ma vie pour le meilleur. Depuis, ma vie se trouve continuellement enrichie de choses inattendues qui « tombent du ciel ». **Oui, ainsi arrivent : grâce, chance, bénédictions.** Alors, si vous avez du temps libre, utilisez-le à fond pour la connexion avec l'Âme Soeur. Que pourriez-vous faire de mieux?

J'ai pratiqué et je pratique souvent et régulièrement cette méthode de connexion sur la conscience supérieure. Parfois une heure par jour, parfois, quand l'occasion se présente, plusieurs heures d'affilée, parfois encore une heure plusieurs fois par jour. Ma vie s'est complètement transformée et se transforme toujours plus.

Pour toutes celles qui ont un emploi du temps chargé, libérez-vous un minimum d'une heure. Cela vous apportera de bons résultats. Oui, vous serez vainqueurs et vous émergerez, ruisselantes de lumière, avec seulement une heure par jour. Bien sûr, tout ceci s'applique aux hommes également.

Ô, Êtres de Lumière, connectez-vous sans raison, sans objet, **sans attente**. Laissez votre conscience diriger et laissez-la jaillir. Oui, laissez donc votre conscience jaillir; elle le fera d'elle-même, naturellement et spontanément.

La connexion au Septième Rayon **sur l'Âme Soeur** est une bénédiction merveilleuse. Elle doit l'être pour tout le monde... Votre connexion doit être une bénédiction aussi pour votre entourage. En clair, celle qui se connecte le fait pour elle; elle ne l'impose à personne. Elle n'impose pas une volonté à toute sa famille pour empêcher chacun de vivre pendant qu'elle, l'intelligente, se connecte... Laissez vivre, laissez vivre la vie, connectez-vous sans déranger quiconque. N'acceptez jamais, non plus, qu'on vous en empêche. Vous êtes libres, ô Êtres de Lumière.

Maintenant, vous avez préparé tout votre matériel : le son, le symbole, la lumière et vos livres. Installez-vous confortablement et suivez le mode d'emploi.

- **Le son :**
  - Faites jouer la Marche nuptiale en **permanence**, pas trop fort.

4. Tome 2, chapitre 6, *La connexion au Septième Rayon*.

- **La connaissance :**
  - Lisez le Nectar de la Conscience **silencieusement** durant trente minutes.
- **L'Alchimie et**
- **la parole**
  - Lisez le Chant du Cygne **à voix haute**, d'une voix ferme et un peu rapide (durée : vingt-deux minutes environ).
- **La lumière et**
- **le symbole :**
  - Contemplez votre symbole **les yeux ouverts** durant cinq minutes environ.
  - Contemplez votre symbole **les yeux fermés** durant quinze minutes environ.

Selon vos possibilités, recommencez ce cycle de soixante-douze minutes autant de fois que vous le voulez. Si vous ne faites qu'un seul cycle, qu'il dure soixante minutes si possible. En cas de dérangement intempestif, reprenez là où vous êtes. Sinon, recommencez le lendemain, au début.

Ô, merveilleuses femmes de cette petite planète peuplée de barbares, de sauvages instinctifs et de primitifs grossiers, vous seules pouvez ramener la conscience dans ce monde agonisant.

Voilà l'ère nouvelle de la conscience nouvelle, un monde nouveau, pétri de conscience, que **les femmes** elles-mêmes auront réinstallé dans la société. Le règne de l'homme inconscient est terminé.

Voilà la femme consciente! Monstres hideux, dominateurs exécrables, tremblez! La conscience suprême revient à flots. La femme consciente se libère. Monstre hideux, prépare ta tête, le talon-aiguille arrive...

La femme consciente et l'homme conscient préparent la liberté et l'égalité entre eux, et pour tous, par la conscience et l'amour. L'amour et la conscience ne font qu'un :

- **Il n'y a pas d'amour de Dieu,**
  - sans l'amour de tous les Êtres,
  - sans l'amour d'un Être,
  - sans l'amour de Soi,
  - sans l'amour de la conscience,
  - sans la connaissance de la conscience.

Certains grossiers primitifs vivent dans le célibat et dans la chasteté – soi-disant – en fait, dans la masturbation. Ces demeurés sont méchants, cruels, sadiques, dominateurs et fanatiques. Ils se détestent eux-mêmes, ils détestent l'humanité. La femme leur fait peur et ils la détestent encore plus. Les plus pervers sont même pédophiles. Ils n'ont **aucun amour** pour eux-mêmes, ni pour les autres et encore moins pour Dieu...

Les femmes conscientes et les hommes conscients, ces Êtres de Lumière, connaissent le véritable amour. Ils aiment leur propre conscience Divine profondément et passionnément. Ces Êtres de Lumière découvrent la Réalité :

- **La connaissance de la conscience,**
- donc l'amour de la conscience,
- donc l'amour de Soi,
- donc l'amour d'un Être,
- donc l'amour de tous les Êtres,
- donc l'amour de Dieu.

Voilà le chemin qui mène à **l'Amour suprême**; il part du Soi, passe par tous (voilà la véritable fraternité) et aboutit à l'amour de Dieu. Alors, le couple femme-homme qui aura suivi le chemin de l'amour s'élèvera très haut sur l'échelle de la conscience. Il terminera sa vie heureuse tout près, très près de l'Ascension. Peut-être même si près que... Voilà donc le chemin que vous propose le Nectar de la Conscience. Oui, le chemin de l'Amour suprême qui aboutit à Dieu est là, entre vos mains.

- Avec le Nectar de la Conscience, vous découvrez la conscience. La connaissance de la conscience vous fait connaître la Réalité.
- Avec le Nectar de la Conscience, vous découvrez l'Amour. La connaissance des lois de la rencontre vous fait attirer et rencontrer l'Âme Soeur.

La conscience, la connaissance, la Réalité vous infusent d'un amour profond, substantiel et durable. Vous vous aimez vous-mêmes, vous aimez votre Âme soeur, votre amour jaillit sur tous les Êtres. Alors vous aimez de façon **inconditionnelle**, vous êtes devenues l'amour, vous aimez Dieu. Vous et l'amour, vous ne faites plus qu'un. Vous jaillissez, ruisselantes de conscience, dans **l'amour inconditionnel...**

- **Vous voilà enfin redevenues vous-mêmes, un Être adorable d'où jaillit l'amour.**

- **Je vous le disais bien : l'amour et la conscience ne font qu'un, voilà votre Réalité suprême.**

Dans ce chapitre « L'amour est conscience », vous avez découvert « les lois de la Rencontre » et les trois marches que chacune peut facilement gravir.

Première marche : vous élevez votre conscience et vous vous mettez en état **d'attirer**. Vous attirez à vous des Êtres de **qualité**.

Deuxième marche : vous élevez votre conscience et vous vous mettez en état de **discerner**. Vous pouvez alors vraiment **choisir**.

Troisième marche : vous élevez votre conscience et vous vous mettez en état de **réceptivité**. Vous vous ouvrez alors à **l'Âme Soeur... et tout devient possible.**

Du haut de ces trois marches, **vous êtes libres et conscientes**. L'amour vous tend les bras. Peut-être êtes-vous déjà mariées ou vivez-vous déjà avec votre amant. Que se passera-t-il alors si vous prenez pleinement conscience que l'amour est conscience et que vous pratiquez cette méthode de connexion avec l'Âme Soeur? D'une part, cela ne peut vous faire aucun mal... Au contraire, vous allez infuser votre relation actuelle d'un flot de conscience.

D'autre part si, par le travail de prise de conscience proposé dans ce chapitre, vous vous saturez de la conscience de l'amour, vous aurez peut-être certaines bonnes surprises. Peut-être allez-vous découvrir que votre Âme Soeur, c'est votre amant ou votre mari. De toute façon, en ajoutant à votre vie une infusion massive de conscience, vous ne pouvez **jamais** vous tromper, sachez-le bien.

L'Amour et la conscience ne font qu'un; plus vous ajoutez de conscience, plus l'amour, le véritable, fleurit. Sur le chemin de la conscience, vous rencontrerez obligatoirement vos trois précieux amis :

la Richesse, l'Amour, la Guérison.

Ô, mes Amies et mes Amis de Lumière, nous qui sommes des amis depuis des siècles, la connaissance vous apporte la liberté et l'amour. Cela est offert à toutes les femmes et à tous les hommes de la planète.

Saurez-vous en profiter et vous élever ainsi? Cela dépend de vous. C'est entre vos mains, dès maintenant.

Ô, Êtres de Lumière, chantons le Chant du Cygne afin de laisser couler l'Amour à flots dans notre vie. Oui, lisons le Chant du Cygne à voix haute, d'un ton ferme sur un rythme soutenu et que l'amour et la conscience jaillissent dans notre conscience.

Oui, chante le Chant du Cygne et laisse couler l'Amour, ô Être de Lumière.

13

Apocalypse 3.

La Lumière : Les Maîtres Ascensionnés

Les Maîtres Ascensionnés, voilà bien un grand mystère. Bonjour et bienvenue à tous, ô Êtres de Lumière, à cette conférence du jeudi.

Les Maîtres Ascensionnés sont très mystérieux pour la plupart des gens et sont complètement inconnus du public. Les religions n'en parlent jamais. Quant à l'ésotérisme, il a gardé très longtemps ses secrets. Les secrets recèlent parfois des secrets encore plus grands. Ainsi, la connaissance du plan éthérique et de ses habitants merveilleux a été, durant des millénaires, le secret des secrets.

Seuls les étudiants avancés de la Gnose éternelle pouvaient parfois accéder à cette connaissance. Toutefois, depuis un petit siècle, la Révélation progresse et le voile se lève. Ainsi ce soir allons-nous découvrir une connaissance merveilleuse et enthousiasmante qui, une fois saisie, changera notre vision de la vie et notre conscience pour toujours.

Bien que la religion soit ignorante et muette au sujet des Maîtres, bien que la science fasse preuve d'une ignorance crottée au sujet des éthers et du plan éthérique, je vais vous exposer la vie de ce monde merveilleux.

L'homme ignore d'où il vient. Dans son ignorance profonde, il croit, le pauvre, qu'il descend du singe... Ne sachant pas d'où il vient, il ignore encore plus où il va et quel est son destin suprême.

Si vous avez étudié la connaissance ou si vous avez lu le Nectar de la Conscience, vous savez maintenant que l'être humain prend conscience. Oui, il prend conscience de plus en plus. Cela l'amène à réaliser assez rapidement qu'il n'est pas un humain.

Il s'aperçoit alors avec une joie profonde qu'il est un Être de Lumière, un « esprit » totalement Divin qui habite provisoirement un corps humain. Il constate qu'il effectue un séjour dans la matière et que deux choix s'offrent à lui à la fin de sa vie :

- Mourir, puis vivre sur le plan astral, ensuite revenir et renaître; c'est la réincarnation.
- Prendre conscience passionnément, faire son Ascension et rejoindre les Maîtres.

Voilà le choix pour toute l'humanité, pour tous sans **aucune** exception :

– La mort, l'astral et la réincarnation.
– La conscience, l'Ascension et la vie des Maîtres.

Tous les Êtres conscients comprennent leur destin final et ils mènent une vie humaine entièrement consacrée à la prise de conscience qui les mènera vivre sur le plan éthérique. Là, ils en auront terminé pour toujours avec l'expérience humaine.

Il ne seront plus jamais des êtres humains. Ils seront des Maîtres omniconscients, omniprésents, omnipotents, omniscients. Ils viendront souvent sur Terre accomplir une mission qui visera à élever l'état de conscience général. Malgré leur apparence bien humaine, leur conscience n'est plus et ne sera plus jamais humaine.

Tous les êtres humains peuvent s'élever eux-mêmes pour en arriver à l'Ascension. Cela est offert à tous : au député et à la femme de ménage, à la grande chirurgienne et à l'ambulancier, au maçon et à la boulangère. Tous peuvent faire leur Ascension, quel que soit leur sexe, leur race, qu'ils soient érudits ou analphabètes.

Chacun a donc le choix : mener une vie humaine dans l'ignorance et l'inconscience de la société actuelle, ou prendre la connaissance, la Gnose éternelle au sérieux et améliorer profondément et rapidement sa vie par la prise de conscience. Cet Être ouvert et intelligent s'infusera profondément de conscience, ce qui l'amènera aux étapes supérieures de la prise de conscience précédant l'Ascension. Chacun peut, dès cette vie et en une seule vie, en arriver à la réalisation suprême.

En cette période apocalyptique si proche de l'an 2000, les portes sont grandes ouvertes. Oui, les portes du plan éthérique sont grandes ouvertes; tous les Êtres devenus conscients peuvent entrer.

- Pour entrer, il suffit d'être conscient.
- Pour être conscient, il suffit d'étudier la Gnose éternelle.

La religion ignore tout des Maîtres Ascensionnés. La science ignore tout du plan éthérique. Nous allons donc nous passer d'eux pour découvrir **« la lumière »**, le plan éthérique et ses habitants merveilleux.

Nous pouvons facilement nous passer de la science et de la religion pour opérer notre prise de conscience. En effet, ces deux menteuses ignorent tout de l'Ascension que nous pouvons **accomplir sans elles**, malgré elles.

La gnose connaît les éthers. L'Alchimie sait utiliser les éthers pour opérer la transmutation de la matière. L'ésotérisme révèle que l'éther est composé de quatre éthers : éther vital, éther mémoire, éther lumière, éther réflécheur[1].

Les Hindous y voient cinq prana car ils séparent en deux l'éther vital dont ils appellent fohat la partie inférieure. Fohat est le magnétisme et lorsque cet éther est concentré, il devient... **l'électricité**. Les éthers, savamment et adroitement combinés à la matière, opèrent la transmutation de celle-ci en une autre plus élevée. C'est la véritable Science encore **à naître** sur notre planète. C'est l'Alchimie de la matière.

- Le plan physique et le monde physique sont formés de matières composées de solides, de liquides, de gaz et des quatre éthers.
- Le plan éthérique et le monde éthérique sont composés des quatre éthers **sans matière** et forment un monde complet en lui-même. Celui-ci est indépendant du monde physique, mais uni à lui.

Tous les êtres humains possèdent sept corps dont le plus grossier est le

1. Tome 2, chapitre 10, *Les Retardataires*.

corps physique. Les corps subtils peuvent vivre en l'absence complète du corps physique. C'est le cas du corps astral qui vit longtemps après la mort du corps physique. C'est le cas du corps éthérique qui peut vivre durant des siècles après l'Ascension et la disparition du corps physique.

Faisons le point un bref instant. Nous voilà rendus face à trois mondes où vit une seule humanité, répartie sur trois plans.

Plan éthérique Monde éthérique Substance : les éthers **« EXISTENCE »**	**Plan physique** Monde physique Substance : la matière **« VIE »**	**Plan astral** Monde astral Substance « astrale ». **« MORT »**
• **Vie des Maîtres** Ascensionnés omniconscients • Vie de l'être humain glorieux très conscient	• Vie de l'être humain très peu conscient. **EXPÉRIENCE**	• Vie de l'être humain très peu conscient.
	Mort ⟹ Naissance ⟸	Vie après la mort **Réincarnation**
Ascension ⟵	⟵ Prise de conscience	

Le plan éthérique, le monde éthérique est un monde complet en lui-même. Il est peuplé de plusieurs milliards d'êtres dont une grande partie sont humains tout comme nous, **mais** au niveau glorieux. Des animaux de toutes sortes y vivent. Des forêts, des plaines, des fleuves, des océans, de la végétation en abondance en font un monde comme le nôtre, **mais** au niveau parfait.

Beaucoup de gens ne peuvent imaginer que nous vivons au confluent de trois mondes parallèles qui s'interpénètrent. Pourtant, cela est facile à comprendre **et même à vérifier**.

Tous ceux qui font du voyage hors corps ou qui en ont fait accidentellement ont eu directement accès au monde astral. Là, ils ont pu constater par expérience directe qu'aussitôt sortis de leur corps, ils se retrouvent dans le monde astral et y rencontrent ses habitants. Ils rentrent dans leur corps de matière, aussitôt ils sont à nouveau dans le monde physique.

- C'est ainsi la Réalité absolue, **vérifiable** par chacun, par tous ceux **qui veulent savoir** et qui font l'expérience.

Pour le plan éthérique, c'est la même chose; dès que votre corps éthérique sort du corps physique, vous vous retrouvez sur le plan éthérique. Là, vous rencontrez les habitants de ce plan.

Pour l'être humain, sortir en voyage astral est relativement aisé; cela s'apprend. Par contre, sortir hors corps et se balader en corps éthérique est autrement moins facile. À moins **de disposer d'un ami** ou d'un Maître sur le plan éthérique qui viendra vous « ouvrir » la porte, il y a peu de chance d'y parvenir. Nous verrons pourquoi les choses sont voulues ainsi.

Donc et comprenons-le bien, le monde éthérique est une réalité absolue aussi tangible et substantielle que le monde physique. Ses habitants proviennent tous de la même source, bien que de deux émanations de conscience différentes...

Les Maîtres Ascensionnés vivent et résident sur le plan éthérique. C'est sur ce plan que nous aboutissons lorsque notre conscience est redevenue complète. Une grande partie des habitants du plan éthérique sont des Maîtres qui ont fait leur Ascension.

Ces Êtres de Lumière hautement glorifiés furent humains comme nous il y a très longtemps, des dizaines de siècles. D'autres furent humains il n'y a pas si longtemps, quelques siècles ou même seulement quelques dizaines d'années. Pour certains, l'Ascension est toute fraîche, ils l'ont faite ces dernières années ou même cette année.

Rassurez-vous, ce n'est pas mon cas, loin de là (rires)... L'Ascension est continue, des Êtres y aboutissent régulièrement et souvent. De temps à autre, peut-être tous les cinq siècles, une Ascension collective se produit et des millions d'êtres humains passent tout à coup sur le plan éthérique.

C'est l'enlèvement des justes et des sauvés dont parle l'Apocalypse. C'est également le secret de la disparition mystérieuse des Incas et des Mayas, dont personne n'a jamais élucidé le mystère.

Donc, des millions d'habitants du plan éthérique sont des Êtres qui, tout comme nous, furent humains, pauvres, crottés et ignorants. Ils furent tout comme nous, longtemps souffrants, mourant, naissant à nouveau, encore et encore.

Puis ils ont pris conscience à travers la Gnose éternelle, dans la Révélation disponible à leur époque. Alors ils ont **compris le principe** et l'ont étudié passionnément jusqu'à l'ouverture de leur conscience. Ils ont ainsi persévéré jusqu'au bout, jusqu'à la réalisation de leur suprême destin.

Ces Êtres jadis humains ont longtemps souffert de leur vie terrestre, puis ils ont décidé d'en sortir une fois pour toutes. Nous avons tous la même possibilité, en nous emparant du savoir gnostique et en ne le lâchant pas avant notre arrivée pleine de gloire sur le plan éthérique.

Beaucoup de Maîtres Ascensionnés furent **des femmes** et sont sensiblement **plus nombreuses** que ceux qui furent des hommes. Allez donc savoir pourquoi!...

L'Ascension se produit donc en permanence pour quelques-uns par-ci par là et de façon collective tous les quelque cinq siècles environ. Krishna, Bouddha, Jésus, Mahomet et d'autres grands Êtres sont venus tout exprès dans le but de provoquer l'Ascension collective de leur époque.

Avec l'infusion massive de leur conscience, ces grands Êtres ont permis l'ouverture de la conscience de beaucoup d'êtres humains. Cela a provoqué l'Ascension collective de dizaines de milliers de personnes et pour certains, de millions.

Si on regarde de près la tradition et les légendes des Incas et des Mayas, on y trouvera un grand Être qui, lui aussi, a allumé la mèche. Il est venu en Amérique centrale dans le siècle qui a précédé l'arrivée de Colomb en Amérique en 1492. On peut chercher à partir de l'an 1400; la mémoire du grand peuple rouge se souvient de Lui. Ô, mes Amis de Lumière, nous qui sommes des amis depuis des siècles, certaines conclusions s'imposent concernant la période proche de l'an 2000...

Le monde éthérique se trouve donc peuplé par des millions de Maîtres Ascensionnés omniconscients. Ils y mènent là une vie de toute beauté, grandiose et très au-delà des possibilités et de la conscience humaine.

Les Maîtres vivent aussi sur le plan causal qui est le véritable monde de tous ceux qui sont redevenus le Christ, le Bouddha ou le Brahman, ce qui est exactement la même chose. Le plan éthérique permet aux Maîtres d'être tout près et en contact direct avec l'humanité.

Ces glorieux Maîtres Ascensionnés dont la **majorité sont des femmes** oeuvrent sans cesse jour et nuit pour infuser de conscience l'humanité terrestre et astrale. Leur but est d'élever toujours plus haut la conscience de tous. Leur tâche est immense. Il suffit, pour s'en convaincre, d'observer l'état de conscience lamentable qui règne sur cette planète.

Il suffit de constater les nombreux fléaux qui accablent la planète pour se rendre compte de l'état de conscience qui y règne... Celui-ci est au plus bas et la tâche des Maîtres est colossale : élever la conscience générale au point de faire disparaître l'ensemble des fléaux!...

Nos Maîtres pleins d'amour, de bienveillance et de compréhension, nous infusent jour et nuit de leur conscience. Leurs buts sont multiples :

- Élever grandement la conscience planétaire.
- Provoquer la disparition de tous les fléaux.
- Instaurer pour tous les droits de l'Homme.
- Instaurer la véritable égalité des sexes, des races et des castes.

- Provoquer l'Harmonie générale, génératrice de la paix mondiale planétaire.
- Faire disparaître les dominateurs et les fanatiques.
- Installer la liberté authentique pour tous.
- Inspirer la conscience de la fraternité, donc le juste partage.
- Provoquer l'émergence d'une nouvelle conscience pour toute l'humanité.

L'infusion massive de la conscience des Maîtres doit en arriver à réaliser très vite ces neuf objectifs, mais il y en a bien d'autres. Dès que l'humanité aura pris suffisamment conscience, elle ne tolérera plus, plus jamais la domination, la guerre et la famine. La prise de conscience de l'humanité la conduira à implanter rapidement **la solidarité universelle**. Alors nourriture, logement et éducation seront disponibles **pour tous** en abondance.

Les Maîtres infusent à doses massives :

- **la liberté, l'égalité, la fraternité,**
- **la paix et la solidarité universelle.**

Les Maîtres Ascensionnés s'activent jour et nuit à cette tâche ardue et poursuivent bien d'autres objectifs, tels :

- **provoquer une Ascension collective,**

dont la fulgurance devrait se produire en Amérique du Nord – U.S.A., Québec, Canada. La fulgurance de la conscience jaillissant aux États-Unis se répandra aussitôt en Europe de l'Ouest, C.E.E. Alors, le monde entier sera touché par le flot de grâce, la conscience planétaire sera si élevée qu'on ne trouvera plus l'ancienne.

Les dinosaures rétrogrades seront alors tout simplement balayés et éliminés. Les monstres, les tyrans, les abrutis et tous les Retardataires seront éjectés. La planète sera libérée. Une humanité plus consciente comprendra ce qui s'est passé et se mettra au travail pour régénérer la vie terrestre et la vie de tous.

- **Provoquer l'émergence du Nouvel Âge.**

Le Nouvel Âge est une initiative des Maîtres eux-mêmes, voulue par la haute hiérarchie Divine du courant ascendant[2]. Les Maîtres Ascensionnés

2. Tome 2, chapitre 5, *Les deux courants*.

provoquent depuis des dizaines d'années, partout sur la planète, l'ouverture de la conscience d'une multitude d'individus.

C'est leur intention et leur volonté de faire en sorte que la connaissance et la conscience puissent jaillir au travers de millions de personnes. Ainsi, un très grand nombre d'individus, partout sur la Terre, émettent continuellement l'infusion de conscience qui leur vient directement du plan éthérique. Très nombreux sont ceux qui sont pleinement conscients de ce qui arrive. Un grand nombre d'entre eux émettent sans être encore conscients totalement, mais leur émission est tout aussi impressionnante.

- **En essence et en substance, le Nouvel Âge est l'infusion de la conscience des Maîtres Ascensionnés dans l'humanité.**

Pour la religion, le Nouvel Âge est quelque chose de très dérangeant. De nombreux mouvements spiritualistes naissent un peu partout sur la planète. La plupart préconisent la recherche de l'expérience **avant** la croyance dans les dogmes invérifiables. Alors la religion, qui n'a rien à offrir si ce n'est une croyance à la limite de la superstition, perd une grande partie de sa clientèle.

Voilà l'une des principales raisons qui fait que le Nouvel Âge est combattu par la société, dénigré par les médias et dont les vertus sont complètement passées sous silence. Tant pis ou tant mieux, aucune importance; **il est la conscience nouvelle**, il est en toute réalité **la conscience du Christ** qui descend et s'infuse dans toute l'humanité.

Le Christ est avant tout un état de conscience grandiose où chaque être humain se rend compte pleinement qu'il est lui-même le Christ. Cet état de conscience est infusé à doses massives sur toute la planète, jour et nuit, par les Maîtres. Des millions de personnes sont déjà devenues, redevenues le Christ dans leur conscience. Elles en sont complètement conscientes.

La conscience planétaire se transforme radicalement sous l'influence des Maîtres dont le plan est d'installer la conscience du Christ dans la société entière.

- **« Il y aura une nouvelle Terre et un nouveau Ciel »...**

Des valeurs entièrement nouvelles émergeront de la société. Une société pleine de conscience remplacera l'ancien système de domination et de superstitions. Ne vous fiez pas aux apparences parfois étonnantes de certains groupes Nouvel Âge; ils ne sont que la pointe visible de l'iceberg.

L'essentiel et le substantiel du Nouvel Âge, la société ne les voit pas encore. Ne confondez pas l'immense volcan prêt à jaillir avec les quelques fissures qui laissent échapper un peu de fumée...

Oui, la conscience du Christ est déjà là, prête à jaillir; rien ni personne ne peut s'y opposer. La conscience du Christ, infusée en tous par les Maîtres Ascensionnés, revient en force et en puissance dans toute la société humaine. Au plus profond de lui, **derrière** toutes les apparences :

- **le Nouvel Âge EST le retour du Christ,**

sous la forme d'un état de conscience grandiose offert à des millions de femmes et d'hommes. « Allumez vos lampes et veillez, le Seigneur revient ». Il arrive cette nuit, dans cette nuit si noire des ténèbres de la société ignorante et dominatrice qui règne encore aux abords de l'an 2000.

Soyez conscients, les Maîtres Ascensionnés sont ici, **ils sont présents** parmi nous, ils résident sur le plan éthérique et nous infusent tous de leur conscience jour et nuit.

À ce point de notre exposé, nous pouvons constater :
- le monde éthérique est une réalité,
- une humanité glorieuse y réside,
- les Maîtres Ascensionnés y vivent,
- la conscience des Maîtres s'infuse en tous,
- une nouvelle conscience jaillit partout,
- les Maîtres infusent le Nouvel Âge,
- les Maîtres préparent l'Ascension collective,
- les Maîtres installent la conscience du Christ,
- **les Maîtres initient le retour du Christ.**

Oui, les Maîtres initient le retour du Christ. Beaucoup attendent le retour de Jésus. Ils seront comblés : des millions de Christ vont apparaître à leurs yeux car des millions de femmes et d'hommes sont déjà le Christ, tout autant que Jésus.

- **Jésus est le Christ, bien sûr; mais vous aussi, Madame, et vous aussi, Monsieur, SI vous comprenez le principe.**

Jésus a dépassé le niveau de Christ depuis longtemps. Il est aujourd'hui l'un des grands dirigeants de la haute hiérarchie spirituelle. Il est le Chohan du Sixième Rayon qui infuse dans la société la fraternité, la guérison et la médecine naturelle.

La question que l'on me pose souvent est : « Jésus lui-même va-t-il revenir? » Ou sous une autre forme, la question est : « Un grand Maître, un messie va-t-il émerger? ».

Pour que Jésus revienne, il faudrait d'abord qu'il soit parti. Or ce n'est pas le cas; il a toujours été là, avec tous les Maîtres. Ces Maîtres sont vraiment et totalement nos soeurs et nos frères. **Ils ne peuvent pas partir sans nous.** Ils n'auront ni trêve, ni repos avant que nous ne soyions tous ascensionnés.

Dès que nous-mêmes nous nous serons élevés à l'Ascension, nous travaillerons avec eux à l'élévation de tous. C'est la loi de l'Univers : les Êtres les plus conscients doivent provoquer la prise de conscience de tous. Cela, jusqu'au dernier, jusqu'au plus petit. Donc Jésus est ici, il est le Christ **et vous aussi**, ô Êtres de Lumière. Vous le trouverez en vous, nulle part ailleurs.

Si certains attendent le retour de Jésus, d'autres attendent le retour du Messie. Il se pourrait effectivement, à notre époque qui voit le retour de la conscience du Christ en chacun et dans toute la société, qu'un messie apparaisse.

- **Un messie apparaît?**
- **Une messie émerge, une femme?**

Il se pourrait fort bien, à notre époque troublée où la domination fait rage, qu'une femme ascensionnée, une Maître élevée et puissante, apparaisse comme le messie.

Cela n'aurait rien d'étonnant car notre époque domine et opprime encore la femme presque partout sur la planète. Alors si une femme apparaît comme le Messie, la femme sera immédiatement libérée. Tout le système de domination qui s'exerce contre la femme va s'écrouler instantanément. C'est la mort de l'odieux patriarcat.

Imaginez... les églises qui refusent aux femmes l'égalité avec l'homme, les jugeant inférieures et indignes d'être prêtres : le Messie apparaît et c'est une femme ascensionnée!... Imaginez les conséquences incalculables sur toute la planète.

- Pouvez-vous imaginer un monde où la femme serait **vraiment** libre et égale sur toute la Terre?

Beaucoup croient que le Messie sera un homme car en regardant dans le passé, leurs « saintes écritures » – écrites par qui? – ne leur montrent que des hommes. **En réalité**, il y a eu beaucoup plus de femmes; **beaucoup de femmes** furent des prophètes, des grandes prêtresses, des grandes initiées et des grandes avatars. Mais cela a été **camouflé** et soigneusement **caché** pour que l'homme puisse dominer et écraser sa compagne, la mère de ses enfants.

Cette abomination doit cesser.

- **Le Messie est-il sur le point de revenir?** Je le souhaite de tout mon coeur.
- **Le Messie sera-t-il une femme?** J'espère bien, je l'espère de tout mon coeur.

Si tel est le cas, qu'allez-vous faire, vous les despotes? Vous qui avez méprisé la Femme, qui l'avez infériorisée, diminuée, interdite de droit de vote? Vous qui affirmez qu'elle n'est pas l'égale de l'homme, vous qui lui avez dénié sa divinité, vous qui avez affirmé qu'elle n'a pas d'âme? Vous qui avez méprisé, battu, séquestré, lapidé et puni la Femme? Vous qui affirmez encore, en l'an 2000, que la Femme est indigne d'être prêtre, vous qui lui refusez l'émancipation complète?

- **Oui, qu'allez-vous dire à la Femme Ascensionnée, le Messie de retour?**

Les Maîtres Ascensionnés sont une réalité merveilleuse. Ils vivent sur le plan éthérique et beaucoup sont fréquemment sur Terre pour infuser l'humanité de leur conscience grandiose.

Les Maîtres, après leur Ascension, retrouvent tous leurs pouvoirs et toutes leurs facultés. Ils deviennent les Maîtres sur tous les plans et dans tous les mondes. Leur infusion de conscience et leur présence sont partout présentes. Le monde physique, le monde astral, le monde mental bénéficient sans cesse, jour et nuit, de leur action bienveillante. Le monde éthérique et le monde causal sont totalement imprégnés de leur conscience puisqu'ils y résident habituellement.

Les Maîtres sont **des femmes** et des hommes qui ont dépassé et transcendé la condition humaine. Ils ont simplement compris **le Principe** et ne l'ont pas lâché avant d'avoir eux-mêmes atteint le but des âges : l'Ascension finale.

Toutes les femmes et tous les hommes de la Terre peuvent les rejoindre. Il suffit, pour cela, de prendre en main la Gnose éternelle dont le Nectar de la Conscience est l'une des nombreuses expressions. Il suffit de commencer et de continuer jusqu'au bout.

- **Alors vous aussi – comme eux – vous serez un Maître Ascensionné et vous vivrez pour toujours dans la puissance, la richesse et la gloire.**

Une humanité merveilleuse vit sur le plan éthérique. Nous pouvons maintenant facilement comprendre que le monde causal et le monde éthérique sont des mondes « parfaits ». Ils sont parfaits dans le sens où l'harmonie parfaite y règne totalement et globalement. Ce que chacun doit bien comprendre, c'est que l'être humain ordinaire ne peut jamais et d'aucune façon accéder au plan éthérique, et encore moins au plan causal.

- Il est vrai que les portes du plan éthérique sont grandes ouvertes et que chacun peut y accéder.
- Il est tout aussi exact qu'aucun être humain ne peut accéder au plan éthérique d'aucune façon.

Cela se comprend très facilement. Pour accéder au plan éthérique, il faut s'être débarrassé totalement de l'ego. Aucun ego ne peut accéder au plan éthérique. Donc :

- Vous vivez **dans l'ego** et vous restez sur Terre, hors du plan éthérique. **OU**
- Vous vous libérez de l'ego par la **réalisation** de la conscience et vous accédez au plan éthérique.

C'est très simple : nul ne peut accéder au plan éthérique avec son ego. Pour pénétrer dans ce monde glorieux, il faut avoir atteint la première des trois grandes étapes de la prise de conscience finale. C'est l'étape de **la Réalisation.**

Le monde éthérique est donc peuplé par une humanité de plusieurs milliards d'Êtres. Ces Êtres merveilleux vivent là une existence tout à fait étonnante, très loin de tout ce que peut imaginer l'humain. Cette humanité merveilleuse est constamment guidée par les Maîtres Ascensionnés qui sont pour elle une source permanente d'inspiration.

Cette humanité radieuse et lumineuse est en contact permanent avec les Maîtres, elle travaille et collabore avec eux. Ces Êtres ont avec les Maîtres le même genre de rapport que nous avons sur Terre avec nos élus du gouvernement ou du parlement, mais en plus « ouvert »...

Cette humanité ne peut pas accéder au monde physique et venir nous rencontrer. Cela leur est totalement impossible puisque ceux qui y vivent **n'ont pas** de corps physique. Ils ont tout comme nous un corps astral et un corps éthérique, mais pas de corps physique, évidemment.

Ce qui est merveilleux, dans cette humanité, c'est qu'ils n'ont pas d'ego. Pourtant, et il est difficile de le comprendre, ils ont quand même une personnalité et une individualité propres.

- Voilà la chose la plus extraordinaire : l'humanité du plan éthérique a pu s'individualiser tout en conservant la conscience globale et la connaissance de la réalité.
- L'humanité terrestre s'est volontairement coupée de la conscience globale pour s'individualiser dans un ego totalement ignorant de sa conscience et de sa réalité.

L'humanité terrestre, vivant dans l'ignorance totale de la conscience et de la Réalité, a commis toutes les erreurs possibles, produit tous les fléaux, provoqué toutes les catastrophes, permis toutes les atrocités et perpétré toutes les abominations.

- Globalement, la cause de ce gigantesque merdier est simplement l'ignorance de la conscience supérieure et de la Réalité suprême.

Ainsi, le retour de la conscience dans notre monde martyrisé ouvrira les portes de la Réalité et fera disparaître complètement et totalement les fléaux. L'humanité du plan éthérique, n'ayant jamais été coupée de la conscience supérieure et de la Réalité suprême, a conservé l'harmonie parfaite des hautes sphères jusque dans la vie relative du plan éthérique.

Il est donc facile de comprendre que le monde éthérique est un monde de paix, de beauté, de fraternité. Il n'y a pas de pollution, ni de maladie. La guerre, pour eux, n'est que légende improbable... Ils refusent absolument de croire à la famine et au génocide. Tout comme certains ici ne veulent rien savoir de l'existence du plan éthérique...

Nous venons donc de découvrir que le monde éthérique est peuplé d'Êtres magnifiques et grandioses. Des millions de ces Êtres sont les Maîtres Ascensionnés qui ont vécu l'expérience humaine exactement comme nous la vivons nous-mêmes aujourd'hui. Ils ont compris **le Principe** car ils ont étudié la Gnose éternelle. Alors ils ont puissamment travaillé à prendre conscience et sont parvenus à transcender l'être humain.

Ils sont **RE**devenus des Êtres Divins adorables, parfaits et omniscients. Ce qu'ils ont accompli, nous pouvons et nous devons tous l'accomplir. Les Maîtres sont **RE**devenus le Christ; nous avons tous la même possibilité. En effet, nous sommes **déjà** le Christ et nous devons dépasser l'ego afin de nous en apercevoir pleinement. Les Maîtres ont compris **le Principe** avant nous. Beaucoup, aujourd'hui, comprennent également et s'activent à prendre conscience du Soi et de l'ego. Ainsi de nombreux êtres humains vont-ils faire leur Ascension dès cette vie et **RE**devenir des Maîtres dès cette vie.

Beaucoup, qui découvrent leur conscience et qui accomplissent un travail éclairé pour transcender l'ego, vont dès cette vie s'élever très haut sur l'échelle de la conscience et s'approcher ainsi tout près de la libération finale. À leur retour dans la matière, ils découvriront très tôt et très jeunes les enseignements qui leur permettront d'arriver facilement au but final, l'Ascension.

- **La victoire suprême est déjà vôtre.**

Pour cela, prenez activement conscience avec les puissants moyens qui vous sont offerts : le Chant du Cygne, le Nectar de la Conscience, la connexion au Septième Rayon.

Le plan éthérique est donc peuplé de millions d'Êtres magnifiques, les Maîtres Ascensionnés, tous des exhumains. Le plan éthérique est également peuplé de milliards d'Êtres, une humanité merveilleuse qui mène une existence grandiose dans une harmonie parfaite.

Eux ne furent et ne seront jamais des humains « physiques ». Leur descente est terminée, **ils remontent**. C'est d'ailleurs ainsi pour l'essentiel de notre humanité qui remonte. Sur Terre, seuls les dominateurs conscients de dominer et les Retardataires continuent de descendre. Leur problème est grave et sérieux car ils vont trop loin, ils descendent trop bas. Ils vont se perdre et se couper de la vague de vie[3]. Leur destin est terrible, mais c'est à eux de comprendre et de remonter. Personne ne peut les y contraindre, non personne; par contre, nous allons **leur écraser la tête**, le talon arrive...

Les Maîtres ont déployé des efforts immenses pour tenter de ramener les dominateurs à la raison, mais ils ne veulent rien comprendre. Alors quand le membre est gangréné jusqu'à l'os, il ne reste qu'à trancher le problème. Ainsi le chirurgien est déjà prêt, les Retardataires et les dominateurs vont-ils être extirpés, éliminés de l'humanité. Ils tomberont alors dans une vague de vie postérieure à la nôtre, passablement primitive.

Ô, quel terrible karma vous avez,
Oui, terrible est votre destin à présent.

Le Chant du Cygne, soutra 62.

L'amour des Maîtres est infini, leur patience est sans limite. Dans le vaste

3. Tome 2, chapitre 10, *Les Retardataires.*

univers, rien ne fonctionne par hasard. Tout est guidé et dirigé par des Êtres sublimes dont la conscience est d'une grandeur inouïe. Il y a donc des rythmes et des cycles qui régissent la vie de l'univers et de tous ses habitants.

Alors, malgré leur amour infini et leur patience sans limite, lorsque le temps arrive, lorsque certains **cycles** se terminent, **les Maîtres doivent trancher**. Auparavant, ils ont déployé des efforts considérables, tous les efforts pour ramener les abrutis sur le chemin ascendant.

- Le cycle se termine maintenant! Puissiez vous comprendre, monstres hideux...[4], Retardataires, despotes et dominateurs.

Revenons donc à notre humanité merveilleuse du plan éthérique. Dans ce monde paisible dirigé par les Maîtres Ascensionnés, des milliards de femmes et d'hommes mènent une existence quasiment paradisiaque.

Aucun des fléaux de notre monde n'existe sur ce plan. Aucun des problèmes que nous vivons tous n'est connu « là-haut ». Si nous pouvions passer du monde physique au monde éthérique, nous aurions l'impression de débarquer au paradis.

Toutefois, ne vous faites aucune illusion, il n'y a aucun paradis qui attend l'être humain abruti, instinctif, primitif, crotté, ignorant, orgueilleux, dominateur, retardataire, déprimé... L'ego n'a pas accès au plan éthérique, je l'ai mentionné de façon très explicite.

De toute façon, **ce n'est pas** le paradis. C'est un monde qui, comme tous les mondes, est le reflet de son état de conscience. **Aucun être ne peut accéder à un monde dont le niveau de conscience est supérieur au sien.** C'est d'ailleurs exactement ainsi sur Terre, même dans la vie ordinaire...

Chacun peut accéder au plan éthérique **SI** son ego est transcendé, **SI** sa conscience est redevenue celle d'un Être de Lumière. **Sinon**, c'est le chemin que nous suivons tous depuis des siècles : la mort et la réincarnation. À nouveau une vie humaine avec plus ou moins de difficultés, selon que nous sommes plus ou moins conscients.

En fait la vie humaine, c'est quasiment l'enfer. Il suffit de constater les fléaux qui accablent la planète pour se rendre compte que l'enfer, c'est ici. La planète est accablée, l'humanité martyrisée agonise. La guerre fait rage; famine, maladie, épidémie, domination, absence de liberté, racisme, sexisme, pollution, misère, sans-logis, esclavage et chômage détruisent l'humanité. C'est un génocide planétaire.

Vous cherchiez l'enfer? Ne cherchez plus, vous y êtes!... L'enfer est un

---

4. *Le Chant du Cygne*, section « Liberté ».

monde sans conscience et la vie planétaire actuelle EST un monde sans conscience!... En fait, la vie sur Terre est un enfer, mais **ce n'est pas** l'enfer car il n'y en a pas. La vie sur Terre n'est pas autre chose que le reflet de l'état de conscience qui règne sur la planète. Comprenez-vous?

Pourtant, tout peut changer instantanément. La vie est le reflet de la conscience. En infusant la conscience à doses massives dans l'humanité, tout va changer, profondément et radicalement. L'infusion massive de la conscience des Maîtres dans l'humanité poursuit des buts multiples dont l'un est de rétablir l'harmonie parfaite partout sur la planète. Ce qui est « en bas » doit devenir aussi parfait que ce qui est « en haut ». Donc, l'état de conscience sublime qui règne dans le monde éthérique doit aussi régner en maître dans le monde physique.

Comprenez une chose profondément : l'infusion massive de la conscience des Maîtres **ne cessera pas** avant que la conscience de l'humanité ne soit parvenue au même niveau que celui qui règne sur le plan éthérique.

La conscience des Maîtres Ascensionnés a infusé profondément et à tel point l'humanité du plan éthérique que son état de conscience est élevé en permanence. L'état de conscience est si grandiose que l'existence dans ce monde est quasiment paradisiaque. Les Maîtres dirigeant le plan éthérique, leur conscience Divine étant captée et reçue par tous, l'existence de chacun se déroule dans l'harmonie parfaite. Voilà la tâche ardue des Maîtres :

- **faire descendre le Ciel sur la Terre et transformer l'enfer en paradis.**

L'oeuvre gigantesque est commencée depuis longtemps. L'infusion de la conscience des Maîtres ne cesse d'augmenter. L'infusion de conscience monte en force et en puissance, elle est sur le point de tout balayer sur son passage.

Le plus grand défi pour les Maîtres n'est pas le fait d'ajouter de la conscience à notre monde qui en est si dépourvu. Non, la vraie difficulté consiste **à ne pas en mettre trop à la fois...**

La conscience doit revenir rapidement dans le monde, « en une génération ». Elle doit être dosée et dispensée progressivement afin de ne pas provoquer de réactions trop fortes. Le malade – l'humanité – soigné à doses massives de conscience, ne doit pas être disloqué par le remède...

Une Révélation trop rapide peut en effet bouleverser bien des ego qui ne sont pas prêts. Certains pourraient alors se fermer au lieu de s'ouvrir à la conscience. Toutefois, sachez-le bien, toutes les précautions ont été prises par les Maîtres pour procéder à la Révélation en douceur. Depuis le début du siècle, le plan de révélation se déroule, depuis 1914... environ. Toutes les dispositions furent prises pour révéler la Réalité progressivement et ne pas trop bouleverser les ego sensibles...

Aujourd'hui, autour de l'an 2000, la Révélation bat son plein, elle se répand massivement. Le temps n'est plus de tourner autour du pot, on ouvre le pot! Le temps des préliminaires est passé, **la conscience pénètre!**

L'humanité est prête, l'humanité a soif de conscience, l'humanité va être rassasiée. La conscience des Maîtres est de retour. La conscience du Christ est de retour. La vie planétaire va être radicalement changée.

La conscience du Christ, infusée à flots par les Maîtres, s'installe en chacun. Elle descend dans la conscience de tous. Elle pénètre complètement tous les êtres humains. La conscience de l'humanité s'élève de façon prodigieuse.

Les malfaisants Retardataires et dominateurs s'agitent de façon frénétique et hystérique car ils savent qu'ils ont perdu, définitivement perdu une fois de plus. Ils vont être jetés dans l'abîme, en fait projetés dans une autre vague de vie. La Terre sera libérée, l'humanité sera délivrée. Cela se passe maintenant et se déroule sous vos yeux;

Harmaguédon fait rage!

Ne voyez-vous donc rien? Ne voyez-vous pas la conscience qui s'élève? Ne voyez-vous pas la conscience qui s'élève prodigieusement? Le chaos planétaire est si total et le merdier si complet qu'il y a une raison à cela. Les dominateurs et les Retardataires savent que leur temps est terminé, ils savent qu'ils ont **encore** perdu. Alors ils déchaînent leur rage et leur folie avant qu'ils ne soient réduits à l'impuissance pour toujours.

Résumons-nous. L'humanité du plan éthérique mène une existence grandiose dans une harmonie parfaite. Elle mène une vie pleine de conscience et elle est dirigée par les Maîtres Ascensionnés.

Les Maîtres infusent l'humanité terrestre de leur conscience Divine. La conscience christique s'installe en chacun. Voilà le retour du Christ sur Terre. Les Maîtres révèlent à flots la Réalité. L'infusion massive de leur conscience se poursuit jour et nuit.

Pourquoi? Quel est leur but? Vous avez déjà compris, ô Êtres de Lumière : la perfection du plan éthérique, l'harmonie parfaite du plan éthérique. L'état de conscience du plan éthérique et celui de la Terre doivent **être identiques**.

- **« Il en sera sur la Terre comme au Ciel ».**

- Ce qui signifie que la beauté et la splendeur qui règnent sur le plan éthérique doivent régner également sur le plan physique.
- Ce qui signifie que l'état de conscience grandiose de l'humanité éthérique doit être également le même dans l'humanité physique.
- Ce qui signifie que la vie du monde éthérique, imprégnée de conscience, dirigée par les Maîtres, doit devenir semblable dans le monde physique tout entier.
- Ce qui signifie que la vie « paradisiaque » du plan éthérique doit remplacer la vie « infernale » du plan physique.

Vous pouvez être certains d'une chose, ô mes Amis de Lumière, nous qui sommes des amis depuis des siècles : les Maîtres vont réussir. **Ils réussissent toujours.** Il y a un temps pour tout. Quand le temps est venu, ils passent à l'action et poursuivent leur tâche jusqu'à l'accomplissement final. Jusqu'à ce que le monde physique soit devenu aussi merveilleux que le monde éthérique. Jusqu'à ce que l'état de conscience soit **identique** sur les deux plans dans les deux mondes.

Alors, l'Âge d'Or REcommence!

L'Âge d'Or est une période assez courte de quelques milliers d'années où le « paradis » règne en maître sur la Terre. Durant cette période, une humanité très consciente vit une existence grandiose dirigée par les Maîtres.

Lorsque l'harmonie règne, le monde éthérique et le monde physique sont devenus à tel point semblables au niveau de la conscience que le « ciel s'ouvre ». L'harmonie du plan terrestre étant devenue si parfaite que le « ciel s'ouvre » et les deux mondes peuvent communiquer entre eux.

Dans un sens, ils n'en font plus qu'un, bien qu'ils restent distincts comme le sont l'océan et le continent. Comprenez-vous? Ils ne font plus qu'un tout en restant distincts. L'Âge d'Or est de retour. Le monde physique **RE**devient aussi parfait et conscient que le monde éthérique.

Le Chohan du Septième Rayon est le grand initiateur du Nouvel Âge et du Nouvel Âge d'Or. C'est lui, en effet, qui en a la responsabilité pour les deux mille ans qui viennent. Bien sûr, il est puissamment aidé par les Chohans de tous les rayons, des douze rayons.

Toute la hiérarchie[5] Divine du courant ascendant participe à l'Oeuvre magistrale **qui consiste à transmuter l'humanité toute entière et à transmuter le monde entier**. La victoire du Chohan du Septième Rayon est

5. Tome 2, chapitre 7, *Le miroir de la conscience*.

déjà accomplie, la victoire des Maîtres est **déjà** une réalité.

- **La conscience réussit toujours.**

Malgré toutes les apparences du chaos actuel, la victoire des Maîtres est **déjà** totale. C'est ce qu'annoncent partout sur la planète les Melchizedeks. Tout ceci étant bien compris par chacun de nous, la lumière nous éclaire et nous saisissons l'importance de notre tâche : **nous transmuter nous-mêmes**. Oui, tandis que les Maîtres s'activent à transmuter toute l'humanité, les Êtres les plus conscients s'affairent à se transmuter eux-mêmes.

Ceux qui ont vraiment compris ne veulent plus qu'une seule chose : redevenir eux aussi un Maître, un Maître véritable, donc un Maître Ascensionné. Toutes les femmes et tous les hommes de cette planète **sont attendus** par les Maîtres. C'est à chacune de s'ouvrir, c'est à chacun de faire le nécessaire pour devenir conscients. Pour cela, vous disposez de trois puissants moyens; vous pouvez :

chanter le Chant du Cygne,
étudier le Nectar de la Conscience,
vous connecter sur le Septième Rayon.

Alors votre conscience s'ouvrira prodigieusement, vous vous élèverez haut sur l'échelle de la conscience. Vous redeviendrez vous-mêmes un Être de Lumière. Vous commencerez à vivre dans la joie une existence débarrassée des fléaux humains.

Rejoindre les Maîtres, REdevenir un Maître, atteindre l'Ascension, tel est votre but réel, telle est votre destinée suprême. **Alors vous vivrez à nouveau dans la puissance, la richesse et la gloire, pour toujours.** C'est offert à toutes les femmes, à tous les hommes de toutes races.

Le principe global de la Gnose est facile à comprendre. L'être humain arrive sur Terre dans un niveau de profonde inconscience. La conscience supérieure le guide, le conduit, le dirige et le pousse à prendre conscience de plus en plus.

De la naissance à la mort, de la mort à la réincarnation, l'être humain, poussé par sa conscience supérieure, prend conscience peu à peu. Alternant son existence entre la vie terrestre et la vie astrale, l'être humain s'éveille peu à peu. Tranquillement et très lentement, d'un siècle à l'autre, la conscience lui REvient peu à peu. De siècle en siècle, il en arrive à prendre conscience de lui-même en tant qu'individualité, en tant que personnalité séparée. Il en arrive ainsi au sens du « JE », au sens du « moi ».

Ainsi au cours des siècles, de plusieurs siècles, de nombreux siècles, l'humain, poussé par sa conscience supérieure, a développé un ego, une conscience humaine, un mental. Si ses conditions de vie le permettent, il va remplir son mental de toute l'information qu'il sera capable de **lire**, ce qui lui donnera un intellect, c'est-à-dire une mémoire bien pleine de savoir humain.

À un certain stade du développement de l'ego, l'être humain est figé dans la conscience sociale de son siècle. Il est encore tellement peu conscient et si aveugle qu'il prend la vie humaine pour la réalité suprême. Il considère les croyances de son siècle – politiques, religieuses, philosophiques, scientifiques – comme étant des « vérités ». Il n'est pas encore suffisamment conscient pour comprendre à quel point la société vit l'illusion, la terrible illusion.

Toutefois, dans cette société aveugle où ne poussent que les ronces épineuses de l'ignorance et de la domination, quelques individus deviennent plus lucides, plus conscients. Ces Êtres, poussés par leur conscience supérieure, comprennent que la Réalité est bien **autre chose** que la vie de la société.

Aiguillonnés par leur véritable conscience d'Être, ils entreprennent de découvrir la Réalité suprême. Ils découvrent alors que l'existence est au-delà de la société et au-delà du mental. Ils réalisent que la vie existe après la mort, ils s'aperçoivent qu'ils passent régulièrement de la naissance à la mort, de la mort à la vie astrale et que le cycle recommence par la réincarnation.

Ces Êtres éclairés se demandent comment **mettre fin** à ce cycle vie-mort-renaissance. Alors ils découvrent la connaissance. Ils rencontrent la Gnose Éternelle qui leur fait découvrir :

l'ultime connaissance.

La connaissance suprême est celle qui permet de comprendre, de saisir et de réaliser le but ultime de la destinée humaine. **L'ultime connaissance** permet à l'être humain de devenir pleinement conscient de son aspect Divin. Elle lui permet de s'élever haut sur l'échelle de la conscience et de réaliser en profondeur la Réalité suprême.

L'Être de Lumière qui s'est donc posé les bonnes questions a rencontré la connaissance. Il a reçu la Révélation et constate alors la réalité des Maîtres, la réalité du monde éthérique. **La réalité devient... réelle pour lui...** Il découvre qu'au-delà de la société, au-delà du mental se trouve une existence grandiose, glorieuse et lumineuse. Il voit que cette existence se déroule sur le plan éthérique avec les Maîtres, en compagnie d'une autre humanité tout à fait merveilleuse.

Cet Être de Lumière réalise profondément que cette existence est **l'état naturel, l'état normal** de l'être humain. Ayant maintenant vraiment compris le principe, il entreprend le Grand Oeuvre qui consiste à transformer profondément sa conscience pour l'élever très haut dans la conscience supérieure.

Il entreprend de transmuter sa conscience pour atteindre les grandes étapes de la prise de conscience finale : **la Réalisation** et la Libération. Il entreprend le merveilleux travail qui consiste à prendre conscience de son ego afin que lui et son Soi réel ne fassent plus qu'un. Cela le conduit à fondre sa volonté humaine dans sa volonté christique. Alors cet Être merveilleux, n'ayant plus qu'une seule volonté – la vraie, la bonne volonté – s'élève.

Oui rapidement, il s'élève vers les hauteurs, au-delà de la conscience suprême. Il atteindra rapidement la Réalisation, la Libération et l'Ascension finale, probablement dès cette vie s'il construit tous les jours le pont, l'Antakarana[6]. S'il devait revenir, s'il devait se réincarner, il découvrira la Gnose très jeune et aboutira alors à l'Ascension finale en une seule vie.

Ainsi l'être humain, poussé par sa conscience supérieure, est REdevenu un Être Divin adorable et parfait. Il est REvenu à son état naturel le Christ car il est lui-même le Christ. Il est REdevenu un Maître, un Maître Ascensionné. Il mène alors une existence merveilleuse et glorieuse sur les mondes éthérique et causal. Il oeuvre activement à libérer tous les êtres enchaînés dans l'illusion. Pour cela, il intervient sur les plans astral, mental et physique afin **de libérer tous les Êtres** qui s'y trouvent encore.

Ainsi, voilà résumé le principe global de la Gnose. Sachez bien que les Maîtres veulent que vous le réalisiez profondément. Pour cela, ils infusent de leur conscience le monde entier. Mais en plus, les Maîtres veulent aider chacun individuellement. Alors, tous ceux **qui le veulent et qui le demandent** seront directement guidés, conduits et dirigés par les Maîtres. Oui, de là où vous êtes et jusqu'à l'Ascension finale, **les Maîtres vous aideront**.

Pour cela, entreprenez le Grand Oeuvre de votre vie : la réalisation de la conscience. Vous avez tous les moyens d'accomplir et de réussir : le Chant du Cygne, le Nectar de la Conscience, la connexion au Septième Rayon. Les Maîtres Ascensionnés oeuvrent jour et nuit pour vous libérer. **Rendez-leur service**, aidez-vous vous-mêmes...

Quant à ceux qui ne veulent pas comprendre, ils subiront encore pour quelques siècles la mort, la réincarnation, la naissance, la vie humaine et ses tribulations. Votre libre arbitre ne permet à personne de vous obliger à prendre conscience. **Vous devez le vouloir.**

---

6. Chapitre 4, *L'Alchimie est conscience, l'Antakarana*.

Ô, mes Amis de Lumière, nous qui sommes des amis depuis des siècles, j'aimerais, après ce résumé, condenser **le Principe** en quelques lignes. Peut-être certains en auront-ils le « déclic ».

- Un être humain éprouve profondément, très profondément – consciemment **ET** inconsciemment – un puissant sentiment :
  le sentiment d'être humain !...

- Un Être de Lumière, un être humain qui a atteint l'étape de la Réalisation de la conscience, vit en permanence un sentiment terriblement puissant :
  le sentiment d'Être le Soi, le sentiment d'être Divin.

Ce sentiment grandiose, puissant, merveilleux, il l'éprouve dans tout son Être, dans tous ses corps, dans toute sa conscience. Il l'éprouve et le ressent de toute sa force, de toute son âme, de tout son coeur.
Lui et ce sentiment ne font qu'un...

Tout le Grand Oeuvre alchimique peut se résumer ainsi : **passer du sentiment d'être humain au sentiment d'Être Divin**. Pour en arriver là, un travail structuré et conscient de prise de conscience doit s'accomplir.

- Maintenant, vous savez ce qu'il faut faire, vous savez comment le faire et vous disposez des moyens nécessaires. À vous de jouer!

* * *

Les Maîtres sont donc véritablement **la lumière** qui s'infuse dans le monde. Oui, la lumière des Maîtres Ascensionnés éclaire de ses feux brillants notre humanité martyrisée par les dominateurs. L'ombre de l'ego planétaire devient de plus en plus perceptible, de plus en plus apparente.

L'Être conscient ne fait pas l'autruche, il ne feint pas de contempler la perfection et d'ignorer le négatif, le calvaire de l'humanité. Non, l'Être conscient n'a pas cette hypocrisie. Au contraire, il est parfaitement **lucide** et sait reconnaître ce qui est l'ombre et ce qui est la lumière. Il connaît parfaitement les deux car il est conscient et lucide.

- Ne voir que l'ombre, c'est être dans une ignorance terrible et une inconscience profonde. C'est vivre l'illusion planétaire.

- Ne voir que la lumière est tout aussi illusoire et c'est ne pas se connaître soi-même...

La Réalité relève des deux, l'Être lucide et conscient la vit en pleine connaissance de cause. Alors connaissant les deux, l'ombre et la lumière, **il retrouve le pouvoir d'agir** de façon adéquate.

Les Maîtres sont pleinement conscients de l'ego planétaire, ce côté ténébreux et obscur de l'humanité. Ils sont tout aussi conscients du côté lumineux et radieux du Soi collectif. Alors, dans la connaissance parfaite de l'ombre et de la lumière, **la puissance** des Maîtres est terrible. Leur victoire est déjà totale.

- **Voilà donc l'échec des tyrans,**
- **voilà le triomphe des Maîtres.**

Voici aussi la victoire de chacun. Oui, voici votre propre victoire car la prise de conscience est le trésor éternel que vous ne pourrez **jamais** perdre. La conscience est en effet le bien suprême que vous ne pouvez pas perdre. La conscience, une fois acquise, l'est pour **toujours**. Avec la conscience, vous serez un Maître pour **toujours**. Vous vivrez dans la puissance, la richesse et la gloire pour **toujours**. Comprenez-vous?

Je vous disais, il y a un instant, que les Maîtres aident tous ceux qui le veulent et qui le demandent. Oui, c'est bien certain, les Maîtres nous aident aussitôt que nous le leur demandons. Sachez aussi qu'ils aident encore bien plus tous ceux qui **partagent**. Même si vous avez très peu, partagez-le... Oui, partagez le temps, la joie, la connaissance, l'amour, la conscience ou le matériel : logement, nourriture, vêtement, argent.

C'est ça, partagez un peu l'argent, surtout si vous n'avez rien d'autre à offrir... Oui, partagez donc, c'est de la solidarité. Le partage est la solidarité et les Maîtres apprécient pleinement. Oui, ils aident tout le monde et encore plus particulièrement ceux qui partagent et font preuve de solidarité envers tous.

Quant à ceux qui **prennent** et dépouillent les autres, ils s'excluent eux-mêmes du courant de vie ascendant. Ces malheureux pillards, dominateurs et esclavagistes modernes font marche arrière à toute vitesse. Ils risquent de reculer d'une vague de vie, en plus de se générer immédiatement un abominable karma.

- Bien, les choses étant très clairement précisées, chacun sachant maintenant ce qui se passe, doit s'orienter dans la vie selon son choix.

- Le choix offrant des options radicalement opposées, personne ne pourra venir se plaindre d'avoir fait le mauvais choix.

Si l'Ascension est la fin et le but suprême de l'expérience humaine, elle est aussi le **début** de la vie des Maîtres... bien sûr; mais après? Après, ça c'est intéressant; l'Être conscient se demande toujours : **« Et après? »**. L'être humain de la science et de la religion se demande toujours : « Et avant? », ce qui les conduit **toujours** au néant.

Avant l'homme? Avant le singe? Avant Ève? Avant les dinosaures? Avant, avant, avant... Avant Dieu? Avant le big bang? Nous voilà arrivés au néant. **On n'a rien appris**, on ne sait toujours pas qui on est, ni où l'on va.

On ignore tout de nous-mêmes.

Avec la bonne question : **« Et après? »**, on va découvrir, savoir et connaître où l'on va. Après la mort? Après la vie astrale? Après la réincarnation? Après le mental? Après l'être humain? Après, après, après... Après, il y a la conscience. Après, il y a la Réalisation de la conscience. Après, il y a l'Ascension. Après, il y a la vie des Maîtres.

Nous voilà **parvenus à la connaissance ultime**, à la connaissance suprême, simplement parce qu'on s'est posé la bonne question : « Et après? ». Un certain roi de France, lui, a trouvé sa réponse : « Après moi, le déluge ». Ce qui a fait perdre la tête[7] à quelques-uns. Mais ceci est une autre histoire.

Donc après l'être humain, il y a l'Être conscient. Après le mental, il y a le Manas. Après la Réalisation, il y a l'Ascension. Et après le retour à l'état naturel, il y a la vie des Maîtres. Oui, mais après? Les Maîtres oeuvrent activement à libérer toute l'humanité dans les trois mondes, physique, astral et mental. Ils travaillent jour et nuit à infuser de leur conscience toute l'humanité.

Ils s'activent puissamment à faire disparaître tous les fléaux de la Terre. Ils préparent la régénération de la vie de l'humanité pour que chacun puisse bénéficier le plus tôt possible de la nourriture, du logement et de l'éducation. Ce qui, pour les Maîtres, est la base minimale de la vie humaine. **Ce que la société devrait normalement dispenser à tous...**

Pour les Maîtres, cette base est la fondation sur laquelle ils peuvent construire une conscience supérieure. Dès que l'humanité vivra de façon décente, libérée des Retardataires et des dominateurs, la paix étant instaurée, la conscience pourra s'infuser dans les plus déshérités.

Après le grand ménage des Maîtres commence la REconstruction du

---

7. Tome 2, chapitre 5, *Les deux courants*.

Nouvel Âge, du Nouvel Âge d'Or, ce qui conduira rapidement le monde physique et son humanité à un niveau de conscience glorieux.

Après, le monde physique et son humanité seront devenus aussi conscients que le monde éthérique. Alors le ciel s'ouvrira et les deux mondes, d'une harmonie parfaite, communiqueront ensemble.

Après s'étendra une ère magnifique pleine de paix, de conscience et d'harmonie. Elle sera dirigée par les Maîtres Ascensionnés, présidée par le Chohan du Septième Rayon. Ainsi, le Nouvel Âge d'Or durera quelques milliers d'années.

- **Voilà les « mille ans de paix » décrits dans l'Apocalypse.**

Après, la vague de vie passera et se transformera. L'essentiel de l'humanité aura fait son Ascension. Alors le **cycle** arrivant à son terme, tous étant devenus des Maîtres, tous passeront dans la vague de vie suivante qui débutera alors.

La Terre sera confiée à de grands Êtres terriblement Divins qui procéderont à l'installation d'une humanité très primitive et très proche de ses instincts animaux... Les Retardataires qui n'auront pas pu faire leur Ascension avant la fin de la vague de vie resteront en compagnie des nouveaux venus fraîchement débarqués « d'ailleurs ». Pour ceux-là commencera un nouveau cycle qui les conduira tous à l'Ascension. Tous? Tous sauf leurs propres Retardataires.

Arrivée à son terme, notre vague de vie change de sphère. Nous sommes devenus des Maîtres Ascensionnés, nous avons vécu dans le Nouvel Âge d'Or un « repos » bien mérité après tous ces siècles passés dans la souffrance et les terribles limitations humaines.

Après l'homme, après le Maître, nous atteignons dans la nouvelle sphère le stade « angélique ». En quelque sorte, nous serons des « anges » – non pas au sens religieux du terme, **mais dans le sens gnostique**. En fait, nous serons des Êtres d'une conscience inouïe menant une existence tout à fait inimaginable pour l'être humain. **Après** quelques milliers d'années, un autre stade encore plus glorieux nous attend. En effet, notre vague de vie passera au stade « archangélique », puis plus tard au stade des « Séraphins », puis des « Héloïms », puis des « Séconophins », puis des « Melchizedeks ».

Bon, mais après? Ô, Êtres de Lumière, après que vous soyez devenus un Melchizedek, quelque **six vagues de vie après la nôtre**, vous aurez oublié cette question depuis longtemps...

Ô, mes Amis de Lumière, nous qui sommes des amis depuis des siècles, revenons donc au présent. **Ah, le présent!...** Y a-t-il d'ailleurs autre chose que le présent? **Que faites-vous aujourd'hui?** Sur quelle autoroute circulez-vous? Celle qui vous conduit tout droit à la mort et à la réincarnation? Ou celle qui vous emmène en haut vers la Lumière, vers les Maîtres, vers l'Ascension?

Finalement, notre destin est si grandiose, si magnifique, si fantastique pour nous tous, femmes et hommes, qu'il est à peine concevable. Toutefois, chacun peut facilement comprendre la Gnose et **le Principe** qui nous permet à tous de **REdevenir** des Maîtres Ascensionnés. Alors de cette hauteur sublime, nous réaliserons pleinement l'étendue de notre conscience et de notre Royaume.

Entreprenons donc le Grand Oeuvre,
oui, rejoignons les Maîtres.

Ô, Êtres de Lumière, voilà la Réalité suprême qui dépasse et transcende complètement l'être humain : **la conscience**. Les Maîtres sont une réalité dont chacun peut et doit se rendre compte par lui-même. L'humanité merveilleuse du monde éthérique est une réalité que chacun devrait s'offrir la joie de rencontrer. L'ouverture de la conscience est une réalité accessible à chacun. L'Ascension est une réalité et c'est le destin de tous. La réalité suprême est au-delà de la conscience humaine.

- **Ô Femme, connais-toi toi-même**
  et tu connaîtras l'univers et les Dieux.
- **Ô Femme, connais ta véritable conscience**
  et tu connaîtras le monde éthérique et les Maîtres.

Comprenez-vous, ô Êtres de Lumière, **femmes et hommes** de cette planète? Ainsi, la lumière règne à flots dans ce monde. Les Maîtres sont de retour et leur lumière est si puissante qu'elle éclaire de partout, dans toutes les directions. Alors l'ombre disparaît, elle fuit pour toujours.

Voilà un nouveau monde, une nouvelle conscience, voilà l'état naturel **de chacune** et de chacun : **être un Maître Ascensionné**. Vous pouvez compter pour cela sur l'aide affectueuse et fraternelle de tous les Maîtres Ascensionnés, nos soeurs et nos frères aînés.

Maintenant, ô Êtres de Lumière, chantons un hymne d'amour au Maître qui sommeille en nous. Oui, chantons le Chant du Cygne afin que s'éveille le Maître...

Offrons également notre hymne d'amour à tous les Maîtres Ascensionnés, aux Chohans des douze rayons ainsi qu'au Maha-Chohan. Oui, chantons le Chant du Cygne tous ensemble. Chantons pour la Lumière.

Attendez... J'ai encore quelque chose pour vous.

La création de la Réalité

- **Le principe concevoir-recevoir**

Ô, mes Amis de Lumière, nous qui sommes des amis depuis des siècles, retrouvez maintenant **votre pouvoir!** Oui, votre éternel pouvoir de créer la réalité est là maintenant, entre vos mains. Oui, chacune et chacun a le pouvoir de se créer une nouvelle réalité. Oui, nous pouvons toutes et tous nous créer une vie nouvelle pleine de joie et de contentement.

Voyons donc comment créer la Réalité, une nouvelle vie vraiment à notre goût. L'être humain reçoit toute la journée une foule d'informations. Cela lui procure des sensations dans le corps physique, des impressions dans le corps éthérique et des émotions dans le corps astral. Cette vie intérieure lui génère **de puissants sentiments**.

Alors, tout cela stimule sa mémoire, ses neurones sont secoués et il pense. Il pense beaucoup. Son flot de pensées va finalement se transformer en paroles. De la parole, il va passer à l'action, ses paroles vont rapidement devenir des actes.

Ainsi son bain de vie, son bain de société l'a fait vibrer dans tous ses corps, lui générant de puissants sentiments que sa conscience exprime par des paroles et des actions. Voilà donc comment se crée la Réalité.

Bain de vie Bain de société	=	sensations, impressions, émotions = **SENTIMENTS**
Conscience	=	**Pensées, paroles, actions,** **= résultats**

La vie dans la société produit sensations, impressions, émotions; cela **génère des sentiments** (schéma p. 190). Les sentiments sont **« ressentis »** par la conscience humaine qui va les exprimer sous forme de pensées, de paroles et d'actions.

- Ainsi, chacun se crée une vie de merde s'il n'est pas conscient de la façon dont fonctionne la vie.
- Ainsi, chacun se crée une vie de satisfaction totale s'il a compris le principe.

Le principe concevoir-recevoir est basé sur le fait que vous recevez tout ce dont vous êtes conscients. C'est-à-dire que vous recevez **le contenu de votre sentiment**, car c'est votre sentiment qui parvient à votre conscience.

C'est ce sentiment que vous **« concevez »** en pensées, en paroles et en actions.

- Votre conscience va exprimer en pensées, en paroles et en actions la nature exacte de votre **sentiment**.
- Votre sentiment est interprété par votre conscience humaine par des pensées, des paroles et des actions. Ce qui produit un certain **résultat**.

Comprenez-vous? Bien, ayant exprimé le principe de différentes façons, vous devriez maintenant **saisir** comment la vie fonctionne. Vous pouvez donc dès maintenant **changer** votre réalité.

Processus inconscient
Sensations, impressions, émotions
= SENTIMENTS

Conscience : pensées, paroles, actions
(humaine) **= résultats**
(ordinaires)

Ici, vous subissez la vie.

Processus conscient
sensations, impressions, émotions
= SENTIMENTS

TRANSMUTATION

Conscience : pensées, paroles, actions
(D'ÊTRE) **= RÉSULTATS**
(supérieurs)

Ici, vous CRÉEZ votre vie.

Le Nectar de la Conscience | **Le Chant du Cygne**

LA CRÉATION DE LA RÉALITÉ

Le principe concevoir-recevoir

CRÉEZ VOTRE VIE

Bain de vie :

sensations - impressions - émotions

= SENTIMENTS

TRANSMUTATION

Le Nectar de la Conscience ⇓
Le Chant du Cygne ⇓
La connexion au Septième Rayon ⇓

Pensées - paroles - action

= conscience d'Être
= résultats supérieurs
= nouvelle réalité
= vie de satisfaction

Le Nectar de la Conscience, chapitre 13

Changer sa réalité

Ô, Êtres de Lumière, vous savez, dans la voie de la conscience, tout est si facile. Oui, les choses sont vraiment simples, si simples que tout le monde peut comprendre et transformer sa vie pour le meilleur.

Nous éprouvons dans la vie, des sensations, des impressions, des émotions. Cette matière brute offerte par la vie quotidienne peut et doit être transformée et transmutée en **sentiments de qualité**.

Alors, nos sentiments étant de plus grande qualité, le résultat sera **obligatoirement** de plus grande qualité. C'est **automatique**, la vie est le reflet de votre conscience **et** le reflet de vos sentiments profonds. Dès que vous changez votre conscience, dès que vous changez vos sentiments, votre vie change aussitôt. Oui, votre vie s'améliore immédiatement.

Si vous persévérez, vous arriverez
à une vie de satisfaction totale.

Pour en arriver là, nous devons donc transformer et **transmuter nos sentiments**.

- Nous devons donc imprégner **notre pensée** de conscience.
- Nous devons donc imprégner **notre parole** de conscience.
- Nous devons donc imprégner **notre action** de conscience.

- Pour une **pensée** saturée de conscience :
  étudions le Nectar de la Conscience.
- Pour une **parole** saturée de conscience :
  chantons le Chant du Cygne.
- Pour une **action** saturée de conscience :
  connectons-nous sur le Septième Rayon.

Ainsi, notre nouvelle conscience **et** nos nouveaux sentiments produiront automatiquement dans notre vie **des résultats supérieurs**. Rien de plus simple donc que de changer sa vie, que de changer sa réalité. Il suffit **de comprendre le principe** concevoir-recevoir et de **le vivre** chaque jour.

Maintenant, ô Êtres de Lumière, changeons notre vie, créons-nous une nouvelle réalité; chantons le Chant du Cygne.

Oui, chantons tout ensemble le Chant du Cygne pour nous créer une réalité agréable.

Conclusion

JE SUIS CONSCIENCE

Ô, Êtres de Lumière, AVEC **« Je suis conscience »**, vous avez découvert un nouvel aspect de la Voie de la Conscience.

Vous avez découvert l'unité de la conscience et son pic le plus élevé : la conscience qui conduit à l'Ascension. Dans **la Voie de la Conscience**, de nombreux chemins vous mèneront au sommet. Le Nectar de la Conscience vous en révèle plusieurs.

Accéder au sommet de la conscience par l'unité de la conscience est la voie merveilleuse, **celle de la compréhension globale**, celle de la perception globale par Manas. Souvenez-vous toujours, Manas s'ouvre en vous lorsque vous galopez sur votre cheval fou... (chapitre 7).

L'unité de la conscience est le sommet le plus élevé que peut atteindre l'être humain. **Au-delà du sommet**, il y a le « Ciel » de la conscience. Là vous attendent les trois grandes étapes finales de la prise de conscience et de l'élévation de la conscience :

la Réalisation, la Libération, l'Ascension.

L'ouverture de votre conscience à ces niveaux glorifiés ne dépend pas de vous. Votre conscience suprême, votre conscience christique s'en charge d'elle-même.

Votre travail, le travail de chacun, est de **monter** sur la montagne. Alors vous vous élevez suffisamment pour libérer le Christ qui est en vous, ce Christ que vous êtes vous-mêmes en toute réalité.

Rapidement, facilement et agréablement, le Christ – vous – se charge lui-même des trois étapes finales et vous transporte dans le « Ciel » de la conscience, auprès des Maîtres, eux qui sont **vos soeurs** et vos frères si impatients de vous revoir enfin.

- Le Nectar de la Conscience vous conduit au sommet de la montagne.
- Alors votre Christ, libéré, vous transporte dans le « Ciel » de la conscience.

« Je suis conscience », la voie merveilleuse qui conduit au sommet de la montagne de la conscience, est ouverte à tous. Oui, tous les êtres humains, quels que soient leur race, leur religion ou leur sexe, peuvent réaliser la plénitude de la conscience. Toutes les femmes peuvent accéder à l'Ascension, tous les hommes aussi, bien sûr.

Les Maîtres Ascensionnés sont tout autant des femmes que des hommes. Ils furent humains tout comme nous. Ils ont fait leur Ascension, tout comme nous allons la faire aussi. Voilà la réalité que chacun peut **vérifier** lui-même par l'ouverture de sa conscience.

L'ouverture de la conscience ne dépend que d'une seule chose :

vous en occuper sans cesse...

Pour que les rosiers fleurissent et que les roses s'ouvrent, s'épanouissent et embaument, il faut les cultiver. Oui, il suffit de s'en occuper régulièrement en ôtant les herbes, les insectes et les parasites et en veillant à arroser en temps voulu. **Alors le soleil fera s'épanouir les roses.**

Ainsi, ô Êtres de Lumière, pour vous qui êtes le Divin rosier et pour que vos sept roses s'épanouissent, il vous suffit de cultiver votre conscience. Oui, régulièrement, cultivez votre conscience. **Alors le Christ s'épanouira en vous, telle une rose.**

Chantez le Chant du Cygne.
Étudiez le Nectar de la Conscience.
Connectez-vous au Septième Rayon.

Ainsi vous cultivez votre rosier, ainsi vous allez fleurir. Ainsi vous serez conduits au sommet de la montagne. Ainsi vous serez transportés dans le

« Ciel » de la conscience.

« Je suis conscience » vous révèle la nature de la véritable richesse (chapitre 3). La richesse véritable est un état de conscience qui doit se vivre au sein de la réalité humaine. Cette conscience, bien comprise et bien vécue, change les conditions de vie.

Il n'y a aucune raison d'être démuni. Au contraire, la richesse et l'abondance sont l'état naturel de l'Existence Réelle. Nous devons tous revenir à la prospérité. C'est pour aider chacun à y parvenir que le tome 2, chapitre 2, révèle l'abondance et le tome 3, chapitre 3, révèle la richesse.

- Sans action, sans Agir, rien n'arrive, rien ne se passe. Chacun doit donc Agir, **et** sur sa conscience **et** dans la vie humaine.
- Les Maîtres agissent continuellement, jour et nuit. Ils oeuvrent sans cesse pour accomplir leur magnifique tâche.

« Je suis conscience » vous révèle la voie de la conscience par l'unité de la conscience, bien sûr, mais en plus, il vous apporte la compréhension de quatre éléments essentiels qui doivent tôt ou tard être conscientisés :

La Richesse, la Mort,
l'Amour, la Guérison.

Ces quatre sujets font chacun l'objet d'un chapitre particulier et méritent une étude attentive. En effet, ces aspects de la conscience doivent être profondément compris, vécus et conscientisés. Seul un Être conscient, vraiment conscient de **tous** les aspects de la vie, parvient au sommet de la montagne.

Certains, dans leurs illusions, voudraient accéder aux splendeurs des états de conscience supérieurs sans être devenus conscients de tous les aspects de leur vie humaine, **c'est-à-dire sans se connaître eux-mêmes**. C'est vouloir entrer dans le Royaume avec son ego...

« Je suis conscience » comporte également trois sujets très particuliers qui sont des pics de conscience. Il s'agit de l'Antakarana, de l'Ascension et du Vide. Si vous explorez ces trois pics au grand galop sur votre cheval fou, Manas s'ouvrira. Alors les principes des trois chapitres **fusionneront** et vous recevrez dans votre conscience **l'or potable**, l'or des alchimistes.

La Voie de la Conscience conduit au sommet de la conscience par la pleine connaissance de soi-même, **tant du Soi que du « non-soi »**. Alors devenu conscient totalement, l'Être atteindra : la Réalisation, la Libération et l'Ascension finale.

Au-delà de l'Ascension se trouve la vie des Maîtres. Ensuite, la vague de vie se transforme et l'expansion de la conscience se poursuit vers des stades encore plus grandioses.

La conscience est contagieuse, terriblement contagieuse. Elle se transmet rapidement d'un cerveau à l'autre et se répand sur la Terre entière. Des millions d'Êtres de Lumière sont déjà prêts, ils sont déjà ouverts.

L'infusion de la conscience des Maîtres est puissante et massive. Toute l'humanité en bénéficie. Le temps s'approche de la **grande envolée**. Oui, le temps est proche pour la grande **Ascension collective** de l'humanité. Lors du grand départ, des centaines de millions de gens s'élèveront tous ensemble jusqu'au plan éthérique.

- Le ciel s'ouvre, la conscience s'infuse, l'humanité ascensionne par millions.
- **L'Ascension collective approche...**

Ô, Êtres de Lumière, puissiez-vous le comprendre.

L'ÊTRE CONSCIENT

OSE AGIR
OSE PASSER À L'ACTION

L'ÊTRE CONSCIENT

EST né pour gagner

EST déjà vainqueur

EST déjà gagnant.

Vous êtes conscients! Vous êtes vainqueurs!

L'ÊTRE CONSCIENT

- **OSE ÊTRE lui-même.**
- **OSE ÊTRE le Soi.**
- **OSE ÊTRE le CHRIST.**

*** *** ***

L'ÊTRE CONSCIENT OSE ÊTRE

Je suis conscience vous permet de prendre pleinement conscience de ce que vous voulez vraiment au niveau supérieur de la conscience, à savoir :

- **votre Soi veut s'épanouir** et s'accomplir,
- **votre ego veut « réussir »**...

Alors, offrez-vous la Réussite suprême : la Réalisation de la conscience. Vous aurez atteint l'épanouissement total et l'accomplissement ultime... Oui, c'est là que vous conduit **la voie de la conscience**.

Que pourriez-vous faire de mieux dans la vie que de vous offrir ce qu'il y a de mieux? La Réussite suprême et l'épanouissement total sont votre véritable but. C'est ce qu'au fond de vous-mêmes, **vous désirez vraiment**. Alors, servez-vous!

Souvenez-vous également d'une chose très importante : **vous avez voulu être ici.** Oui, vous avez voulu venir sur Terre et descendre dans le mental. Oui, vous avez voulu explorer la matière et vous y réincarner encore et encore. Oui, vous avez voulu cela et **prévu d'en sortir** vous-mêmes par l'Ascension.

Vous êtes volontaires, personne ne vous l'a demandé. Vous l'avez voulu de votre plein gré. Alors **souvenez-vous**, oui, souvenez-vous et revenez. **Oui, revenez chez vous**, car c'est ce que **vous voulez** vraiment et profondément depuis toujours...

Oui, revenez chez vous...
C'est vraiment ce que vous voulez.

Ô, mes Amis de Lumière, nous qui sommes des amis depuis des siècles, j'ai un cadeau à vous offrir. Oui, tout comme dans les deux tomes précédents, je veux vous offrir quelque chose de plus.

Le retour à la conscience passe par la guérison. Autrement dit, le retour de la santé passe par la prise de conscience. Beaucoup ont besoin de guérir, tous ont besoin de la santé. Chacun doit agir de son mieux pour prendre conscience, guérir et retrouver la santé.

Comme vous le savez, le Sixième Rayon, le rayon de la guérison, est dirigé par Jésus. Il en est le Chohan et il est le Maître de la Guérison. Ce que vous ne savez peut-être pas, c'est qu'il existe des sanctuaires, des lieux de guérison sur les plans subtils.

Ces sanctuaires de guérison sont accessibles à tout le monde; chacun peut y aller quand il le veut. Cela se passe de la manière la plus simple qui soit, car tout est simple dans la Voie de la conscience; il suffit de le demander :

Je demande formellement à ma conscience christique de me conduire chaque nuit au sanctuaire de la guérison situé sur le plan astral, en Égypte, au-dessus de la grande pyramide de Kheops...

... afin que je retrouve une santé Divine et parfaite de tout mon Être, de toute ma conscience, de tous mes corps, sur tous les plans et pour toujours.

Alors l'Être sera conduit à Kheops ou bien une aide de guérison lui sera livrée à domicile... **Mais oui!** Cet Être éclairé fait tout ce qui est en son pouvoir pour retrouver la santé parfaite. Cet Être lumineux fait preuve, ainsi, de la véritable volonté qui le conduira à retrouver son précieux trésor : la santé parfaite dans une conscience rayonnante.

Vous êtes un Être de Lumière,
TOUT vous est possible!...

Ô, Êtres de Lumière, je suis comblé d'avoir pu laisser jaillir les trois volumes du Nectar de la Conscience. Je vous souhaite une prise de conscience profonde. Je vous souhaite une infusion de conscience massive. Je vous souhaite de voir jaillir la conscience à flots dans votre vie.

Vous disposez maintenant de **la connaissance**. Vous disposez également **du pouvoir**. Vous êtes donc parfaitement en mesure **d'oser**, mais encore faut-il le **vouloir**.

Savoir, pouvoir, vouloir, oser... (agir), révéler...

Je laisse le mot de la fin au Chohan du Sixième Rayon, Jésus, Maître de la Guérison :

« L'humanité doit revenir à son ORIGINE;
L'ASCENSION doit être réalisée ».

Das, le 4 juillet 1997
Trois-Rivières, Québec

Épilogue du Nectar de la Conscience

Ô, mes Amis de Lumière, nous qui sommes des amis depuis des siècles, avec le Nectar de la Conscience, au travers de ses trois tomes, vous avez découvert votre conscience.

Vous avez découvert votre conscience, certes, mais surtout vous avez constaté qu'elle vous **est accessible**. En effet, le Nectar de la Conscience vous fournit tous les moyens nécessaires pour atteindre la plénitude de la conscience.

Pour vous aider à poursuivre l'étude de la conscience jusqu'à la plénitude, j'ai préparé **un test final**. En vous y référant, vous saurez toujours où vous en êtes. Cela vous permettra de continuer toujours plus haut et d'atteindre le sommet de la conscience.

Avant de passer au test, comprenez bien que le Nectar de la Conscience exprime :

le principe ESSENTIEL de la Réalité.

Oui, l'essence de la Réalité est exprimée par le Nectar de la Conscience. Cette Réalité, cette métaréalité est **vérifiable par l'expérience** directe au travers d'un vécu conscient.

Toutes les croyances, les dogmes, les doctrines, les théories, les philosophies sont pures théories d'inventions humaines. Elles sont souvent démenties par la réalité et ne sont **jamais vérifiables** par l'expérience.

- Vous n'avez aucune preuve de la véracité de vos croyances.

Au contraire, les principes de la conscience et la métaréalité – elle-même – sont **directement vérifiables** parce qu'accessibles à tous. Oui, tous peuvent accéder à la conscience et vérifier ainsi la réalité de ... la métaréalité.

Le Nectar de la Conscience apporte l'ultime connaissance, sous une forme et une pédagogie appropriées à notre époque. **Ultime connaissance?** Oui, absolument! car lorsque l'être humain comprend la conscience, il la rejoint, il la fait sienne, il s'élève.

Puis rapidement, **il réalise** la conscience; après viendra **la libération** et **l'Ascension**. Alors, il sera **REdevenu** un Être de Lumière d'une splendeur inouïe. Il aidera encore l'humanité, mais :

- Cette femme ou cet homme, ce **Maître** ne sera plus jamais un être humain.

Le Nectar de la Conscience, dans ses mille pages, présente la conscience sous « mille » aspects différents. Ces mille aspects sont comme les mille morceaux d'un grand puzzle de conscience.

Manas, la faculté supérieure au mental, connaît l'image **globale** du puzzle. Ces mille pages, **assemblées par Manas** dans votre conscience, vous révéleront la réalité de façon **globale**.

- **Laissez Manas assembler le puzzle.**

Le Nectar de la Conscience, au travers de ses mille pages, n'exprime qu'un seul et unique principe : **l'omniconscience** omniprésente, omnipotente, omnisciente. Le Nectar de la conscience est basé sur :

- **UN seul principe :** **l'unique conscience.**
- **UNE seule idée :** je ne suis rien et je suis Toi.
- **UNE seule méthode :** comprendre l'ego et le Soi.
- **UNE seule pratique :** le Chant du Cygne.
- **UNE seule étude :** le Nectar de la Conscience.

- **UNE seule aide :** **celle des Maîtres Ascensionnés.**
- **UNE seule action :** la connexion au Septième Rayon.
- **UN seul but :** la conscience de l'Unité.
- **UN seul Destin :** **l'Ascension finale.**

L'étude de la conscience avec le Chant du Cygne, la connexion au Septième Rayon et les mille pages du Nectar de la Conscience fera fleurir votre septième chakra de ses mille pétales.

- **Les mille pages ouvrent vos mille pétales...**

Si vraiment la réalité était telle que décrite dans le Nectar de la Conscience, que feriez-vous?

« Fais comme si j'étais et tu verras que Je Suis ».

Oui, agissez comme **SI** la conscience était vraiment ainsi et vous verrez que **c'est réel**.

Quand vous étudiez le Nectar de la Conscience, la seule chose qui compte n'est-elle pas la compréhension de la conscience que cela vous procure? Pourtant, il y en a toujours qui, au lieu de s'interroger sur leur conscience, s'interrogent... à mon sujet. Ils s'imaginent sans doute que s'ils connaissaient le cuisinier, le repas serait meilleur... Je dirai simplement ceci :

– Non, je ne fais partie d'aucun ordre, mouvement, groupe, loge, société secrète, église, rien du tout. Cela, pour deux raisons.

1 • Le Nectar de la Conscience provient d'une infusion de conscience du Septième Rayon.

• Le Chant du Cygne provient d'une ouverture de conscience.

Donc, ils ne sont les enseignements de personne sur Terre. Ils expriment la Réalité à leur propre façon. Ils sont **l'une des nombreuses** expressions de la Gnose Éternelle qui sans cesse cherche à jaillir dans l'humanité au travers de tous les Êtres.

2 • L'époque actuelle, celle de la folie de l'ego, rend toujours éventuelles des persécutions physiques, médiatiques ou psychologiques.

Donc étant seul, tout seul, il n'y a derrière moi aucun groupe à persécuter... ni aucune organisation à dénigrer...

– Non, je ne suis pas un Être illuminé, ni réalisé. Je n'ai pas encore atteint le sommet de la montagne, pas du tout. Je suis **comme vous**, exactement comme vous : j'étudie la conscience. C'est tout.

Le Nectar de la Conscience utilise parfois un langage pittoresque, coloré et même à l'occasion percutant. Cela est voulu ainsi; on n'ouvre pas les noix de coco avec une plume; il faut un marteau... Oui, l'ego a souvent besoin d'un choc pour s'éveiller ou pour réaliser un principe. Alors à l'occasion, un langage percutant et même provoquant va faire éclater l'ego.

Dans cette brèche d'un instant, un rayon de lumière peut passer et faire jaillir un éclair de compréhension. De cette façon, j'espère en avoir secoué quelques-uns et réveillé quelques autres.

Le Nectar de la Conscience est un cours, une pédagogie, un enseignement et en ce sens, **il doit permettre l'éveil** et même le réveil brutal pour certains, si nécessaire.

Le Nectar de la Conscience vous donne le pouvoir de changer votre vie et de la transformer enfin à votre goût...

Le Nectar de la Conscience est écrit de façon que le mental puisse comprendre les principes de la conscience. Mais il est structuré pour **dérouter** le mental, dans le but de **laisser Manas saisir par la perception globale,** l'idée étant toujours de s'adresser au Soi et non à l'ego; l'idée étant de **laisser la conscience saisir** et non pas le mental analyser. D'ailleurs, tel qu'il est structuré, le livre se prête difficilement à l'analyse.

En effet, il est écrit sans logique **apparente**, sans ordre apparent, ni évident, avec des redites et des retours. Les mêmes sujets reviennent tout à coup, au détour d'un chapitre, expliqués d'une manière tout à fait différente de la précédente. Le mental a horreur d'un sujet présenté de telle façon qu'il ne peut intégrer les deux versions différentes...

- Ainsi est le Nectar de la Conscience, l'Alchimie de la conscience, qui s'adresse à la conscience suprême et non au mental.
- Ainsi, l'Alchimie de la conscience vous permet **de passer** de la compréhension à la Réalisation.

En effet, comprendre est une chose, réaliser en est une autre. Il y a un monde entre les deux. Le mental comprend, **le Manas réalise**. Le réalisez-vous?

Si vous aviez vraiment compris et réalisé certains principes, vous seriez dans la joie pure. Vous goûteriez la béatitude du Soi. Est-ce le cas? Si oui, persévérez jusqu'à la Réalisation suprême pour que cet état devienne naturel et permanent.

Si non, perdez vos illusions; vous n'avez pas compris, pas encore. Vous n'avez pas intégré la connaissance. Votre mental superficiel a commence à « tâter » de la réalité, mais il ne l'a ni saisie, ni réalisée.

Ce n'est pas grave, il s'agit d'un processus normal. Il faut simplement persévérer. Alors **forcément**, vous en arriverez à réaliser la connaissance en profondeur grâce au **Manas**. Le Nectar de la Conscience peut se résumer en deux phrases :

- **Au-delà du mental, vous Êtes.**
- **Au-delà du mental est la métaréalité.**

J'ai préparé, pour vous aider à trouver la joie pure, un test destiné à vous révéler ce que vous avez réalisé de la conscience. Lorsque vous aurez réussi le test, vous chanterez de joie :

« Ma vie est un rayon de miel, un océan de béatitude,
je baigne dans la joie pure jour et nuit ».

Ô, Êtres de Lumière, ce test vous révèle tout le chemin qui reste à parcourir **pour passer de l'humain au Divin**. Vous découvrez ici votre mental « intelligent », ce qu'il a compris et ce qu'il vous reste à réaliser.

Rassurez-vous, le travail est facile et agréable. En quelques semaines, en quelques mois, certains changent leur vie pour le meilleur. Ils s'accrochent à la connaissance et ne la lâchent plus. **Alors, tout leur sera donné par surcroît**. Pour cela :

Chantez le Chant du Cygne,
étudiez le Nectar de la Conscience,
connectez-vous sur le Septième Rayon.

Oui, continuez ainsi, vivez la connaissance jusqu'au jour où vous pourrez répondre **oui à toutes** les questions. Là, vous serez un Maître de Lumière ruisselant de conscience. **N'arrêtez jamais avant cela!**

Si vous vous donnez la joie d'accomplir votre oeuvre, **le Grand Oeuvre**, rapidement vous obtiendrez sept oui. **Avec sept oui**, votre vie sera déjà tout à fait merveilleuse et délicieuse.

Alors faites-le **pour vous**. D'ailleurs, avez-vous le choix? Pouvez-vous faire autre chose pour être enfin heureux? C'est tout ce qu'il vous reste : **la conscience est votre seule richesse.** Oui, vous feriez bien d'embarquer tout de suite.

Ô, Être de Lumière, monte à bord, découvre la joie. Connais-toi toi-même en tant que pure conscience d'Être et exulte de bonheur. C'est là ton ultime destin.

Dans la vie, l'être humain s'acharne comme un fou vers la réussite. Il veut réussir sa vie à tout prix et même à n'importe quel prix... En général, il échoue lamentablement et meurt misérablement.

L'Être de Lumière cherche tout d'abord **à s'épanouir**. Il cherche en premier lieu à s'épanouir. Il se demande sans cesse comment s'épanouir. Comme justement c'est ce que veut sa conscience, s'épanouir, ça tombe bien!

L'Être de Lumière qui veut s'épanouir **veut la même chose** que sa conscience suprême : s'épanouir. Les deux veulent s'épanouir. Alors, lorsque les deux sont parfaitement d'accord :

- **Ils ne font plus qu'un!...**
- **« Le père et moi, nous ne faisons qu'un » – Jésus.**

Voilà la réussite réelle,
voilà la réussite suprême!...

LE NECTAR DE LA CONSCIENCE

AU-DELÀ DU MENTAL
VOUS ÊTES

AU-DELÀ DU MENTAL
EST LA MÉTARÉALITÉ
AVEC MANAS

Mon mental « intelligent » a tout compris, donc :

JE SUIS UN ÊTRE RÉALISÉ.

- Je vis en permanence dans la Conscience.
- Je vois Dieu en chaque Être.
- Je déborde d'un amour infini pour tous.
- J'éprouve des vagues de béatitude.
- J'attire l'amour, l'abondance, les amis.
- J'ai beau chercher, je ne trouve plus mon ego...
- Je suis actif, j'oeuvre avec un plaisir fou...
- Je suis libre de soucis, j'exulte de bonheur...
- Je me couche et m'endors aussitôt comme un bébé.
- Je me réveille heureux et pleinement régénéré.
- Je gazouille de joie.
- J'accède librement au plan éthérique!...
- Je rencontre consciemment les Maîtres ascendés!!!

Combien avez-vous de « oui » à ce test?

Le Nectar de la Conscience, tome III, Épilogue

Voilà où vous mènera le Nectar de la Conscience : à la réussite suprême. L'étude de la conscience vous y conduira très vite. Alors vous serez « justes », vous serez « purs »; en grec, Kataros...

Ô, Amis de Lumière, nous qui sommes des amis depuis des siècles, un dernier souhait à vous toutes et à vous tous :

Que coule en vous, pour toujours,
le Nectar de la Conscience.

Je laisse le mot de la fin au grand maître de la Compassion, celui qui veut libérer tous les Êtres en leur transmettant la connaissance : le Seigneur Bouddha.

Oui, se libérer soi-même pour libérer tous les Êtres, voilà le travail de chacun. Bouddha a prononcé un dernier mot avant de « partir ». Il a dit : « SAMASATI », ce qui signifie : **« Souviens-toi »**.

Je me souviens de ma conscience.
Je me souviens du Bouddha.
Je me souviens du Christ.

Je me souviens que JE SUIS.

Oui, SAMASATI...
JE ME SOUVIENS!

Das, le 4 juillet 1997
Trois-Rivières, Québec.

Le Nectar de la Conscience

L'EGO ET LE SOI

LES 13 PRINCIPES

JE SUIS CONSCIENCE

La Voie de la Conscience – si vaste, si grandiose, si mystérieuse, si abstraite – avait profondément besoin d'une approche simple, pratique, concrète. Rendre concret ce qui, par son essence même, est l'abstrait suprême. Voilà donc la tâche : oser **une pédagogie de la conscience**.

Das, durant vingt-cinq ans, a cherché, a découvert, a testé, a « senti » et a réalisé, **par ouverture de conscience**, sa propre expression de la **RÉALITÉ**. Il l'exprime aujourd'hui sur mille pages, de mille façons, pour que resplendissent vos mille pétales...

La lecture attentive **et la pratique** du « Nectar de la Conscience » procurent une profonde expérience de la conscience supérieure propre à chacun. C'est une expérience libératrice car l'Être comprendra profondément la véritable nature de sa conscience. Il aura ainsi semé les graines qui le conduiront à la transformation réelle de l'ego, donc à son émergence comme Être de Lumière.

NECTAR

Le Nectar de la Conscience

L'ego et le Soi

- **« L'EGO ET LE SOI »**, établit clairement la véritable nature de l'humain et du Divin. À travers les explications et les analogies, par une pédagogie agréable pour chacun, Das vous conduit à la reconnaissance de vous-mêmes comme Êtres de Lumière. Il s'ensuit une véritable transformation de la conscience et une authentique expérience de la Réalité.
- Vous réalisez le principe suprême : **« Je ne suis rien et je suis TOI »**, le lâcher-prise s'opère. Alors votre vie s'imprègne **d'Amour, de Richesse, de Guérison et de Conscience.**
- **Découvrez votre Pouvoir :** en changeant de conscience, vous allez changer profondément votre vie.
- **Découvrez** la véritable nature du **lâcher-prise** et les nombreux bienfaits qu'il vous apportera.
- **« L'ego et le Soi »** révèle la magie du **Chant du Cygne** – le chant de la Libération – son secret, son mystère, son Alchimie mystérieuse.

- **Das révèle les origines secrètes de la Bible, un lourd secret toujours soigneusement caché au grand public. Une révélation choc.**

<u>Extrait de la table des matières</u>

333 pages. ISBN 2-9804752-1-1

Le Nectar de la Conscience

Les 13 principes.

- **« LES 13 PRINCIPES »**, expose en pleine lumière la stratégie de l'ego. Avec des explications précises, vous comprenez comment l'ego s'y prend exactement pour vous manipuler à votre insu. Vous devenez capables d'observer lucidement la vie de votre conscience humaine. **Les treize principes**, parfaitement démontrés, rendent aux guerriers de la conscience leurs **pleins pouvoirs**; car l'Être est redevenu conscient du « jeu » qui lui gâchait la vie. Vous réalisez une conscience supérieure : **« la conscience d'Être »**.

- **Découvrez** comment accéder à une vie supérieure dans tous les domaines : **Amour, Richesse, Guérison, Conscience.**

- Das révèle **« l'ombre »**, **la dictature mondiale**, l'ego planétaire, son activité silencieuse, perverse et secrète. Vous allez découvrir avec stupéfaction **la dictature mondiale** : ses auteurs, ses complices, sa stratégie, sa folie dominatrice. Vous découvrirez le désastre planétaire dont elle est coupable et vous connaîtrez les treize moyens d'action qui permettront à l'humanité de lui **faire échec**.

<u>Extrait de la table des matières</u>

LES TREIZE PRINCIPES

- La Voie de la Conscience
- Les trois voies
- Les trois pièges
- Le piège mental
- Les trois instincts
- L'Apocalypse
- L'abondance, la richesse
- La véritable liberté

Méthodes pratiques :

- La connexion au 7e Rayon
- La multiplication de l'abondance

\- **« L'Ombre » : l'ego planétaire, son activité.**

333 pages. ISBN 2-9804752-2-X

Le Nectar de la Conscience

Je suis conscience.

« JE SUIS CONSCIENCE », est radieux et rafraîchissant; c'est **l'unité** de la conscience. Dans les états de conscience supérieurs, l'Être vit dans la pure conscience, là où seules existent la lumière, la joie, la beauté. C'est un état de conscience accessible à **tous**. C'est à vous d'y entrer. Vous réalisez **« la Conscience de l'Unité »**.

« Je suis conscience » expose la nature de la **véritable Richesse**, un état de conscience supérieur. Dès que celui-ci est atteint, la Richesse véritable jaillit dans la vie et chacun voit son existence se transformer pour le meilleur.

- **Vous découvrez** la véritable façon de rencontrer l'âme soeur dans la vie. Par une pratique vraiment simple, l'Être peut enfin rencontrer l'âme soeur, l'être qu'il cherche depuis toujours.
- **Vous découvrez** la guérison par la prise de conscience de Soi.
- **Das révèle « la lumière », c'est-à-dire la vie, l'activité et la conscience des Grands Maîtres Ascensionnés** qui nous tendent les bras et qui déversent déjà mille bénédictions sur tous les Êtres.
- `**« Je suis conscience »** vous révèle comment réaliser et attirer à vous de façon concrète : **l'Amour, la Richesse, la Guérison, la Conscience.**

<u>Extrait de la table des matières</u>

333 pages. ISBN 2-9804752-3-8

Suprême Lâcher-prise

RÉALISATION DE SOI

Au coeur de l'Être

- J'ai toujours rêvé de découvrir la connaissance essentielle, celle qui permet au **lâcher-prise total** de se produire. Avec ***Suprême Lâcher-prise***, ce rêve est devenu une réalité vivante pour chacun. Vous voulez lâcher prise? Oui, mais comment?
- ***Suprême Lâcher-prise*** vous révèle en profondeur, mais de façon simple, accessible et pédagogique, l'essentiel de la connaissance de Soi. C'est le coeur de la Gnose qui va vous conduire directement au but : l'ouverture de la conscience, **le véritable lâcher-prise**.
- Avec une méthode simple mais très structurée, vous avancez rapidement vers l'essentiel, vers le coeur de l'Être, vers l'ouverture de la conscience, vers **l'expérience significative** du **Suprême**.
- **Avec *Suprême Lâcher-prise***, vous comprenez, vous saisissez le coeur, l'essence de votre Être. Vous pratique la triple méthode et **soudain...**

Soudain, le Suprême lâcher-prise.
Soudain, la conscience jaillit.

Extrait de la table des matières

250 pages. ISBN 2-9804752-7-0

Le Chant du Cygne

Hymne d'Amour à ma Conscience
La grâce qui accorde
TOUT PAR SURCROÎT
LE POUVOIR DE LA PAROLE!

Le Chant du Cygne est un chant alchimique qui infuse la conscience Divine dans la conscience de l'être humain. Il est le moyen sûr et agréable de se procurer l'expérience de sa conscience Divine.

Le Chant du Cygne, par son alchimie mystérieuse, opère la transmutation du plomb en or, c'est-à-dire de l'ego-mental en l'or de la pure conscience Divine.

C'est un hymne d'amour à la conscience. C'est la grâce qui accorde **tout** par surcroît. C'est une source constante de bénédictions. Il suffit de le chanter ou de le lire et la conscience s'ouvre...

Le Chant du Cygne, c'est le livre de la chance.

Enfin, voilà un ouvrage auquel est attaché le pouvoir bénéfique de la conscience, d'une conscience capable de régler tous les problèmes. Trop beau pour être vrai?

Non! Car le Chant du Cygne est le livre de l'Alchimie de la conscience. Cette Alchimie Divine et Sacrée transmute le mental négatif en pure conscience Divine. Le plomb des difficultés se transforme en l'or des conditions agréables.

Avec le Chant du Cygne, vous êtes au bord d'un changement de vie incroyable.

Ô, Être de Lumière, découvre le pouvoir de ta conscience, découvre la puissance de ta conscience.

Lorsque vous lisez le Chant du Cygne, vous vous connectez instantanément sur votre conscience supérieure, sur votre **Soi** Christique, sur votre source Divine.

Dans cet état de conscience élevé, situé **au-delà du mental** humain, il n'y a plus de problèmes d'aucune sorte, ni même de santé ou financiers. Prenez vos problèmes, ceux que vous n'avez jamais pu régler vous-mêmes et confiez-les à votre conscience Divine en chantant le Chant du Cygne.

Oui! Car votre conscience Christique frappe à votre porte pour vous dire : « Ô mon amour, laisse-moi donc régler cela pour toi, repose-toi, je suis là ».

Chantez! Chantez le Chant du Cygne! Alors votre conscience commence à couler dans votre vie et **vous allez obtenir les plus grandes bénédictions** : Amour, chance, succès, prospérité, richesse, santé, âme soeur, argent, liberté. abondance, conscience, conscience de l'unité, conscience Divine, Ascension. C'est si simple :

chante le Chant du Cygne,
ô Être de Lumière
ET REÇOIS TOUT PAR SURCROÎT.

Oui! Déclenchez
LE POUVOIR DE LA PAROLE!

1995. ISBN 2-9804752-4-6

Le Chant du Cygne

Le Chant du Cygne
est disponible en disque, DC
Musique et paroles chantées

Le Pouvoir de la Parole

La Présence des Maîtres Ascensionnés
dans VOTRE VIE, là où vous êtes!

Le Secret de Jésus

GUÉRIR AVEC RIEN

La Guérison Christique

Le Secret de Jésus, la Guérison Christique, révèle la méthode de guérison enseignée et pratiquée **par Jésus**. Cette connaissance cachée et secrète n'a **jamais** été offerte au public.

Cette méthode de guérison est une véritable révélation, tant par son extrême simplicité que par sa grande puissance, qui permet, avec la pratique, de vraiment **obtenir des guérisons** significatives et durables.

Le Secret de Jésus, la Guérison Christique, est axé sur la compréhension et sur la pratique, ce qui rend la méthode facile et accessible à tous les Êtres.

- À travers une pédagogie agréable, chacun comprendra les principes de la guérison.
- À travers une pratique simple,claire et facile à utiliser, chacun saura COMMENT s'y prendre.

Les méthodes de guérison sont **très en demande**, surtout celles qui sont **immédiatement** utilisables. Ce livre arrive au bon moment pour combler un **besoin essentiel**.

Oui, vous pouvez guérir avec rien.

Extraits de la table des matières

Le Secret de Jésus

- Les gestes guérisseurs
- L'imposition des mains
- **L'ouverture du Coeur**
- 7 aspects du pouvoir de l'Amour
- La conscience Christique
- **La Voie du Christ**
- La Guérison Christique
- **La méthode de Jésus**
- L'intention de guérir
- Santé et droits de l'homme
- **La liberté de guérir**

La Guérison Christique
⇒ Méthodes pratiques

- **Comment Jésus guérissait**
- Élargir sa conscience
- La méthode Héphaïstos
- Ôter les brûlures
- Stimuler le nadi-central
- **Guérir de façon globale**
- **Ouvrir son Coeur**
- Fusion-projection
- Ouvrir le Saint-Huit
- Les 13 points lumière
- **Le sentier du Graal**

260 pages. ISBN : 2-9804752-8-9

Vidéo

Le Secret de Jésus, la Guérison Christique, en images. Ce vidéo montrera en détails tous les aspects de la Guérison Christique, et **surtout** les possibilités qu'offre le travail en groupes, petits et grands.
En attendant, **ce livre vous procure déjà TOUT** ce dont vous avez besoin pour pratiquer avec succès la Guérison Christique dès maintenant.

Prochainement en DVD
et vidéo VHS (Pal, Secam, NTCS)

ATELIER DE GUÉRISON (deux jours)

Application immédiate et pratique du livre **Le Secret de Jésus**.

La Guérison Christique n'est pas un don, c'est une connaissance (Gnose) et elle fonctionne **IMMEDIATEMENT** pour tous les Êtres.

La Guérison Christique est un jaillissement d'Énergie, d'Amour et de conscience, RESSENTI consciemment.

La Guérison Christique procure la force, la vitalité, la santé du corps et de l'esprit, la satisfaction sexuelle. De là découlent la paix, le rire et la joie de vivre.

La santé n'est pas seulement l'absence de maux.
La véritable santé, c'est la joie de vivre.
A nous de la conquérir !

Avec cette méthode pratique, globale et complète, **vous vous rechargez vous-même** en énergie vitale très facilement. C'est ainsi que j'ai vécu moi-même de façon **inattendue**, en 1987, une profonde guérison, **allant** jusqu'à **revivre ma naissance**. Cela a produit sur ma vie de grands effets bénéfiques, dont je profite encore aujourd'hui.

Calendrier : Téléphone 819-378-6895 ou www.katarosnectar.com

SÉLECTION DE 13 CONFÉRENCES (sur cassettes)

Le signe final. N° 1898.

Le cycle est terminé! Les signes évidents de l'apogée de la décadence de notre civilisation. Découvrez le signe qui révèle la fin du cycle. Y aura-t-il une autodestruction de l'humanité? Le rôle ésotérique des U.S.A. Reconnaître les signes précurseurs de l'Ascension collective.

La Transmutation des sentiments. N° 598.

Transmuter la colère... Identifier les blocages qui limitent la conscience. Se libérer en comprenant en profondeur la nature des blocages. Transmuter les sentiments négatifs en sentiments élevants. Guérir par la transmutation des **sentiments.**

Que veut l'ego? N° 7197.

Comprendre l'ego. Prise de conscience de l'ego pour l'amener à disparaître. Face au vécu intense, couler ou voler? Découvrir la véritable nature de l'obstacle qui nous gâche la vie. Savoir comment s'élever plus haut dans la conscience. Transmuter les **émotions** négatives. Pouvoir contourner les difficultés majeures.

Êtes-vous sûrs d'être le Soi? N° 697.

Reconnaître l'ouverture. Savoir comment le REdevenir. La nature de la conscience. « Les grandes questions non résolues »... Atteindre le niveau de conscience où l'on n'a plus de problèmes. Notre motivation dans l'étude de la conscience.

La conscience de l'Unité. N° 1498.

L'état de conscience où tout se joue. Comprendre en profondeur la conscience de l'Unité, le sommet de conscience que peut atteindre l'être humain.

La conscience de l'Unité **ouvre** toutes les portes; c'est l'étape majeure qui précède la Réalisation de l'Être. Savoir comment s'y prendre pour vivre cet état de conscience grandiose

L'AMOUR ET L'ARGENT

Vous méritez l'Amour!
Vous méritez la Richesse!
Vous méritez une aide spéciale!
Ô, Êtres de Lumière,
l'Amour et la Richesse n'attendent que vous.
Accueillez ces puissants Amis de votre conscience.

L'AMOUR. N° 1313. Trois cassettes : prix spécial.

Chacun aspire puissamment à rencontrer l'amour. Découvrez les obstacles créés par l'ego. Comprenez les six principes de base qui vont ouvrir votre conscience à l'amour. Montez sur la « première marche ».

Découvrez l'attitude juste qui **attire** à vous la rencontre fructueuse. Comprenez comment élever votre conscience en saisissant les trois principes du discernement. Montez sur la « deuxième marche ».

L'Âme Soeur vous attend, elle vous cherche, saisissez en profondeur **la conscience de l'amour**. Montez alors sur la « troisième marche ». Préparez-vous à rencontrer l'amour. Vous n'avez plus aucune raison d'être seuls(es). Votre Soi veut l'Amour, aidez-vous!

L'ARGENT. N° 5555. Trois cassettes : prix spécial.

En finir avec les limitations financières qui nous gâchent la vie. Manquer d'argent **n'est pas** normal. Comment émerger dans le confort financier. Découvrir les lois de la conscience qui y conduisent. La Richesse, l'Abondance, la Prospérité nous appartiennent. C'est à nous de le REdécouvrir et de le REconquérir. Aucun être en état de manque ou de survie ne peut s'élever très haut dans la conscience.

Nous avons tous le devoir de nous élever rapidement à un sain niveau de confort financier. C'est la **volonté** même du Soi, car c'est seulement là, à l'abri du besoin, qu'il pourra s'épanouir.

Découvrez les lois fondamentales de la conscience qui régissent la Richesse, l'Abondance et la Prospérité. Alors, vous ne manquerez **plus jamais** d'argent.

COMMANDES PAGE 348

CASSETTES

Le petit problème. N° 1298.

En finir avec la confusion. Émerger dans un état de conscience où les choses sont claires. Comprendre la conscience de façon nette. Le travail sur soi-même qui permet d'en arriver à une expérience authentique. Beaucoup d'ambiance et de rire.

Découvrir qui l'on est. Découvrir les causes de l'absence de prospérité. Peut-on multiplier l'abondance et vivre dans la richesse? Le petit problème révèle les aspects **avancés** de la conscience de l'Unité.

Le pied de mon père. N° 1095.

Connaître l'ego. Pour connaître le SOI, il faut **d'abord** connaître l'ego. Comment reconnaître notre nature Divine si l'on ne connaît pas notre aspect humain. Connaître **la relation** qui existe entre le Soi et l'ego est la clé de la conscience de l'Unité. L'analogie du pied conduit à une prise de conscience majeure : **l'Unité du Soi et de l'ego**. Alors, beaucoup de transformation de Soi en découle. Période de fou rire.

LE VAINQUEUR. N° 2698. Conférence spéciale.

Une approche très particulière du principe de la Chance et du Trésor pour attirer encore plus la véritable chance dans votre vie.

LE POSTER « JE SUIS »

Magnifique affiche couleur 16 x 20 (41 x 51) qui représente le « Je Suis ». C'est-à-dire les trois aspects de l'Être.

Le livre *Le Nectar de la Conscience*, tome 2, *Les treize principes*, chapitre 6, expose **la méthode complète** de connexion au Septième Rayon. Ce poster, symbole du « Je Suis », permet **une pratique complète** et fructueuse. Ainsi, la connexion au Septième Rayon procure une infusion massive de la conscience des Maîtres Ascensionnés. Ceux-ci sont nos véritables amis. Ces Êtres de Lumière nous dirigent vers l'Ascension. En se connectant sur le Septième Rayon, nous les aidons à nous aider...

DÉCOUVREZ LE POUVOIR DU SON, DE LA VIBRATION, DE LA PUSLATION

RELAXATION BINORALE AVEC LES GONGS DE CRISTAL

La relaxation binorale est le summum de la relaxation. En effet, le son des gongs de cristal produit un **puissant effet sur le cerveau**. Les deux hémisphères s'équilibrent; il s'ensuit un bien-être merveilleux qui se transmet à **tout** le système nerveux. **Alors, vous redevenez détendus, disponibles, joyeux, calmes, parfaitement relax.**

- **Les gongs de cristal** déploient un son en spirale. Cette spirale d'énergie provoque une **régénération complète du corps éthérique**.
- **Les gongs de cristal** vibrent, tout votre être résonne et s'ouvre sur la source de la vie et de la Conscience. **Alors le Nectar coule dans le Coeur... le Coeur s'ouvre!...**
- **Les gongs de cristal**, en pur cristal de quartz, produisent un son merveilleux, un bourdonnement magique. C'est le son binoral qui **PULSE**. Ce son **très pur** a un effet magique sur le cerveau : les deux hémisphères s'équilibrent.
- **Les gongs de cristal** réveillent en vous la puissance du son, de **la vibration, de la pulsation** et de l'énergie. Vous redécouvrez **le pouvoir de l'Être**, le pouvoir de la Conscience.

Avec les gongs de cristal, vous **induisez** dans tout votre être un **puissant bien-être**. **Il** s'ensuit une **profonde relaxation** physique et mentale. Alors, tout votre être se régénère, le stress disparaît, le sommeil naturel revient. La santé est de retour et la joie réapparaît.

COMMANDES PAGE 348

Un mot sur l'auteur

DAS (Jean-Pierre Beunas), aujourd'hui conférencier et auteur, innove dans le Nouvel Âge par une pédagogie de la conscience, rendant ainsi la Voie de la Conscience, si mystérieuse et si abstraite, accessible à tous les assoiffés...
Il a été dans la vie : marin (2 ans obligatoires); moniteur de conduite (3 ans); professeur d'informatique, consultant et directeur de l'informatique (22 ans) à Paris, Dakar et Québec; animateur de télévision (5 ans); thérapeute (20 ans).
Il est né en France oü il a vécu trente ans. Il a été en poste durant sept ans au Sénégal. Il est marié et réside à Trois-Rivières, au Québec, depuis 1982.

1982 : Bombay, rencontre de Swami Anandababa.

1995 : À 50 ans, édite *Le Chant du Cygne*.

1996 : Écrit *Le Nectar et la Conscience*,
Tome I, L'EGO ET LE SOI.

1997 : Écrit *Le Nectar de la Conscience*,
Tome II, LES 13 PRINCIPES,
Tome III, JE SUIS CONSCIENCE.

2000 : Écrit *Suprême Lâcher-prise*.

2001 : Écrit *La Guérison Christique*.

2006 : Publie *La Hiérarchie Solaire de* ***Saint Germain***.

Le témoignage

Depuis un certain temps, vous étudiez le livre de la **Hiérarchie Solaire**, et vous avez pratiqué selon cet enseignement. Déjà, vous avez remarqué des changements dans votre vie, déjà, vous avez reçu des bénédictions, déjà, la chance vous a souri.

Alors, voici le temps d'accomplir un devoir très agréable : **celui de** témoigner. Vous témoignez pour vous, par reconnaissance envers votre conscience. Votre témoignage rejoindra les personnes qui en ont besoin, par l'intermédiaire des médias et des revues. Votre anonymat est totalement garanti, vous êtes en sécurité, soyez-en certains.

C'est très simple. Écrivez ceci :

J'ai connu **La Hiérarchie Solaire** ....(où, quand, comment)

Voici mes noms, adresse, téléphone :

J'étudie et je pratique régulièrement **la Hiérarchie Solaire** :
depuis .... (date), ...fois par jour, ...fois par semaine.

Voici ce qui a changé dans ma vie :

J'ai reçu les bénédictions suivantes :

Le témoignage est un acte de conscience qui permet de dire à tous :
« Voici ce qui m'est arrivé et comment j'ai fait ... »

Expédiez ensuite votre précieux témoignage aux :

Éditions NECTAR, 25 rue des Berges
Trois-Rivières G8Y 1A1, Québec, Canada.
Téléphone et fax : 819-378-6895
Site web : www.katarosnectar.com Courriel : das@katarosnectar.com

COMMANDES tarif 2007

Éditions Nectar, 25 rue des Berges
Trois-Rivières G8Y 1A1
Québec, Canada

Téléphone et fax : **819-378-6895**
www.katarosnectar .com
das@katarosnectar.com

LIVRES :	$ can	Euros
La Hiérarchie Solaire	27 $	26 €
Le chant du Cygne :	20 $	17 €
Le Nectar de la Conscience :		
L'EGO ET LE SOI	20 $	17 €
LES 13 PRINCIPES	20 $	17 €
JE SUIS CONSCIENCE	20 $	17 €
Suprême lâcher-prise	25 $	21 €
Le Secret de Jésus	25 $	21 €
Poster « je suis », couleur 16" X 20" (41 X 51 cm)	15 $	15 €
Le Chant du Cygne Musiques et paroles Sur CD ou cassette	20 $	17 €
GONGS cassette ou **CD**	20 $	17 €
Cassettes de conférence 60 min. environ		
- une conférence	13 $	9 €
- deux conférences	22 $	16 €
- trois ou plus, chacune	10 $	8 €
Spécial : Amour, abondance		
Amour : 3 conférences	**27 $**	**20 €**
Abondance : 3 conférences	**27 $**	**20 €**
Ascension : 3 conférences	**27 $**	**20 €**
Guérison : 3 conférences	**27 $**	**20 €**

Tarif postal international 2007
par Poste Canada

Maxi de 500 g	Maxi de 1 kg	Maxi de 2 kg
11 euros Avion	21 euros Avion	33 euros Avion

Maxi de 3 kg , 49 euros, Avion

Poids des articles

- La Hiérarchie Solaire ....360 g
- Le Secret de Jésus.................325 g
- Suprême lâcher-prise ....284 g
- L'Ego et le Soi ....422 g
- Les treize principes ....495 g
- Je suis conscience ....420 g
- Le Chant du Cygne.................259 g
- Cassette ....60 g
- Disque compact CD ....92 g
- Poster ....67 g
- Emballage.........Ajouter +1/5 du poids

Possibilité de paiement électronique sécurisé sur notre site web

Frais d'expédition : USA, Canada 8 **$**   Europe et tous pays : Tarif international

Règlement par chèque ordinaire à l'ordre de Nectar (euros, dollars can., dollars américains)
Autres devises : mandat international. Commande directe par téléphone, fax, internet.
**** SVP : avant de téléphoner ou de faxer, tenez compte du décalage horaire... Merci !***

Pour recevoir notre documentation, pour les cours et conférences,
contacter les Éditions Nectar par téléphone, fax ou courriel.

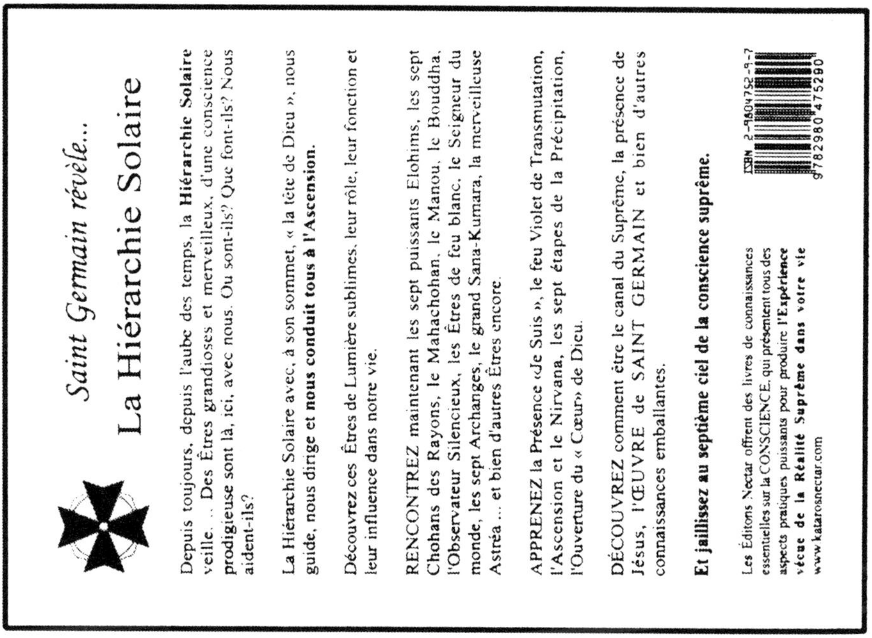
Saint Germain révèle...

La Hiérarchie Solaire

Depuis toujours, depuis l'aube des temps, la **Hiérarchie Solaire** veille. ... Des Êtres grandioses et merveilleux, d'une conscience **prodigieuse** sont là, ici, avec nous. Ou sont-ils? Que font-ils? Nous aident-ils?

La Hiérarchie Solaire avec, à son sommet, « la tête de Dieu », nous guide, nous dirige et **nous conduit tous à l'Ascension.**

Découvrez ces Êtres de Lumière sublimes, leur rôle, leur fonction et leur influence dans notre vie.

RENCONTREZ maintenant les sept puissants Elohims, les sept Chohans des Rayons, le Mahachohan, le Manou, le Bouddha, l'Observateur Silencieux, les Êtres de feu blanc, le Seigneur du monde, les sept Archanges, le grand Sana-Kumara, la merveilleuse Astréa ... et bien d'autres Êtres encore.

APPRENEZ la Présence «Je Suis », le feu Violet de Transmutation, l'Ascension et le Nirvana, les sept étapes de la Précipitation, l'Ouverture du « Cœur» de Dieu.

DÉCOUVREZ comment être le canal du Suprême, la présence de Jésus, l'ŒUVRE de SAINT GERMAIN et bien d'autres connaissances emballantes.

Et jaillissez au septième ciel de la conscience suprême.

Les Éditions Nectar offrent des livres de connaissances essentielles sur la CONSCIENCE, qui présentent tous des aspects pratiques puissants pour produire l'**Expérience vécue de la Réalité Suprême dans votre vie**
www.katarosnectar.com

ISBN 2-9804752-9-7
9782980475290

Saint Germain révèle.... La Hiérarchie Solaire

Voici un livre tout à fait exceptionnel pour la richesse de son contenu. C'est une extériorisation directe de la Hiérarchie Solaire avec une très forte présence de notre maître bien-aimé Saint Germain, qui **révèle en profondeur l'activité inouïe des Êtres de la Hiérarchie Solaire**.

C'est une source d'inspiration sans fin. C'est une **connaissance** globale et détaillée **de l'activité** des Maîtres Ascensionnés et d'autres grands Êtres qui nous aiment, nous guident et nous conduisent tous à l'ascension. C'est une source de connaissances gnostiques des plus complètes.

Ce livre débordant d'amour et de conscience contient plusieurs **méthodes pratiques** faciles à utiliser pour en arriver à des résultats concrets et à **l'expérience de la Réalité Suprême : la** présence des Maîtres Ascensionnés dans votre vie.

300 pages – ISBN 2-9804752-9-7

Table des matières

Saint Germain révèle...
La Hiérarchie Solaire
La Hiérarchie Solaire
NECTAR
NECTAR

Das (Jean-Pierre Beunas)
Suprême Lâcher-prise
DAS
Suprême Lâcher-prise
RÉALISATION DE SOI
Au coeur de l'Être
NECTAR
NECTAR

DAS (Jean-Pierre Beunas)
Le Nectar de la Conscience
DAS
L'EGO ET LE SOI
L'EGO ET LE SOI
La Bible
Son origine secrète
Éditions NECTAR
NECTAR

DAS (Jean-Pierre Beunas)
Le Nectar de la Conscience
DAS
LES TREIZE PRINCIPES
LES TREIZE PRINCIPES
L'ombre
La dictature mondiale
Éditions NECTAR
NECTAR

Achevé d'imprimer le 4 juillet 2007
chez Ginette Nault et Daniel Beaucaire
à Saint-Félix-de-Valois (Québec)